毛泽东选集

第 二 卷

人 民 出 版 社

书名题字：邓小平

目　　录

抗日战争时期(上)

抗日战争时期（上）

反对日本进攻的方针、办法和前途[*]

（一九三七年七月二十三日）

一　两　种　方　针

中国共产党中央委员会于卢沟桥事变^[1]的第二日，七月八日，向全国发表了号召抗战的宣言。宣言中说：

"全国同胞们！平津危急！华北危急！中华民族危急！只有全民族实行抗战，才是我们的出路。我们要求立刻给进攻的日军以坚决的抵抗，并立刻准备应付新的大事变。全国上下应立刻放弃任何与日寇和平苟安的打算。全中国同胞们！我们应该赞扬和拥护冯治安部的英勇抗战。我们应该赞扬和拥护华北当局与国土

---

* 一九三七年七月七日，日本帝国主义发动了卢沟桥事变，企图以武力吞并全中国。全国人民一致要求对日作战。蒋介石迟迟至事变后十日才在庐山发表谈话，确定了准备对日抗战的方针。这是由于全国人民的压力，同时也由于日本帝国主义的行动已严重地打击了英美帝国主义在中国的利益和蒋介石所直接代表的大地主大资产阶级的利益。但就在这时，蒋介石政府仍然同日本继续谈判，甚至接受日本同中国地方当局议定所谓和平解决的办法。一直到八月十三日日军大举进攻上海，蒋介石在东南的统治地位已无法维持，才被迫实行抗战。但在这以后，直到一九四四年，蒋介石同日本的秘密谋和活动，始终没有停止。蒋介

共存亡的宣言。我们要求宋哲元将军立刻动员全部第二十九军[2]开赴前线应战。我们要求南京中央政府切实援助第二十九军。并立即开放全国民众的爱国运动，发扬抗战的民气。立即动员全国陆海空军准备应战。立即肃清潜藏在中国境内的汉奸卖国贼分子和一切日寇的侦探，巩固后方。我们要求全国人民用全力援助神圣的抗日自卫战争。我们的口号是：武装保卫平津华北！为保卫国土流最后一滴血！全中国人民、政府和军队团结起来，筑成民族统一战线的坚固的长城，抵抗日寇的侵略！国共两党亲密合作抵抗日寇的新进攻！驱逐日寇出中国！"

这就是方针问题。

七月十七日，蒋介石先生在庐山发表了谈话。这个谈话，确定了准备抗战的方针，为国民党多年以来在对外问题上的第一次正确的宣言，因此，受到了我们和全国同胞的欢迎。该谈话举出解决卢沟桥事件的四个条件：

"（一）任何解决不得侵害中国主权与领土之完整；（二）冀察行政组织不容任何不合法之改变；（三）中央所派地方官吏不能任人要求撤换；（四）第二十九军现在所驻地区不能受任何约束。"

该谈话的结语说：

"政府对于卢沟桥事件，已确定始终一贯的方针和立场。我们知道全国应战以后之局势，就只有牺牲到底，无丝毫侥幸求免之

石在整个抗日战争时期，完全背叛了他在庐山谈话中所谓"如果战端一开，那就地无分南北，人无分老幼，无论何人皆有守土抗战之责任"的声明，反对人民总动员的全面的人民战争，从一九三八年十月武汉失守以后，更采取消极抗日积极反共反人民的反动政策。毛泽东在这篇文章中所说的两种方针，两套办法，两个前途，正是说明了在抗日战争中一条共产党路线和另一条蒋介石路线之间的斗争。

理。如果战端一开,那就地无分南北,人无分老幼,无论何人皆有守土抗战之责任。"

这就是方针问题。

以上是国共两党对卢沟桥事变的两个具有历史意义的政治宣言。这两个宣言的共同点是:主张坚决抗战,反对妥协退让。

这是对付日本进攻的第一种方针,正确的方针。

但是还有采取第二种方针的可能。近月以来,平津之间的汉奸和亲日派分子积极活动,企图包围平津当局,适应日本的要求,动摇坚决抗战的方针,主张妥协退让。这是非常危险的现象。

这种妥协退让的方针,和坚决抗战的方针是根本矛盾的。这种妥协退让的方针如不迅速改变,将使平津和华北尽丧于敌人之手,而使全民族受到绝大的威胁,这是每个人都应十分注意的。

第二十九军的全体爱国将士团结起来,反对妥协退让,实行坚决抗战!

平津和华北的全体爱国同胞团结起来,反对妥协退让,拥护坚决抗战!

全国爱国同胞团结起来,反对妥协退让,拥护坚决抗战!

蒋介石先生和全体爱国的国民党员们,希望你们坚持自己的方针,实践自己的诺言,反对妥协退让,实行坚决抗战,以事实回答敌人的侮辱。

全国军队包括红军在内,拥护蒋介石先生的宣言,反对妥协退让,实行坚决抗战!

共产党人一心一德，忠实执行自己的宣言，同时坚决拥护蒋介石先生的宣言，愿同国民党人和全国同胞一道为保卫国土流最后一滴血，反对一切游移、动摇、妥协、退让，实行坚决的抗战。

二　两　套　办　法

在坚决抗战的方针之下，必须有一整套的办法，才能达到目的。

一些什么办法呢？ 主要的有如下各项：

（一）全国军队的总动员。动员我们的二百几十万常备军，包括陆海空军在内，包括中央军、地方军、红军在内，其主力立即出动开到国防线上去，其一部分留在后方维持治安。委托忠实于民族利益的将领为各方面的指挥员。召集国防会议，决定战略方针，统一战斗意志。改造军队的政治工作，使官兵一致，军民一致。确定游击战争担负战略任务的一个方面，使游击战争和正规战争配合起来。肃清军队中的汉奸分子。动员一定数量的后备军，给以训练，准备上前线。对军队的装备和给养给以合理的补充。按照坚决抗战的总方针，必须作如上各项的军事计划。中国的军队是不少的，但不实行上述计划，则不能战胜敌人。以政治条件和物质条件相结合，我们的军力将无敌于东亚。

（二）全国人民的总动员。开放爱国运动，释放政治犯，取消《危害民国紧急治罪法》[3]和《新闻检查条例》[4]，承认现有爱国团体的合法地位，扩大爱国团体的组织于工农商学各界，武装民众实行自卫,并配合军队作战。一句话,给人民以爱国的自由。民力和军力相结合,将给日本帝国主义以致命的打击。民族战争而不依靠人民大众,毫无疑义将不能取得胜利。阿比西尼亚的覆辙[5],前车可鉴。如果坚决抗战出于真心,就不能忽略这一条。

(三)改革政治机构。容纳各党各派和人民领袖共同管理国事,清除政府中暗藏的亲日派和汉奸分子,使政府和人民相结合。抗日是一件大事,少数人断乎干不了。勉强干去,只有贻误。政府如果是真正的国防政府,它就一定要依靠民众,要实行民主集中制。它是民主的,又是集中的;最有力量的政府是这样的政府。国民大会要是真正代表人民的,要是最高权力机关,要掌管国家的大政方针,决定抗日救亡的政策和计划。

(四)抗日的外交。不能给日本帝国主义者以任何利益和便利,相反,没收其财产,废除其债权,肃清其走狗,驱逐其侦探。立刻和苏联订立军事政治同盟,紧密地联合这个最可靠最有力量最能够帮助中国抗日的国家。争取英、美、法同情我们抗日,在不丧失领土主权的条件下争取他们的援助。战胜日寇主要依靠自己的力量;但外援是不可少的,孤立政策是有利于敌人的。

(五)宣布改良人民生活的纲领,并立即开始实行。苛捐杂税的取消,地租的减少,高利贷的限制,工人待遇的改善,士兵和下级军官的生活的改善,小职员的生活的改善,灾荒的救济:从这些起码之点做起。这些新政将使人民的购买力提高,市场繁荣,金融活泼,决不会如一些人所说将使国家财政不得了。这些新政将使抗日力量无限地提高，巩固政府的基础。

（六）国防教育。根本改革过去的教育方针和教育制度。不急之务和不合理的办法，一概废弃。新闻纸、出版事业、电影、戏剧、文艺，一切使合于国防的利益。禁止汉奸的宣传。

（七）抗日的财政经济政策。财政政策放在有钱出钱和没收日本帝国主义者和汉奸的财产的原则上，经济政策放在抵制日货和提倡国货的原则上，一切为了抗日。穷是错误办法产生出来的，在有了合乎人民利益的新政策之后决不会穷。如此广土众民的国家而说财政经济无办法，真是没有道理的话。

（八）全中国人民、政府和军队团结起来，筑成民族统一战线的坚固的长城。执行抗战的方针和上述各项政策，依靠这个联合阵线。中心关键在国共两党的亲密合作。政府、军队、全国各党派、全国人民，在这个两党合作的基础之上团结起来。"精诚团结，共赴国难"这个口号，不应该只是讲得好听，还应该做得好看。团结要是真正的团结，尔诈我虞是不行的。办事要大方一点，手笔要伸畅一点。打小算盘，弄小智术，官僚主义，阿Q主义[6]，实际上毫无用处。这些东西，用以对付敌人都不行，用以对付同胞，简直未免可笑。事情有大道理，有小道理，一切小道理都归大道理管着。国人应从大道理上好生想一想，才好把自己的想法和做法安顿在恰当的位置。在今天，谁要是在团结两个字上不生长些诚意，他即使不被人唾骂，也当清夜扪心，有点儿羞愧。

这一套为着实现坚决抗战的办法，可以名为八大纲领。

坚决抗战的方针，必须随之以这一套办法，否则抗战就不可能胜利，日本永在侵略中国，中国永无奈日本何，而且难免做阿比西尼亚。

对坚决抗战方针有诚意的人，一定要实行这一套办法。试验坚决抗战有诚意与否，看他肯采取并实行这一套办法与否。

另外还有一套办法，那就是样样和这一套相反。

不是军队总动员，而是军队不动员，或向后撤。

不是给人民以自由，而是给人民以压迫。

不是民主集中制的国防性的政府，而是一个官僚买办豪绅地主的专制政府。

不是抗日的外交，而是媚日的外交。

不是改良人民生活，而是照旧压榨人民，使人民呻吟痛苦，无力抗日。

不是国防的教育，而是亡国奴的教育。

不是抗日的财政经济政策，而是照旧不变甚至变本加厉的无益于国有益于敌的财政经济政策。

不是筑成抗日民族统一战线的长城，而是拆毁这个长城，或是阳奉阴违、要做不做地讲一顿"团结"。

办法是跟着方针来的。方针是不抵抗主义的时候，一切办法都反映不抵抗主义，这个我们已经有了六年的教训。方针如果是坚决抗战，那就非实行合乎这个方针的一套办法不可，非实行这八大纲领不可。

三　两　个　前　途

前途怎样呢？这是大家所担心的。

实行第一种方针，采取第一套办法，就一定得一个驱逐日本帝国主义、实现中国自由解放的前途。这一点还有疑义吗？我以为没有疑义了。

实行第二种方针，采取第二套办法，就一定得一个日本帝国主义占领中国、中国人民都做牛马奴隶的前途。这一点还有疑义吗？我以为也没有疑义了。

四　结　　论

一定要实行第一种方针，采取第一套办法，争取第一个前途。

一定要反对第二种方针，反对第二套办法，避免第二个前途。

一切爱国的国民党员和共产党员团结起来，坚决地实行第一种方针，采取第一套办法，争取第一个前途；坚决地反对第二种方针，反对第二套办法，避免第二个前途。

全国的爱国同胞，爱国军队，爱国党派，一致团结起来，坚决地实行第一种方针，采取第一套办法，争取第一个前途；坚决地反对第二种方针，反对第二套办法，避免第二个前途。

民族革命战争万岁！

中华民族解放万岁！

注　释

〔1〕卢沟桥事变也称七七事变。卢沟桥距北京（当时称北平）城十余公里，是北京西南的门户。当时北宁路（北京至辽宁沈阳的铁路）沿线，东起山海关，西至北京西南的丰台，都有日本侵略军驻扎。一九三七年七月七日，日军在卢沟桥向中国驻军进攻。在全国人民抗日热潮的推动和中国共产党的抗日主张的影响下，中国驻军奋起抵抗。中国人民英勇的八年抗战，从此开始。

〔2〕第二十九军原来是冯玉祥西北军的一部分，当时驻在平津、河北、察哈尔（现在分属河北、山西两省）一带。宋哲元是这个军的军长，他在蒋介石对日妥协政策的影响下，曾一度幻想和平解决卢沟桥事变。冯治安是这个军的第三十七师师长，该师的一一〇旅在卢沟桥奋起抵抗日本侵略军的进攻，揭开了全国性抗战的序幕。

〔3〕一九三一年一月三十一日国民党政府颁布了《危害民国紧急治罪法》，用"危害民国"的罪名作为迫害和杀戮爱国人民和革命者的借口。按该法的规定，凡从事反对国民党政权的革命活动者处死刑；凡与革命活动发生联系的或以文字图书演说方式进行革命宣传者处死刑、无期徒刑或十年以上有期徒刑；凡组织进步文化团体、集会宣传反法西斯主义者处五年以上十五年以下有期徒刑等。《危害民国紧急治罪法》的颁布，标志着国民党统治的日益法西斯化。

〔4〕《新闻检查条例》，指国民党为压制人民言论自由于一九三三年一月十九日制定的《新闻检查标准》，同年十月五日又作了补充规定。《新闻检查标准》规定，在国民党统治区报刊上发表的任何文字，都要在刊出以前，将稿件送交国民党新闻检查官检查。检查官可以任意删改和扣留。

〔5〕参见本书第一卷《中国共产党在抗日时期的任务》第八节。

〔6〕见本书第一卷《中国共产党在抗日时期的任务》注〔19〕。

为动员一切力量
争取抗战胜利而斗争 *

（一九三七年八月二十五日）

（甲）七月七日卢沟桥事变，是日本帝国主义大举进攻中国本部的开始。卢沟桥中国军队的抗战，是中国全国性抗战的开始。由于日寇无底止的进攻，全国人民的坚决斗争，民族资产阶级的倾向抗日，中国共产党抗日民族统一战线政策的努力提倡、坚决实行和取得全国的赞助，使得"九一八"[1]以来中国统治当局的对日不抵抗政策，在卢沟桥事变后开始转变到实行抗战的政策，使得一二九运动[2]以来中国革命发展的形势，由停止内战准备抗战的阶段，过渡到了实行抗战的阶段。以西安事变[3]和国民党三中全会[4]为起点的国民党政策上的开始转变，以及蒋介石先生七月十七日在庐山关于抗日的谈话，和他在国防上的许多措施，是值得赞许的。所有前线的军队，不论陆军、空军和地方部队，都进行了英勇的抗战，表示了中华民族的英雄气概。中国共产党谨以无上的热忱，向所有全国的爱国军队爱国同胞致民族革命的敬礼。

---

* 这是毛泽东为中共中央宣传部起草的关于形势与任务的宣传鼓动提纲。这个提纲为一九三七年八月二十二日至二十五日在陕北洛川召开的中共中央政治局扩大会议所通过。

（乙）但在另一方面，在七月七日卢沟桥事变以后，国民党当局又依然继续其"九一八"以来所实行的错误政策，进行了妥协和让步[5]，压制了爱国军队的积极性，压制了爱国人民的救国运动。日本帝国主义在夺取平津之后，依靠其野蛮的武力，借助德意帝国主义的声援，利用英帝国主义的动摇，利用中国国民党对于广大劳动民众的隔离，毫无疑义将继续坚持其大规模进攻的方针，实行第二步、第三步的预定的作战计划，向着整个华北及其他各地作猛烈的进攻。察哈尔[6]、上海等地的烽火已经燃烧起来了。为了挽救祖国的危亡，抵御强寇的进攻，保卫华北和沿海，收复平津和东北，全国人民和国民党当局必须深切地认识东北平津丧失的教训，认识阿比西尼亚亡国的覆辙[7]，认识苏联过去战胜外敌的历史[8]，认识西班牙现在胜利地保卫马德里[9]的经验，坚固地团结起来，为保卫祖国而作战到底。今后的任务是"动员一切力量争取抗战胜利"，这里的关键是国民党政策的全部的和彻底的转变。国民党在抗战问题上的进步是值得赞扬的，这是中国共产党和全国人民所多年企望的，我们欢迎这种进步。然而国民党政策在发动民众和改革政治等问题上依然没有什么转变，对人民抗日运动基本上依然不肯开放，对政府机构依然不愿作原则的改变，对人民生活依然没有改良的方针，对共产党关系也没有进到真诚合作的程度。在如此的亡国灭种的紧急关头，国民党如果还因循上述的政策不愿迅速改变，将使抗日战争蒙受绝大的不利。有些国民党人说：待抗战胜利后再实行政治改革吧。他们以为单纯的政府抗战便可以战胜日寇，这是错误的。单纯的政府抗战只能取得某些个别的胜利，要彻底地战胜日寇是不可能的。只有全面的民族抗战才能彻底地战胜日寇。然而要实现全面的民族抗战，必须国民党政策有全部的和彻底的转变，必须全国上下共同实行一个彻底抗日的纲领，这就是根据第一次国共合作时孙中山先生所手订的革命的三民主义和三大政策的精神而提出的救国纲领。

（丙）中国共产党以满腔的热忱向中国国民党、全国人民、全国各党各派各界各军提出彻底战胜日寇的十大救国纲领。中国共产党坚决相信，只有完全地、诚意地和坚决地执行这个纲领，才能达到保卫祖国战胜日寇之目的。否则，因循坐误，责有攸归；全国丧亡，嗟悔无及。十大救国纲领如下：

一、打倒日本帝国主义：

对日绝交，驱逐日本官吏，逮捕日本侦探，没收日本在华财产，否认对日债务，废除与日本签订的条约，收回一切日本租界。

为保卫华北和沿海各地而血战到底。

为收复平津和东北而血战到底。

驱逐日本帝国主义出中国。

反对任何的动摇妥协。

二、全国军事的总动员：

动员全国陆海空军，实行全国抗战。

反对单纯防御的消极的作战方针，采取独立自主的积极的作战方针。

设立经常的国防会议，讨论和决定国防计划和作战方针。

武装人民，发展抗日的游击战争，配合主力军作战。

改革军队的政治工作，使指挥员和战斗员团结一致。

军队和人民团结一致,发扬军队的积极性。

援助东北抗日联军,破坏敌人的后方。

实现一切抗战军队的平等待遇。

建立全国各地军区,动员全民族参战,以便逐步从雇佣兵役制转变为义务兵役制。

三、全国人民的总动员:

全国人民除汉奸外,都有抗日救国的言论、出版、集会、结社和武装抗敌的自由。

废除一切束缚人民爱国运动的旧法令,颁布革命的新法令。

释放一切爱国的革命的政治犯,开放党禁。

全中国人民动员起来,武装起来,参加抗战,实行有力出力,有钱出钱,有枪出枪,有知识出知识。

动员蒙民、回民及其他少数民族,在民族自决和自治的原则下,共同抗日。

四、改革政治机构:

召集真正人民代表的国民大会,通过真正的民主宪法,决定抗日救国方针,选举国防政府。

国防政府必须吸收各党各派和人民团体中的革命分子,驱逐亲日分子。

国防政府采取民主集中制,它是民主的,又是集中的。

国防政府执行抗日救国的革命政策。

实行地方自治,铲除贪官污吏,建立廉洁政府。

五、抗日的外交政策:

在不丧失领土主权的范围内,和一切反对日本侵略主义的国家订立反侵略的同盟及抗日的军事互助协定。

拥护国际和平阵线，反对德日意侵略阵线。

联合朝鲜和日本国内的工农人民反对日本帝国主义。

六、战时的财政经济政策：

财政政策以有钱出钱和没收汉奸财产作抗日经费为原则。经济政策是：整顿和扩大国防生产，发展农村经济，保证战时生产品的自给。提倡国货，改良土产。禁绝日货，取缔奸商，反对投机操纵。

七、改良人民生活：

改良工人、职员、教员和抗日军人的待遇。

优待抗日军人的家属。

废除苛捐杂税。

减租减息。

救济失业。

调节粮食。

赈济灾荒。

八、抗日的教育政策：

改变教育的旧制度、旧课程，实行以抗日救国为目标的新制度、新课程。

九、肃清汉奸卖国贼亲日派，巩固后方。

十、抗日的民族团结：

在国共两党合作的基础上，建立全国各党各派各界各军的抗日民族统一战线，领导抗日战争，精诚团结，共赴国难。

（丁）必须抛弃单纯政府抗战的方针，实现全面的民族抗战的方针。政府必须和人民团结起来，恢复孙中山先生的全

部革命精神,实行上述的十大纲领,争取抗日战争的彻底胜
利。中国共产党及其所领导的民众和武装力量,决本上述纲
领,站在抗日的最前线,为保卫祖国流最后一滴血。中国共产
党在自己一贯的方针下愿意和中国国民党及全国其他党派,
站在一条战线上,手携手地团结起来,组成民族统一战线的坚
固长城,战胜万恶的日寇,为独立自由幸福的新中国而斗争。
为了达到这一目的,应该坚决反对那种投降妥协的汉奸理论,
同时也应该坚决反对那种以为无法战胜日寇的民族失败主
义。中国共产党坚决相信,在实现上述十大纲领的条件下,战
胜日寇的目的是一定能达到的。只要四亿五千万同胞一齐努
力,最后的胜利是属于中华民族的!

　　打倒日本帝国主义!

　　民族革命战争万岁!

　　独立自由幸福的新中国万岁!

注　　释

〔1〕　见本书第一卷《论反对日本帝国主义的策略》注〔4〕。
〔2〕　见本书第一卷《论反对日本帝国主义的策略》注〔8〕。
〔3〕　参见本书第一卷《关于蒋介石声明的声明》注〔1〕。
〔4〕　见本书第一卷《中国共产党在抗日时期的任务》注〔11〕。
〔5〕　参见本卷《反对日本进攻的方针、办法和前途》一文题解。
〔6〕　见本书第一卷《论反对日本帝国主义的策略》注〔13〕。
〔7〕　参见本书第一卷《中国共产党在抗日时期的任务》第八节。
〔8〕　参见本书第一卷《论反对日本帝国主义的策略》注〔29〕。
〔9〕　马德里是西班牙的首都。一九三六年七月,德意法西斯支持西班牙佛朗
哥法西斯势力发动叛乱,并武装干涉西班牙内政。西班牙人民在人民阵线政府领
导之下,进行了保卫民主反对侵略的英勇抗战。这个战争,以马德里的保卫战最

为激烈。保卫马德里的战争，从一九三六年十月起，前后坚持两年又五个月的时间。由于英法等帝国主义国家用虚伪的所谓"不干涉"政策帮助侵略者，又由于人民阵线内部发生了分化，马德里在一九三九年三月陷落。

反 对 自 由 主 义

（一九三七年九月七日）

我们主张积极的思想斗争，因为它是达到党内和革命团体内的团结使之利于战斗的武器。每个共产党员和革命分子，应该拿起这个武器。

但是自由主义取消思想斗争，主张无原则的和平，结果是腐朽庸俗的作风发生，使党和革命团体的某些组织和某些个人在政治上腐化起来。

自由主义有各种表现。

因为是熟人、同乡、同学、知心朋友、亲爱者、老同事、老部下，明知不对，也不同他们作原则上的争论，任其下去，求得和平和亲热。或者轻描淡写地说一顿，不作彻底解决，保持一团和气。结果是有害于团体，也有害于个人。这是第一种。

不负责任的背后批评，不是积极地向组织建议。当面不说，背后乱说；开会不说，会后乱说。心目中没有集体生活的原则，只有自由放任。这是第二种。

事不关己，高高挂起；明知不对，少说为佳；明哲保身，但求无过。这是第三种。

命令不服从，个人意见第一。只要组织照顾，不要组织纪律。这是第四种。

不是为了团结，为了进步，为了把事情弄好，向不正确的意见斗争和争论，而是个人攻击，闹意气，泄私愤，图报复。这是第五种。

听了不正确的议论也不争辩，甚至听了反革命分子的话也不报告，泰然处之，行若无事。这是第六种。

见群众不宣传，不鼓动，不演说，不调查，不询问，不关心其痛痒，漠然置之，忘记了自己是一个共产党员，把一个共产党员混同于一个普通的老百姓。这是第七种。

见损害群众利益的行为不愤恨，不劝告，不制止，不解释，听之任之。这是第八种。

办事不认真，无一定计划，无一定方向，敷衍了事，得过且过，做一天和尚撞一天钟。这是第九种。

自以为对革命有功，摆老资格，大事做不来，小事又不做，工作随便，学习松懈。这是第十种。

自己错了，也已经懂得，又不想改正，自己对自己采取自由主义。这是第十一种。

还可以举出一些。主要的有这十一种。

所有这些，都是自由主义的表现。

革命的集体组织中的自由主义是十分有害的。它是一种腐蚀剂，使团结涣散，关系松懈，工作消极，意见分歧。它使革命队伍失掉严密的组织和纪律，政策不能贯彻到底，党的组织和党所领导的群众发生隔离。这是一种严重的恶劣倾向。

自由主义的来源，在于小资产阶级的自私自利性，以个人利益放在第一位，革命利益放在第二位，因此产生思想上、政治上、组织上的自由主义。

　　自由主义者以抽象的教条看待马克思主义的原则。他们赞成马克思主义,但是不准备实行之,或不准备完全实行之,不准备拿马克思主义代替自己的自由主义。这些人,马克思主义是有的,自由主义也是有的:说的是马克思主义,行的是自由主义;对人是马克思主义,对己是自由主义。两样货色齐备,各有各的用处。这是一部分人的思想方法。

　　自由主义是机会主义的一种表现,是和马克思主义根本冲突的。它是消极的东西,客观上起着援助敌人的作用,因此敌人是欢迎我们内部保存自由主义的。自由主义的性质如此,革命队伍中不应该保留它的地位。

　　我们要用马克思主义的积极精神,克服消极的自由主义。一个共产党员,应该是襟怀坦白,忠实,积极,以革命利益为第一生命,以个人利益服从革命利益;无论何时何地,坚持正确的原则,同一切不正确的思想和行为作不疲倦的斗争,用以巩固党的集体生活,巩固党和群众的联系;关心党和群众比关心个人为重,关心他人比关心自己为重。这样才算得一个共产党员。

　　一切忠诚、坦白、积极、正直的共产党员团结起来,反对一部分人的自由主义的倾向,使他们改变到正确的方面来。这是思想战线的任务之一。

国共合作成立后的迫切任务

（一九三七年九月二十九日）

　　还在一九三三年，中国共产党就发表了在停止进攻红军、给民众以自由和武装民众三个条件之下，准备同任何国民党部队订立抗日协定的宣言。那是因为在一九三一年九一八事变发生后，中国人民的首要任务已经是反对日本帝国主义进攻中国了。但是我们的目的没有达到。

　　一九三五年八月，中国共产党和中国红军号召各党各派和全国同胞组织抗日联军和国防政府，共同反对日本帝国主义[1]。同年十二月，中国共产党通过了同民族资产阶级组织抗日民族统一战线的决议[2]。一九三六年五月，红军又发表了要求南京政府停止内战一致抗日的通电[3]。同年八月，中国共产党中央委员会又对国民党中央委员会送了一封信，要求国民党实行停战，并组织两党的统一战线，共同反对日本帝国主义[4]。同年九月，共产党又作了在中国建立统一的民主共和国的决议[5]。不但发了这些宣言、通电、书信和决议，而且派遣了自己的代表，多次和国民党方面进行谈判，然而还是没有结果。直至西安事变[6]发生，在一九三六年年底，中国共产党的全权代表才同国民党的主要负责人取得了在当时政治上的一个重要的共同点，即是两党停止内战，并实现了西安事变的和平解决。这是中国历史上的一件大事,从此建立了两党重新合作的一个必要的前提。

今年二月十日,当国民党三中全会的前夜,中国共产党中央为了具体地建立两党合作,乃以一个系统的建议电告该会[7]。在这个电报内,要求国民党向共产党保证停止内战,实行民主自由,召开国民大会,迅速准备抗日和改良人民生活等五项;共产党也向国民党保证取消两个政权敌对,红军改变名称,在革命根据地实行新民主制度和停止没收地主的土地等四项。这也是一个重要的政治步骤,因为如果没有这一步骤,则两党合作的建立势将推迟,而这对于迅速准备抗日是完全不利的。

自此以后,两党的谈判接近了一步。关于两党共同的政治纲领问题,要求开放民众运动和释放政治犯问题,红军改名问题等,共产党方面都提出了更具体的建议。虽然共同纲领的颁布,民众运动的开放,革命根据地的新制度的承认等事,至今还没有实现;然而红军改名为国民革命军第八路军(按抗日战线的战斗序列,又称第十八集团军)的命令,已在平津失守约一个月之后颁布了。还在七月十五日就已交付了国民党的中国共产党中央为宣布两党合作成立的宣言,以及当时约定随之发表的蒋介石氏承认中国共产党的合法地位的谈话,虽延搁太久,未免可惜,也于九月二十二日和二十三日,正当前线紧张之际,经过国民党的中央通讯社,先后发表了。共产党的这个宣言和蒋介石氏的这个谈话,宣布了两党合作的成立,对于两党联合救国的伟大事业,建立了必要的基础。共产党的宣言,不但将成为两党团结的方针,而且将成为全国人民大团结的根本方针。蒋氏的谈话,承认了共产党在全国的合法地位,指出了团结救国的必要,这是很好的;但是还没有抛弃国民党的自大精神,还没有必要的自我批评,这是我们所不能满意的。但是不论如何,两党的统一战线是宣告成立了。这在中国革命史上开辟了一个新纪元。这将给予中国革命以广大的深刻的影响,将对于打倒日本帝国主义发生决定的作用。

　　中国的革命,自从一九二四年开始,就由国共两党的情况起着决定的作用。由于两党在一定纲领上的合作,发动了一九二四年至一九二七年的革命。孙中山先生致力国民革命凡四十年还未能完成的革命事业,在仅仅两三年之内,获得了巨大的成就,这就是广东革命根据地的创立和北伐战争的胜利。这是两党结成了统一战线的结果。然而由于一部分人对于革命主义未能坚持,正当革命走到将次完成之际,破裂了两党的统一战线,招致了革命的失败,外患乃得乘机而入。这是两党统一战线破裂了的结果。现在两党重新结成的统一战线,形成了中国革命的一个新时期。尽管还有某些人还不明了这个统一战线的历史任务及其伟大的前途,还在认为结成这个统一战线不过是一个不得已的敷衍的临时的办法,然而历史的车轮将经过这个统一战线,把中国革命带到一个崭新的阶段上去。中国是否能由如此深重的民族危机和社会危机中解放出来,将决定于这个统一战线的发展状况。新的有利的证据已经表现出来了。第一个证据,是还在中国共产党开始提出统一战线政策的时候,就立即得到了全国人民的赞同。人心的向背,于此可见。第二个证据,是西安事变和平解决,两党实行停战以后,立即引起了国内各党各派各界各军进入了前所未有的团结状况。虽然这个团结对于抗日的需要说来还是异常不够的,特别是政府和人民之间的团结问题至今在基本上还没有解决。第三个证据,这是最为显著的,就是全国性抗日战争的发动。这个抗战,就目前的情况说来,我们是不能满意的,因为它虽然是全国性的,却还限制于政府和军队的抗战。我们早已指出,这样的抗战是不能战胜日本帝国主义的。虽然如此,但是确实已经发动了百年以来未曾有过的全国范围的对外抗战,没有国内和平和两党合作这是做不到的。如果说当两党统一战线破裂的时候,日寇可以不费一弹而得东北四省[8],那末,当两党统一战线重新建立了的今日,日寇就非经过血战的代价不能得到中国的土地。第四个证据,就是对国际的影响。全世界工农民众和共产党,都拥护中国共产党提出的抗日统一战线的主张。国共合作成立后,各国人民,特别是苏联,将更积极地援助中国。中苏已签订了互不侵犯条约[9],今后两国关系有更进一步的希望。根据上述的这些证据,我们可以判断,统一战线的发展,将使中国走向一个光明的伟大的前途,就是日本帝国主义的打倒和中国统一的民主共和国的建立。

　　然而这样伟大的任务,不是停止在现在状况的统一战线所能完成的。两党的统一战线还需要发展。因为现在成立的统一战线,还不是一个充实的坚固的统一战线。

　　抗日民族统一战线是否只限于国共两个党的呢?不是的,它是全民族的统一战线,两个党仅是这个统一战线中的一部分。抗日民族统一战线是各党各派各界各军的统一战线,是工农兵学商一切爱国同胞的统一战线。现在的统一战线事实上还停止在两个党的范围之内,广大的工人、农民、兵士、城市小资产阶级及其他许多爱国同胞还没有被唤起,还没有被发动,还没有组织起来和武装起来。这是目前的最严重的情形。它的严重性,就是影响到前线不能打胜仗。华北以至江浙前线的严重危机,现在已经不能掩饰,也无须掩饰了,问题是怎样挽救这个危机。挽救危机的唯一道路,就是实行孙中山先生的遗嘱,即"唤起民众"四个字。孙先生临终时的这个遗嘱,说他是积四十年的经验,深知必须这样做,才能达到革命的目的。究竟根据什么理由一定不肯实行这个遗嘱?究竟根据什么理由在如此危急存亡的关头还不下决心实行这个遗嘱?谁也明白,统制、镇压,是和"唤起民众"的原则相违背的。单纯的政府和军队的抗战,是决然不能战胜日本帝国主义的。我们还在今年五月间,就对于这个问题大声疾呼地警告过当权的国民党,指出了没有民众起来抗战,就会蹈袭阿比西尼亚的覆辙。不但中国共产党人,各地的许多先进同胞以及国民党的许多贤明的党员,都曾指出了这一点。可是统制政策依然没有改变。其结果就是政府和人民隔离,军队和人民隔离,军队中指挥员和战斗员隔离。统一战线没有民众充实起来,前线危机就无可避免地只会增大,不会缩小。

今天的抗日统一战线,还没有一个为两党所共同承认和正式公布的政治纲领,去代替国民党的统制政策。现在国民党对待民众的一套,还是十年来的一套,从政府机构,军队制度,民众政策,到财政、经济、教育等项政策,大体上都还是十年来的一套,没有起变化。起了变化的东西是有的,并且是很大的，这就是停止内战，一致抗日。两党的内战停止了，全国的抗日战争起来了，这是从西安事变以来中国政局的极大的变化。然而上述的一套则至今没有变化，这叫做没有变化的东西和变化了的东西不相适应。过去的一套仅适用于对外妥协和对内镇压革命，现在还是用了这一套去对付日本帝国主义的进攻，所以处处不适合，各种弱点都暴露出来。不干抗日战争则已，既然要干了，并且已经干起来了，又已经暴露出严重的危机了，还不肯改换一套新的干法，前途的危险是不堪设想的。抗日需要一个充实的统一战线，这就要把全国人民都动员起来加入到统一战线中去。抗日需要一个坚固的统一战线，这就需要一个共同纲领。共同纲领是这个统一战线的行动方针，同时也就是这个统一战线的一种约束，它像一条绳索，把各党各派各界各军一切加入统一战线的团体和个人都紧紧地约束起来。这才能说得上坚固的团结。我们反对旧的那一套约束，因为它不适应于民族革命战争。我们欢迎建立一套新的约束代替旧的，这就是颁布共同纲领，建立革命秩序。必须如此，才能适应抗日战争。

共同纲领是什么呢？这就是孙中山先生的三民主义和共产党在八月二十五日提出的抗日救国十大纲领[10]。

中国共产党在公布国共合作的宣言上说："孙中山先生的三民主义为中国今日之必需，本党愿为其彻底实现而奋斗。"若干人们对于共产党愿意实行国民党的三民主义觉得奇怪，如像上海的诸青来[11]，就是在上海的刊物上提出这种疑问的一个。他们以为共产主义和三民主义是不能并存的。这是一种形式主义的观察。共产主义是在革命发展的将来阶段实行的,共产主义者在现在阶段并不梦想实行共产主义,而是要实行历史规定的民族革命主义和民主革命主义,这是共产党提出抗日民族统一战线和统一的民主共和国的根本理由。说到三民主义,还在十年前两党的第一次统一战线时,共产党和国民党就已经经过国民党第一次全国代表大会而共同决定加以实行,并且已经在一九二四年至一九二七年,经过每一个忠实的共产党人和每一个忠实的国民党人的手,在全国很大的地区中实行过了。不幸在一九二七年统一战线破裂,从此产生了国民党方面十年来反对实行三民主义的局面。然而在共产党方面,十年来所实行的一切政策,根本上仍然是符合于孙中山先生的三民主义和三大政策的革命精神的。共产党没有一天不在反对帝国主义,这就是彻底的民族主义;工农民主专政制度也不是别的,就是彻底的民权主义;土地革命则是彻底的民生主义。为什么共产党现在又申明取消工农民主专政和停止没收地主的土地呢?这个理由我们也早已说明了,不是这种制度和办法根本要不得,而是日本帝国主义的武装侵略引起了国内阶级关系的变化,使联合全民族各阶层反对日本帝国主义成了必需,而且有了可能。不但在中国,而且在世界范围内,为了共同反对法西斯,建立反法西斯的统一战线也有了必需和可能。所以,我们主张在中国建立民族的和民主的统一战线。我们用以代替工农民主专政的各阶层联合的民主共和国的主张,是在这种基础之上提出的。实行“耕者有其田”的土地革命,正是孙中山先生曾经提出过的政策;我们今天停止实行这个政策,是为了团结更多的人去反对日本帝国主义,而不是说中国不要解决土地问题。关于这种政策改变的客观原因和时间性，我们曾经毫不含糊地说明了自己的观点。正是因为中国共产党根据马克思主义的原则，一贯地坚持了并发展了第一次国共统一战线的共同纲领即革命的三民主义，所以共产党能于强寇压境民族危急之际，及时地提出民族民主的统一战线这种唯一能够挽救危亡的政策，并且不疲倦地实行之。现在的问题，不是共产党信仰不信仰实行不实行革命的三民主义的问题，反而是国民党信仰不信仰实行不实行革命的三民主义的问题。现在的任务，是在全国范围内恢复孙中山先生的三民主义的革命精神，据以定出一定的政纲和政策，并真正而不二心地、切实而不敷衍地、迅速而不推延地实行起来，这在中国共产党方面真是日夜馨香祷祝之的。为此，共产党在卢沟桥事变之后，提出了抗日救国的十大纲领。这个十大纲领，符合于马克思主义，也符合于真正革命的三民主义。这是现阶段中国革命即抗日民族革命战争中的初步的纲领，只有实行了它，才能挽救中国。一切和这个纲领相抵触的东西，如果还要继续下去，就会要受到历史的惩罚。

　　这个纲领之在全国范围内实行，不得到国民党同意是不可能的，因为国民党现在还是中国的最大的握有统治权的政党。我们相信，那些贤明的国民党人会有一天同意这个纲领的。因为如果不同意的话，三民主义就始终是一句空话，孙中山先生的革命精神就不能恢复，日本帝国主义就不能战胜，中国人民的亡国奴境遇就无可避免。真正贤明的国民党人是决不愿意这样的，全国人民也决不会眼看着尽当亡国奴。而况蒋介石先生在其九月二十三日的谈话中已经指出："余以为吾人革命所争者，不在个人之意气与私见，而为三民主义之实现。在存亡危急之秋,更不应计较过去之一切,而当与全国国民彻底更始,力谋团结,以保国家之生命与生存。"这是很对的。现在的急务在谋三民主义的实现,放弃个人和小集团的私见,改变过去的老一套,立即实行符合于三民主义的革命纲领,彻底地与民更始。这是今天的唯一的道路。再要推延,就会悔之无及了。

然而要实行三民主义和十大纲领,需要实行的工具,这就提出了改造政府和改造军队的问题。现在的政府还是国民党一党专政的政府,不是民族民主的统一战线的政府。三民主义和十大纲领的实行,没有一个民族民主的统一战线的政府是不可能的。现在国民党军队的制度还是老制度,要用这种制度的军队去战胜日本帝国主义是不可能的。现在的军队都在执行抗战的任务,我们对于所有这样的军队,特别是在前线抗战的军队,都是具有钦敬之忱的。然而国民党军队的制度不适宜于执行彻底战胜日寇的任务,不适宜于顺利地执行三民主义和革命纲领,必须加以改变,这在三个月来的抗战教训中已经证明了。改变的原则就是实行官兵一致、军民一致。现在国民党军队的制度是基本上违反这两个原则的。广大的将士虽有忠勇之心,但束缚于旧制度,无法发挥其积极性,因此旧制度应该迅速地开始改造。不是说把仗停下来改造了制度再打,一面打仗一面就可以改变制度。中心任务是改变军队的政治精神和政治工作。模范的前例,就是在北伐战争时代的国民革命军,那是大体上官兵一致、军民一致的军队,恢复那时的精神是完全必要的。中国应学习西班牙战争的教训,西班牙共和国的军队是从极困难的境遇中创造出来的。

中国的条件优于西班牙，但是缺乏一个充实的坚固的统一战线，缺乏一个能执行全部革命纲领的统一战线的政府，又缺乏大量的新制度的军队。中国应该补救这些缺点。中国共产党领导的红军，在今天，对于整个抗日战争，还只能起先锋队的作用，还不能在全国范围内起决定的作用，但是它的一些政治上、军事上、组织上的优点是足供全国友军采择的。这个军队也不是一开始就像现在的情形，它也曾经过许多的改造工作，主要地是肃清了军队内部的封建主义，实行了官兵一致和军民一致的原则。这个经验，可以供全国友军的借鉴。

当权的国民党的抗日同志们，我们和你们在今天一道负着救亡图存的责任。你们已经和我们建立起抗日统一战线了，这是很好的。你们实行了对日抗战，这也是很好的。但是我们不同意你们继续其他的老政策。我们应该把统一战线发展充实起来，把民众加进去。应该把它巩固起来，实行一个共同纲领。应该决心改变政治的制度和军队的制度。一个新政府的出现是完全必要的，有了这样一个政府，才能执行革命的纲领，也才能在全国范围内着手改造军队。我们的这个建议是时代的要求。这个要求，你们党中也有许多人感觉到，现在是实行的时候了。孙中山先生曾经下决心改造政治制度和军事制度，因而奠定了一九二四年到一九二七年的革命的基础。实行同样改造的责任，今天是落在你们的肩上了。一切忠诚爱国的国民党人当不以我们的建议为不切需要。我们坚决相信，这个建议是符合于客观的需要的。

我们民族已处在存亡绝续的关头，国共两党亲密地团结起来啊！全国一切不愿当亡国奴的同胞在国共两党团结的基础之上亲密地团结起来啊！实行一切必要的改革来战胜一切困难，这是今日中国革命的迫切任务。完成了这个任务，就一定能够打倒日本帝国主义。只要我们努力，我们的前途是光明的。

注　　释

〔1〕参见本书第一卷《中国共产党在抗日时期的任务》注〔3〕。

〔2〕参见本书第一卷《中国共产党在抗日时期的任务》注〔4〕。

〔3〕见本书第一卷《中国共产党在抗日时期的任务》注〔5〕。

〔4〕参见本书第一卷《关于蒋介石声明的声明》注〔9〕。

〔5〕参见本书第一卷《中国共产党在抗日时期的任务》注〔7〕。

〔6〕参见本书第一卷《关于蒋介石声明的声明》注〔1〕。

〔7〕见本书第一卷《中国共产党在抗日时期的任务》注〔9〕。

〔8〕见本书第一卷《论反对日本帝国主义的策略》注〔5〕。

〔9〕《中苏互不侵犯条约》订立于一九三七年八月二十一日。

〔10〕见本卷《为动员一切力量争取抗战胜利而斗争》。

〔11〕诸青来，上海人。一九三四年参加中国国家社会党，曾任上海大夏大学、光华大学等校教授。一九三七年七月抗日战争爆发后，他在上海《新学识》杂志上发表文章，反对中国共产党关于建立抗日民族统一战线的政策，反对国共合作。后来，他公开投降日本帝国主义，成为汪精卫汉奸政府中的一员。

和英国记者贝特兰的谈话

（一九三七年十月二十五日）

中国共产党和抗日战争

贝问：中国共产党在中日战争爆发前后，有什么具体表示？

毛答：在这次战争爆发以前，中国共产党曾经再三向全国警告过，对日战争是不能避免的，所有日本帝国主义者所谓"和平解决"的言论，日本外交家的漂亮词句，都不过是掩盖其战争准备的烟幕弹。我们曾经反复地指出，必须加强统一战线，实行革命的政策，才能进行胜利的民族解放战争。革命政策中特别重要的，是中国政府必须实现民主改革，以动员全体民众加入抗日战线。对于相信日本的"和平保证"，以为战争或可避免，以及相信不动员民众也可以抵抗日寇的人们，我们曾经反复地指出了他们的错误。战争的爆发及其经过，证明我们这些意见的正确。卢沟桥事变发生的第二天，共产党即向全国发出宣言，号召各党各派各阶层一致抵抗日寇的侵略，加强民族统一战线。不久我们又发表了《抗日救国十大纲领》[1]，提出在抗日战争中中国政府所应采取的政策。国共合作成立之时，又发表了一个重要的宣言。这些都证明我们对于加强统一战线实行革命政策来进行抗日战争的这种方针，是坚持不懈的。在这个时期中，我们的基本口号就是"全面的全民族的抗战"。

抗日战争的情况和教训

问：据你的观察，战争到现在已经产生了一些什么结果？

答：主要的有两方面。一方面是日本帝国主义的攻城、略地、奸淫、抢劫、焚烧和屠杀，把亡国危险最后地加在中国人身上。另一方面是中国大多数人从此得到了深刻的认识，知道非进一步团结和实现全民抗战不能挽救危机。同时，也开始提醒了世界各和平国家认识抵抗日本威胁的必要。这些就是已经产生了的结果。

问：日本的目的你以为是什么？这些目的已经实现了多少？

答：日本的计划，第一步是占领华北和上海，第二步是占领中国的其他区域。说到日寇实现其计划的程度，由于中国的抗战至今还限于单纯的政府和军队的抗战，日寇已在短期内取得了河北、察哈尔、绥远[2]三省，山西亦在危急中。惟有实行民众和政府一致的抗战，才能挽救这个危局。

问：据你的意见，中国的抗战也有它的成绩没有？如果说到教训，则教训在何处？

答：这个问题我愿意和你多谈一谈。首先来说，成绩是有的，而且是伟大的。这表现在：（一）现在的抗日战争，是自有帝国主义侵略中国以来所没有的。它在地域上是真正全国的战争。这个战争的性质是革命的。（二）战争使全国分崩离析的局面变成了比较团结的局面。国共合作是这个团结的基础。（三）唤起了国际舆论的同情。国际间过去鄙视中国不抵抗的，现在转变为尊敬中国的抵抗了。（四）给了日寇以很大的消耗。听说日寇资财的消耗是每天二千万日元；人员的消耗尚无统计，但一定也是很大的。如果说过去日寇差不多不费一点气力唾手而得东四省[3]，现在就非经过血战不能占领中国的土地了。日寇原欲在中国求偿其大欲，但中国的长期抵抗，将使日本帝国主义本身走上崩溃的道路。从这一方面说，中国的抗战不但为了自救，且在全世界反法西斯阵线中尽了它的伟大责任。抗日战争的革命性也表现在这一方面。（五）从战争取得了教训。这是用土地和血肉换来的。

说到教训，那也是很大的。几个月的抗战，暴露了中国的许多弱点。这首先表现在政治方面。这次参战的地域虽然是全国性的，参战的成分却不是全国性的。广大的人民群众依然如过去一样被政府限制着不许起来参战，因此现在的战争还不是群众性的战争。反对日本帝国主义侵略的战争而不带群众性，是决然不能胜利的。有些人说："现在的战争已经是全面性的战争。"这只说明了参战地域的普遍。从参战的成分说来则是片面的，因为抗战还只是政府和军队的抗战，不是人民的抗战。几个月来许多土地的丧失，许多军队的失利，主要的原因就在这里。所以，现在的抗战虽然是革命的，但是它的革命性不完全，就是因为还不是群众战。这也同时是一个团结问题。中国各党派间虽然较前团结，但是还远远地没有达到必要的程度。政治犯大多数还没有释放，党禁并没有完全开放。至于政府和人民之间,军队和人民之间,军官和士兵之间,关系依然十分恶劣,这里有的是隔离而不是团结。这是一个最基本的问题。这个问题不解决,战争的胜利是无从说起的。此外,军事上的错误,也是丧军失地的一个大原因。打的大半都是被动的仗,军事术语叫做"单纯防御"。这样的打法是没有可能胜利的。要胜利必须政治上军事上都采取和现时大有区别的政策。这就是我们所得的教训。

问:那末,政治上军事上必需的条件是什么?

答:政治上说来,第一、须将现政府改造成为一个有人民代表参加的统一战线的政府。这个政府是民主的,又是集中的。这个政府实行必要的革命政策。第二、允许人民以言论、出版、集会、结社和武装抗敌的自由,使战争带着群众性。第三、人民生活的改良是必要的,改良办法包括废除苛捐杂税,减租减息,改良工人和下级官兵的待遇,优待抗日军人家属,救济灾民难民等等。政府的财政应该放在合理负担即有钱出钱的原则上。第四、外交政策的积极化。第五、文化教育政策的改革。第六、严厉地镇压汉奸。这个问题现在已到了极严重的程度。汉奸们横行无忌:在战区则援助敌人,在后方则肆行捣乱,并有装出抗日面貌反称爱国人民为汉奸而加以逮捕者。但是要真正镇压汉奸,只有人民起来和政府合作,才有可能。军事上说来,亦须实行全盘的改革,主要地是战略战术上单纯防御的方针,改变为积极攻击敌人的方针;旧制度的军队,改变为新制度的军队;强迫动员的方法,改变为鼓动人民上前线的方法;不统一的指挥,改变为统一的指挥;脱离人民的无纪律状态,改变为建设在自觉原则上的秋毫无犯的纪律;

单单正规军作战的局面,改变为发展广泛的人民游击战争配合正规军作战的局面,等等。所有上述这些政治军事条件,都在我们发布的十大纲领中提出来了。这些政策,都符合于孙中山先生的三民主义、三大政策及其遗嘱的精神。只有实行这些,战争才能胜利。

问:共产党如何使这个纲领实行起来?

答:我们的工作,是以不疲倦的努力,解释现在的形势,联合国民党及其他一切爱国党派,为扩大和巩固抗日民族统一战线,动员一切力量,争取抗战胜利而斗争。现在的抗日民族统一战线,范围还很狭小,必须把它扩大起来,这就是实行孙中山先生的"唤起民众"的遗嘱,动员社会的下层民众加进这个统一战线去。说到统一战线的巩固,就是要实行一个共同纲领,用这个纲领来约束各党各派的行动。我们同意以孙中山先生的革命的三民主义、三大政策及其遗嘱,作为各党派各阶层统一战线的共同纲领。但这个纲领至今没有为各党派所承认,首先国民党还没有承认发布这样一个全部的纲领。国民党现在已经部分地实行了孙中山先生的民族主义,这表现在实行了对日抗战。但是民权主义是没有实行的,民生主义也没有实行,这样就使得现在的抗战发生了严重的危机。现在战争如此紧急,应是国民党全部实行三民主义的时候了,再不实行就要悔之无及了。共产党的责任,在于大声疾呼地向国民党和全国人民作不疲倦的解释和说服,务使真正革命的三民主义、三大政策及孙氏遗嘱,全部地彻底地在全国范围内实行起来,用以扩大和巩固抗日民族统一战线。

在抗日战争中的八路军

问：请你告我以八路军的情形，这是很多人关心的，例如战略战术方面，政治工作方面等等。

答：自红军改编为八路军开赴前线以后，关心它的行动的人确是很多的。我现在向你说明一个大概。

先说战斗情况。在战略上，八路军正以山西为中心进行战争。如你所知，八路军曾经取得了多次的胜利，例如平型关的战斗，井坪、平鲁、宁武的夺回，涞源、广灵的克复，紫荆关的占领，大同雁门关间、蔚县平型关间、朔县宁武间日军的三条主要运输道路的截断，对雁门关以南日军后方的攻击，平型关、雁门关的两次夺回，以及近日的曲阳、唐县的克复等。进入山西的日本军队，现在在战略上是在八路军和其他中国军队的四面包围之中。我们可以断言，日军在华北今后将遇到最坚强的抵抗。日军要在山西横行，必然将遇到它前所未有的困难。

其次，战略战术问题。我们采取了其他中国军队所没有采取的行动，主要地是在敌军翼侧和后方作战。这种战法，比较单纯的正面防御大有区别。我们不反对使用一部分兵力于正面，这是必要的。但主力必须使用于侧面，采取包围迂回战法，独立自主地攻击敌人，才能保存自己的力量，消灭敌人的力量。再则使用若干兵力于敌人后方，其威力特别强大，因为捣乱了敌人的运输线和根据地。就是在正面作战的军队，也不可用单纯防御的战法，主要应采取"反突击"。几个月来军事上的失利，作战方法失宜是其重要原因之一。现在八路军采用的战法,我们名之为独立自主的游击战和运动战。这和我们过去在国内战争时采用的战法,基本原则是相同的,但亦有某些区别。拿现时这一阶段的情况来讲,集中使用兵力之时较少,分散使用兵力之时较多,这是为着便于在广大地域袭击敌人翼侧和后方。若在全国军队,因其数量广大,应以一部守正面及以另一部分散进行游击战,主力也应经常集中地使用于敌之翼侧。军事上的第一要义是保存自己消灭敌人,而要达到此目的,必须采用独立自主的游击战和运动战,避免一切被动的呆板的战法。如果大量军队采用运动战,而八路军则用游击战以辅助之,则胜利之券,必操我手。

其次,政治工作问题。八路军更有一种极其重要和极其显著的东西,这就是它的政治工作。八路军的政治工作的基本原则有三个,即:第一、官兵一致的原则,这就是在军队中肃清封建主义,废除打骂制度,建立自觉纪律,实行同甘共苦的生活,因此全军是团结一致的。第二、军民一致的原则,这就是秋毫无犯的民众纪律,宣传、组织和武装民众,减轻民众的经济负担,打击危害军民的汉奸卖国贼,因此军民团结一致,到处得到人民的欢迎。第三、瓦解敌军和宽待俘虏的原则。我们的胜利不但是依靠我军的作战,而且依靠敌军的瓦解。瓦解敌军和宽待俘虏的办法虽然目前收效尚未显著,但在将来必定会有成效的。此外,从第二个原则出发,八路军的补充不采取强迫人民的方式,而采取鼓动人民上前线的方式,这个办法较之强迫的办法收效大得多。

现在河北、察哈尔、绥远和山西的一部分虽已丧失,但我们决不灰心,坚决号召全军配合一切友军为保卫山西恢复失地而血战到底。八路军将和其他中国部队一致行动,坚持山西的抗战局面;这对于整个的战争,特别是对于华北的战争,是有重大的意义的。

问:据你看来,八路军的这些长处,是否也能适用于其他中国军队?

答:完全能够适用。国民党的军队本来是有大体上相同于今日的八路军的精神的,那就是在一九二四年到一九二七年的时代。那时中国共产党和国民党合作组织新制度的军队,在开始时候不过两个团,便已团结了许多军队在它的周围,取得第一次战胜陈炯明的胜利。往后扩大成为一个军,影响了更多的军队,于是才有北伐之役。那时军队有一种新气象,官兵之间和军民之间大体上是团结的,奋勇向前的革命精神充满了军队。那时军队设立了党代表和政治部,这种制度是中国历史上没有的,靠了这种制度使军队一新其面目。一九二七年以后的红军以至今日的八路军,是继承了这种制度而加以发展的。一九二四年到一九二七年革命时代有了新精神的军队,其作战方法也自然与其政治精神相配合,不是被动的呆板的作战,而是主动的活泼的富于攻击精神的作战,因此获得了北伐的胜利。现在的抗日战场,正需要这样的军队。这样的军队并不一定要有几百万,有了几十万作中心就能战胜日本帝国主义。抗战以来全国军队的英勇牺牲,我们是十分敬佩的,但是需要从血战中得出一定的教训。

问:宽待俘虏的政策,在日本军队的纪律下未必有效吧?例如释放回去后日方就把他们杀了,日军全部并不知道你们政策的意义。

答：这是不可能的。他们越杀得多，就越引起日军士兵同情于华军。这种事瞒不了士兵群众的眼睛。我们的这种政策是坚持的，例如日军现已公开声言要对八路军施放毒气，即使他们这样做，我们宽待俘虏的政策仍然不变。我们仍然把被俘的日本士兵和某些被迫作战的下级干部给以宽大待遇，不加侮辱，不施责骂，向他们说明两国人民利益的一致，释放他们回去。有些不愿回去的，可在八路军服务。将来抗日战场上如果出现"国际纵队"，他们即可加入这个军队，手执武器反对日本帝国主义。

抗日战争中的投降主义

问：据我所知，日本一面进行战争，一面又在上海放出和平空气。日本的目的究竟何在？

答：日本帝国主义在达到它的一定步骤后，它将为着三个目的再一次放出和平的烟幕弹。这三个目的是：（一）巩固已得的阵地，以便作为第二步进攻的战略出发地；（二）分裂中国的抗日阵线；（三）拆散世界各国援助中国的阵线。现在的和平空气，不过是施放和平烟幕弹的开始而已。危险是在中国居然有些动摇分子正在准备去上敌人的钓钩，汉奸卖国贼从而穿插其间，散布种种谣言，企图使中国投降日寇。

问：据你看，这种危险的前途如何？

答：前途不外两种，一是中国人民把投降主义克服下去；一是投降主义得势，中国陷于纷乱，抗日阵线趋于分裂。

问：两种情况中何种可能为多？

答：中国人民是全体要求抗战到底的，中国统治集团中如果有一部分人在行动上走入投降道路，则其余坚决部分必起而反对，和人民一道继续抗战。这种情况，当然是中国抗日战线的不幸。但是我相信投降主义者是得不到群众的；群众将克服投降主义，使战争坚持下去，争取战争的胜利。

问：请问如何克服投降主义？

答：言论上指出投降主义的危险，行动上组织人民群众制止投降运动。投降主义根源于民族失败主义，即民族悲观主义，这种悲观主义认为中国在打了败仗之后再也无力抗日。不知失败正是成功之母，从失败经验中取得了教训，即是将来胜利的基础。悲观主义只看见抗战中的失败，不看见抗战中的成绩，尤其不看见失败中已经包含了胜利的因素，而敌人则在胜利中包含了失败的因素。我们应当向人民群众指出战争的胜利前途，使他们明白失败和困难的暂时性，只要百折不回地奋斗下去，最后的胜利必属于我们。投降主义者没有了群众的基础，即无所施其伎俩，抗日战线便能巩固起来。

民主制度和抗日战争

问：共产党在纲领中提出的"民主"是什么意思？它和"战时政府"岂不是互相冲突的？

答：一点也不冲突。共产党还在一九三六年八月就提出了"民主共和国"这个口号。这个口号政治上组织上的含义包括如下三点：（一）不是一个阶级的国家和政府，而是排除汉奸卖国贼在外的一切抗日阶级互相联盟的国家和政府，其中必须包括工人、农民及其他小资产阶级在内。(二)政府的组织形式是民主集中制,它是民主的,又是集中的,将民主和集中两个似乎相冲突的东西,在一定形式上统一起来。(三)政府给予人民以全部必需的政治自由,特别是组织、训练和武装自卫的自由。从这三方面看来,它和所谓"战时政府"并没有任何的冲突,这正是一个利于抗日战争的国家制度和政府制度。

问:可是"民主集中"在名词上不是矛盾的东西吗?

答:应当不但看名词,而且看实际。民主和集中之间,并没有不可越过的深沟,对于中国,二者都是必需的。一方面,我们所要求的政府,必须是能够真正代表民意的政府;这个政府一定要有全中国广大人民群众的支持和拥护,人民也一定要能够自由地去支持政府,和有一切机会去影响政府的政策。这就是民主制的意义。另一方面,行政权力的集中化是必要的;当人民要求的政策一经通过民意机关而交付与自己选举的政府的时候,即由政府去执行,只要执行时不违背曾经民意通过的方针,其执行必能顺利无阻。这就是集中制的意义。只有采取民主集中制,政府的力量才特别强大,抗日战争中国防性质的政府必定要采取这种民主集中制。

问:这和战时内阁制度不相符合吧?

答:这和历史上的某些战时内阁制度不相符合。

问:难道也有符合的?

答:也有符合的。战时的政治制度大体上可以分为两类,一是民主集中的,一是绝对集中的,由战争的性质所决定。历史上的一切战争,依其性质可以分为两类,一是正义的战争,一是非正义的战争。例如二十几年前的欧洲大战,就是一个非正义的帝国主义性质的战争。那时各个帝国主义国家的政府强迫人民为帝国主义的利益作战，违反人民的利益；在这种情形下，英国路易乔治[4]一类的政府就是需要的。路易乔治压迫英国人民不许说反对帝国主义战争的话，任何表现这种民意的机关和集会都不许存在；即使仍然有国会，那也是奉令通过战争预算的国会，也是一群帝国主义者的机关。政府和人民在战争中的不一致，就产生了只要集中不要民主的绝对集中主义的政府。可是历史上还有革命的战争，例如法国的革命战争、俄国的革命战争、目前西班牙的革命战争。在这一类的战争中，政府不怕人民不赞成战争，因为人民极愿意进行这种战争；政府的基础建设在人民的自愿支持之上，所以政府不但不惧怕人民，而且必须唤起人民，引导人民发表意见，以便积极地参加战争。中国的民族解放战争是人民完全同意的，战争的进行没有人民参加又是不能胜利的，因此民主集中制成为必要。中国一九二六年到一九二七年的北伐战争，也是依靠民主集中制取得了胜利。由此可见，如果战争的目的是直接代表着人民利益的时候，政府越民主，战争就越好进行。这样的政府就不应畏惧人民反对战争，相反，这个政府所顾虑的，应是人民的不起来和对于战争的冷淡。战争的性质决定政府和人民的关系，这是一个历史的原则。

问：那末，你们准备经过什么步骤实现新的政治制度？

答：关键在于国共两党的合作。

问：为什么？

答：十五年来的中国政局，国共两党的关系是决定的因素。一九二四年到一九二七年的两党合作，造成了第一次革命的胜利。一九二七年两党的分裂，造成了十年来的不幸局面。然而分裂的责任不在我们，我们是被迫转入抵抗国民党压迫的方向的，我们坚持了解放中国的光荣的旗帜。现在进入第三个阶段了，为了抗日救国，两党必须在一定纲领上进行彻底的合作。经过我们不断的努力，这个合作算是成立了，问题在于双方承认一个共同纲领，并在这个纲领上行动起来。新的政治制度的建立，是这纲领的重要部分。

问：怎样经过两党的合作达到新制度的建立？

答：我们正在提议改造政府机构和军队制度。为应付当前的紧急状态，我们提议召集临时国民大会。这个大会的代表，应大体上采用孙中山先生在一九二四年的主张，由各抗日党派、抗日军队、抗日民众团体和实业团体，按照一定比例推选出来。这个大会的职权，应是国家的最高权力机关，由它决定救国方针，通过宪法大纲，并选举政府。我们认为抗战已到了紧急的转变关头，只有迅速召集这种有权力而又能代表民意的国民大会，才能一新政治面目，挽救时局危机。这一提议我们正在向国民党交换意见，希望得到他们的同意。

问：国民政府不是宣布了停止国民大会的召集吗？

答：那个停止是对的。停止的是国民党过去准备召集的国民大会，那个大会按国民党的规定是一点权力也没有的，其选举更根本不合民意。我们和社会各界都不同意那样的国民大会。我们现在提议的临时国民大会，和已经停止的根本不同。临时国民大会开会之后，全国面目必为之一新，政府机构的改造，军队的改造和人民的动员，就得着一个必要的前提。抗战局面的转机，实系于此。

注　　释

〔1〕见本卷《为动员一切力量争取抗战胜利而斗争》。

〔2〕察哈尔，原来是一个省，一九五二年撤销，原辖地区划归河北、山西两省。绥远，原来也是一个省，一九五四年撤销，原辖地区划归内蒙古自治区。

〔3〕见本书第一卷《论反对日本帝国主义的策略》注〔5〕。

〔4〕路易乔治即劳合·乔治，一九一六年至一九二二年任英国首相。

上海太原失陷以后
抗日战争的形势和任务 *

（一九三七年十一月十二日）

一　目前形势是处在片面抗战
到全面抗战的过渡期中

（一）我们赞助一切反对日本帝国主义进攻的抗战，即使是片面的抗战。因为它比不抵抗主义进一步，因为它是带着革命性的，因为它也是在为着保卫祖国而战。

（二）但是我们早就指出（今年四月延安党的活动分子会议[1]，五月党的全国代表会议[2]，八月中央政治局的决议[3]）：不要人民群众参加的单纯政府的片面抗战，是一定要失败的。因为它不是完全的民族革命战争，因为它不是群众战争。

（三）我们主张全国人民总动员的完全的民族革命战争，或者叫作全面抗战。因为只有这种抗战，才是群众战争，才能

---

* 这是毛泽东一九三七年十一月在延安中国共产党的活动分子会议上的报告提纲。从这时起，党内右倾机会主义分子就反对这个提纲；直到一九三八年九月至十一月召开的中共六届六中全会才基本上克服了这种右的偏向。

达到保卫祖国的目的。

（四）国民党主张的片面抗战，虽然也是民族战争，虽然也带着革命性，但其革命性很不完全。片面抗战是一定要引导战争趋于失败的，是决然不能保卫祖国的。

（五）这是共产党的抗战主张和现时国民党的抗战主张的原则分歧。如果共产党员忘记了这个原则性，他们就不能正确地指导抗日战争，他们就将无力克服国民党的片面性，就把共产主义者降低到无原则的地位，把共产党降低到国民党。他们就是对于神圣的民族革命战争和保卫祖国的任务犯了罪过。

（六）在完全的民族革命战争或全面抗战中，必须执行共产党提出的抗日救国十大纲领[4]，必须有一个完全执行这个纲领的政府和军队。

（七）上海太原失陷后的形势是这样的：

1、在华北，以国民党为主体的正规战争已经结束，以共产党为主体的游击战争进入主要地位。在江浙，国民党的战线已被击破，日寇正向南京和长江流域进攻。国民党的片面抗战已表现不能持久。

2、英、美、法等国政府为它们自己的帝国主义的利益表示援助中国，还限于口头上的同情，而没有什么实力的援助。

3、德意法西斯竭力援助日本帝国主义。

4、国民党对于它的用以进行片面抗战的一党专政及其对民众的统制政策，还不愿意作原则上的改变。

这些是一方面的情形。

另一方面则表现：

1、共产党和八路军的政治影响极大地极快地扩大,"民族救星"的声浪在全国传布着。共产党和八路军决心坚持华北的游击战争,用以捍卫全国,钳制日寇向中原和西北的进攻。

2、民众运动开展了一步。

3、民族资产阶级的左倾。

4、国民党中主张改革现状的势力正在增长。

5、世界人民反对日本和援助中国的运动正在发展。

6、苏联正在准备用实力援助中国。

这些是又一方面的情形。

(八)因此,目前是处在从片面抗战到全面抗战的过渡期中。片面抗战已经无力持久,全面抗战还没有来到。这是一个青黄不接的危机严重的过渡期。

(九)在此期间,中国的片面抗战可能向三个方向发展:

第一个方向,结束片面抗战,代以全面抗战。这是国内大多数人的要求,但是国民党还没有下决心。

第二个方向,结束抗战,代以投降。这是日寇、汉奸和亲日派的要求,但是遭到了中国大多数人的反对。

第三个方向,抗战和投降并存于中国。这将是日寇、汉奸和亲日派无法达到第二个方向的目的,因而实行其破裂中国抗日阵线的阴谋诡计的结果。他们正在策动这一着。这个危险严重地存在着。

(十)依目前形势看来,国内国际不许可投降主义得势的因素,占着优势。这些因素是:日本坚决灭亡中国的方针使中国处于非战不可的地位,共产党和八路军的存在,中国人民的要求,国民党内多数党员的要求,英、美、法顾虑到国民党投降对于它们利益的损失,苏联的存在及其援助中国的方针,中国人民对于苏联的深切希望(这种希望不是空的)等等。如果把这些因素好好地组织起来,不但将克服投降和分裂的因素,也将克服停顿于片面抗战的因素。

(十一)因此,从片面抗战转变到全面抗战的前途是存在的。争取这个前途,是一切中国共产党员、一切中国国民党的进步分子和一切中国人民的共同的迫切的任务。

(十二)中国抗日民族革命战争现在是处在严重的危机中。危机也许将延长,也许将较快地被克服。决定的因素,在中国内部是国共两党的合作和在这一合作的基础上的国民党政策的转变,是工农群众的力量;在中国外部是苏联的援助。

(十三)国民党有在其政治上组织上加以改造的必要,也有这种可能[5]。这主要地是因为日本的压迫,中国共产党的统一战线政策,中国人民的要求,国民党内部新生力量的增长。我们的任务是争取它实现这一改造,以便作为改造政府和改造军队的基础。这一改造无疑须得到国民党中央的同意,我们是站在建议的地位。

(十四)改造政府。我们提出了召集临时国民大会的方针,这也是必要的和可能的。这一改造也无疑须得到国民党的同意。

(十五)改造军队的任务是建立新军和改造旧军。如能在半年到一年内建立二十五万到三十万具有新的政治精神的军队,则抗日战场上必能开始看到转机。这种新军将影响并团结一切旧军。这是抗日战争转入战略反攻的军事基础。这一改造,同样须得到国民党的同意。八路军应在这一改造过程中起模范作用。八路军本身应该扩大。

二　在党内在全国均须反对投降主义

在党内,反对阶级对阶级的投降主义

（十六）一九二七年陈独秀的投降主义[6],引导了那时的革命归于失败。每个共产党员都不应忘记这个历史上的血的教训。

（十七）关于党的抗日民族统一战线的路线,在卢沟桥事变以前,党内的主要危险倾向是"左"倾机会主义,即关门主义。这主要是因为国民党还没有抗日的缘故。

（十八）在卢沟桥事变以后,党内的主要危险倾向,已经不是"左"倾关门主义,而转变到右倾机会主义,即投降主义方面了。这主要是因为国民党已经抗日了的缘故。

（十九）还在四月延安党的活动分子会议时,又在五月党的全国代表会议时,特别是在八月中央政治局会议（洛川会议）时,我们就提出了这样的问题:在统一战线中,是无产阶级领导资产阶级呢,还是资产阶级领导无产阶级? 是国民党吸引共产党呢,还是共产党吸引国民党? 在当前的具体的政治任务中,这个问题即是说:把国民党提高到共产党所主张的抗日救国十大纲领和全面抗战呢,还是把共产党降低到国民党的地主资产阶级专政和片面抗战?

（二十）为什么要这样尖锐地提出问题呢? 这是因为:

一方面,中国资产阶级的妥协性,国民党实力上的优势,国民党三中全会的宣言和决议对于共产党的污蔑和侮辱以及所谓"停止阶级斗争"的叫嚣,国民党关于"共产党投降"的衷心愿望和广泛宣传,蒋介石关于统制共产党的企图,国民党对于红军的限制和削弱的政策,国民党对于抗日民主根据地的限制和削弱的政策,国民党七月庐山训练班[7]提出的"在抗日战争中削弱共产党力量五分之二"的阴谋计划,国民党对共产党干部所施行的升官发财酒色逸乐的引诱,某些小资产阶级急进分子在政治上的投降举动(以章乃器为代表[8]),等等情况。

另一方面,共产党内理论水平的不平衡,许多党员的缺乏北伐战争时期两党合作的经验,党内小资产阶级成分的大量存在,一部分党员对过去艰苦斗争的生活不愿意继续的情绪,统一战线中迁就国民党的无原则倾向的存在,八路军中的新军阀主义倾向的发生,共产党参加国民党政权问题的发生,抗日民主根据地中的迁就倾向的发生,等等情况。

由于上述两方面的严重的情况,必须尖锐地提出谁领导谁的问题,必须坚决地反对投降主义。

(二十一)几个月以来,主要是抗战以来,共产党中央及其各级组织,对这种已经发生的和可能发生的投降主义倾向作了明确而坚决的斗争和必要的预防,并且收到了成效。

在参加政权问题上,中央发出了一个决议案的草案[9]。

在八路军中,开始向新军阀主义倾向作斗争。这种倾向,表现在红军改编后某些个别分子不愿意严格地接受共产党的领导、发展个人英雄主义、以受国民党委任为荣耀(以做官为荣耀)等等现象上面。这个新军阀主义倾向虽然和表现在打人、骂人、破坏纪律等等现象上面的老的军阀主义倾向同其根源(把共产党降低到国民党),同其结果(脱离群众);然而它是在国共两党统一战线时期发生的,它带着特别大的危险性,所以特别值得注意,需要坚决地加以反对。因受国民党干涉而取消的政治委员制度,因受国民党干涉而改为政训处的政治部的名称,现在已经恢复了。提出了"独立自主的山地游击战"这个新的战略原则,并坚持地执行之,因而基本上保证了八路军作战上和工作上的胜利。拒绝了国民党派遣他们的党员来当八路军干部的要求,坚持了共产党绝对领导八路军的原则。在各革命的抗日根据地,同样提出了"统一战线中的独立自主"这个原则。纠正了"议会主义"倾向[10](当然并不是第二国际的议会主义,这种议会主义在中国党内是没有的),坚持了反对土匪、敌探和破坏者的斗争。

在西安,纠正了两党关系上的无原则倾向[11](迁就倾向),重新开展了群众斗争。

在陇东,情况和西安大体相同[12]。

在上海,对"少号召,多建议"的章乃器主义给了批评,开始纠正了救亡工作中的迁就倾向。

在南方各游击区[13]——这是我们和国民党十年血战的结果的一部分,是抗日民族革命战争在南方各省的战略支点,是国民党在西安事变后还用"围剿"政策企图消灭、在卢沟桥事变后又改用调虎离山政策企图削弱的力量——我们的注意力集中在:(1)无条件集中(适应国民党拔去这些支点的要求)的防止;(2)国民党派人的拒绝;(3)何鸣危险(被国民党包围缴械的危险）[14]的警戒。

在《解放周刊》[15]，坚持了严正的批评态度。

（二十二）为了坚持抗战和争取最后胜利，为了变片面抗战为全面抗战，必须坚持抗日民族统一战线的路线，必须扩大和巩固统一战线。任何破裂国共两党的统一战线的主张是不许可的。"左"倾关门主义仍然要防止。但是在同时，在一切统一战线工作中必须密切地联系到独立自主的原则。我们和国民党及其他任何派别的统一战线，是在实行一定纲领这个基础上面的统一战线。离开了这个基础，就没有任何的统一战线，这样的合作就变成无原则的行动，就是投降主义的表现了。因此，"统一战线中的独立自主"这个原则的说明、实践和坚持，是把抗日民族革命战争引向胜利之途的中心一环。

（二十三）我们这样做的目的何在呢？一方面是在保持自己已经取得的阵地。这是我们的战略出发地，丧失了这个阵地就一切无从说起了。但是主要的目的还在另一方面，这就是为了发展阵地，为了实现"动员千百万群众进入抗日民族统一战线，打倒日本帝国主义"这个积极的目的。保持阵地和发展阵地是不可分离的。几个月来，更广大的小资产阶级的左翼群众是在我们的影响下团结起来了，国民党营垒中的新生力量是在增长中，山西的群众斗争是发展了，党的组织在许多地方也发展了。

（二十四）但是必须清楚地懂得，党的组织力量，在全国，一般地说来还是微弱的。全国的群众力量也还是很薄弱，全国工农基本群众还没有组织起来。所有这些，一方面由于国民党的控制和压迫的政策，另一方面则是由于我们自己的没有工作或工作不足。这是我党在现时抗日民族革命战争中的最基本的弱点。不克服这个弱点，是不能战胜日本帝国主义的。要达到这个目的，一定要实行"统一战线中的独立自主"这个原则，一定要克服投降主义或迁就主义。

在全国，反对民族对民族的投降主义

（二十五）上面说的是阶级对阶级的投降主义。它引导无产阶级去适合资产阶级的改良主义和不彻底性。不克服这个倾向，就不能进行胜利的抗日民族革命战争，就不能变片面抗战为全面抗战，就不能保卫祖国。

但是还有一种投降主义，这就是民族对民族的投降主义，它引导中国去适合日本帝国主义的利益，使中国变为日本帝国主义的殖民地，使所有的中国人变为亡国奴。这个倾向在现时是发生于抗日民族统一战线的右翼集团中。

（二十六）抗日民族统一战线的左翼集团是共产党率领的群众，包括无产阶级、农民和城市小资产阶级群众。我们的任务，是用一切努力去扩大和巩固这个集团。这一任务的完成，是改造国民党、改造政府、改造军队的基本条件，是统一的民主共和国建立起来的基本条件，是变片面抗战为全面抗战的基本条件，是打倒日本帝国主义的基本条件。

（二十七）抗日民族统一战线的中间集团是民族资产阶级和上层小资产阶级。上海各大报所代表的成分是左倾了[16]；复兴社中有一部分人是开始动摇了，CC团中也有一部分人在动摇中[17]。抗战的军队是得到了严重的教训，其中某些成分是开始了或准备着改造。我们的任务,是争取中间集团的进步和转变。

（二十八）抗日民族统一战线的右翼集团是大地主和大资产阶级,这是民族投降主义的大本营。一方面害怕战争对于他们的财产的破坏,另一方面害怕民众的起来,他们的投降倾向是必然的。他们中间,许多人已经是汉奸,许多人已经是亲日派,许多人是准备作亲日派,许多人在动摇中,仅仅个别有特殊情况的分子是坚决的。他们中间有些人之所以暂时加入民族统一战线,是被迫的和勉强的。一般地说来,他们之从抗日民族统一战线中分裂出去是为期不远的。目前大地主和大资产阶级中的许多最坏的分子,正在策动分裂抗日民族统一战线。他们是谣言的制造厂,"共产党暴动"、"八路军退却"一类的谣言,今后将要与日俱增。我们的任务是坚决地反对民族投降主义,并且在这个斗争中,扩大和巩固左翼集团,争取中间集团的进步和转变。

阶级投降主义和民族投降主义的关系

（二十九）在抗日民族革命战争中,阶级投降主义实际上是民族投降主义的后备军,是援助右翼营垒而使战争失败的最恶劣的倾向。为了争取中华民族和劳动群众的解放,为了使反对民族投降主义的斗争坚决有力,必须反对共产党内部和无产阶级内部的阶级的投降倾向,要使这一斗争开展于各方面的工作中。

注　　释

〔1〕指一九三七年四月在延安召开的中国共产党的活动分子会议。在这次会议上,毛泽东分析了当时民族矛盾和国内矛盾发展的状况,提出了中国无产阶级和中国共产党的领导责任,并且着重指出:"争取民主,是目前发展阶段中革命任务的中心一环。""抗战需要全国的和平与团结,没有民主自由,便不能巩固已经取得的和平,不能增强国内的团结。抗战需要人民的动员,没有民主自由,便无从进行动员。没有巩固的和平与团结,没有人民的动员,抗战的前途便会蹈袭阿比西尼亚的覆辙。"

〔2〕指一九三七年五月二日至十四日在延安举行的中国共产党全国代表会议。在会议开始的时候,毛泽东作了题为《中国共产党在抗日时期的任务》的报告(见本书第一卷)。本文谈到的这次会议提出的原则问题,见毛泽东的这个报告。

〔3〕即中共中央政治局洛川会议在一九三七年八月二十五日通过的《关于目前形势与党的任务的决定》,内容如下:"(一)卢沟桥的挑战和平津的占领,不过是日寇大举进攻中国本部的开始。日寇已经开始了全国的战时动员。他们的所谓'不求扩大'的宣传,不过是掩护其进攻的烟幕弹。(二)南京政府在日寇进攻和人心愤激的压迫下,已经开始下定了抗战的决心。整个的国防部署和各地的实际抗战,也已经开始。中日大战不可避免。七月七日卢沟桥的抗战,已经成了中国全国性抗战的起点。(三)中国的政治形势从此开始了一个新阶段,这就是实行抗战的阶段。抗战的准备阶段已经过去了。这一阶段的最中心的任务是:动员一切力量争取抗战的胜利。过去阶段中,由于国民党的不愿意和民众的动员不够,因而没有完成争取民主的任务,这必须在今后争取抗战胜利的过程中去完成。(四)在这一新阶段内,我们同国民党及其他抗日派别的区别和争论,已经不是应否抗战的问题,而是如何争取抗战胜利的问题。(五)今天争取抗战胜利的中心关键,在使已经发动的抗战发展为全面的全民族的抗战。只有这种全面的全民族的抗战,才能使抗战得到最后的胜利。本党今天所提出的抗日救国的十大纲领,即是争取抗战最后胜利的具体的道路。(六)今天的抗战,中间包含着极大的危险性。这主要的是由于国民党还不愿意发动全国人民参加抗战。相反的,他们把抗战看成只是政府的事,处处惧怕和限制人民的参战运动,阻碍政府、军队同民众结合起来,不给人民以抗日救国的民主权利,不去彻底改革政治机构,使政府成为全民族的国防政府。这种抗战可能取得局部的胜利,然而决不能取得最后的胜利。相反的,这种抗战存在着严重失败的可能。(七)由于当前的抗战还存在着严重的弱点,所以在今后的抗战过程中,可能发生许多挫败、退却,内部的分化、叛变,暂时

和局部的妥协等不利的情况。因此,应该看到这一抗战是艰苦的持久战。但我们相信,已经发动的抗战,必将因为我党和全国人民的努力,冲破一切障碍物而继续地前进和发展。我们应该克服一切困难,为实现本党所提出的争取抗战胜利的十大纲领而坚决奋斗。坚决反对与此纲领相违背的一切错误方针,同时反对悲观失望的民族失败主义。(八)共产党员及其所领导的民众和武装力量,应该最积极地站在斗争的最前线,应该使自己成为全国抗战的核心,应该用极大力量发展抗日的群众运动。不放松一刻工夫一个机会去宣传群众,组织群众,武装群众。只要真能组织千百万群众进入民族统一战线,抗日战争的胜利是无疑义的。"

〔4〕见本卷《为动员一切力量争取抗战胜利而斗争》。

〔5〕在抗日战争初期,中国人民曾经希望国民党进行改革。以蒋介石为代表的国民党统治集团,在广大人民的压力下,也作了许多准备改革的诺言,但随后又一个一个地背弃了自己的诺言。因此,当时全国人民所希望的国民党改革的可能性没有实现,正如后来毛泽东在《论联合政府》中所说明的:"当时全国人民,我们共产党人,其他民主党派,都对国民党政府寄予极大的希望,就是说,希望它乘此民族艰危、人心振奋的时机,厉行民主改革,将孙中山先生的革命三民主义付诸实施。可是,这个希望是落空了。"

〔6〕见本书第一卷《中国革命战争的战略问题》注〔4〕。

〔7〕庐山训练班,又名庐山暑期训练团,是一九三七年七八月间蒋介石在江西省庐山举办的。受训的有国民党党、政、军、警、教育等部门的高中级人员。

〔8〕当时章乃器主张"少号召,多建议"。事实上在国民党压迫人民的情况之下,单是向国民党建议是没有用处的,必须直接号召民众起来向国民党作斗争。否则,就不可能坚持抗日,也不可能抵抗国民党的反动。所以,章乃器这个主张是错误的。后来,他已逐步地认识了这个错误。

〔9〕即一九三七年九月二十五日《中共中央关于共产党参加政府问题的决定草案》,内容如下:"(一)今天抗战的形势,急需要有一个全民族的抗日民族统一战线的政府,才能有利于领导抗日民族革命战争,战胜日本帝国主义。共产党准备参加这样的政府,即直接公开担负政府的行政责任,并在其中起积极作用。然而今天还没有这样的政府。今天有的,还是国民党一党专政的政府。(二)只有将国民党一党专政的政府转变为全民的统一战线的政府的时候,即在今天的国民党政府(甲)接受本党所提抗日救国十大纲领的基本内容,依据此内容,发布施政纲领时;(乙)在实际行动上已经开始表示实现这一纲领的诚意和努力,并在这方面获得相当成绩时;(丙)容许共产党组织的合法存在,保证共产党动员群众、组织群众和教育群众的自由时,中共才能去参加。(三)在党中央没有决定参加中央政府以前,共产党员一般地不得参加地方政府,并不得参加中央的及地方的一切附属于

政府行政机关的各种行政会议及委员会。因为这种参加,徒然模糊共产党人的面目,延长国民党的独裁统治,对于推动统一的民主政府的建立,是有害无利的。(四)但在特殊地区的地方政府如战区的地方政府中,由于旧的统治者已不能照旧统治,基本上愿意实行共产党的主张,共产党已经取得了公开活动的自由,并且由于当前的紧急形势,使共产党的参加在人民和政府看来,均已成为必要,共产党可以去参加。在日寇占领区域,共产党更应公开成为抗日统一战线政权的组织者。(五)共产党在没有公开参政以前,参加全国国民大会之类的商讨民主宪法和救国方针的代议机关,在原则上是许可的。因此,共产党应力争自己的党员当选到大会中去,利用国民大会的讲台,宣传共产党的主张,用以达到动员人民和组织人民在共产党周围,推动统一的民主政府的建立。(六)共产党中央及地方党部和国民党中央及地方党部,在一定的共同纲领并在完全平等的原则之下,可以组织统一战线的组织,如各种联合委员会(例如国民革命同盟会、群众运动委员会、战地动员委员会等);共产党应该经过和国民党的这种共同行动,以达到国共两党的合作。(七)在红军改名为国民革命军、红色政权机关改为特区政府之后,它们的代表可以拿自己已经取得的合法地位,参加到一切有利于抗日救国的军事的和群众的机关中去。(八)在原有红军中及一切游击队中,共产党绝对独立领导之保持,是完全必要的;共产党员不许可在这个问题上发生任何原则上的动摇。"

〔10〕 这里所说的"议会主义"倾向,指当时共产党内有些同志主张把抗日根据地内人民代表会议的政权制度改变为资产阶级国家中的议会制度的一种意见。

〔11〕 一九三七年八月,在西安的国民党陕西省党部发出通告,无理取缔中国共产党所领导的西北各界救国联合会以及其他进步团体。当时,中国共产党陕西党组织中的一些同志,在国民党反动派的压力下作了无原则的让步,于同年九月间自动解散西北各界救国联合会,要该会的一些干部参加国民党包办的陕西省各界抗敌后援会设计委员会。西安的群众救亡运动因此受到严重影响。中共中央随即纠正了这种无原则的迁就倾向。陕西省党组织执行了中共中央的指示,广泛地发动群众,同国民党的反动政策展开坚决的斗争,中国共产党所领导的西安各界群众的救亡团体,又以新的组织形式普遍建立起来。

〔12〕 这里所说的陇东,指甘肃省东部的庆阳、合水、镇原等地。一九三七年春,中共陇东特委曾经不顾国民党反动派的无理限制,领导当地人民群众,建立各种抗日救亡组织,进行抗日斗争和各项民主改革。七七事变以后,中共陇东特委的一些同志,对国民党反动派实行无原则的让步,自动解散了中国共产党所领导的一些进步团体,使当地的群众运动和群众组织遭受到很大损失。不久,中共中央纠正了这种错误。陇东特委贯彻执行了中央的指示,对国民党反动派的破坏活动进行了必要的斗争,在陇东所属各县相继恢复了中国共产党领导下的各界群众

组织,重新发动了抗日民主运动。

〔13〕一九三四年十月中央红军主力长征后,留在南方江西、福建、广东、湖南、湖北、河南、浙江、安徽八省十五个游击区的红军和游击队,在极端困苦的情况下,坚持游击战争。抗日战争爆发前后,他们遵照中共中央的指示同国民党进行谈判,要求停止内战,开赴前线抗日。根据国共两党谈判达成的协议,除琼崖游击区外的大部分红军和游击队,合编为国民革命军新编第四军(简称新四军)。一九三七年十二月,新四军军部成立。一九三八年春,新四军挺进华中敌后后,开展抗日游击战争,先后创立、发展和巩固了苏南、苏中、苏北、淮南、淮北、鄂豫皖、皖中、浙东等敌后抗日根据地。

〔14〕何鸣(一九一○——一九三九),广东万宁人。一九三七年曾任中共闽粤边特委代理书记、闽粤边红军独立第三团团长等职。同年六月,他作为中共闽粤边特委的谈判代表,同国民党军第一五七师就合作抗日问题达成协议。这一协议的签订,标志着闽南抗日民族统一战线的基本形成。七月,他率领红军游击队进驻国民党军第一五七师指定的防地漳浦城接受改编。由于他丧失警惕,存在严重的右倾思想,致使闽粤边红军游击队近千人被国民党军队包围缴械。

〔15〕《解放》周刊是中共中央的机关报,一九三七年四月创刊于延安,在一九四一年《解放日报》创办后不久停刊。

〔16〕指当时《申报》等报纸所代表的一部分民族资产阶级。

〔17〕复兴社和CC团是国民党内的两个法西斯组织,是蒋介石用以维护统治的反革命工具。复兴社的主要骨干是贺衷寒、戴笠等,CC团的首领是陈果夫、陈立夫。但是,这两个组织中有许多小资产阶级分子是被迫或者被骗加入的。这里所说的复兴社中的一部分人,主要是指当时国民党军队中的一部分中下级军官;所说的CC团中的一部分人,主要也是指当时其中非当权的一部分。

陕甘宁边区政府
第八路军后方留守处 **布　告** *

（一九三八年五月十五日）

为布告事：自卢沟桥事变以来，我全国爱国同胞，坚决抗战。前线将士，牺牲流血。各党各派，精诚团结。各界人民，协力救亡。这是中华民族的光明大道，抗日胜利的坚强保障。凡属国人，必须循此前进。我陕甘宁边区[1]军民，服从政府领导，努力救亡事业。凡所实施，光明正大。艰苦奋斗，不敢告劳。全国人民，交口称誉。本府本处，亦惟有激励全区民众，继续努力，以求贯彻。不许一人不尽其职，一事不利救亡。乃近查边区境内，竟有不顾大局之徒，利用各种方式，或强迫农民交还已经分得的土地房屋，或强迫欠户交还已经废除的债务[2]，或强迫人民改变已经建立的民主制度，或破坏已经建立的军事、经济、文化和民众团体的组织。甚至充当暗探，联络土匪，煽动部队哗变，实行测绘地图，秘密调查情况，公开进行反对边区政府的宣传。上述种种行为，显系违反团结抗日

　＊　这个布告是毛泽东为陕甘宁边区政府和八路军后方留守处起草的，目的是对付蒋介石集团的破坏活动。当时国共合作成立不久，蒋介石集团即阴谋破坏共产党领导的革命力量。破坏陕甘宁边区，是这种阴谋的一部分。毛泽东认为为了保护革命的利益，必须采取坚定的立场。这个布告打击了当时共产党内一部分同志在抗日统一战线中对于蒋介石集团的阴谋活动所采取的机会主义立场。

的基本原则,违反边区人民的公意,企图制造内部纠纷,破坏统一战线,破坏人民利益,破坏边区政府的威信,增加抗日动员的困难。察其原因,不外有少数顽固分子,不顾民族国家利益,恣意妄为。甚有为日寇所利用,假借名义,作为掩护其阴谋活动的工具。数月以来,各县人民纷纷报告,请求制止,日必数起,应接不暇。本府本处,为增强抗日力量、巩固抗日后方、保护人民利益起见,对于上述行为,不得不实行取缔。合亟明白布告如次:

(一)凡在国内和平开始时,属于边区管辖地域内,一切已经分配过的土地房屋和已经废除过的债务,本府本处当保护人民既得利益,不准擅自变更。

(二)凡在国内和平开始时已经建立及在其后按照抗日民族统一战线原则实行改进和发展的军事、政治、经济、文化等组织及其他民众团体,本府本处当保护其活动,促进其发展,制止一切阴谋破坏之行为。

(三)凡属有利抗日救国的事业,本府本处在坚决执行《抗战建国纲领》[3]的原则下,无不乐于推行。对于善意协助的各界人士,一律表示欢迎。但是凡未经本府或本处同意并取得本府或本处的证明文件,而从外面进入边区境内停留活动之人,不论其活动的事务属于何项,一律禁止,以防假冒,而杜奸宄。

(四)当此抗战紧张期间,凡在边区境内从事阴谋破坏,或肆意捣乱,或勾引煽惑,或暗探军情的分子,准许人民告发。证据确实者,准许就地逮捕。一经讯实,一律严惩不贷。

右列四条,全边区军民人等一律遵照,不得违背。倘有不法之徒,胆敢阴谋捣乱,本府本处言出法随,勿谓言之不预。切切。此布。

注　　释

〔1〕一九三一年九一八事变以后,刘志丹、谢子长等在陕甘边和陕北领导革命游击战争,逐步建立和发展革命根据地。一九三五年夏粉碎国民党军队的"围剿"以后,陕甘边和陕北两个革命根据地联成一片。同年十月,中共中央和红一方面军主力(此时称红军陕甘支队)到达陕北,使陕北成为中国革命的中心,陕甘边区得到了巩固和发展。一九三六年红军西征甘肃、宁夏,在陕甘宁三省边境地区又开辟了新的根据地。一九三七年抗日民族统一战线建立以后,陕甘宁革命根据地改名为陕甘宁边区,共辖二十三个县。

〔2〕在陕甘宁边区内,大部分地方原来已经实行了没收地主土地分给农民和废除农民原先所负债务的政策。一九三六年,为了建立广泛的抗日民族统一战线,中国共产党决定停止没收开明绅士的土地。一九三七年,又宣布以减租减息的政策代替没收地主土地的政策,同时宣布坚决保障农民已经从土地改革中所获得的果实。

〔3〕《抗战建国纲领》是一九三八年三月二十九日至四月一日在武汉召开的中国国民党临时全国代表大会制定的。其内容包括抗日的军事、政治、经济、外交等方面的政策。这个纲领一方面被迫对人民作了某些形式上和口头上的让步,如规定组织国民参政机关,许诺给予人民言论、出版、集会、结社自由;同时又继续坚持国民党一党专政。

抗日游击战争的战略问题*

（一九三八年五月）

第一章　为什么提起游击战争的战略问题

抗日战争中，正规战争是主要的，游击战争是辅助的。这一点，我们已经正确地解决了。那末，游击战争就只有战术问题，为什么提起战略问题呢？

如果我们是一个小国，游击战争只是在正规军的战役作战上起些近距离的直接的配合作用，那就当然只有战术问题，没有什么战略问题。又如果中国也像苏联那样的强大，敌人进来，很快就能赶出，或虽时间较久，但是被占地区不广，游击战争也只是一种战役的配合作用，当然也只有战术问题，没有什么战略问题。

---

* 抗日战争初期，中国共产党内和党外都有许多人轻视游击战争的重大战略作用，而只把自己的希望寄托于正规战争，特别是国民党军队的作战。毛泽东批驳了这种观点，同时写了这篇文章，指出抗日游击战争发展的正确道路。其结果，在抗日时期内，在一九三七年只有四万余人的八路军和新四军，到一九四五年日本投降时就发展成为一百多万人的大军，并创建了许多革命根据地，在抗日战争中起了伟大的作用，使蒋介石在抗日时期既不敢投降日本，又不敢发动全国规模的内战，而到一九四六年发动全国规模的内战时，由八路军新四军编成的人民解放军就有力量对付蒋介石的进攻了。

游击战争的战略问题是在这样的情况之下发生的：中国既不是小国，又不像苏联，是一个大而弱的国家。这一个大而弱的国家被另一个小而强的国家所攻击，但是这个大而弱的国家却处于进步的时代，全部问题就从这里发生了。在这样的情况下，敌人占地甚广的现象发生了，战争的长期性发生了。敌人在我们这个大国中占地甚广，但他们的国家是小国，兵力不足，在占领区留了很多空虚的地方，因此抗日游击战争就主要地不是在内线配合正规军的战役作战，而是在外线单独作战；并且由于中国的进步，就是说有共产党领导的坚强的军队和广大的人民群众存在，因此抗日游击战争就不是小规模的，而是大规模的；于是战略防御和战略进攻等等一全套的东西都发生了。战争的长期性，随之也是残酷性，规定了游击战争不能不做许多异乎寻常的事情，于是根据地的问题、向运动战发展的问题等等也发生了。于是中国抗日的游击战争，就从战术范围跑了出来向战略敲门，要求把游击战争的问题放在战略的观点上加以考察。特别值得注意的，是这样又广大又持久的游击战争，在整个人类的战争史中，都是颇为新鲜的事情。这件事是同时代进步到二十世纪的三四十年代一事分不开的，是同共产党和红军的存在分不开的，这乃是问题的焦点所在。我们的敌人大概还在那里做元朝灭宋、清朝灭明、英占北美和印度、拉丁系国家占中南美等等的好梦。这等梦在今天的中国已经没有现实的价值，因为今天的中国比之上述历史多了一些东西，颇为新鲜的游击战争就是其中的一点。假如我们的敌人少估计了这一点，他们就一定要在这一点上面触一个很大的霉头。

这就是抗日游击战争虽然在整个抗日战争中仍然处于辅助的地位,但是必须放在战略观点上加以考察的理由。

那末,为什么不将抗日战争的一般战略问题中的东西用之于游击战争呢?

抗日游击战争的战略问题,本来是密切地联系于整个抗日战争的战略问题的,许多东西二者都是一致的。然而游击战争又区别于正规战争,它本身有其特殊性,因而游击战争的战略问题颇有许多特殊的东西;抗日战争的一般战略问题中的东西,决不能照样用之于特殊情形的游击战争。

第二章　战争的基本原则是保存自己消灭敌人

在具体地说到游击战争的战略问题之先,还要说一说战争的基本问题。

一切军事行动的指导原则,都根据于一个基本的原则,就是:尽可能地保存自己的力量,消灭敌人的力量。这个原则,在革命战争中是直接地和基本的政治原则联系着的。例如中国抗日战争的基本政治原则即政治目的,是驱逐日本帝国主义,建立独立自由幸福的新中国。在军事上实行起来,就是以军事力量保卫祖国,驱逐日寇。为达到这个目的,在军队本身的行动上,就表现为:一方面,尽可能地保存自己的力量;另一方面,尽可能地消灭敌人的力量。何以解释战争中提倡勇敢牺牲呢?每一战争都须支付代价,有时是极大的代价,岂非和"保存自己"相矛盾?其实一点也不矛盾,正确点说,是相反相成的。因为这种牺牲,不但是为了消灭敌人的必要,也是为了保存自己的必要——部分的暂时的"不保存"(牺牲或支付),是为了全体的永久的保存所必需的。在这个基本的原则上,发生了指导整个军事行动的一系列的所谓原则,从射击原则(荫蔽身体,发扬火力,前者为了保存自己,后者为了消灭敌人)起,到战略原则止,都贯彻这个基本原则的精神。一切技术的、战术的、战役的、战略的原则,都是执行这个基本原则时的条件。保存自己消灭敌人的原则,是一切军事原则的根据。

第三章　抗日游击战争的六个
具体战略问题

现在我们来看,抗日游击战争的军事行动,应该采取些什么方针或原则才能达到保存自己消灭敌人的目的呢?因为抗日战争中(乃至一切革命战争中)的游击队一般是从无到有、从小到大的,故在保存自己之外,还须加上一个发展自己。所以问题是:应该采取些什么方针或原则才能达到保存或发展自己和消灭敌人的目的呢?

总的说来,主要的方针有下列各项:(一)主动地、灵活地、有计划地执行防御战中的进攻战,持久战中的速决战和内线作战中的外线作战;(二)和正规战争相配合;(三)建立根据地;(四)战略防御和战略进攻;(五)向运动战发展;(六)正确的指挥关系。这六项,是全部抗日游击战争的战略纲领,是达到保存和发展自己,消灭和驱逐敌人,配合正规战争,争取最后胜利的必要途径。

第四章　主动地灵活地有计划地执行防御战中的进攻战、持久战中的速决战、内线作战中的外线作战

　　这里又可以分为四点来说:(一)防御和进攻,持久和速决,内线和外线的关系;(二)一切行动立于主动地位;(三)灵活地使用兵力;(四)一切行动的计划性。

　　先说第一点。

　　整个的抗日战争,由于日寇是强国,是进攻的,我们是弱国,是防御的,因而决定了我们是战略上的防御战和持久战。拿作战线来说,敌人是外线作战,我们是内线作战。这是一方面的情形。但是在又一方面,则适得其反。敌军虽强(武器和人员的某些素质,某些条件),但是数量不多,我军虽弱(同样,仅是武器和人员的某些素质,某些条件),但是数量甚多,加上敌人是异民族侵入我国,我们是在本国反抗异民族侵入这个条件,这样就决定了下列的战略方针:能够而且必须在战略的防御战之中采取战役和战斗的进攻战,在战略的持久战之中采取战役和战斗的速决战,在战略的内线作战之中采取战役和战斗的外线作战。这是整个抗日战争应该采取的战略方针。正规战争是如此,游击战争也是如此。游击战争所不同的,只是程度上或表现形式上的问题。游击战争是一般地用袭击的形式表现其进攻的。正规战争虽然也应该而且能够采

用袭击战，但是其出敌不意的程度比较小一些。在游击战，速决性的要求是很大的，战役和战斗中包围敌人的外线圈则很小。这些都是和正规战不同的地方。

由此可知，游击队的作战，要求集中可能多的兵力，采取秘密和神速的行动，出其不意地袭击敌人，很快地解决战斗；而要力戒消极防御，力戒拖延，并力戒临战分散兵力。当然，游击战争中不但战略上有防御，战术上也是有防御的；战斗时的钳制和警戒方面，隘路、险地、河川或村落等处为着消耗敌人和疲惫敌人的抵抗配置，退却时的掩护部队等等，都是游击战争中战术上的防御部分。然而游击战争的基本方针必须是进攻的，和正规战争比较起来，其进攻性更加大些，而且这种进攻必须是奇袭，大摇大摆大吹大擂地暴露自己，是较之正规战更加不能许可的。游击战争虽然也有坚持数天的战斗场合，例如攻击某个孤立无援的小敌，但一般的作战较之正规战更加要求迅速地解决战斗，这是被敌强我弱的情况规定了的。游击战争本来是分散的，所以成其为普遍的游击战，且在许多任务，例如扰乱、钳制、破坏和做群众工作等，都以分散兵力为原则；然而就一个游击部队或游击兵团，当着执行消灭敌人的任务，尤其是为着打破敌人的进攻而努力时，就仍须集中其主要的兵力。"集中大力，打敌小部"，仍然是游击战争战场作战的原则之一。

由此也就可知，从整个的抗日战争看来，只有将正规战和游击战的战役和战斗的进攻战集合了很多，即从进攻战中打了很多的胜仗，才能达到战略防御之目的，最后战胜日本帝国主义。只有战役和战斗的速决战集合了很多，即是使得很多战役和战斗的进攻战都能因迅速解决战斗之故而取得了胜利,才能达到战略持久的目的,一方面争取时间加强抗战力量,同时促进和等候国际形势的变动和敌人的内溃,以便举行战略反攻,驱逐日寇出中国。也只有每战集中优势兵力,不论在战略防御时期也好,在战略反攻时期也好,一律采取战役和战斗中的外线作战,包围敌人而消灭之,不能包围其全部,也包围其一部,不能消灭所包围之全部,也消灭所包围之一部,不能大量俘虏所包围之敌,也大量杀伤所包围之敌。集合很多这样的歼灭战,才能转变敌我形势,将敌之战略包围,即敌之外线作战方针根本击破,最后配合国际的力量和日本人民的革命斗争,共同围剿日本帝国主义而一举消灭之。这些结果,主要地依靠正规战取得,游击战只有次一等的成绩。但是集合许多小胜化为大胜,则是正规战游击战所共同的。游击战争在抗日过程中起着伟大的战略作用,就是说的这一点。

现在来说游击战争的主动性、灵活性、计划性的问题。

游击战争的主动性是什么呢?

一切战争的敌我双方,都力争在战场、战地、战区以至整个战争中的主动权,这种主动权即是军队的自由权。军队失掉了主动权,被逼处于被动地位,这个军队就不自由,就有被消灭或被打败的危险。本来战略的防御战和内线作战,争取主动较为困难些,而进攻的外线作战,争取主动较为容易些。但是日本帝国主义有两个基本的弱点,即是兵力不足和异国作战。并且因其对中国力量的估计不足和日本军阀的内部矛盾,产生了许多指挥的错误,例如逐渐增加兵力,缺乏战略的协同,某种时期没有主攻方向,某些作战失去时机和有包围无歼灭等等,可以说是他的第三个弱点。这样,兵力不足(包括小国、寡民、资源不足和他是封建的帝国主义等等），异国作战（包括战争的帝国主义性和野蛮性等等），指挥笨拙，使得日本军阀虽然处在进攻战和外线作战的有利地位，但其主动权却日益减弱下去。日本目前还不愿也不能结束战争，它的战略进攻也还没有停止，但是大势所趋，它的进攻是有一定限度的，这是三个弱点所产生的必然结果，无限止地吞灭全中国是不可能的。会有一天日本要处于完全的被动地位，这种情况现在就可以开始看出来。中国方面，开始时战争颇处于被动，现在因有了经验，正在改取新的运动战的方针，即战役和战斗的进攻战、速决战和外线作战的方针，加上普遍发展游击战的方针，所以主动地位正在日益建立起来。

游击战争的主动权问题，是更加严重的问题。因为游击队大多处于严重的环境，这就是无后方作战的状态，敌强我弱的状态，缺乏经验的状态（这是说那些新成立的游击队）和不统一的状态等等。但是游击战争是能够建立其主动权的，主要的条件就是抓住上述敌人的三个弱点。欺他兵力不足（从整个战争看来），游击队就可以放手争取广大的活动地区；欺他是异民族，且执行极端的野蛮政策，游击队就可以放手争取千百万人民的拥护；欺他指挥笨拙，游击队就可以放手发挥自己的聪明。一切敌人的这些弱点，正规军也应捉住，作为自己战胜敌人的资本，但游击队尤其应当注意捉住。游击队自己的弱点，可以在斗争中逐渐减少。且其弱点有时正成为争取主动地位的条件，例如正是因为自己弱小，才利于在敌人后方神出鬼没地活动，敌人无奈他何，这样大的自由是庞大的正规军所不能得到的。

游击队的主动权,在敌人举行数路围攻的场合,是难于掌握和容易丧失的。在这种场合,如果估计和处置得不正确,就容易处于被动,因而打不破敌人的围攻。在敌取守势我取攻势时,也有这种情形。所以主动权是从正确的情况估计(敌我双方的情况)和正确的军事政治处置产生的。不合客观情况的悲观的估计和随之而来的消极的处置,无疑地将丧失主动权,把自己抛入被动地位。但是同样,不合客观情况的过于乐观的估计和随之而来的冒险(不需要的那种冒险)的处置,也将丧失主动权,而最后归入悲观者一路。主动权不是任何天才家所固有的,只是聪明的领导者从虚心研究和正确地估计客观情况,正确地处置军事政治行动所产生的东西。因此,是要有意识地去争取的东西,不是现成的东西。

已经因为估计和处置错误,或者因为不可抗的压力,被迫处于被动地位了的时候,这时的任务就是努力脱出这种被动。如何脱出法,须依情况而定。在许多情况下,"走"是必须的。游击队的会走,正是其特点。走是脱离被动恢复主动的主要的方法。但是不限于这一方法。往往在敌人十分起劲自己十分困难的时候,正是敌人开始不利,自己开始有利的时候。往往有这种情形,有利的情况和主动的恢复,产生于"再坚持一下"的努力之中。

现在来说灵活性。

灵活性就是具体地表现主动性的东西。灵活地使用兵力,是游击战争比较正规战争更加需要的。

必须使游击战争的指导者明白,灵活地使用兵力,是转变敌我形势争取主动地位的最重要的手段。根据游击战争的特性,兵力的使用必须按照任务和敌情、地形、居民等条件作灵活的变动,主要的方法是分散使用、集中使用和转移兵力。游击战争的领导者对于使用游击队,好像渔人打网一样,要散得开,又要收得拢。当渔人把网散开时,要看清水的深浅、流的速度和那里有无障碍,游击队分散使用时,也须注意不要因情况不明、行动错误而受损失。渔人为了收得拢,就要握住网的绳头,使用部队也要保持通讯联络,并保持相当主力在自己手中。打鱼要时常变换地点,游击队也要时常变换位置。分散、集中和变换,是游击战争灵活使用兵力的三个方法。

　　一般地说来,游击队当分散使用,即所谓"化整为零"时,大体上是依下述几种情况实施的:(一)因敌取守势,暂时无集中打仗可能,采取对敌实行宽大正面的威胁时;(二)在敌兵力薄弱地区,进行普遍的骚扰和破坏时;(三)无法打破敌之围攻,为着减小目标以求脱离敌人时;(四)地形或给养受限制时;(五)在广大地区内进行民众运动时。但不论何种情况,当分散行动时都须注意:(一)保持较大一部分兵力于适当的机动地区,不要绝对地平均分散,一则便于应付可能的事变,一则使分散执行的任务有一个重心;(二)给各分散部队以明确的任务、行动的地区、行动的时期、集合的地点、联络的方法等。

　　集中使用兵力,即所谓"化零为整"的办法,多半是在敌人进攻之时为了消灭敌人而采取的;也有在敌人取守势时,为了消灭某些驻止之敌而采取的。集中兵力并不是说绝对的集中,集中主力使用于某一重要方面,对其他方面则留置或派出部分兵力,为钳制、扰乱、破坏等用,或作民众运动。

　　按照情况灵活地分散兵力或集中兵力,是游击战争的主要的方法,但是还须懂得灵活地转移(变换)兵力。当敌人感到游击队对他有了大的危害时,就会派兵镇压或举行进攻。因此,游击队要考虑情况,如果可以打时,就在当地打仗;如果不能打时,就应不失时机,迅速地转移到另一方向去。有时为着各个击破敌人,有刚才在这里消灭了敌人,又立即转移到另一方向去消灭敌人的;也有在这里不利于战斗,要立即脱离此敌转移到另一方向去进行战斗的。如果敌情特别严重,游击部队不应久留一地,要像流水和疾风一样,迅速地移动其位置。兵力转移,一般都要秘密迅速。经常要采取巧妙的方法,去欺骗、引诱和迷惑敌人,例如声东击西、忽南忽北、即打即离、夜间行动等。

分散、集中和转移的灵活性,都是游击战争具体地表现主动性的东西;死板、呆滞,必至陷入被动地位,遭受不必要的损失。但领导者的聪明不在懂得灵活使用兵力的重要,而在按照具体情况善于及时地实行分散、集中和转移兵力。这种善观风色和善择时机的聪明是不容易的,惟有虚心研究,勤于考察和思索的人们可以获得。为使灵活不变为妄动,慎重地考虑情况是必要的。

最后说到计划性问题。

游击战争要取得胜利,是不能离开它的计划性的。乱干一场的想法,只是玩弄游击战争,或者是游击战争的外行。不论是整个游击区的行动或是单个游击部队或游击兵团的行动,事先都应有尽可能的严密的计划,这就是一切行动的预先准备工作。情况的了解,任务的确定,兵力的部署,军事和政治教育的实施,给养的筹划,装备的整理,民众条件的配合等等，都要包括在领导者们的过细考虑、切实执行和检查执行程度的工作之中。没有这个条件，什么主动、灵活、进攻等事，都是不能实现的。固然正规战争的计划性更大些，游击战争的条件不容许很大的计划性，如果企图在游击战争中实行高度的严密的计划工作，那是错误的；但依照客观条件允许的程度，采取尽可能的严密的计划，则是必要的，须知同敌人斗争是一件不能开玩笑的事情。

上面所说的各点，说明了游击战争战略原则的第一个问题——主动地、灵活地、有计划地执行防御中的进攻战，持久中的速决战，内线作战中的外线作战。这是游击战争战略原则的最中心的问题。解决了这个问题，游击战争的胜利就有了军事指导上的重要的保证。

这里虽说了许多的东西，但一切都环绕于战役和战斗的进攻。主动地位只有在进攻胜利之后，才能最后地取得。一切进攻战也都要主动地组织之，不要被迫地采取进攻。灵活地使用兵力，环绕于为着进攻战这个中心；计划性的必要，主要地也是为了进攻的胜利。战术上的防御手段，离开直接或间接协助进攻，则毫无意义。速决是说的进攻的时间，外线是说的进攻的范围。进攻是消灭敌人的唯一手段，也是保存自己的主要手段，单纯的防御和退却，对于保存自己只有暂时的部分的作用，对于消灭敌人则完全无用。

这个原则，正规战争和游击战争是基本上同一的，只在表现形式上有程度的不同。但在游击战争中注意这个不同是重要的和必要的。正是因为这个不同的表现形式，所以使游击战争的作战方法区别于正规战争的作战方法；混淆了这个不同的表现形式,游击战争是不能胜利的。

第五章　和正规战争相配合

游击战争战略问题的第二个问题,是和正规战争相配合的问题。这是依据游击战争具体行动的性质,说明它在作战上和正规战争的关系。认识这种关系,对于有效地战胜敌人,是有重要意义的。

游击战争和正规战争的配合有三种:战略的、战役的和战斗的。

整个游击战争,在敌人后方所起的削弱敌人、钳制敌人、妨碍敌人运输的作用,和给予全国正规军和全国人民精神上的鼓励等等,都是战略上配合了正规战争。例如东三省的游击战争,在全国抗战未起以前当然不发生配合问题,但在抗战起来以后,配合的意义就明显地表现出来了。那里的游击队多打死一个敌兵,多消耗一个敌弹,多钳制一个敌兵使之不能入关南下,就算对整个抗战增加了一分力量。至其给予整个敌军敌国以精神上的不利影响,给予整个我军和人民以精神上的良好影响,也是显而易见的。至于平绥、平汉、津浦、同蒲、正太、沪杭诸铁路线两旁的游击战争,所起战略的配合作用,更加容易看到。它们不但在现时敌人举行战略进攻时配合正规军起了战略防御的作用;又不但在敌人结束其战略进攻转入保守占领地时,将配合正规军妨碍敌之保守;而且将于正规军举行战略反攻时,配合正规军击退敌军恢复整个的失地。游击战争在战略上的伟大的配合作用,是不容忽视的。

游击队和正规军的领导者们,都应明确地认识其作用。

不但如此,游击战争还有其战役的配合作用。例如,太原北部忻口战役时,雁门关南北的游击战争破坏同蒲铁路、平型关汽车路、阳方口汽车路,所起的战役配合作用,是很大的。又如敌占风陵渡后,普遍存在于山西各地的游击战争(主要是由正规军进行的),对于配合陕西、河南两省沿黄河西南两岸的防御战,所起的战役配合作用更是很大的。再如敌攻鲁南时,整个华北五省的游击战争,对于配合鲁南我军的战役作战,也尽了相当的力量。在这个任务上,一切处于敌后的游击根据地的领导者们,或临时被派出的游击兵团的领导者们,必须好好地配置自己的力量,各依当时当地的情况,采用不同的方法,向着敌人最感危害之点和薄弱之点积极地行动起来,达到削弱敌人、钳制敌人、妨碍敌人运输和精神上振奋内线上各个战役作战军之目的,尽其战役配合的责任。如果各游击区或各游击队只是各干各的,不顾战役作战的配合,虽在总的战略作战上仍不失其配合作用,但由于没有战役作战的配合,也就减少了它们的战略配合的意义。这一点是一切游击战争的领导者应该深切地注意的。为达此目的,无线电通讯之普遍地设置于一切较大的游击部队和游击兵团,实有完全的必要。

最后,战斗的配合,即战场作战的配合,是一切内线战场附近的游击队的任务,这一项当然只限于靠近正规军的游击队,或临时从正规军派出的游击队。在这种场合,游击队应该依正规军首长的指示,担负其所指定的任务,往往是担负钳制部分的敌人,妨碍敌之运输,侦察敌情,充当向导等。没有正规军首长的指示时,游击队也应自动地做这些事。坐视不理,不游不击，或游而不击的态度，是要不得的。

第六章　　建立根据地

抗日游击战争战略问题的第三个问题，是建立根据地的问题。这个问题的必要性和重要性，是随着战争的长期性和残酷性而来的。因为失地的恢复须待举行全国的战略反攻之时，在这以前，敌人的前线将深入和纵断我国的中部，小半甚至大半的国土被控制于敌手，成了敌人的后方。我们要在这样广大的被敌占领地区发动普遍的游击战争，将敌人的后方也变成他们的前线，使敌人在其整个占领地上不能停止战争。我们的战略反攻一日未能举行，失地一日未能恢复，敌后游击战争就应坚持一日，这种时间虽不能确切断定，然而无疑地是相当地长，这就是战争的长期性。同时敌人为了确保占领地的利益，必将日益加紧地对付游击战争，特别在其战略进攻停止之后，必将残酷地镇压游击队。这样，长期性加上残酷性，处于敌后的游击战争，没有根据地是不能支持的。

游击战争的根据地是什么呢？它是游击战争赖以执行自己的战略任务，达到保存和发展自己、消灭和驱逐敌人之目的的战略基地。没有这种战略基地，一切战略任务的执行和战争目的的实现就失掉了依托。无后方作战，本来是敌后游击战争的特点，因为它是同国家的总后方脱离的。然而，没有根据地，游击战争是不能够长期地生存和发展的，这种根据地也就是游击战争的后方。

历史上存在过许多流寇主义的农民战争，都没有成功。

在交通和技术进步的今日而企图用流寇主义获得胜利，更是毫无根据的幻想。然而流寇主义在今天的破产农民中还是存在的，他们的意识反映到游击战争的领导者们的头脑中，就成了不要或不重视根据地的思想。因此，从游击战争的领导者们的头脑中驱除流寇主义，是确定建立根据地的方针的前提。要或不要根据地、重视或不重视根据地的问题，换句话说，根据地思想和流寇主义思想的斗争的问题，是任何游击战争中都会发生的，抗日游击战争在某种程度上也不能是例外。因此，同流寇主义作思想斗争，将是一个不可少的过程。只有彻底地克服了流寇主义，提出并实行建立根据地的方针，才能有利于长期支持的游击战争。

在说明了根据地的必要和重要性之后，下面的问题是实行建立根据地时必须认识和解决的。这些问题是：几种根据地，游击区和根据地，建立根据地的条件，根据地的巩固和发展，敌我之间的几种包围。

第一节　几种根据地

抗日游击战争的根据地大体不外三种：山地、平地和河湖港汊地。

山地建立根据地之有利是人人明白的，已经建立或正在建立或准备建立的长白山[1]、五台山[2]、太行山[3]、泰山[4]、燕山[5]、茅山[6]等根据地都是。这些根据地将是抗日游击战争最能长期支持的场所，是抗日战争的重要堡垒。我们必须到一切处于敌后的山岳地带去发展游击战争，并建立起根据地来。

　　平地较之山地当然差些,然而决不是不能发展游击战争,也不是不能建立任何的根据地。河北平原、山东的北部和西北部平原,已经发展了广大的游击战争,是平地能够发展游击战争的证据。至于能否在平原地区建立长期支持的根据地,这一点现在还没有证明;但是建立临时的根据地和小部队的或季候性的根据地,则前者现在已经证明,后者也应该说是可能的。因为一方面,敌人兵力不够分配,又执行着前无古人的野蛮政策,另一方面,中国有广大的土地,又有众多的抗日人民,这些都提供了平原能够发展游击战争并建立临时根据地的客观条件;如再加上指挥适当一条,则小部队的非固定的长期根据地之建立,当然应该说是可能的[7]。大抵当敌人结束了他的战略进攻,转到了保守占领地的阶段时,对于一切游击战争根据地的残酷进攻的到来,是没有疑义的,平原的游击根据地自将首当其冲。那时,在平原地带活动的大的游击兵团将不能在原地长期支持作战,而须按照情况,逐渐地转移到山地里去,例如从河北平原向五台山和太行山转移,从山东平原向泰山和胶东半岛转移。但是保持许多小的游击部队,分处于广大平原的各县,采取流动作战,即根据地搬家,一时在此一时在彼的方法,在民族战争的条件下,不能说没有这种可能。至于利用夏季的青纱帐和冬季的河川结冰之季候性的游击战争,那是断然可能的。在现时敌人无力顾及和将来顾及也难周到的条件下,确定在现时广泛地发展平原的游击战争,并建立临时根据地的方针,在将来准备坚持小部队的游击战争,至少坚持季候性的游击战争,并建立非固定的根据地的方针,是完全必要的。

依据河湖港汊发展游击战争,并建立根据地的可能性,客观上说来是较之平原地带为大,仅次于山岳地带一等。历史上所谓"海盗"和"水寇",曾演过无数的武剧,红军时代的洪湖游击战争支持了数年之久,都是河湖港汊地带能够发展游击战争并建立根据地的证据。不过,各个抗日党派和抗日人民,至今尚少注意这一方面。虽然主观条件还不具备,然而无疑地是应该注意和应该进行的。江北的洪泽湖地带、江南的太湖地带和沿江沿海一切敌人占领区域的港汊地带,都应该好好地组织游击战争,并在河湖港汊之中及其近旁建立起持久的根据地,作为发展全国游击战争的一个方面。缺少了这一方面,无异供给敌人以水上交通的便利,是抗日战争战略计划的一个缺陷,应该及时地补足之。

第二节　游击区和根据地

在处于敌人后方作战的游击战争面前,游击区和根据地是有区别的。在四围已被敌占但中间未被敌占或虽占而已经恢复的地区,例如五台山地区(即晋察冀边区)的某些县,太行山地区和泰山地区也有这种情形,这些都是现成的根据地,游击队据之以发展游击战争是很方便的。但在这些根据地的其他地方则不然,例如五台山地区的东部北部——即冀西察南的某些部分和保定以东沧州以西的许多地方,在那里,游击战争在开始时期还不能完全占领该地,只能经常去游击,游击队到时属于游击队,游击队走了又属于伪政权,这样的地区就还不是游击战争的根据地,而是所谓游击区。这种游击区,经过游击战争的必要过程,消灭或打败了许多敌人,摧毁了伪政权,发动了民众的积极性,组织了民众的抗日团体,发展了民众武装,建立了抗日政权,游击区就转化成了根据地。将这些根据地,增加到原有的根据地里面去,就叫做发展了根据地。

有些地方的游击战争,全部活动地区开始都是游击区,例如冀东的游击战争。那里已有长期的伪政权,当地起义的民众武装和从五台山派去的游击支队,整个活动地区开始都是游击区。它们在开始活动时,只能在此区中选择好的地点作为临时的后方,或叫做临时根据地。要待消灭敌人和发动民众的工作开展了之后,才能把游击区状态消灭,变为比较稳固的根据地。

由此可知,从游击区到根据地,是一个艰难缔造的过程,依消灭敌人和发动民众的程度如何而定其是否已从游击区过渡到了根据地的阶段。

有许多地区,将是长期地处于游击区状态的。在那里,敌人极力控制,但不能建立稳固的伪政权,游击战争也极力发展,但无法达到建立抗日政权的目的,例如敌人占领的铁路线、大城市的附近地区和某些平原地区。

至于敌人有强大力量控制着的大城市、火车站和某些平原地带,游击战争只能接近其附近,而不能侵入其里面,那里有比较稳固的伪政权,这又是一种情形。

由于我之领导错误或敌之强大压力的结果,可以使上述的情形发生相反的变化,即根据地化为游击区,游击区化为敌之比较稳固的占领地。这种情形是可能发生的,值得游击战争的领导者们特别警戒。

所以,在整个敌占地区,经过游击战争和敌我双方斗争的结果,可以变为三种情况的地方:第一种是被我方游击部队和我方政权掌握着的抗日根据地;第二种是被日本帝国主义和伪政权掌握着的被占领地;第三种是双方争夺的中间地带,即所谓游击区。游击战争领导者的责任,在于极力扩大第一、第三两种地区,而极力缩小第二种地区。这就是游击战争的战略任务。

第三节　建立根据地的条件

建立根据地的基本条件,是要有一个抗日的武装部队,并使用这个部队去战胜敌人,发动民众。所以建立根据地问题,首先就是武装部队问题。从事游击战争的领导者们必须用全副精力去建立一支以至多支的游击部队,并使之从斗争中逐渐地发展为游击兵团,以至发展成为正规部队和正规兵团。建立武装部队是建立根据地的最基本一环,没有这个东西,或有了而无力量,一切问题都无从说起。这是第一个条件。

和建立根据地不能分离的第二个条件,就是使用武装部队并配合民众去战胜敌人。凡是被敌人控制的地方,那是敌人的根据地,不是游击战争的根据地;要把敌人的根据地变为游击战争的根据地,非战胜敌人无从实现,这是自明之理。就是游击战争控制的地方,如果不粉碎敌人的进攻,不战胜敌人,自己控制的地方就要变成敌人控制的地方,也无从建立根据地。

和建立根据地不可分离的第三个条件,就是用一切力量,包括武装部队的力量在内,去发动民众的抗日斗争。要从这种斗争中去武装人民，即组织自卫军和游击队。要从这种斗争中去组织民众团体；无论是工人、农民、青年、妇女、儿童、商人、自由职业者，都要依据他们的政治觉悟和斗争情绪提高的程度，将其组织在各种必要的抗日团体之内，并逐渐地发展这些团体。民众如没有组织，是不能表现其抗日力量的。要从这种斗争中去肃清公开的或隐藏的汉奸势力；要做到这一步也只有依靠民众的力量。尤其重要的是从这种斗争中去发动民众建立或巩固当地的抗日政权。原来有中国政权未被敌人破坏的，则在广大民众拥护的基础之上去改造它和巩固它；原来的中国政权已被敌人破坏了的，则在广大民众努力的基础之上去恢复它。这个政权是实行抗日民族统一战线政策的，它应该团结一切人民的力量，向唯一的敌人日本帝国主义及其走狗汉奸反动派作斗争。

一切游击战争的根据地，只有在建立了抗日的武装部队、战胜了敌人、发动了民众这三个基本的条件逐渐地具备之后，才能真正地建立起来。

此外，还须指出的是地理和经济的条件。地理条件的问题，在说"几种根据地"时已经指出了三种不同的情形，这里只说主要的要求，即地区的广大。处在四面或三面被敌包围的中间，要建立长期支持的根据地，山地当然是最好的条件，但主要是须有游击队回旋的余地，即广大地区。有了广大地区这个条件，就是在平原也是能够发展和支持游击战争的，河湖港汊更不待说。这个条件已因中国领土广大和敌人兵力不足，一般地提供于中国的游击战争了。从游击战争的可能性说来，它是一个重要的甚至是第一个重要的条件；在小国如比利时等,因没有这个条件,游击战争的可能性就很小,甚至没有。但在中国,这个条件已不是什么待争取的条件和待解决的问题,而是自然具备只待人去利用的东西。

经济条件的性质,从其自然性一方面看来,也和地理条件相同。因为现在并不讨论在沙漠里建立根据地,沙漠里也没有什么敌人,讨论的是在敌人后方建立根据地,而一切敌人能到之处,当然早就有了中国人,也早就有了吃饭的经济基础,故在建立根据地问题上,不发生选择经济条件的问题。一切有中国人又有敌人的地方,不问其经济条件如何,都应尽可能地发展游击战争,并建立永久的或临时的根据地。但从其政治性一方面看来则不然,这里的问题是存在的,这就是经济政策的问题,这一点对于建立根据地是带着严重性的。游击战争根据地的经济政策,必须执行抗日民族统一战线的原则,即合理负担和保护商业,当地政权和游击队决不能破坏这种原则,否则将影响于根据地的建立和游击战争的支持。合理负担即实行"有钱者出钱",但农民亦须供给一定限度的粮食与游击队。保护商业应表现于游击队的严格的纪律上面;除了有真凭实据的汉奸之外,决不准乱没收一家商店。这是困难的事,但这是必须执行的确定的政策。

第四节　　根据地的巩固和发展

为了把侵入中国的敌人围困在少数的据点,即大城市和交通干线之内,各个根据地上的游击战争必须极力向其根据地的四周发展,迫近一切敌人的据点,威胁其生存,动摇其军心,同时即发展了游击战争的根据地,这是十分必要的。这里,要反对游击战争中的保守主义。保守主义不论是由于贪图安逸而发生的,或由于对敌人力量的过高估计而发生的,均将给予抗日战争以损失,对于游击战争及其根据地的本身也是不利的。另一方面,不可忘记根据地的巩固,而其主要的工作是发动和组织民众,以及游击部队和地方武装的训练。这种巩固,是支持长期战争所必需,也是向前发展所必需的,不巩固就不能有力地向前发展。只知道发展忘记了巩固的游击战争,经不起敌人的进攻,结果不但丧失了发展,且有危及根据地本身之虞。正确的方针是巩固地向前发展,这是进可以攻退可以守的好办法。只要是长期战争,根据地的巩固和发展的问题,是每个游击队经常发生的问题。具体解决时应照情况去决定。某一时期,把重心放在发展方面,这就是推广游击区、扩大游击队的工作。另一时期,则把重心放在巩固方面,这就是组织民众、训练部队的工作。因为二者的性质不同,军事部署和工作执行随之而不同,必须依情况分时期有所侧重,才能很好地解决这个问题。

第五节　敌我之间的几种包围

从整个抗日战争看来,由于敌之战略进攻和外线作战,我处战略防御和内线作战地位,无疑我是处在敌之战略包围中。这是敌对于我的第一种包围。由于我以数量上优势的兵力,对于从外线分数路向我前进之敌采取战役和战斗的进攻和外线作战的方针,就使各个分进之敌的每一个处于我之包围中。

这是我对于敌的第一种包围。再从敌后游击战争的根据地看来,每一孤立的根据地都处于敌之四面或三面包围中,前者例如五台山地区,后者例如晋西北地区。这是敌对于我的第二种包围。但若将各个根据地联系起来看,并将各个游击战争根据地和正规军的战线联系起来看,我又把许多敌人都包围起来。例如在山西,我已三面包围了同蒲路(路之东西两侧及南端),四面包围了太原城;在河北、山东等省,亦有许多这样的包围。这是我对于敌的第二种包围。由是敌我各有加于对方的两种包围,大体上好似下围棋[8]一样,敌对于我我对于敌之战役和战斗的作战好似吃子,敌之据点和我之游击根据地则好似做眼。在这个"做眼"的问题上,表示了敌后游击战争根据地之战略作用的重大性。这个问题,提在抗日战争面前,就是一方面在全国军事当局,又一方面在各地的游击战争领导者,均须把在敌后发展游击战争和在一切可能地方建立根据地的任务,放在自己的议事日程上,把它作为战略任务执行起来。如果我们能在外交上建立太平洋反日阵线,把中国作为一个战略单位,又把苏联及其他可能的国家也各作为一个战略单位,我们就比敌人多了一个包围,形成了一个太平洋的外线作战,可以围剿法西斯日本。这一点在今天当然还没有实际意义,但不是没有这种前途的。

第七章　　游击战争的战略防御
和战略进攻

游击战争战略问题的第四个问题,是游击战争的战略防御和战略进攻的问题。这是第一个问题里所述的进攻战方针在抗日游击战争处于防御姿势和处于进攻姿势中如何具体地应用的问题。

在全国的战略防御和战略进攻(正确地说,战略反攻)中间,每一游击战争的根据地上面及其周围,也有其小规模的战略防御和战略进攻,前者是敌取攻势我取守势时的战略形势和战略方针,后者是敌取守势我取攻势时的战略形势和战略方针。

第一节　游击战争的战略防御

在游击战争已经起来并有相当的发展之后,特别是在敌人停止了对我全国的战略进攻、采取保守其占领地的方针的时候,敌人向游击战争根据地的进攻是必然的。对于这种必然性的认识是必要的,否则游击战争的领导者们全无准备,一旦遇到敌人严重地进攻的形势,必至惊惶失措,被敌击破。

敌人为达到消灭游击战争及其根据地之目的,常会采取围攻的办法,例如五台山地区就已有了四五次的所谓"讨伐",每次配置三路、四路以至六、七路的兵力,同时有计划地前进。游击战争发展的规模越大,其根据地所处的位置越重要,威胁敌人的战略基地和交通要道越大,敌人对于游击战争及其根据地的进攻也将会越厉害。所以,凡属敌人进攻游击战争越厉害之处,就证明那里的游击战争越有成绩,对于正规战争的配合也就越有作用。

在敌人数路围攻的情况之下,游击战争的方针是打破这种围攻,采取反围攻的形态。在敌数路前进,但每路只有一个或大或小的部队,没有后续部队,不能沿途配置兵力、构筑堡垒、修筑汽车路的情况之下,这种围攻是容易打破的。这时,敌是进攻和外线作战,我是防御和内线作战。我之部署应是以次要兵力钳制敌之数路,而以主要兵力对付敌之一路,采取战役和战斗的袭击战法(主要的是埋伏战),于敌行动中打击之。敌人虽强,经过多次的袭击,也就削弱下来,往往中途撤退,此时游击队又可于追击敌人时继续袭击,再行削弱他。当敌人还没有停止进攻或实行退却之时,总是占据根据地内的县城或市镇,我便应包围这种县城或市镇,断绝其粮食来源和交通联络,等到敌人无法支持向后退走时,我便乘机追击之。一路打破之后,又转移兵力去打破敌之另一路,这样各个地击破敌之围攻。

在一个大的根据地内,例如五台山地区,是在一个"军区"之内分为四五个或更多的"军分区"的,每一军分区都有独立作战的武装部队。在上述作战方法之下,往往同时地或先后地打破了敌人的进攻。

在反围攻的作战计划中,我之主力一般是位于内线的。但在兵力优裕的条件下,使用次要力量(例如县和区的游击队,以至从主力中分出一部分)于外线,在那里破坏敌之交通,钳制敌之增援部队,是必要的。如果敌在根据地内久踞不去,我可以倒置地使用上述方法,即以一部留在根据地内围困该敌,而用主力进攻敌所从来之一带地方,在那里大肆活动,引致久踞之敌撤退出去打我主力;这就是"围魏救赵"[9]的办法。

在反围攻的作战中,地方人民的抗日自卫军和一切民众组织,应全体动员起来参加战争,用各种方法帮助我军,反对敌人。在反对敌人的工作中,地方戒严和可能程度的坚壁清野两事是重要的。前者为了镇压汉奸,并使敌人得不到消息;后者为了协助作战(坚壁),并使敌人得不到粮食(清野)。这里所说的清野,是指粮食成熟时早日收割的意思。

敌人退却时往往将所踞城市中的房屋和所经道路上的村庄放火烧毁,目的在给予游击战争根据地以破坏,但同时就使得敌人第二次进攻时没有房子住和没有饭吃,害了他们自己。这就是所谓在一件事情上面包含着两种互相矛盾的意义的具体例证之一。

不是在几经反围攻之后业已证明在那里无法打破严重的围攻时,游击战争的领导者不应企图放弃那个根据地而跑到别的根据地去。在这里,应注意防止悲观情绪的发生。只要领导上不犯原则错误,一般的山岳地带,总是能够打破围攻和坚持根据地的。只有平原地带,如果在严重的围攻之下,就应根据具体情势,考虑下面的问题:留着许多小的游击部队在当地分散活动,而将大的游击兵团暂时地转移到山地里去,等到敌人主力移动他去,我又再往那里活动。

由于中国地区广大、敌人兵力不足的矛盾情况,敌人是一般地不能采取中国内战时国民党的堡垒主义的。但是我们应该估计到在某些特别威胁敌人要害的游击根据地中,敌人有可能采取相当程度的堡垒主义,要准备就是在这种情况之下仍然坚持那里的游击战争。毫无疑义的,根据在内战时还能坚持游击战争的经验,在民族战争中当然更能够坚持。因为即使在兵力对比上,在某些根据地中,敌能使用不但在质量上而且在数量上极端优势的兵力，但是敌我民族矛盾无法解决，敌之指挥弱点无可避免。我之胜利，就建立在深入的民众工作和灵活的作战方法之上。

第二节　游击战争的战略进攻

在已将敌之进攻打破，敌之新的进攻尚未到来的时候，是敌取战略守势我取战略攻势的时候。

这种时候，我之作战方针，不在于攻击不可必胜的、固守着防御阵地的敌人；而在于有计划地在一定地区内消灭和驱逐为游击队力能胜任的小敌和汉奸武装，扩大我之占领地区，发动民众的抗日斗争，补充并训练部队，组织新的游击队。在这些任务做得有了些眉目之后，如果敌人还在守势之中，就可以进一步扩大我之新占领地区，攻击那些敌力薄弱的城市和交通线，依其情况而长久地或暂时地占领之。所有这些，都是战略进攻的任务，目的在于乘着敌取守势之时，有效地发展自己的军事的和民众的力量，有效地缩小敌人的力量，并准备敌人再度向我进攻时又能有计划地和有力地打破之。

部队的休息和训练是必要的，敌取守势时是我最好的休息和训练的时机。不是一事不做专门关起门来休息和训练，而是在扩大占领地，消灭小敌，发动民众的工作中，争取时间达到休息和训练的目的。解决给养被服等困难问题，也往往在这个时候。

大规模地破坏敌之交通线，妨碍敌之运输，直接帮助正规军的战役作战，也在这个时候。

这时,整个的游击根据地、游击区和游击部队,都是兴高采烈的时候,被敌摧残的地区也逐渐整理,恢复元气。敌占地区内的民众亦十分高兴,到处都传播游击队的声威。敌人及其走狗汉奸的内部,则一方面发展着恐慌情绪和分化作用,一方面又增加着对于游击队和根据地的仇恨,加紧地准备着对付游击战争。因此,游击战争的领导者们不可在自己的战略进攻中得意忘形,轻视敌人,忘记了团结内部、巩固根据地和巩固部队的工作。在这种时候,须善于观看敌人的风色,看其是否又有向我进攻的朕兆,以便一遇进攻,就能适当地结束我之战略进攻,转入战略防御,再从战略防御中粉碎敌人的进攻。

第八章　　向运动战发展

抗日游击战争战略问题的第五个问题,是向运动战发展的问题,其必要和可能,也是由于战争的长期性和残酷性而来的。如果中国能迅速地战胜日寇,并迅速地收复失地,没有什么持久战,也不是什么残酷的战争,那末,游击战向运动战发展的必要就不存在。然而情形是相反的,战争是长期而且残酷,游击战只有向运动战发展才能适应这样的战争。战争既是长期的和残酷的,就能够使游击队受到必要的锻炼,逐渐地变成正规的部队,因而其作战方式也将逐渐地正规化,游击战就变成运动战了。游击战争的领导者们必须明确地认识这种必要性和可能性,才能坚持向运动战发展的方针,并有计划地执行之。

现在许多地方的游击战争,例如五台山等处,是由正规军派出强大的支队去发展的。那里的作战虽然一般是游击战，但开始即包含了运动战的成分。随着战争的持久，这种成分将逐渐地增加。这是今天抗日游击战争的长处，不但使游击战争迅速地发展，并且使之迅速地提高，较之东三省的游击战争，条件优越得多了。

由执行游击战的游击部队化为执行运动战的正规部队，须具备数量扩大和质量提高两个条件。前者除直接动员人民加入部队外，可采取集中小部队的办法；后者则依靠战争中的锻炼和提高武器的质量。

集中小部队，一方面，须防止只顾地方利益因而妨碍集中的地方主义；另一方面，也须防止不顾地方利益的单纯军事主义。

地方主义是存在于地方游击队和地方政府中间的，他们往往只顾地方的利益，忘记全局的利益，或贪图分散活动，不惯集团生活。主力游击部队或游击兵团的领导者们，必须注意到这种情形，采取逐渐地和部分地集中的办法，使地方保有余力能够继续地发展游击战争；采取首先协同行动然后实行合编以及不破坏其建制不撤换其干部的办法，使小集团能够融合于大集团。

单纯军事主义和地方主义相反，乃是主力部队里头的人们只图扩充自己不顾扶助地方武装的一种错误观点。他们不知道游击战向运动战发展并非废除游击战，而是在广泛发展的游击战之中逐渐地形成一个能够执行运动战的主力，环绕这个主力的仍然应有广大的游击部队和游击战争。这种广大的游击部队，造成这个主力的丰富的羽翼，又是这个主力继续扩大的不断的源泉。所以，主力部队的领导者如果犯了不顾地方民众和地方政府的利益的单纯军事主义的错误，就必须加以克服，使主力的扩大和地方武装的繁殖，各得着适宜的位置。

　　提高质量，须在政治、组织、装备、技术、战术、纪律等各方面有所改进，逐渐地仿照正规军的规模，减少游击队的作风。政治上须使指挥员、战斗员们认识从游击队到正规军提高一步的必要性，鼓励大家为此而努力，并以政治工作去保障之。组织上须逐渐地具备为一个正规兵团所必需的军事和政治的工作机关，军事和政治的工作人员，军事和政治的工作方法以及供给卫生等的经常制度。装备方面，须提高武器的质量和种类，增加必要的通讯器材。技术和战术方面，从游击部队的技术和战术提高到作为一个正规兵团所必需的技术和战术。纪律方面，提高到整齐划一令行禁止的程度，消灭自由和散漫的现象。所有这些方面的完成，需要一个长的努力过程，不是一朝一夕的工程，然而必须向这个方向发展。只有这样，一个游击战争根据地上面的主力兵团才能造成，更有效力地打击敌人的运动战方式才能出现。这种目的，在有正规军派遣支队或派遣干部的地方，是能够比较顺利地达到的。因此，一切正规军均有扶助游击队向着正规部队发展的责任。

第九章　指挥关系

　　抗日游击战争战略问题的最后一个问题，是指挥关系的问题。这个问题的正确解决，是游击战争顺利发展的条件之一。

　　游击战争的指挥方法，由于游击部队是低级的武装组织和分散行动的特性，不容许高度的集中主义，如同正规战争的指挥方法那样。如果企图拿正规战争的指挥方法施之于游击战争，必然地要束缚游击战争的高度活泼性，而使游击战争毫无生气。高度的集中指挥和游击战争的高度活泼性是正相反对的东西；对于这种高度活泼的游击战争，施之以高度集中的指挥制度，不但不应该，而且不可能。

　　然而游击战争不是不要任何的集中指挥就能够顺利地发展的。在有广大的正规战争，同时又有广大的游击战争存在的情况之下，使二者适当地配合行动是必要的，这里就需要对于正规战争和游击战争配合行动的指挥，这就是国家参谋部和战区司令官关于战略作战的统一指挥。在一个游击区或游击根据地里面，那里存在着多数的游击队，其中往往有一个至数个作为主力的游击兵团（有时还有正规兵团）和许多作为辅助力量的大小游击部队，还有不脱离生产的广大的人民武装，那里的敌人也往往成为一个局面，统一地对付游击战争。因此，就在这种游击区或根据地里面，发生了统一指挥，即集中指挥的问题。

　　由此，游击战争的指挥原则，一方面反对绝对的集中主义，同时又反对绝对的分散主义，应该是战略的集中指挥和战役战斗的分散指挥。

　　战略的集中指挥，包括国家对于整个游击战争的部署，各个战区里面游击战争和正规战争的配合行动以及每个游击区或根据地里面对于全区抗日武装的统一指导。在这些上面的不协调、不统一、不集中,是有害的,应该尽可能地求得其协调、统一和集中。凡关于一般事项,即战略性质的事项,下级必须报告上级,并接受上级的指导,以收协同动作之效。然而集中到此为止,过此限度,干涉到下级的具体事项,例如战役战斗的具体部署等等,同样是有害的。因为这些具体事项,必须按照随时变化随地不同的具体情况去做,而这些具体情况,是离得很远的上级机关无从知道的。这就是战役和战斗的分散指挥原则。这个原则也一般地通用于正规战争的作战,特别是在通讯工具不完备的情况下。一句话,就是:战略统一下的独立自主的游击战争。

在游击根据地组成一个军区,其下分为几个军分区,军分区之下分为几个县,县之下分为几个区的情况,军区司令部、军分区司令部、县政府、区政府的系统是隶属关系,武装部队依其性质分别地隶属之。它们之间的指挥关系,根据上述的原则,一般的方针集中于上级;具体的行动按照具体情况实施之,下级有独立自主之权。上级对下级某些具体行动有意见,可以而且应该作为"训令"提出,但决不应作为不可改变的"命令"。越是地区广大,情况复杂,上下级距离很远,这种具体行动就越应加大其独立自主的权限,越应使之多带地方性,多切合地方情况的要求,以便培养下级和地方人员的独立工作能力,应付复杂的环境,发展胜利的游击战争。如果是一个集中行动的部队或兵团,其内部指挥关系,适用集中指挥的原则,因为情况是明了的;但是如果该部队或该兵团一旦分散行动,便又适用一般集中、具体分散的原则,因为具体的情况无从明了。

应该集中的不集中,在上者叫做失职,在下者叫做专擅,这是在任何上下级关系上特别是在军事关系上所不许可的。应该分散的不分散，在上者叫做包办，在下者叫做无自动性，这也是在任何上下级关系上特别是在游击战争的指挥关系上所不许可的。只有上述的原则，才是正确地解决这个问题的方针。

注　释

〔1〕长白山是中国东北边境的山脉。一九三一年九一八事变后，中国共产党领导的抗日游击队，与其他自发的抗日武装以及活动在东北地区的朝鲜共产主义者一道，曾一度在长白山区开展和坚持游击战争。

〔2〕五台山是山西东北部延至河北边界的山脉。一九三七年十月，以八路军一一五师一部为主以五台山为依托，开展抗日游击战争，建立晋察冀抗日根据地。一九三八年一月，成立晋察冀边区临时行政委员会。后来晋察冀边区扩大到同蒲路以东，正太路、德石路以北，张家口、多伦、宁城、锦州以南，渤海以西的绝大部分地区。

〔3〕太行山是山西、河北、河南三省交界的山脉。一九三七年十月，八路军一二九师向太行山区挺进；十一月开始创立以太行山为依托的晋东南抗日根据地，同时分兵向冀南、豫北的边界和冀西发展。一九三八年四月成立晋冀豫军区，后又相继开辟冀南、冀鲁豫抗日根据地，一九四一年建立了晋冀鲁豫边区政府。后来边区发展到东起津浦路，西至同蒲路，北起正太路、德石路，南至黄河的绝大部分地区。

〔4〕泰山在山东中部，是泰沂山脉的主峰之一。一九三七年冬至一九三八年春，中国共产党领导的游击队依托泰沂山区，发动抗日武装起义，开展游击战争，为创建鲁中抗日根据地奠定了基础。

〔5〕燕山是河北省东北部的山脉。一九三八年夏，八路军第四纵队进入冀东的燕山地区。中共冀热边特委在八路军第四纵队的配合下，发动和领导了冀东二十一县和唐山矿区的工人农民抗日武装大起义。一九三九年后逐步建立了冀东抗日根据地，后来发展成为冀热辽抗日根据地。

〔6〕茅山在江苏省南部。一九三八年四月，新四军先遣支队开始向苏南敌后出动，实行战略侦察。六月和七月，新四军第一、第二支队先后从安徽南部进入苏南，发动抗日游击战争，开创以茅山山区为中心的苏南抗日根据地。

〔7〕抗日战争发展的经验,证明了平原地区能够建立长期的而且在许多地方能够成为固定的根据地,这是由于地区的广大,人口的众多,共产党政策的正确,人民动员的普遍和敌人兵力的不足等等条件所决定的。毛泽东随后在具体的指示中即把这点加以明确地肯定了。

〔8〕围棋是中国的一种很古老的棋。双方的棋子互相包围,一方的一个或一群子被对方所包围,就被"吃"掉。但如果在被包围的一群子中保有必要的空格("眼"),这群子就是"活"的,不被"吃"掉。

〔9〕公元前三五四年,魏军围攻赵国都城邯郸(今河北省邯郸市西南)。第二年,齐国国君命田忌、孙膑率军救赵。孙膑认为魏军精锐在赵,内部空虚,主张引兵迅速进攻魏都,迫使魏军弃赵自救。田忌采纳了孙膑的意见。魏军果然回救本国。齐军乘魏军疲惫,在桂陵(今河南省长垣县西北)设伏袭击,大败魏军,赵国之围也随着解除。后来中国的军事家就用"围魏救赵"来说明类似的战法。

论 持 久 战 *

（一九三八年五月）

问 题 的 提 起

（一）伟大抗日战争的一周年纪念，七月七日，快要到了。全民族的力量团结起来，坚持抗战，坚持统一战线，同敌人作英勇的战争，快一年了。这个战争，在东方历史上是空前的，在世界历史上也将是伟大的，全世界人民都关心这个战争。身受战争灾难、为着自己民族的生存而奋斗的每一个中国人，无日不在渴望战争的胜利。然而战争的过程究竟会要怎么样？能胜利还是不能胜利？能速胜还是不能速胜？很多人都说持久战，但是为什么是持久战？怎样进行持久战？很多人都说最后胜利，但是为什么会有最后胜利？怎样争取最后胜利？这些问题，不是每个人都解决了的，甚至是大多数人至今没有解决的。于是失败主义的亡国论者跑出来向人们说：中国会亡，最后胜利不是中国的。某些性急的朋友们也跑出来向人们说：中国很快就能战胜，无需乎费大气力。这些议论究竟对不对呢？我们一向都说：这些议论是不对的。可是我们

---

* 这是毛泽东一九三八年五月二十六日至六月三日在延安抗日战争研究会的讲演。

说的,还没有为大多数人所了解。一半因为我们的宣传解释工作还不够,一半也因为客观事变的发展还没有完全暴露其固有的性质,还没有将其面貌鲜明地摆在人们之前,使人们无从看出其整个的趋势和前途,因而无从决定自己的整套的方针和做法。现在好了,抗战十个月的经验,尽够击破毫无根据的亡国论,也尽够说服急性朋友们的速胜论了。在这种情形下,很多人要求做个总结性的解释。尤其是对持久战,有亡国论和速胜论的反对意见,也有空洞无物的了解。"卢沟桥事变[1]以来,四万万人一齐努力,最后胜利是中国的。"这样一种公式,在广大的人们中流行着。这个公式是对的,但有加以充实的必要。抗日战争和统一战线之所以能够坚持,是由于许多的因素:全国党派,从共产党到国民党;全国人民,从工人农民到资产阶级;全国军队,从主力军到游击队;国际方面,从社会主义国家到各国爱好正义的人民;敌国方面,从某些国内反战的人民到前线反战的兵士。总而言之,所有这些因素,在我们的抗战中都尽了他们各种程度的努力。每一个有良心的人,都应向他们表示敬意。我们共产党人,同其他抗战党派和全国人民一道,唯一的方向,是努力团结一切力量,战胜万恶的日寇。今年七月一日,是中国共产党建立的十七周年纪念日。为了使每个共产党员在抗日战争中能够尽其更好和更大的努力,也有着重地研究持久战的必要。因此,我的讲演就来研究持久战。和持久战这个题目有关的问题,我都准备说到;但是不能一切都说到,因为一切的东西,不是在一个讲演中完全说得了的。

(二)抗战十个月以来,一切经验都证明下述两种观点的不对：一种是中国必亡论，一种是中国速胜论。前者产生妥协倾向，后者产生轻敌倾向。他们看问题的方法都是主观的和片面的，一句话，非科学的。

（三）抗战以前，存在着许多亡国论的议论。例如说："中国武器不如人，战必败。""如果抗战，必会作阿比西尼亚[2]。"抗战以后，公开的亡国论没有了，但暗地是有的，而且很多。例如妥协的空气时起时伏，主张妥协者的根据就是"再战必亡"[3]。有个学生从湖南写信来说："在乡下一切都感到困难。单独一个人作宣传工作，只好随时随地找人谈话。对象都不是无知无识的愚民，他们多少也懂得一点，他们对我的谈话很有兴趣。可是碰了我那几位亲戚，他们总说：'中国打不胜，会亡。'讨厌极了。好在他们还不去宣传，不然真糟。农民对他们的信仰当然要大些啊！"这类中国必亡论者，是妥协倾向的社会基础。这类人中国各地都有，因此，抗日阵线中随时可能发生的妥协问题，恐怕终战争之局也不会消灭的。当此徐州失守武汉紧张的时候，给这种亡国论痛驳一驳，我想不是无益的。

（四）抗战十个月以来，各种表现急性病的意见也发生了。例如在抗战初起时，许多人有一种毫无根据的乐观倾向，他们把日本估计过低，甚至以为日本不能打到山西。有些人轻视抗日战争中游击战争的战略地位，他们对于"在全体上，运动战是主要的，游击战是辅助的；在部分上，游击战是主要的，运动战是辅助的"这个提法，表示怀疑。他们不赞成八路军这样的战略方针："基本的是游击战，但不放松有利条件下的运动战。"认为这是"机械的"观点[4]。上海战争时，有些人说："只要打三个月，国际局势一定变化，苏联一定出兵，战争就可解决。"把抗战的前途主要地寄托在外国援助上面〔5〕。台儿庄胜利〔6〕之后,有些人主张徐州战役〔7〕应是"准决战",说过去的持久战方针应该改变。说什么"这一战,就是敌人的最后挣扎","我们胜了,日阀就在精神上失了立场,只有静候末日审判"〔8〕。平型关一个胜仗,冲昏了一些人的头脑;台儿庄再一个胜仗,冲昏了更多的人的头脑。于是敌人是否进攻武汉,成为疑问了。许多人以为:"不一定";许多人以为:"断不会"。这样的疑问可以牵涉到一切重大的问题。例如说:抗日力量是否够了呢? 回答可以是肯定的,因为现在的力量已使敌人不能再进攻,还要增加力量干什么呢? 例如说:巩固和扩大抗日民族统一战线的口号是否依然正确呢? 回答可以是否定的,因为统一战线的现时状态已够打退敌人,还要什么巩固和扩大呢? 例如说:国际外交和国际宣传工作是否还应该加紧呢? 回答也可以是否定的。例如说:改革军队制度,改革政治制度,发展民众运动,厉行国防教育,镇压汉奸托派〔9〕,发展军事工业,改良人民生活,是否应该认真去做呢? 例如说:保卫武汉、保卫广州、保卫西北和猛烈发展敌后游击战争的口号,是否依然正确呢? 回答都可以是否定的。其至某些人在战争形势稍为好转的时候,就准备在国共两党之间加紧磨擦一下,把对外的眼光转到对内。这种情况,差不多每一个较大的胜仗之后,或敌人进攻暂时停顿之时,都要发生。所有上述一切,我们叫它做政治上军事上的近视眼。这些话,讲起来好像有道理,实际上是毫无根据、似是而非的空谈。扫除这些空谈,对于进行胜利的抗日战争,应该是有好处的。

　　(五)于是问题是:中国会亡吗? 答复:不会亡,最后胜利是中国的。中国能够速胜吗？答复：不能速胜，抗日战争是持久战。

（六）这些问题的主要论点，还在两年之前我们就一般地指出了。还在一九三六年七月十六日，即在西安事变前五个月，卢沟桥事变前十二个月，我同美国记者斯诺先生的谈话中，就已经一般地估计了中日战争的形势，并提出了争取胜利的各种方针。为备忘计，不妨抄录几段如下：

问：在什么条件下，中国能战胜并消灭日本帝国主义的实力呢？

答：要有三个条件：第一是中国抗日统一战线的完成；第二是国际抗日统一战线的完成；第三是日本国内人民和日本殖民地人民的革命运动的兴起。就中国人民的立场来说，三个条件中，中国人民的大联合是主要的。

问：你想，这个战争要延长多久呢？

答：要看中国抗日统一战线的实力和中日两国其他许多决定的因素如何而定。即是说，除了主要地看中国自己的力量之外，国际间所给中国的援助和日本国内革命的援助也很有关系。如果中国抗日统一战线有力地发展起来，横的方面和纵的方面都有效地组织起来，如果认清日本帝国主义威胁他们自己利益的各国政府和各国人民能给中国以必要的援助，如果日本的革命起来得快，则这次战争将迅速结束，中国将迅速胜利。如果这些条件不能很快实现，战争就要延长。但结果还是一样，日本必败，中国必胜。只是牺牲会大，要经过一个很痛苦的时期。

问：从政治上和军事上来看，你以为这个战争的前途会要如何发展？

答：日本的大陆政策已经确定了，那些以为同日本妥协，再牺牲一些中国的领土主权就能够停止日本进攻的人们,他们的想法只是一种幻想。我们确切地知道,就是扬子江下游和南方各港口,都已经包括在日本帝国主义的大陆政策之内。并且日本还想占领菲律宾、暹罗、越南、马来半岛和荷属东印度,把外国和中国切开,独占西南太平洋。这又是日本的海洋政策。在这样的时期,中国无疑地要处于极端困难的地位。可是大多数中国人相信,这种困难是能够克服的;只有各大商埠的富人是失败论者,因为他们害怕损失财产。有许多人想,一旦中国海岸被日本封锁,中国就不能继续作战。这是废话。为反驳他们,我们不妨举出红军的战争史。在抗日战争中,中国所占的优势,比内战时红军的地位强得多。中国是一个庞大的国家,就是日本能占领中国一万万至二万万人口的区域,我们离战败还很远呢。我们仍然有很大的力量同日本作战,而日本在整个战争中须得时时在其后方作防御战。中国经济的不统一、不平衡,对于抗日战争反为有利。例如将上海和中国其他地方割断,对于中国的损害,绝没有将纽约和美国其他地方割断对于美国的损害那样严重。日本就是把中国沿海封锁,中国的西北、西南和西部,它是无法封锁的。所以问题的中心点还是中国全体人民团结起来,树立举国一致的抗日阵线。这是我们早就提出了的。

问:假如战争拖得很长,日本没有完全战败,共产党能否同意讲和,并承认日本统治东北?

答:不能。中国共产党和全国人民一样,不容许日本保留中国的寸土。

问:照你的意见,这次解放战争,主要的战略方针是什么?

答:我们的战略方针,应该是使用我们的主力在很长的变动不定的战线上作战。中国军队要胜利,必须在广阔的战场上进行高度的运动战,迅速地前进和迅速地后退,迅速地集中和迅速地分散。这就是大规模的运动战,而不是深沟高垒、层层设防、专靠防御工事的阵地战。这并不是说要放弃一切重要的军事地点,对于这些地点,只要有利,就应配置阵地战。但是转换全局的战略方针,必然要是运动战。阵地战虽也必需,但是属于辅助性质的第二种的方针。在地理上,战场这样广大,我们作最有效的运动战,是可能的。日军遇到我军的猛烈活动,必得谨慎。他们的战争机构很笨重,行动很慢,效力有限。如果我们集中兵力在一个狭小的阵地上作消耗战的抵抗,将使我军失掉地理上和经济组织上的有利条件,犯阿比西尼亚的错误。战争的前期,我们要避免一切大的决战,要先用运动战逐渐地破坏敌人军队的精神和战斗力。

除了调动有训练的军队进行运动战之外,还要在农民中组织很多的游击队。须知东三省的抗日义勇军,仅仅是表示了全国农民所能动员抗战的潜伏力量的一小部分。中国农民有很大的潜伏力,只要组织和指挥得当,能使日本军队一天忙碌二十四小时,使之疲于奔命。必须记住这个战争是在中国打的,这就是说,日军要完全被敌对的中国人所包围;日军要被迫运来他们所需的军用品,而且要自己看守;他们要用重兵去保护交通线,时时谨防袭击;另外,还要有一大部力量驻扎满洲和日本内地。

在战争的过程中,中国能俘虏许多的日本兵,夺取许多的武器弹药来武装自己;同时,争取外国的援助,使中国军队的装备逐渐加强起来。因此,中国能够在战争的后期从事阵地战,对于日本的占领地进行阵地的攻击。这样,日本在中国抗战的长期消耗下,它的经济行将崩溃;在无数战争的消磨中,它的士气行将颓靡。中国方面,则抗战的潜伏力一天一天地奔腾高涨,大批的革命民众不断地倾注到前线去,为自由而战争。所有这些因素和其他的因素配合起来,就使我们能够对日本占领地的堡垒和根据地,作最后的致命的攻击,驱逐日本侵略军出中国。(斯诺:《西北印象记》)

抗战十个月的经验,证明上述论点的正确,以后也还将继续证明它。

(七)还在卢沟桥事变发生后一个多月,即一九三七年八月二十五日,中国共产党中央就在它的《关于目前形势与党的任务的决定》中,清楚地指出:

卢沟桥的挑战和平津的占领,不过是日寇大举进攻中国本部的开始。日寇已经开始了全国的战时动员。他们的所谓"不求扩大"的宣传,不过是掩护其进攻的烟幕弹。

七月七日卢沟桥的抗战,已经成了中国全国性抗战的起点。

中国的政治形势从此开始了一个新阶段,这就是实行抗战的阶段。抗战的准备阶段已经过去了。这一阶段的最中心的任务是:动员一切力量争取抗战的胜利。

争取抗战胜利的中心关键,在使已经发动的抗战发展为全面的全民族的抗战。只有这种全面的全民族的抗战,才能使抗战得到最后的胜利。

由于当前的抗战还存在着严重的弱点,所以在今后的抗战过程中,可能发生许多挫败、退却,内部的分化、叛变,暂时和局部的妥协等不利的情况。因此,应该看到这一抗战是艰苦的持久战。但我们相信,已经发动的抗战,必将因为我党和全国人民的努力,冲破一切障碍物而继续地前进和发展。

抗战十个月的经验,同样证明了上述论点的正确,以后也还将继续证明它。

（八）战争问题中的唯心论和机械论的倾向，是一切错误观点的认识论上的根源。他们看问题的方法是主观的和片面的。或者是毫无根据地纯主观地说一顿；或者是只根据问题的一侧面、一时候的表现，也同样主观地把它夸大起来，当作全体看。但是人们的错误观点可分为两类：一类是根本的错误，带一贯性，这是难于纠正的；另一类是偶然的错误，带暂时性，这是易于纠正的。但既同为错误，就都有纠正的必要。因此，反对战争问题中的唯心论和机械论的倾向，采用客观的观点和全面的观点去考察战争，才能使战争问题得出正确的结论。

问 题 的 根 据

（九）抗日战争为什么是持久战？最后胜利为什么是中国的呢？根据在什么地方呢？

中日战争不是任何别的战争，乃是半殖民地半封建的中国和帝国主义的日本之间在二十世纪三十年代进行的一个决死的战争。全部问题的根据就在这里。分别地说来，战争的双方有如下互相反对的许多特点。

（一〇）日本方面：第一，它是一个强的帝国主义国家，它的军力、经济力和政治组织力在东方是一等的，在世界也是五六个著名帝国主义国家中的一个。这是日本侵略战争的基本条件，战争的不可避免和中国的不能速胜，就建立在这个日本国家的帝国主义制度及其强的军力、经济力和政治组织力上面。然而第二，由于日本社会经济的帝国主义性，就产生了日本战争的帝国主义性，它的战争是退步的和野蛮的。时至二十世纪三十年代的日本帝国主义,由于内外矛盾,不但使得它不得不举行空前大规模的冒险战争,而且使得它临到最后崩溃的前夜。从社会行程说来,日本已不是兴旺的国家,战争不能达到日本统治阶级所期求的兴旺,而将达到它所期求的反面——日本帝国主义的死亡。这就是所谓日本战争的退步性。跟着这个退步性,加上日本又是一个带军事封建性的帝国主义这一特点,就产生了它的战争的特殊的野蛮性。这样就要最大地激起它国内的阶级对立、日本民族和中国民族的对立、日本和世界大多数国家的对立。日本战争的退步性和野蛮性是日本战争必然失败的主要根据。还不止此,第三,日本战争虽是在其强的军力、经济力和政治组织力的基础之上进行的,但同时又是在其先天不足的基础之上进行的。日本的军力、经济力和政治组织力虽强,但这些力量之量的方面不足。日本国度比较地小,其人力、军力、财力、物力均感缺乏,经不起长期的战争。日本统治者想从战争中解决这个困难问题,但同样,将达到其所期求的反面,这就是说,它为解决这个困难问题而发动战争,结果将因战争而增加困难,战争将连它原有的东西也消耗掉。最后,第四,日本虽能得到国际法西斯国家的援助,但同时,却又不能不遇到一个超过其国际援助力量的国际反对力量。这后一种力量将逐渐地增长,终究不但将把前者的援助力量抵消,并将施其压力于日本自身。这是失道寡助的规律,是从日本战争的本性产生出来的。总起来说,日本的长处是其战争力量之强,而其短处则在其战争本质的退步性、野蛮性,在其人力、物力之不足,在其国际形势之寡助。这些就是日本方面的特点。

（一一）中国方面：第一，我们是一个半殖民地半封建的国家。从鸦片战争[10]，太平天国[11]，戊戌维新[12]，辛亥革命[13]，直至北伐战争，一切为解除半殖民地半封建地位的革命的或改良的运动，都遭到了严重的挫折，因此依然保留下这个半殖民地半封建的地位。我们依然是一个弱国，我们在军力、经济力和政治组织力各方面都显得不如敌人。战争之不可避免和中国之不能速胜，又在这个方面有其基础。然而第二，中国近百年的解放运动积累到了今日，已经不同于任何历史时期。各种内外反对力量虽给了解放运动以严重挫折，同时却锻炼了中国人民。今日中国的军事、经济、政治、文化虽不如日本之强，但在中国自己比较起来，却有了比任何一个历史时期更为进步的因素。中国共产党及其领导下的军队，就是这种进步因素的代表。中国今天的解放战争，就是在这种进步的基础上得到了持久战和最后胜利的可能性。中国是如日方升的国家，这同日本帝国主义的没落状态恰是相反的对照。中国的战争是进步的，从这种进步性，就产生了中国战争的正义性。因为这个战争是正义的，就能唤起全国的团结，激起敌国人民的同情，争取世界多数国家的援助。第三，中国又是一个很大的国家，地大、物博、人多、兵多，能够支持长期的战争，这同日本又是一个相反的对比。最后，第四，由于中国战争的进步性、正义性而产生出来的国际广大援助，同日本的失道寡助又恰恰相反。总起来说，中国的短处是战争力量之弱，而其长处则在其战争本质的进步性和正义性，在其是一个大国家，在其国际形势之多助。这些都是中国的特点。

（一二）这样看来，日本的军力、经济力和政治组织力是强的,但其战争是退步的、野蛮的,人力、物力又不充足,国际形势又处于不利。中国反是,军力、经济力和政治组织力是比较地弱的,然而正处于进步的时代,其战争是进步的和正义的,又有大国这个条件足以支持持久战,世界的多数国家是会要援助中国的。——这些,就是中日战争互相矛盾着的基本特点。这些特点,规定了和规定着双方一切政治上的政策和军事上的战略战术,规定了和规定着战争的持久性和最后胜利属于中国而不属于日本。战争就是这些特点的比赛。这些特点在战争过程中将各依其本性发生变化,一切东西就都从这里发生出来。这些特点是事实上存在的,不是虚造骗人的;是战争的全部基本要素,不是残缺不全的片段;是贯彻于双方一切大小问题和一切作战阶段之中的,不是可有可无的。观察中日战争如果忘记了这些特点,那就必然要弄错;即使某些意见一时有人相信,似乎不错,但战争的经过必将证明它们是错的。我们现在就根据这些特点来说明我们所要说的一切问题。

驳　亡　国　论

　　(一三)亡国论者看到敌我强弱对比一个因素,从前就说"抗战必亡",现在又说"再战必亡"。如果我们仅仅说,敌人虽强,但是小国,中国虽弱,但是大国,是不足以折服他们的。他们可以搬出元朝灭宋、清朝灭明的历史证据,证明小而强的国家能够灭亡大而弱的国家,而且是落后的灭亡进步的。如果我们说,这是古代,不足为据,他们又可以搬出英灭印度的事实,证明小而强的资本主义国家能够灭亡大而弱的落后国家。

所以还须提出其他的根据，才能把一切亡国论者的口封住，使他们心服，而使一切从事宣传工作的人们得到充足的论据去说服还不明白和还不坚定的人们，巩固其抗战的信心。

（一四）这应该提出的根据是什么呢？就是时代的特点。这个特点的具体反映是日本的退步和寡助，中国的进步和多助。

（一五）我们的战争不是任何别的战争，乃是中日两国在二十世纪三十年代进行的战争。在我们的敌人方面，首先，它是快要死亡的帝国主义，它已处于退步时代，不但和英灭印度时期英国还处于资本主义的进步时代不相同，就是和二十年前第一次世界大战时的日本也不相同。此次战争发动于世界帝国主义首先是法西斯国家大崩溃的前夜，敌人也正是为了这一点才举行这个带最后挣扎性的冒险战争。所以，战争的结果，灭亡的不会是中国而是日本帝国主义的统治集团，这是无可逃避的必然性。再则，当日本举行战争的时候，正是世界各国或者已经遭遇战争或者快要遭遇战争的时候，大家都正在或准备着为反抗野蛮侵略而战，中国这个国家又是同世界多数国家和多数人民利害相关的，这就是日本已经引起并还要加深地引起世界多数国家和多数人民的反对的根源。

（一六）中国方面呢？它已经不能和别的任何历史时期相比较。半殖民地和半封建社会是它的特点，所以被称为弱国。但是在同时，它又处于历史上进步的时代，这就是足以战胜日本的主要根据。所谓抗日战争是进步的，不是说普通一般的进步，不是说阿比西尼亚抗意战争的那种进步，也不是说太平天国或辛亥革命的那种进步，而是说今天中国的进步。今天中国的进步在什么地方呢？在于它已经不是完全的封建国家，已经有了资本主义，有了资产阶级和无产阶级，有了已经觉悟或正在觉悟的广大人民，有了共产党，有了政治上进步的军队即共产党领导的中国红军，有了数十年革命的传统经验，特别是中国共产党成立以来的十七年的经验。这些经验，教育了中国的人民，教育了中国的政党，今天恰好作了团结抗日的基础。如果说，在俄国，没有一九〇五年的经验就不会有一九一七年的胜利；那末，我们也可以说，如果没有十七年以来的经验，也将不会有抗日的胜利。这是国内的条件。

国际的条件，使得中国在战争中不是孤立的，这一点也是历史上空前的东西。历史上不论中国的战争也罢，印度的战争也罢，都是孤立的。惟独今天遇到世界上已经发生或正在发生的空前广大和空前深刻的人民运动及其对于中国的援助。俄国一九一七年的革命也遇到世界的援助，俄国的工人和农民因此胜利了，但那个援助的规模还没有今天广大，性质也没有今天深刻。今天的世界的人民运动，正在以空前的大规模和空前的深刻性发展着。苏联的存在，更是今天国际政治上十分重要的因素，它必然以极大的热忱援助中国，这一现象，是二十年前完全没有的。所有这些，造成了和造成着为中国最后胜利所不可缺少的重要的条件。大量的直接的援助，目前虽然还没有，尚有待于来日，但是中国有进步和大国的条件，能够延长战争的时间，促进并等候国际的援助。

（一七）加上日本是小国，地小、物少、人少、兵少，中国是大国，地大、物博、人多、兵多这一个条件，于是在强弱对比之外，就还有小国、退步、寡助和大国、进步、多助的对比，这就是中国决不会亡的根据。强弱对比虽然规定了日本能够在中国有一定时期和一定程度的横行，中国不可避免地要走一段艰难的路程，抗日战争是持久战而不是速决战；然而小国、退步、寡助和大国、进步、多助的对比，又规定了日本不能横行到底，必然要遭到最后的失败，中国决不会亡，必然要取得最后的胜利。

（一八）阿比西尼亚为什么灭亡了呢？第一，它不但是弱国，而且是小国。第二，它不如中国进步，它是一个古老的奴隶制到农奴制的国家，没有资本主义，没有资产阶级政党，更没有共产党，没有中国这样的军队，更没有如同八路军这样的军队。第三，它不能等候国际的援助，它的战争是孤立的。第四，这是主要的，抗意战争领导方面有错误。阿比西尼亚因此灭亡了。然而阿比西尼亚还有相当广大的游击战争存在，如能坚持下去，是可以在未来的世界变动中据以恢复其祖国的。

（一九）如果亡国论者搬出中国近代解放运动的失败史来证明"抗战必亡"和"再战必亡"的话，那我们的答复也是时代不同一句话。中国本身、日本内部、国际环境都和过去不相同。日本比过去更强了，中国的半殖民地和半封建地位依然未变，力量依然颇弱，这一点是严重的情形。日本暂时还能控制其国内的人民，也还能利用国际间的矛盾作为其侵华的工具，这些都是事实。然而在长期的战争过程中，必然要发生相反的变化。这一点现在还不是事实，但是将来必然要成为事实的。这一点，亡国论者就抛弃不顾了。中国呢？不但现在已有新的人、新的政党、新的军队和新的抗日政策，和十余年以前有很大的不同，而且这些都必然会向前发展。虽然历史上的解放运动屡次遭受挫折,使中国不能积蓄更大的力量用于今日的抗日战争——这是非常可痛惜的历史的教训,从今以后,再也不要自己摧残任何的革命力量了——然而就在既存的基础上,加上广大的努力,必能逐渐前进,加强抗战的力量。伟大的抗日民族统一战线,就是这种努力的总方向。国际援助一方面,眼前虽然还看不见大量的和直接的,但是国际局面根本已和过去两样,大量和直接的援助正在酝酿中。中国近代无数解放运动的失败都有其客观和主观的原因,都不能比拟今天的情况。在今天,虽然存在着许多困难条件,规定了抗日战争是艰难的战争,例如敌人之强,我们之弱,敌人的困难还刚在开始,我们的进步还很不够,如此等等,然而战胜敌人的有利条件是很多的,只须加上主观的努力,就能克服困难而争取胜利。这些有利条件,历史上没有一个时候可和今天比拟,这就是抗日战争必不会和历史上的解放运动同归失败的理由。

妥协还是抗战? 腐败还是进步?

(二〇)亡国论之没有根据,俱如上述。但是另有许多人,并非亡国论者,他们是爱国志士,却对时局怀抱甚深的忧虑。他们的问题有两个:一是惧怕对日妥协,一是怀疑政治不能进步。这两个可忧虑的问题在广大的人们中间议论着,找不到解决的基点。我们现在就来研究这两个问题。

(二一)前头说过,妥协的问题是有其社会根源的,这个社会根源存在,妥协问题就不会不发生。但妥协是不会成功的。要证明这一点,仍不外向日本、中国、国际三方面找根据。第一是日本方面。还在抗战初起时,我们就估计有一种酝酿妥协空气的时机会要到来,那就是在敌人占领华北和江浙之后,可能出以劝降手段。后来果然来了这一手;但是危机随即过去,原因之一是敌人采取了普遍的野蛮政策,实行公开的掠夺。中国降了,任何人都要做亡国奴。敌人的这一掠夺的即灭亡中国的政策,分为物质的和精神的两方面,都是普遍地施之于中国人的;不但是对下层民众,而且是对上层成分,——当然对后者稍为客气些,但也只有程度之别,并无原则之分。大体上,敌人是将东三省的老办法移植于内地。在物质上,掠夺普通人民的衣食,使广大人民啼饥号寒;掠夺生产工具,使中国民族工业归于毁灭和奴役化。在精神上,摧残中国人民的民族意识。在太阳旗下,每个中国人只能当顺民,做牛马,不许有一丝一毫的中国气。敌人的这一野蛮政策,还要施之于更深的内地。他的胃口很旺,不愿停止战争。一九三八年一月十六日日本内阁宣言的方针[14],至今坚决执行,也不能不执行,这就激怒了一切阶层的中国人。这是根据敌人战争的退步性野蛮性而来的,"在劫难逃",于是形成了绝对的敌对。估计到某种时机,敌之劝降手段又将出现,某些亡国论者又将蠢蠢而动,而且难免勾结某些国际成分(英、美、法内部都有这种人,特别是英国的上层分子),狼狈为奸。但是大势所趋,是降不了的,日本战争的坚决性和特殊的野蛮性,规定了这个问题的一方面。

(二二)第二是中国方面。中国坚持抗战的因素有三个:其一,共产党,这是领导人民抗日的可靠力量。又其一,国民党,因其是依靠英美的,英美不叫它投降,它也就不会投降。又其一,别的党派,大多数是反对妥协、拥护抗战的。这三者互相团结,谁要妥协就是站在汉奸方面,人人得而诛之。一切不愿当汉奸的人,就不能不团结起来坚持抗战到底,妥协就实际上难于成功。

(二三)第三是国际方面。除日本的盟友和各资本主义国家的上层分子中的某些成分外,其余都不利于中国妥协而利于中国抗战。这一因素影响到中国的希望。今天全国人民有一种希望,认为国际力量必将逐渐增强地援助中国。这种希望不是空的;特别是苏联的存在,鼓舞了中国的抗战。空前强大的社会主义的苏联,它和中国是历来休戚相关的。苏联和一切资本主义国家的上层成分之唯利是图者根本相反,它是以援助一切弱小民族和革命战争为其职志的。中国战争之非孤立性,不但一般地建立在整个国际的援助上,而且特殊地建立在苏联的援助上。中苏两国是地理接近的,这一点加重了日本的危机,便利了中国的抗战。中日两国地理接近,加重了中国抗战的困难。然而中苏的地理接近,却是中国抗战的有利条件。

(二四)由此可作结论:妥协的危机是存在的,但是能够克服。因为敌人的政策即使可作某种程度的改变,但其根本改变是不可能的。中国内部有妥协的社会根源,但是反对妥协的占大多数。国际力量也有一部分赞助妥协,但是主要的力量赞助抗战。这三种因素结合起来,就能克服妥协危机,坚持抗战到底。

(二五)现在来答复第二个问题。国内政治的改进,是和抗战的坚持不能分离的。政治越改进,抗战越能坚持;抗战越坚持,政治就越能改进。但是基本上依赖于坚持抗战。国民党的各方面的不良现象是严重地存在着,这些不合理因素的历史积累,使得广大爱国志士发生很大的忧虑和烦闷。但是抗战的经验已经证明,十个月的中国人民的进步抵得上过去多少年的进步,并无使人悲观的根据。历史积累下来的腐败现象,虽然很严重地阻碍着人民抗战力量增长的速度,减少了战争的胜利,招致了战争的损失,但是中国、日本和世界的大局,不容许中国人民不进步。由于阻碍进步的因素即腐败现象之存在,这种进步是缓慢的。进步和进步的缓慢是目前时局的两个特点,后一个特点和战争的迫切要求很不相称,这就是使得爱国志士们大为发愁的地方。然而我们是在革命战争中,革命战争是一种抗毒素,它不但将排除敌人的毒焰,也将清洗自己的污浊。凡属正义的革命的战争,其力量是很大的,它能改造很多事物,或为改造事物开辟道路。中日战争将改造中日两国;只要中国坚持抗战和坚持统一战线,就一定能把旧日本化为新日本,把旧中国化为新中国,中日两国的人和物都将在这次战争中和战争后获得改造。我们把抗战和建国联系起来看,是正当的。说日本也能获得改造,是说日本统治者的侵略战争将走到失败,有引起日本人民革命之可能。日本人民革命胜利之日,就是日本改造之时。这和中国的抗战密切地联系着,这一个前途是应该看到的。

亡国论是不对的,速胜论也是不对的

　　(二六)我们已把强弱、大小、进步退步、多助寡助几个敌我之间矛盾着的基本特点,作了比较研究,批驳了亡国论,答复了为什么不易妥协和为什么政治可能进步的问题。亡国论者看重了强弱一个矛盾，把它夸大起来作为全部问题的论据，而忽略了其他的矛盾。他们只提强弱对比一点，是他们的片面性；他们将此片面的东西夸大起来看成全体，又是他们的主观性。所以在全体说来，他们是没有根据的，是错误的。那些并非亡国论者，也不是一贯的悲观主义者，仅为一时候和一局部的敌我强弱情况或国内腐败现象所迷惑，而一时地发生悲观心理的人们，我们也得向他们指出，他们的观点的来源也是片面性和主观性的倾向。但是他们的改正较容易，只要一提醒就会明白，因为他们是爱国志士，他们的错误是一时的。

（二七）然而速胜论者也是不对的。他们或则根本忘记了强弱这个矛盾，而单单记起了其他矛盾；或则对于中国的长处，夸大得离开了真实情况，变成另一种样子；或则拿一时一地的强弱现象代替了全体中的强弱现象，一叶障目，不见泰山，而自以为是。总之，他们没有勇气承认敌强我弱这件事实。他们常常抹杀这一点，因此抹杀了真理的一方面。他们又没有勇气承认自己长处之有限性，因而抹杀了真理的又一方面。由此犯出或大或小的错误来，这里也是主观性和片面性作怪。这些朋友们的心是好的，他们也是爱国志士。但是"先生之志则大矣"，先生的看法则不对，照了做去，一定碰壁。因为估计不符合真相，行动就无法达到目的；勉强行去，败军亡国，结果和失败主义者没有两样。所以也是要不得的。

（二八）我们是否否认亡国危险呢？不否认的。我们承认在中国面前摆着解放和亡国两个可能的前途，两者在猛烈地斗争中。我们的任务在于实现解放而避免亡国。实现解放的条件,基本的是中国的进步,同时,加上敌人的困难和世界的援助。我们和亡国论者不同,我们客观地而且全面地承认亡国和解放两个可能同时存在,着重指出解放的可能占优势及达到解放的条件,并为争取这些条件而努力。亡国论者则主观地和片面地只承认亡国一个可能性,否认解放的可能性,更不会指出解放的条件和为争取这些条件而努力。我们对于妥协倾向和腐败现象也是承认的,但是我们还看到其他倾向和其他现象,并指出二者之中后者对于前者将逐步地占优势,二者在猛烈地斗争着;并指出后者实现的条件,为克服妥协倾向和转变腐败现象而努力。因此,我们并不悲观,而悲观的人们则与此相反。

(二九)我们也不是不喜欢速胜,谁也赞成明天一个早上就把"鬼子"赶出去。但是我们指出,没有一定的条件,速胜只存在于头脑之中,客观上是不存在的,只是幻想和假道理。因此,我们客观地并全面地估计到一切敌我情况,指出只有战略的持久战才是争取最后胜利的唯一途径,而排斥毫无根据的速胜论。我们主张为着争取最后胜利所必要的一切条件而努力,条件多具备一分,早具备一日,胜利的把握就多一分,胜利的时间就早一日。我们认为只有这样才能缩短战争的过程,而排斥贪便宜尚空谈的速胜论。

为什么是持久战?

(三〇)现在我们来把持久战问题研究一下。"为什么是持久战"这一个问题,只有依据全部敌我对比的基本因素,才能得出正确的回答。例如单说敌人是帝国主义的强国,我们是半殖民地半封建的弱国,就有陷入亡国论的危险。因为单纯地以弱敌强,无论在理论上,在实际上,都不能产生持久的结果。单是大小或单是进步退步、多助寡助,也是一样。大并小、小并大的事都是常有的。进步的国家或事物,如果力量不强,常有被大而退步的国家或事物所灭亡者。多助寡助是重要因素,但是附随因素,依敌我本身的基本因素如何而定其作用的大小。因此,我们说抗日战争是持久战,是从全部敌我因素的相互关系产生的结论。敌强我弱,我有灭亡的危险。但敌尚有其他缺点,我尚有其他优点。敌之优点可因我之努力而使之削弱,其缺点亦可因我之努力而使之扩大。我方反是,我之优点可因我之努力而加强,缺点则因我之努力而克服。所以我能最后胜利,避免灭亡,敌则将最后失败,而不能避免整个帝国主义制度的崩溃。

(三一)既然敌之优点只有一个,余皆缺点,我之缺点只有一个,余皆优点,为什么不能得出平衡结果,反而造成了现时敌之优势我之劣势呢?很明显的,不能这样形式地看问题。事情是现时敌我强弱的程度悬殊太大,敌之缺点一时还没有也不能发展到足以减杀其强的因素之必要的程度,我之优点一时也没有且不能发展到足以补充其弱的因素之必要的程度,所以平衡不能出现,而出现的是不平衡。

(三二)敌强我弱,敌是优势而我是劣势,这种情况,虽因我之坚持抗战和坚持统一战线的努力而有所变化,但是还没有产生基本的变化。所以,在战争的一定阶段上,敌能得到一定程度的胜利,我则将遭到一定程度的失败。然而敌我都只限于这一定阶段内一定程度上的胜或败,不能超过而至于全胜或全败,这是什么缘故呢? 因为一则敌强我弱之原来状况就是相对的,不是绝对的;二则由于我之坚持抗战和坚持统一战线的努力,更加造成这种相对的形势。拿原来状况来说,敌虽强,但敌之强已为其他不利的因素所减杀,不过此时还没有减杀到足以破坏敌之优势的必要的程度;我虽弱,但我之弱已为其他有利的因素所补充,不过此时还没有补充到足以改变我之劣势的必要的程度。于是形成敌是相对的强,我是相对的弱;敌是相对的优势,我是相对的劣势。双方的强弱优劣原来都不是绝对的,加以战争过程中我之坚持抗战和坚持统一战线的努力,更加变化了敌我原来强弱优劣的形势,因而敌我只限于一定阶段内的一定程度上的胜或败,造成了持久战的局面。

(三三)然而情况是继续变化的。战争过程中,只要我能运用正确的军事的和政治的策略,不犯原则的错误,竭尽最善的努力,敌之不利因素和我之有利因素均将随战争之延长而发展,必能继续改变着敌我强弱的原来程度,继续变化着敌我的优劣形势。到了新的一定阶段时,就将发生强弱程度上和优劣形势上的大变化,而达到敌败我胜的结果。

(三四)目前敌尚能勉强利用其强的因素,我之抗战尚未给他以基本的削弱。其人力、物力不足的因素尚不足以阻止其进攻,反之,尚足以维持其进攻到一定的程度。其足以加剧本国阶级对立和中国民族反抗的因素,即战争之退步性和野蛮性一因素,亦尚未造成足以根本妨碍其进攻的情况。敌人的国际孤立的因素也方在变化发展之中,还没有达到完全的孤立。许多表示助我的国家的军火资本家和战争原料资本家，尚在唯利是图地供给日本以大量的战争物资[15]，他们的政府[16]亦尚不愿和苏联一道用实际方法制裁日本。这一切，规定了我之抗战不能速胜，而只能是持久战。中国方面，弱的因素表现在军事、经济、政治、文化各方面的，虽在十个月抗战中有了某种程度的进步，但距离足以阻止敌之进攻及准备我之反攻的必要的程度，还远得很。且在量的方面，又不得不有所减弱。其各种有利因素，虽然都在起积极作用，但达到足以停止敌之进攻及准备我之反攻的程度则尚有待于巨大的努力。在国内，克服腐败现象，增加进步速度；在国外，克服助日势力，增加反日势力，尚非目前的现实。这一切，又规定了战争不能速胜，而只能是持久战。

持久战的三个阶段

（三五）中日战争既然是持久战，最后胜利又将是属于中国的，那末，就可以合理地设想，这种持久战，将具体地表现于三个阶段之中。第一个阶段，是敌之战略进攻、我之战略防御的时期。第二个阶段，是敌之战略保守、我之准备反攻的时期。第三个阶段，是我之战略反攻、敌之战略退却的时期。三个阶段的具体情况不能预断，但依目前条件来看，战争趋势中的某些大端是可以指出的。客观现实的行程将是异常丰富和曲折变化的，谁也不能造出一本中日战争的"流年"来；然而给战争趋势描画一个轮廓，却为战略指导所必需。所以，尽管描画的东西不能尽合将来的事实，而将为事实所校正，但是为着坚定地有目的地进行持久战的战略指导起见，描画轮廓的事仍然是需要的。

（三六）第一阶段，现在还未完结。敌之企图是攻占广州、武汉、兰州三点，并把三点联系起来。敌欲达此目的，至少出五十个师团，约一百五十万兵员，时间一年半至两年，用费将在一百万万日元以上。敌人如此深入，其困难是非常之大的，其后果将不堪设想。至欲完全占领粤汉铁路和西兰公路，将经历非常危险的战争，未必尽能达其企图。但是我们的作战计划，应把敌人可能占领三点甚至三点以外之某些部分地区并可能互相联系起来作为一种基础，部署持久战，即令敌如此做，我也有应付之方。这一阶段我所采取的战争形式，主要的是运动战，而以游击战和阵地战辅助之。阵地战虽在此阶段之第一期，由于国民党军事当局的主观错误把它放在主要地位，但从全阶段看，仍然是辅助的。此阶段中，中国已经结成了广大的统一战线，实现了空前的团结。敌虽已经采用过并且还将采用卑鄙无耻的劝降手段，企图不费大力实现其速决计划，整个地征服中国，但是过去的已经失败，今后的也难成功。此阶段中，中国虽有颇大的损失，但是同时却有颇大的进步，这种进步就成为第二阶段继续抗战的主要基础。此阶段中，苏联对于我国已经有了大量的援助。敌人方面，士气已开始表现颓靡，敌人陆军进攻的锐气，此阶段的中期已不如初期，末期将更不如初期。敌之财政和经济已开始表现其竭蹶状态，人民和士兵的厌战情绪已开始发生，战争指导集团的内部已开始表现其"战争的烦闷"，生长着对于战争前途的悲观。

（三七）第二阶段，可以名之曰战略的相持阶段。第一阶段之末尾，由于敌之兵力不足和我之坚强抵抗，敌人将不得不决定在一定限度上的战略进攻终点，到达此终点以后，即停止其战略进攻，转入保守占领地的阶段。此阶段内，敌之企图是保守占领地，以组织伪政府的欺骗办法据之为己有，而从中国人民身上尽量搜括东西，但是在他的面前又遇着顽强的游击战争。游击战争在第一阶段中乘着敌后空虚将有一个普遍的发展，建立许多根据地，基本上威胁到敌人占领地的保守，因此第二阶段仍将有广大的战争。此阶段中我之作战形式主要的是游击战，而以运动战辅助之。此时中国尚能保有大量的正规军，不过一方面因敌在其占领的大城市和大道中取战略守势，一方面因中国技术条件一时未能完备，尚难迅即举行战略反攻。除正面防御部队外，我军将大量地转入敌后，比较地分散配置，依托一切敌人未占区域，配合民众武装，向敌人占领地作广泛的和猛烈的游击战争，并尽可能地调动敌人于运动战中消灭之，如同现在山西的榜样。此阶段的战争是残酷的，地方将遇到严重的破坏。但是游击战争能够胜利，做得好，可能使敌只能保守占领地三分之一左右的区域，三分之二左右仍然是我们的，这就是敌人的大失败，中国的大胜利。那时，整个敌人占领地将分为三种地区：第一种是敌人的根据地，第二种是游击战争的根据地，第三种是双方争夺的游击区。这个阶段的时间的长短，依敌我力量增减变化的程度如何及国际形势变动如何而定，大体上我们要准备付给较长的时间，要熬得过这段艰难的路程。这将是中国很痛苦的时期，经济困难和汉奸捣乱将是两个很大的问题。敌人将大肆其破坏中国统一战线的活动，一切敌之占领地的汉奸组织将合流组成所谓"统一政府"。我们内部，因大城市的丧失和战争的困难,动摇分子将大倡其妥协论,悲观情绪将严重地增长。此时我们的任务,在于动员全国民众,齐心一致,绝不动摇地坚持战争,把统一战线扩大和巩固起来,排除一切悲观主义和妥协论,提倡艰苦斗争,实行新的战时政策,熬过这一段艰难的路程。此阶段内,必须号召全国坚决地维持一个统一政府,反对分裂,有计划地增强作战技术,改造军队,动员全民,准备反攻。此阶段中,国际形势将变到更于日本不利,虽可能有张伯伦[17]一类的迁就所谓"既成事实"的"现实主义"的调头出现,但主要的国际势力将变到进一步地援助中国。日本威胁南洋和威胁西伯利亚,将较之过去更加严重,甚至爆发新的战争。敌人方面,陷在中国泥潭中的几十个师团抽不出去。广大的游击战争和人民抗日运动将疲惫这一大批日本军,一方面大量地消耗之,又一方面进一步地增长其思乡厌战直至反战的心理,从精神上瓦解这个军队。日本在中国的掠夺虽然不能说它绝对不能有所成就,但是日本资本缺乏,又困于游击战争,急遽的大量的成就是不可能的。这个第二阶段是整个战争的过渡阶段,也将是最困难的时期,然而它是转变的枢纽。中国将变为独立国,还是沦为殖民地,不决定于第一阶段大城市之是否丧失,而决定于第二阶段全民族努力的程度。如能坚持抗战,坚持统一战线和坚持持久战,中国将在此阶段中获得转弱为强的力量。中国抗战的三幕戏,这是第二幕。由于全体演员的努力,最精彩的结幕便能很好地演出来。

（三八）第三阶段,是收复失地的反攻阶段。收复失地,主要地依靠中国自己在前阶段中准备着的和在本阶段中继续地生长着的力量。然而单只自己的力量还是不够的,还须依靠国际力量和敌国内部变化的援助，否则是不能胜利的，因此加重了中国的国际宣传和外交工作的任务。这个阶段，战争已不是战略防御，而将变为战略反攻了，在现象上，并将表现为战略进攻；已不是战略内线，而将逐渐地变为战略外线。直至打到鸭绿江边，才算结束了这个战争。第三阶段是持久战的最后阶段，所谓坚持战争到底，就是要走完这个阶段的全程。这个阶段我所采取的主要的战争形式仍将是运动战，但是阵地战将提到重要地位。如果说，第一阶段的阵地防御，由于当时的条件，不能看作重要的，那末，第三阶段的阵地攻击，由于条件的改变和任务的需要，将变成颇为重要的。此阶段内的游击战，仍将辅助运动战和阵地战而起其战略配合的作用，和第二阶段之变为主要形式者不相同。

（三九）这样看来，战争的长期性和随之而来的残酷性，是明显的。敌人不能整个地吞并中国，但是能够相当长期地占领中国的许多地方。中国也不能迅速地驱逐日本，但是大部分的土地将依然是中国的。最后是敌败我胜，但是必须经过一段艰难的路程。

（四〇）中国人民在这样长期和残酷的战争中间，将受到很好的锻炼。参加战争的各政党也将受到锻炼和考验。统一战线必须坚持下去；只有坚持统一战线，才能坚持战争；只有坚持统一战线和坚持战争，才能有最后胜利。果然是这样，一切困难就能够克服。跨过战争的艰难路程之后，胜利的坦途就到来了，这是战争的自然逻辑。

（四一）三个阶段中，敌我力量的变化将循着下述的道路前进。第一阶段敌是优势，我是劣势。我之这种劣势，须估计抗战以前到这一阶段末尾,有两种不同的变化。第一种是向下的。中国原来的劣势,经过第一阶段的消耗将更为严重,这就是土地、人口、经济力量、军事力量和文化机关等的减缩。第一阶段的末尾,也许要减缩到相当大的程度,特别是经济方面。这一点,将被人利用作为亡国论和妥协论的根据。然而必须看到第二种变化,即向上的变化。这就是战争中的经验,军队的进步,政治的进步,人民的动员,文化的新方向的发展,游击战争的出现,国际援助的增长等等。在第一阶段,向下的东西是旧的量和质,主要地表现在量上。向上的东西是新的量和质,主要地表现在质上。这第二种变化,就给了我们以能够持久和最后胜利的根据。

（四二）第一阶段中,敌人方面也有两种变化。第一种是向下的,表现在:几十万人的伤亡,武器和弹药的消耗,士气的颓靡,国内人心的不满,贸易的缩减,一百万万日元以上的支出,国际舆论的责备等等方面。这个方面,又给予我们以能够持久和最后胜利的根据。然而也要估计到敌人的第二种变化,即向上的变化。那就是他扩大了领土、人口和资源。在这点上面,又产生我们的抗战是持久战而不能速胜的根据,同时也将被一些人利用作为亡国论和妥协论的根据。但是我们必须估计敌人这种向上变化的暂时性和局部性。敌人是行将崩溃的帝国主义者,他占领中国的土地是暂时的。中国游击战争的猛烈发展,将使他的占领区实际上限制在狭小的地带。而且,敌人对中国土地的占领又产生了和加深了日本同外国的矛盾。再则,根据东三省的经验,日本在相当长的时间内,一般地只能是支出资本时期,不能是收获时期。所有这些,又是我们击破亡国论和妥协论而建立持久论和最后胜利论的根据。

（四三）第二阶段，上述双方的变化将继续发展，具体的情形不能预断，但是大体上将是日本继续向下，中国继续向上[18]。例如日本的军力、财力大量地消耗于中国的游击战争，国内人心更加不满，士气更加颓靡，国际更感孤立。中国则政治、军事、文化和人民动员将更加进步，游击战争更加发展，经济方面也将依凭内地的小工业和广大的农业而有某种程度的新发展，国际援助将逐渐地增进，将比现在的情况大为改观。这个第二阶段，也许将经过相当长的时间。在这个时间内，敌我力量对比将发生巨大的相反的变化，中国将逐渐上升，日本则逐渐下降。那时中国将脱出劣势，日本则脱出优势，先走到平衡的地位，再走到优劣相反的地位。然后中国大体上将完成战略反攻的准备而走到实行反攻、驱敌出国的阶段。应该重复地指出：所谓变劣势为优势和完成反攻准备，是包括中国自己力量的增长、日本困难的增长和国际援助的增长在内的，总合这些力量就能形成中国的优势，完成反攻的准备。

（四四）根据中国政治和经济不平衡的状态，第三阶段的战略反攻，在其前一时期将不是全国整齐划一的姿态，而是带地域性的和此起彼落的姿态。敌人采用各种分化手段破裂中国统一战线的企图，此阶段中并不会减弱，因此，中国内部团结的任务更加重要，务不令内部不调致战略反攻半途而废。此时期中，国际形势将变到大有利于中国。中国的任务，就在于利用这种国际形势取得自己的彻底解放，建立独立的民主国家，同时也就是帮助世界的反法西斯运动。

（四五）中国由劣势到平衡到优势，日本由优势到平衡到劣势,中国由防御到相持到反攻,日本由进攻到保守到退却——这就是中日战争的过程,中日战争的必然趋势。

(四六)于是问题和结论是:中国会亡吗? 答复:不会亡,最后胜利是中国的。中国能够速胜吗? 答复:不能速胜,必须是持久战。这个结论是正确的吗? 我以为是正确的。

(四七)讲到这里,亡国论和妥协论者又将跑出来说:中国由劣势到平衡,需要有同日本相等的军力和经济力;由平衡到优势,需要有超过日本的军力和经济力;然而这是不可能的,因此上述结论是不正确的。

(四八)这就是所谓"唯武器论",是战争问题中的机械论,是主观地和片面地看问题的意见。我们的意见与此相反,不但看到武器,而且看到人力。武器是战争的重要的因素,但不是决定的因素,决定的因素是人不是物。力量对比不但是军力和经济力的对比,而且是人力和人心的对比。军力和经济力是要人去掌握的。如果中国人的大多数、日本人的大多数、世界各国人的大多数是站在抗日战争方面的话,那末,日本少数人强制地掌握着的军力和经济力,还能算是优势吗? 它不是优势,那末,掌握比较劣势的军力和经济力的中国,不就成了优势吗? 没有疑义,中国只要坚持抗战和坚持统一战线,其军力和经济力是能够逐渐地加强的。而我们的敌人,经过长期战争和内外矛盾的削弱,其军力和经济力又必然要起相反的变化。在这种情况下,难道中国也不能变成优势吗? 还不止此,目前我们不能把别国的军力和经济力大量地公开地算作自己方面的力量,难道将来也不能吗? 如果日本的敌人不止中国一个,如果将来有一国或几国以其相当大量的军力和经济力公开地防御或攻击日本,公开地援助我们,那末,优势不更在我们一方面吗? 日本是小国,其战争是退步的和野蛮的,其国际地位将益处于孤立;中国是大国,其战争是进步的和正义的,其国际地位将益处于多助。所有这些,经过长期发展,难道还不能使敌我优劣的形势确定地发生变化吗?

(四九)速胜论者则不知道战争是力量的竞赛,在战争双方的力量对比没有起一定的变化以前,就要举行战略的决战,就想提前到达解放之路,也是没有根据的。其意见实行起来,一定不免于碰壁。或者只是空谈快意,并不准备真正去做。最后则是事实先生跑将出来,给这些空谈家一瓢冷水,证明他们不过是一些贪便宜、想少费气力多得收成的空谈主义者。这种空谈主义过去和现在已经存在,但是还不算很多,战争发展到相持阶段和反攻阶段时,空谈主义可能多起来。但是在同时,如果第一阶段中国损失较大,第二阶段时间拖得很长,亡国论和妥协论更将大大地流行。所以我们的火力,应该主要地向着亡国论和妥协论方面,而以次要的火力,反对空谈主义的速胜论。

(五〇)战争的长期性是确定了的,但是战争究将经过多少年月则谁也不能预断,这个完全要看敌我力量变化的程度才能决定。一切想要缩短战争时间的人们,惟有努力于增加自己力量减少敌人力量之一法。具体地说,惟有努力于作战多打胜仗,消耗敌人的军队,努力于发展游击战争,使敌之占领地限制于最小的范围,努力于巩固和扩大统一战线,团结全国力量,努力于建设新军和发展新的军事工业,努力于推动政治、经济和文化的进步,努力于工、农、商、学各界人民的动员,努力于瓦解敌军和争取敌军的士兵,努力于国际宣传争取国际的援助,努力于争取日本的人民及其他被压迫民族的援助,做了这一切,才能缩短战争的时间,此外不能有任何取巧图便的法门。

犬牙交错的战争

(五一)我们可以断言,持久战的抗日战争,将在人类战争史中表现为光荣的特殊的一页。犬牙交错的战争形态,就是颇为特殊的一点,这是由于日本的野蛮和兵力不足,中国的进步和土地广大这些矛盾因素产生出来的。犬牙交错的战争,在历史上也是有过的,俄国十月革命后的三年内战,就有过这种情形。但其在中国的特点,是其特殊的长期性和广大性,这将是突破历史纪录的东西。这种犬牙交错的形态,表现在下述的几种情况上。

(五二)内线和外线——抗日战争是整个处于内线作战的地位的;但是主力军和游击队的关系,则是主力军在内线,游击队在外线,形成夹攻敌人的奇观。各游击区的关系亦然。各个游击区都以自己为内线,而以其他各区为外线,又形成了很多夹攻敌人的火线。在战争的第一阶段,战略上内线作战的正规军是后退的,但是战略上外线作战的游击队则将广泛地向着敌人后方大踏步前进,第二阶段将更加猛烈地前进,形成了后退和前进的奇异形态。

(五三)有后方和无后方——利用国家的总后方,而把作战线伸至敌人占领地之最后限界的,是主力军。脱离总后方,而把作战线伸至敌后的，是游击队。但在每一游击区中，仍自有其小规模的后方，并依以建立非固定的作战线。和这个区别的，是每一游击区派遣出去向该区敌后临时活动的游击队，他们不但没有后方，也没有作战线。"无后方的作战"，是新时代中领土广大、人民进步、有先进政党和先进军队的情况之下的革命战争的特点，没有可怕而有大利，不应怀疑而应提倡。

（五四）包围和反包围——从整个战争看来，由于敌之战略进攻和外线作战，我处战略防御和内线作战地位，无疑我是在敌之战略包围中。这是敌对于我之第一种包围。由于我以数量上优势的兵力，对于从战略上的外线分数路向我前进之敌，采取战役和战斗上的外线作战方针，就可以把各路分进之敌的一路或几路放在我之包围中。这是我对于敌之第一种反包围。再从敌后游击战争的根据地看来，每一孤立的根据地都处于敌之四面或三面包围中，前者例如五台山，后者例如晋西北。这是敌对于我之第二种包围。但若将各个游击根据地联系起来看，并将各个游击根据地和正规军的阵地也联系起来看，我又把许多敌人都包围起来，例如在山西，我已三面包围了同蒲路（路之东西两侧及南端），四面包围了太原城；河北、山东等省也有许多这样的包围。这又是我对于敌之第二种反包围。这样，敌我各有加于对方的两种包围，大体上好似下围棋一样，敌对于我我对于敌之战役和战斗的作战，好似吃子，敌的据点（例如太原）和我之游击根据地（例如五台山），好似做眼。如果把世界性的围棋也算在内，那就还有第三种敌我包围，这就是侵略阵线与和平阵线的关系。敌以前者来包围中、苏、法、捷等国,我以后者反包围德、日、意。但是我之包围好似如来佛的手掌,它将化成一座横亘宇宙的五行山,把这几个新式孙悟空——法西斯侵略主义者,最后压倒在山底下,永世也不得翻身[19]。如果我能在外交上建立太平洋反日阵线,把中国作为一个战略单位,又把苏联及其他可能的国家也各作为一个战略单位,又把日本人民运动也作为一个战略单位,形成一个使法西斯孙悟空无处逃跑的天罗地网,那就是敌人死亡之时了。实际上,日本帝国主义完全打倒之日,必是这个天罗地网大体布成之时。这丝毫也不是笑话,而是战争的必然的趋势。

(五五)大块和小块——一种可能,是敌占地区将占中国本部之大半,而中国本部完整的区域只占一小半。这是一种情形。但是敌占大半中,除东三省等地外,实际只能占领大城市、大道和某些平地,依重要性说是一等的,依面积和人口来说可能只是敌占区中之小半,而普遍地发展的游击区,反居其大半。这又是一种情形。如果超越本部的范围,而把蒙古、新疆、青海、西藏算了进来,则在面积上中国未失地区仍然是大半,而敌占地区包括东三省在内,也只是小半。这又是一种情形。完整区域当然是重要的,应集大力去经营,不但政治、军事、经济等方面,文化方面也要紧。敌人已将我们过去的文化中心变为文化落后区域,而我们则要将过去的文化落后区域变为文化中心。同时,敌后广大游击区的经营也是非常之要紧的,也应把它们的各方面发展起来,也应发展其文化工作。总起来看,中国将是大块的乡村变为进步和光明的地区,而小块的敌占区,尤其是大城市,将暂时地变为落后和黑暗的地区。

（五六）这样看来，长期而又广大的抗日战争，是军事、政治、经济、文化各方面犬牙交错的战争，这是战争史上的奇观，中华民族的壮举，惊天动地的伟业。这个战争，不但将影响到中日两国，大大推动两国的进步，而且将影响到世界，推动各国首先是印度等被压迫民族的进步。全中国人都应自觉地投入这个犬牙交错的战争中去，这就是中华民族自求解放的战争形态，是半殖民地大国在二十世纪三十和四十年代举行的解放战争的特殊的形态。

为永久和平而战

（五七）中国抗日战争的持久性同争取中国和世界的永久和平，是不能分离的。没有任何一个历史时期像今天一样，战争是接近于永久和平的。由于阶级的出现，几千年来人类的生活中充满了战争，每一个民族都不知打了几多仗，或在民族集团之内打，或在民族集团之间打。打到资本主义社会的帝国主义时期，仗就打得特别广大和特别残酷。二十年前的第一次帝国主义大战，在过去历史上是空前的，但还不是绝后的战争。只有目前开始了的战争，接近于最后战争，就是说，接近于人类的永久和平。目前世界上已有三分之一的人口进入了战争，你们看，一个意大利，又一个日本，一个阿比西尼亚，又一个西班牙，再一个中国。参加战争的这些国家共有差不多六万万人口，几乎占了全世界总人口的三分之一。目前的战争的特点是无间断和接近永久和平的性质。为什么无间断？

意大利同阿比西尼亚打了之后,接着意大利同西班牙打,德国也搭了股份,接着日本又同中国打。还要接着谁呢?无疑地要接着希特勒同各大国打。"法西斯主义就是战争"[20],一点也不错。目前的战争发展到世界大战之间,是不会间断的,人类的战争灾难不可避免。为什么又说这次战争接近于永久和平?这次战争是在第一次世界大战所已开始的世界资本主义总危机发展的基础上发生的,由于这种总危机,逼使各资本主义国家走入新的战争,首先逼使各法西斯国家从事于新战争的冒险。我们可以预见这次战争的结果,将不是资本主义的获救,而是它的走向崩溃。这次战争,将比二十年前的战争更大,更残酷,一切民族将无可避免地卷入进去,战争时间将拖得很长,人类将遭受很大的痛苦。但是由于苏联的存在和世界人民觉悟程度的提高,这次战争中无疑将出现伟大的革命战争,用以反对一切反革命战争,而使这次战争带着为永久和平而战的性质。即使尔后尚有一个战争时期,但是已离世界的永久和平不远了。人类一经消灭了资本主义,便到达永久和平的时代,那时候便再也不要战争了。那时将不要军队,也不要兵船,不要军用飞机,也不要毒气。从此以后,人类将亿万斯年看不见战争。已经开始了的革命的战争,是这个为永久和平而战的战争的一部分。占着五万万以上人口的中日两国之间的战争,在这个战争中将占着重要的地位,中华民族的解放将从这个战争中得来。将来的被解放了的新中国,是和将来的被解放了的新世界不能分离的。因此,我们的抗日战争包含着为争取永久和平而战的性质。

　　(五八)历史上的战争分为两类,一类是正义的,一类是非正义的。一切进步的战争都是正义的,一切阻碍进步的战争都是非正义的。我们共产党人反对一切阻碍进步的非正义的战争,但是不反对进步的正义的战争。对于后一类战争,我们共产党人不但不反对,而且积极地参加。前一类战争,例如第一次世界大战,双方都是为着帝国主义利益而战,所以全世界的共产党人坚决地反对那一次战争。反对的方法,在战争未爆发前,极力阻止其爆发;既爆发后,只要有可能,就用战争反对战争,用正义战争反对非正义战争。日本的战争是阻碍进步的非正义的战争,全世界人民包括日本人民在内,都应该反对,也正在反对。我们中国,则从人民到政府,从共产党到国民党,一律举起了义旗,进行了反侵略的民族革命战争。我们的战争是神圣的、正义的,是进步的、求和平的。不但求一国的和平,而且求世界的和平,不但求一时的和平,而且求永久的和平。欲达此目的,便须决一死战,便须准备着一切牺牲,坚持到底,不达目的,决不停止。牺牲虽大,时间虽长,但是永久和平和永久光明的新世界,已经鲜明地摆在我们的前面。我们从事战争的信念,便建立在这个争取永久和平和永久光明的新中国和新世界的上面。法西斯主义和帝国主义要把战争延长到无尽期,我们则要把战争在一个不很久远的将来给以结束。为了这个目的,人类大多数应该拿出极大的努力。四亿五千万的中国人占了全人类的四分之一,如果能够一齐努力,打倒了日本帝国主义,创造了自由平等的新中国,对于争取全世界永久和平的贡献,无疑地是非常伟大的。这种希望不是空的,全世界社会经济的行程已经接近了这一点,只须加上多数人的努力,几十年工夫一定可以达到目的。

能动性在战争中

（五九）以上说的，都是说明为什么是持久战和为什么最后胜利是中国的，大体上都是说的"是什么"和"不是什么"。以下，将转到研究"怎样做"和"不怎样做"的问题上。怎样进行持久战和怎样争取最后胜利？这就是以下要答复的问题。为了这个，我们将依次说明下列的问题：能动性在战争中，战争和政治，抗战的政治动员，战争的目的，防御中的进攻，持久中的速决，内线中的外线，主动性，灵活性，计划性，运动战，游击战，阵地战，歼灭战，消耗战，乘敌之隙的可能性，抗日战争的决战问题，兵民是胜利之本。我们现在就从能动性问题说起吧。

（六〇）我们反对主观地看问题，说的是一个人的思想，不根据和不符合于客观事实，是空想，是假道理，如果照了做去，就要失败，故须反对它。但是一切事情是要人做的，持久战和最后胜利没有人做就不会出现。做就必须先有人根据客观事实，引出思想、道理、意见，提出计划、方针、政策、战略、战术，方能做得好。思想等等是主观的东西，做或行动是主观见之于客观的东西，都是人类特殊的能动性。这种能动性，我们名之曰"自觉的能动性"，是人之所以区别于物的特点。一切根据和符合于客观事实的思想是正确的思想，一切根据于正确思想的做或行动是正确的行动。我们必须发扬这样的思想和行动，必须发扬这种自觉的能动性。抗日战争是要赶走帝国主义，变旧中国为新中国，必须动员全中国人民，统统发扬其抗日的自觉的能动性，才能达到目的。坐着不动，只有被灭亡，没有持久战，也没有最后胜利。

（六一）自觉的能动性是人类的特点。人类在战争中强烈地表现出这样的特点。战争的胜负，固然决定于双方军事、政治、经济、地理、战争性质、国际援助诸条件，然而不仅仅决定于这些；仅有这些，还只是有了胜负的可能性，它本身没有分胜负。要分胜负，还须加上主观的努力，这就是指导战争和实行战争，这就是战争中的自觉的能动性。

（六二）指导战争的人们不能超越客观条件许可的限度期求战争的胜利，然而可以而且必须在客观条件的限度之内，能动地争取战争的胜利。战争指挥员活动的舞台，必须建筑在客观条件的许可之上，然而他们凭借这个舞台，却可以导演出很多有声有色、威武雄壮的戏剧来。在既定的客观物质的基础之上，抗日战争的指挥员就要发挥他们的威力，提挈全军，去打倒那些民族的敌人，改变我们这个被侵略被压迫的社会国家的状态，造成自由平等的新中国，这里就用得着而且必须用我们的主观指导的能力。我们不赞成任何一个抗日战争的指挥员，离开客观条件，变为乱撞乱碰的鲁莽家，但是我们必须提倡每个抗日战争的指挥员变为勇敢而明智的将军。他们不但要有压倒敌人的勇气，而且要有驾驭整个战争变化发展的能力。指挥员在战争的大海中游泳，他们要不使自己沉没，而要使自己决定地有步骤地到达彼岸。作为战争指导规律的战略战术，就是战争大海中的游泳术。

战 争 和 政 治

（六三）"战争是政治的继续"，在这点上说，战争就是政治，战争本身就是政治性质的行动，从古以来没有不带政治性的战争。抗日战争是全民族的革命战争，它的胜利，离不开战争的政治目的——驱逐日本帝国主义、建立自由平等的新中国，离不开坚持抗战和坚持统一战线的总方针，离不开全国人民的动员，离不开官兵一致、军民一致和瓦解敌军等项政治原则，离不开统一战线政策的良好执行，离不开文化的动员，离不开争取国际力量和敌国人民援助的努力。一句话，战争一刻也离不了政治。抗日军人中，如有轻视政治的倾向，把战争孤立起来，变为战争绝对主义者，那是错误的，应加纠正。

（六四）但是战争有其特殊性，在这点上说，战争不即等于一般的政治。"战争是政治的特殊手段的继续"[21]。政治发展到一定的阶段，再也不能照旧前进，于是爆发了战争，用以扫除政治道路上的障碍。例如中国的半独立地位，是日本帝国主义政治发展的障碍，日本要扫除它，所以发动了侵略战争。中国呢？帝国主义压迫，早就是中国资产阶级民主革命的障碍，所以有了很多次的解放战争，企图扫除这个障碍。日本现在用战争来压迫，要完全断绝中国革命的进路，所以不得不举行抗日战争，决心要扫除这个障碍。障碍既除，政治的目的达到，战争结束。障碍没有扫除得干净，战争仍须继续进行，以求贯彻。例如抗日的任务未完，有想求妥协的，必不成功；因为即使因某种缘故妥协了，但是战争仍要起来，广大人民必定不服,必要继续战争,贯彻战争的政治目的。因此可以说,政治是不流血的战争,战争是流血的政治。

(六五)基于战争的特殊性,就有战争的一套特殊组织,一套特殊方法,一种特殊过程。这组织,就是军队及其附随的一切东西。这方法,就是指导战争的战略战术。这过程,就是敌对的军队互相使用有利于己不利于敌的战略战术从事攻击或防御的一种特殊的社会活动形态。因此,战争的经验是特殊的。一切参加战争的人们,必须脱出寻常习惯,而习惯于战争,方能争取战争的胜利。

抗日的政治动员

(六六)如此伟大的民族革命战争,没有普遍和深入的政治动员,是不能胜利的。抗日以前,没有抗日的政治动员,这是中国的大缺陷,已经输了敌人一着。抗日以后,政治动员也非常之不普遍,更不说深入。人民的大多数,是从敌人的炮火和飞机炸弹那里听到消息的。这也是一种动员,但这是敌人替我们做的,不是我们自己做的。偏远地区听不到炮声的人们,至今还是静悄悄地在那里过活。这种情形必须改变,不然,拚死活的战争就得不到胜利。决不可以再输敌人一着,相反,要大大地发挥这一着去制胜敌人。这一着是关系绝大的;武器等等不如人尚在其次,这一着实在是头等重要。动员了全国的老百姓,就造成了陷敌于灭顶之灾的汪洋大海,造成了弥补武器等等缺陷的补救条件,造成了克服一切战争困难的前提。要胜利,就要坚持抗战,坚持统一战线,坚持持久战。

然而一切这些,离不开动员老百姓。要胜利又忽视政治动员,叫做"南其辕而北其辙",结果必然取消了胜利。

(六七)什么是政治动员呢?首先是把战争的政治目的告诉军队和人民。必须使每个士兵每个人民都明白为什么要打仗,打仗和他们有什么关系。抗日战争的政治目的是"驱逐日本帝国主义,建立自由平等的新中国",必须把这个目的告诉一切军民人等,方能造成抗日的热潮,使几万万人齐心一致,贡献一切给战争。其次,单单说明目的还不够,还要说明达到此目的的步骤和政策,就是说,要有一个政治纲领。现在已经有了《抗日救国十大纲领》[22],又有了一个《抗战建国纲领》[23],应把它们普及于军队和人民,并动员所有的军队和人民实行起来。没有一个明确的具体的政治纲领,是不能动员全军全民抗日到底的。其次,怎样去动员?靠口说,靠传单布告,靠报纸书册,靠戏剧电影,靠学校,靠民众团体,靠干部人员。现在国民党统治地区有的一些,沧海一粟,而且方法不合民众口味,神气和民众隔膜,必须切实地改一改。其次,不是一次动员就够了,抗日战争的政治动员是经常的。不是将政治纲领背诵给老百姓听,这样的背诵是没有人听的;要联系战争发展的情况,联系士兵和老百姓的生活,把战争的政治动员,变成经常的运动。这是一件绝大的事,战争首先要靠它取得胜利。

战 争 的 目 的

(六八)这里不是说战争的政治目的,抗日战争的政治目

的是"驱逐日本帝国主义，建立自由平等的新中国"，前面已经
说过了。这里说的，是作为人类流血的政治的所谓战争，两军
相杀的战争，它的根本目的是什么。战争的目的不是别的，就
是"保存自己，消灭敌人"（消灭敌人，就是解除敌人的武装，也
就是所谓"剥夺敌人的抵抗力"，不是要完全消灭其肉体）。古
代战争，用矛用盾：矛是进攻的，为了消灭敌人；盾是防御的，
为了保存自己。直到今天的武器，还是这二者的继续。轰炸
机、机关枪、远射程炮、毒气，是矛的发展；防空掩蔽部、钢盔、
水泥工事、防毒面具，是盾的发展。坦克，是矛盾二者结合为
一的新式武器。进攻，是消灭敌人的主要手段，但防御也是不
能废的。进攻，是直接为了消灭敌人的，同时也是为了保存自
己，因为如不消灭敌人，则自己将被消灭。防御，是直接为了
保存自己的，但同时也是辅助进攻或准备转入进攻的一种手
段。退却，属于防御一类，是防御的继续；而追击，则是进攻的
继续。应该指出：战争目的中，消灭敌人是主要的，保存自己是
第二位的，因为只有大量地消灭敌人，才能有效地保存自己。
因此，作为消灭敌人之主要手段的进攻是主要的，而作为消灭
敌人之辅助手段和作为保存自己之一种手段的防御，是第二
位的。战争实际中，虽有许多时候以防御为主，而在其余时
候以进攻为主，然而通战争的全体来看，进攻仍然是主要的。

　　（六九）怎样解释战争中提倡勇敢牺牲呢？岂非与"保存
自己"相矛盾？不相矛盾，是相反相成的。战争是流血的政
治，是要付代价的，有时是极大的代价。部分的暂时的牺牲（不
保存），为了全体的永久的保存。我们说，基本上为着消灭敌
人的进攻手段中，同时也含了保存自己的作用，理由就在这

里。防御必须同时有进攻,而不应是单纯的防御,也是这个道理。

(七〇)保存自己消灭敌人这个战争的目的,就是战争的本质,就是一切战争行动的根据,从技术行动起,到战略行动止,都是贯彻这个本质的。战争目的,是战争的基本原则,一切技术的、战术的、战役的、战略的原理原则,一点也离不开它。射击原则的"荫蔽身体,发扬火力"是什么意思呢? 前者为了保存自己,后者为了消灭敌人。因为前者,于是利用地形地物,采取跃进运动,疏开队形,种种方法都发生了。因为后者,于是扫清射界,组织火网,种种方法也发生了。战术上的突击队、钳制队、预备队,第一种为了消灭敌人,第二种为了保存自己,第三种准备依情况使用于两个目的——或者增援突击队,或者作为追击队,都是为了消灭敌人;或者增援钳制队,或者作为掩护队,都是为了保存自己。照这样,一切技术、战术、战役、战略原则,一切技术、战术、战役、战略行动,一点也离不开战争的目的,它普及于战争的全体,贯彻于战争的始终。

(七一)抗日战争的各级指导者,不能离开中日两国之间各种互相对立的基本因素去指导战争,也不能离开这个战争目的去指导战争。两国之间各种互相对立的基本因素展开于战争的行动中,就变成互相为了保存自己消灭敌人而斗争。我们的战争,在于力求每战争取不论大小的胜利,在于力求每战解除敌人一部分武装,损伤敌人一部分人马器物。把这些部分地消灭敌人的成绩积累起来,成为大的战略胜利,达到最后驱敌出国,保卫祖国,建设新中国的政治目的。

防御中的进攻，持久中的速决，
内线中的外线

（七二）现在来研究抗日战争中的具体的战略方针。我们已说过了，抗日的战略方针是持久战，是的，这是完全对的。但这是一般的方针，还不是具体的方针。怎样具体地进行持久战呢？这就是我们现在要讨论的问题。我们的答复是：在第一和第二阶段即敌之进攻和保守阶段中，应该是战略防御中的战役和战斗的进攻战，战略持久中的战役和战斗的速决战，战略内线中的战役和战斗的外线作战。在第三阶段中，应该是战略的反攻战。

（七三）由于日本是帝国主义的强国，我们是半殖民地半封建的弱国，日本是采取战略进攻方针的，我们则居于战略防御地位。日本企图采取战略的速决战，我们应自觉地采取战略的持久战。日本用其战斗力颇强的几十个师团的陆军（目前已到了三十个师团）和一部分海军，从陆海两面包围和封锁中国，又用空军轰炸中国。目前日本的陆军已占领从包头到杭州的长阵线，海军则到了福建广东，形成了大范围的外线作战。我们则处于内线作战地位。所有这些，都是由敌强我弱这个特点造成的。这是一方面的情形。

（七四）然而在另一方面，则适得其反。日本虽强，但兵力不足。中国虽弱，但地大、人多、兵多。这里就产生了两个重要的结果。第一，敌以少兵临大国，就只能占领一部分大城市、大道和某些平地。由是，在其占领区域，则空出了广大地面无法占领,这就给了中国游击战争以广大活动的地盘。在全国,即使敌能占领广州、武汉、兰州之线及其附近的地区,但以外的地区是难于占领的,这就给了中国以进行持久战和争取最后胜利的总后方和中枢根据地。第二,敌以少兵临多兵,便处于多兵的包围中。敌分路向我进攻,敌处战略外线,我处战略内线,敌是战略进攻,我是战略防御,看起来我是很不利的。然而我可以利用地广和兵多两个长处,不作死守的阵地战,采用灵活的运动战,以几个师对他一个师,几万人对他一万人,几路对他一路,从战场的外线,突然包围其一路而攻击之。于是敌之战略作战上的外线和进攻,在战役和战斗的作战上,就不得不变成内线和防御。我之战略作战上的内线和防御,在战役和战斗的作战上就变成了外线和进攻。对其一路如此,对其他路也是如此。以上两点,都是从敌小我大这一特点发生的。又由于敌兵虽少,乃是强兵(武器和人员的教养程度),我兵虽多,乃是弱兵(也仅是武器和人员的教养程度,不是士气),因此,在战役和战斗的作战上,我不但应以多兵打少兵,从外线打内线,还须采取速决战的方针。为了实行速决,一般应不打驻止中之敌,而打运动中之敌。我预将大兵荫蔽集结于敌必经通路之侧,乘敌运动之际,突然前进,包围而攻击之,打他一个措手不及,迅速解决战斗。打得好,可能全部或大部或一部消灭他;打不好,也给他一个大的杀伤。一战如此,他战皆然。不说多了,每个月打得一个较大的胜仗,如像平型关台儿庄一类的,就能大大地沮丧敌人的精神,振起我军的士气,号召世界的声援。这样,我之战略的持久战,到战场作战就变成速决战了。敌之战略的速决战,经过许多战役和战斗的败仗，就不得不改为持久战。

（七五）上述这样的战役和战斗的作战方针，一句话说完，就是："外线的速决的进攻战"。这对于我之战略方针"内线的持久的防御战"说来，是相反的；然而，又恰是实现这样的战略方针之必要的方针。如果战役和战斗方针也同样是"内线的持久的防御战"，例如抗战初起时期之所为，那就完全不适合敌小我大、敌强我弱这两种情况，那就决然达不到战略目的，达不到总的持久战，而将为敌人所击败。所以，我们历来主张全国组成若干个大的野战兵团，其兵力针对着敌人每个野战兵团之兵力而二倍之、三倍之或四倍之，采用上述方针，与敌周旋于广大战场之上。这种方针，不但是正规战争用得着，游击战争也用得着，而且必须要用它。不但适用于战争的某一阶段，而且适用于战争的全过程。战略反攻阶段，我之技术条件增强，以弱敌强这种情况即使完全没有了，我仍用多兵从外线采取速决的进攻战，就更能收大批俘获的成效。例如我用两个或三个或四个机械化的师对敌一个机械化的师，更能确定地消灭这个师。几个大汉打一个大汉之容易打胜，这是常识中包含的真理。

（七六）如果我们坚决地采取了战场作战的"外线的速决的进攻战"，就不但在战场上改变着敌我之间的强弱优劣形势，而且将逐渐地变化着总的形势。在战场上，因为我是进攻，敌是防御；我是多兵处外线，敌是少兵处内线；我是速决，敌虽企图持久待援，但不能由他作主；于是在敌人方面，强者就变成了弱者，优势就变成了劣势；我军方面反之，弱者变成了强者，劣势变成了优势。在打了许多这样的胜仗之后，总的敌我形势便将引起变化。这就是说,集合了许多战场作战的外线的速决的进攻战的胜利以后,就逐渐地增强了自己,削弱了敌人,于是总的强弱优劣形势,就不能不受其影响而发生变化。到那时,配合着我们自己的其他条件,再配合着敌人内部的变动和国际上的有利形势,就能使敌我总的形势走到平衡,再由平衡走到我优敌劣。那时,就是我们实行反攻驱敌出国的时机了。

(七七)战争是力量的竞赛,但力量在战争过程中变化其原来的形态。在这里,主观的努力,多打胜仗,少犯错误,是决定的因素。客观因素具备着这种变化的可能性,但实现这种可能性,就需要正确的方针和主观的努力。这时候,主观作用是决定的了。

主动性,灵活性,计划性

(七八)上面说过的战役和战斗的外线的速决的进攻战,中心点在于一个进攻;外线是说的进攻的范围,速决是说的进攻的时间,所以叫它做"外线的速决的进攻战"。这是实行持久战的最好的方针,也即是所谓运动战的方针。但是这个方针实行起来,离不了主动性、灵活性和计划性。我们现在就来研究这三个问题。

(七九)前面已说过了自觉的能动性,为什么又说主动性呢? 自觉的能动性,说的是自觉的活动和努力,是人之所以区别于物的特点,这种人的特点,特别强烈地表现于战争中,这些是前面说过了的。这里说的主动性,说的是军队行动的自由权,是用以区别于被迫处于不自由状态的。行动自由是军队的命脉，失了这种自由，军队就接近于被打败或被消灭。一个士兵被缴械，是这个士兵失了行动自由被迫处于被动地位的结果。一个军队的战败，也是一样。为此缘故，战争的双方，都力争主动，力避被动。我们提出的外线的速决的进攻战，以及为了实现这种进攻战的灵活性、计划性，可以说都是为了争取主动权，以便逼敌处于被动地位，达到保存自己消灭敌人之目的。但主动或被动是和战争力量的优势或劣势分不开的。因而也是和主观指导的正确或错误分不开的。此外，也还有利用敌人的错觉和不意来争取自己主动和逼敌处于被动的情形。下面就来分析这几点。

（八○）主动是和战争力量的优势不能分离的，而被动则和战争力量的劣势分不开。战争力量的优势或劣势，是主动或被动的客观基础。战略的主动地位，自然以战略的进攻战为较能掌握和发挥，然而贯彻始终和普及各地的主动地位，即绝对的主动权，只有以绝对优势对绝对劣势才有可能。一个身体壮健者和一个重病患者角斗，前者便有绝对的主动权。如果日本没有许多不可克服的矛盾，例如它能一下出几百万至一千万大兵，财源比现在多过几倍，又没有民众和外国的敌对，又不实行野蛮政策招致中国人民拚死命反抗，那它便能保持一种绝对的优势，它便有一种贯彻始终和普及各地的绝对的主动权。但在历史上，这类绝对优势的事情，在战争和战役的结局是存在的，战争和战役的开头则少见。例如在第一次世界大战中，德国屈服的前夜，这时协约国变成了绝对优势，德国则变成了绝对劣势，结果德国失败，协约国获胜，这是战争结局存在着绝对的优势和劣势之例。又如台儿庄胜利的前夜,这时当地孤立的日军经过苦战之后,已处于绝对的劣势,我军则造成了绝对的优势,结果敌败我胜,这是战役结局存在着绝对的优势和劣势之例。战争或战役也有以相对的优劣或平衡状态而结局的,那时,在战争则出现妥协,在战役则出现对峙。但一般是以绝对的优劣而分胜负居多数。所有这些,都是战争或战役的结局,而非战争或战役的开头。中日战争的最后结局,可以预断,日本将以绝对劣势而失败,中国将以绝对优势而获胜;但是在目前,则双方的优劣都不是绝对的而是相对的。日本因其具有强的军力、经济力和政治组织力这个有利因素,对于我们弱的军力、经济力和政治组织力,占了优势,因而造成了它的主动权的基础。但是因为它的军力等等数量不多,又有其他许多不利因素,它的优势便为它自己的矛盾所减杀。及到中国,又碰到了中国的地大、人多、兵多和坚强的民族抗战,它的优势再为之减杀。于是在总的方面,它的地位就变成一种相对的优势,因而其主动权的发挥和维持就受了限制,也成了相对的东西。中国方面,虽然在力量的强度上是劣势,因此造成了战略上的某种被动姿态,但是在地理、人口和兵员的数量上,并且又在人民和军队的敌忾心和士气上,却处于优势,这种优势再加上其他的有利因素,便减杀了自己军力、经济力等的劣势的程度,使之变为战略上的相对的劣势。因而也减少了被动的程度,仅处于战略上的相对的被动地位。然而被动总是不利的,必须力求脱离它。军事上的办法,就是坚决地实行外线的速决的进攻战和发动敌后的游击战争,在战役的运动战和游击战中取得许多局部的压倒敌人的优势和主动地位。通过这样许多战役的局部优势和局部主动地位,就能逐渐地造成战略的优势和战略的主动地位,战略的劣势和被动地位就能脱出了。这就是主动和被动之间、优势和劣势之间的相互关系。

(八一)由此也就可以明白主动或被动和主观指导之间的关系。如上所述,我之相对的战略劣势和战略被动地位,是能够脱出的,方法就是人工地造成我们许多的局部优势和局部主动地位,去剥夺敌人的许多局部优势和局部主动地位,把他抛入劣势和被动。把这些局部的东西集合起来,就成了我们的战略优势和战略主动,敌人的战略劣势和战略被动。这样的转变,依靠主观上的正确指导。为什么呢?我要优势和主动,敌人也要这个,从这点上看,战争就是两军指挥员以军力财力等项物质基础作地盘,互争优势和主动的主观能力的竞赛。竞赛结果,有胜有败,除了客观物质条件的比较外,胜者必由于主观指挥的正确,败者必由于主观指挥的错误。我们承认战争现象是较之任何别的社会现象更难捉摸,更少确实性,即更带所谓"盖然性"。但战争不是神物,仍是世间的一种必然运动,因此,孙子的规律,"知彼知己,百战不殆"〔24〕,仍是科学的真理。错误由于对彼己的无知,战争的特性也使人们在许多的场合无法全知彼己,因此产生了战争情况和战争行动的不确实性,产生了错误和失败。然而不管怎样的战争情况和战争行动,知其大略,知其要点,是可能的。先之以各种侦察手段,继之以指挥员的聪明的推论和判断,减少错误,实现一般的正确指导,是做得到的。我们有了这个"一般地正确的指导"做武器,就能多打胜仗,就能变劣势为优势,变被动为主动。这是主动或被动和主观指导的正确与否之间的关系。

（八二）主观指导的正确与否，影响到优势劣势和主动被动的变化，观于强大之军打败仗、弱小之军打胜仗的历史事实而益信。中外历史上这类事情是多得很的。中国如晋楚城濮之战[25]，楚汉成皋之战[26]，韩信破赵之战[27]，新汉昆阳之战[28]，袁曹官渡之战[29]，吴魏赤壁之战[30]，吴蜀彝陵之战[31]，秦晋淝水之战[32]等等，外国如拿破仑的多数战役[33]，十月革命后的苏联内战，都是以少击众，以劣势对优势而获胜。都是先以自己局部的优势和主动，向着敌人局部的劣势和被动，一战而胜，再及其余，各个击破，全局因而转成了优势，转成了主动。在原占优势和主动之敌则反是；由于其主观错误和内部矛盾，可以将其很好的或较好的优势和主动地位，完全丧失，化为败军之将，亡国之君。由此可知，战争力量的优劣本身，固然是决定主动或被动的客观基础，但还不是主动或被动的现实事物，必待经过斗争，经过主观能力的竞赛，方才出现事实上的主动或被动。在斗争中，由于主观指导的正确或错误，可以化劣势为优势，化被动为主动；也可以化优势为劣势，化主动为被动。一切统治王朝打不赢革命军，可见单是某种优势还没有确定主动地位，更没有确定最后胜利。主动和胜利，是可以根据真实的情况，经过主观能力的活跃，取得一定的条件，而由劣势和被动者从优势和主动者手里夺取过来的。

（八三）错觉和不意，可以丧失优势和主动。因而有计划地造成敌人的错觉，给以不意的攻击，是造成优势和夺取主动的方法，而且是重要的方法。错觉是什么呢？"八公山上，草木皆兵"[34]，是错觉之一例。"声东击西"，是造成敌人错觉之一法。在优越的民众条件具备,足以封锁消息时,采用各种欺骗敌人的方法,常能有效地陷敌于判断错误和行动错误的苦境,因而丧失其优势和主动。"兵不厌诈",就是指的这件事情。什么是不意? 就是无准备。优势而无准备,不是真正的优势,也没有主动。懂得这一点,劣势而有准备之军,常可对敌举行不意的攻势,把优势者打败。我们说运动之敌好打,就是因为敌在不意即无准备中。这两件事——造成敌人的错觉和出以不意的攻击,即是以战争的不确实性给予敌人,而给自己以尽可能大的确实性,用以争取我之优势和主动,争取我之胜利。要做到这些,先决条件是优越的民众组织。因此,发动所有一切反对敌人的老百姓,一律武装起来,对敌进行广泛的袭击,同时即用以封锁消息,掩护我军,使敌无从知道我军将在什么地方什么时候去攻击他,造成他的错觉和不意的客观基础,是非常之重要的。过去土地革命战争时代的中国红军,以弱小的军力而常打胜仗,得力于组织起来和武装起来了的民众是非常之大的。民族战争照规矩应比土地革命战争更能获得广大民众的援助;可是因为历史的错误[35],民众是散的,不但仓卒难为我用,且时为敌人所利用。只有坚决地广泛地发动全体的民众,方能在战争的一切需要上给以无穷无尽的供给。在这个给敌以错觉和给敌以不意以便战而胜之的战争方法上,也就一定能起大的作用。我们不是宋襄公,不要那种蠢猪式的仁义道德[36]。我们要把敌人的眼睛和耳朵尽可能地封住,使他们变成瞎子和聋子,要把他们的指挥员的心尽可能地弄得混乱些,使他们变成疯子,用以争取自己的胜利。所有这些,也都是主动或被动和主观指导之间的相互关系。战胜日本是少不了这种主观指导的。

（八四）大抵日本在其进攻阶段中，因其军力之强和利用我之主观上的历史错误和现时错误，它是一般地处于主动地位的。但是这种主动，已随其本身带着许多不利因素及其在战争中也犯了些主观错误（详论见后），与乎我方具备着许多有利因素，而开始了部分的减弱。敌之在台儿庄失败和山西困处，就是显证。我在敌后游击战争的广大发展，则使其占领地的守军完全处于被动地位。虽则敌人此时还在其主动的战略进攻中，但他的主动将随其战略进攻的停止而结束。敌之兵力不足，没有可能作无限制的进攻，这是他不能继续保持主动地位的第一个根源。我之战役的进攻战，在敌后的游击战争及其他条件，这是他不能不停止进攻于一定限度和不能继续保持主动地位的第二个根源。苏联的存在及其他国际变化，是第三个根源。由此可见，敌人的主动地位是有限制的，也是能够破坏的。中国如能在作战方法上坚持主力军的战役和战斗的进攻战，猛烈地发展敌后的游击战争，并从政治上大大地发动民众，我之战略主动地位便能逐渐树立起来。

（八五）现在来说灵活性。灵活性是什么呢？就是具体地实现主动性于作战中的东西，就是灵活地使用兵力。灵活地使用兵力这件事，是战争指挥的中心任务，也是最不容易做好的。战争的事业，除了组织和教育军队，组织和教育人民等项之外，就是使用军队于战斗，而一切都是为了战斗的胜利。组织军队等等固然困难，但使用军队则更加困难，特别是在以弱敌强的情况之中。做这件事需要极大的主观能力，需要克服战争特性中的纷乱、黑暗和不确实性，而从其中找出条理、光明和确实性来,方能实现指挥上的灵活性。

(八六)抗日战争战场作战的基本方针,是外线的速决的进攻战。执行这个方针,有兵力的分散和集中、分进和合击、攻击和防御、突击和钳制、包围和迂回、前进和后退种种的战术或方法。懂得这些战术是容易的,灵活地使用和变换这些战术,就不容易了。这里有时机、地点、部队三个关节。不得其时,不得其地,不得于部队之情况,都将不能取胜。例如进攻某一运动中之敌,打早了,暴露了自己,给了敌人以预防条件;打迟了,敌已集中驻止,变为啃硬骨头。这就是时机问题。突击点选在左翼,恰当敌之弱点,容易取胜;选在右翼,碰在敌人的钉子上,不能奏效。这就是地点问题。以我之某一部队执行某种任务,容易取胜;以另一部队执行同样任务,难于收效。这就是部队情况问题。不但使用战术,还须变换战术。攻击变为防御,防御变为攻击,前进变为后退,后退变为前进,钳制队变为突击队,突击队变为钳制队,以及包围迂回等等之互相变换,依据敌我部队、敌我地形的情况,及时地恰当地给以变换,是灵活性的指挥之重要任务。战斗指挥如此,战役和战略指挥也是如此。

(八七)古人所谓“运用之妙,存乎一心”〔37〕,这个“妙”,我们叫做灵活性,这是聪明的指挥员的出产品。灵活不是妄动,妄动是应该拒绝的。灵活,是聪明的指挥员,基于客观情况,“审时度势”(这个势,包括敌势、我势、地势等项)而采取及时的和恰当的处置方法的一种才能,即是所谓“运用之妙”。基于这种运用之妙,外线的速决的进攻战就能较多地取得胜利,就能转变敌我优劣形势,就能实现我对于敌的主动权,就能压倒敌人而击破之,而最后胜利就属于我们了。

（八八）现在来说计划性。由于战争所特有的不确实性,实现计划性于战争,较之实现计划性于别的事业,是要困难得多的。然而,"凡事预则立,不预则废"[38],没有事先的计划和准备,就不能获得战争的胜利。战争没有绝对的确实性,但不是没有某种程度的相对的确实性。我之一方是比较地确实的。敌之一方很不确实,但也有朕兆可寻,有端倪可察,有前后现象可供思索。这就构成了所谓某种程度的相对的确实性,战争的计划性就有了客观基础。近代技术（有线电、无线电、飞机、汽车、铁道、轮船等）的发达,又使战争的计划性增大了可能。但由于战争只有程度颇低和时间颇暂的确实性,战争的计划性就很难完全和固定,它随战争的运动（或流动,或推移）而运动,且依战争范围的大小而有程度的不同。战术计划,例如小兵团和小部队的攻击或防御计划,常须一日数变。战役计划,即大兵团的行动计划,大体能终战役之局,但在该战役内,部分的改变是常有的,全部的改变也间或有之。战略计划,是基于战争双方总的情况而来的,有更大的固定的程度,但也只在一定的战略阶段内适用,战争向着新的阶段推移,战略计划便须改变。战术、战役和战略计划之各依其范围和情况而确定而改变,是战争指挥的重要关节,也即是战争灵活性的具体的实施,也即是实际的运用之妙。抗日战争的各级指挥员,对此应当加以注意。

（八九）有些人,基于战争的流动性,就从根本上否认战争计划或战争方针之相对的固定性,说这样的计划或方针是"机械的"东西。这种意见是错误的。如上条所述,我们完全承认：由于战争情况之只有相对的确实性和战争是迅速地向前流动的（或运动的，推移的），战争的计划或方针，也只应给以相对的固定性，必须根据情况的变化和战争的流动而适时地加以更换或修改，不这样做，我们就变成机械主义者。然而决不能否认一定时间内的相对地固定的战争计划或方针；否认了这点，就否认了一切，连战争本身，连说话的人，都否认了。由于战争的情况和行动都有其相对的固定性，因而应之而生的战争计划或方针，也就必须拿相对的固定性赋予它。例如，由于华北战争的情况和八路军分散作战的行动有其在一定阶段内的固定性，因而在这一定阶段内赋予相对的固定性于八路军的"基本的是游击战，但不放松有利条件下的运动战"这种战略的作战方针，是完全必要的。战役方针，较之上述战略方针适用的时间要短促些，战术方针更加短促，然而都有其一定时间的固定性。否认了这点，战争就无从着手，成为毫无定见，这也不是、那也不是，或者这也是、那也是的战争相对主义了。没有人否认，就是在某一一定时间内适用的方针，它也是在流动的，没有这种流动，就不会有这一方针的废止和另一方针的采用。然而这种流动是有限制的，即流动于执行这一方针的各种不同的战争行动的范围中，而不是这一方针的根本性质的流动，即是说，是数的流动，不是质的流动。这种根本性质，在一定时间内是决不流动的，我们所谓一定时间内的相对的固定性，就是指的这一点。在绝对流动的整个战争长河中有其各个特定阶段上的相对的固定性——这就是我们对于战争计划或战争方针的根本性质的意见。

　　（九○）在说过了战略上的内线的持久的防御战和战役战

斗上的外线的速决的进攻战，又说过了主动性、灵活性和计划性之后，我们可以总起来说几句。抗日战争应该是有计划的。战争计划即战略战术的具体运用，要带灵活性，使之能适应战争的情况。要处处照顾化劣势为优势，化被动为主动，以便改变敌我之间的形势。而一切这些，都表现于战役和战斗上的外线的速决的进攻战，同时也就表现于战略上的内线的持久的防御战之中。

运动战，游击战，阵地战

（九一）作为战争内容的战略内线、战略持久、战略防御中的战役和战斗上的外线的速决的进攻战，在战争形式上就表现为运动战。运动战，就是正规兵团在长的战线和大的战区上面，从事于战役和战斗上的外线的速决的进攻战的形式。同时，也把为了便利于执行这种进攻战而在某些必要时机执行着的所谓"运动性的防御"包括在内，并且也把起辅助作用的阵地攻击和阵地防御包括在内。它的特点是：正规兵团，战役和战斗的优势兵力，进攻性和流动性。

（九二）中国版图广大，兵员众多，但军队的技术和教养不足；敌人则兵力不足，但技术和教养比较优良。在此种情形下，无疑地应以进攻的运动战为主要的作战形式，而以其他形式辅助之，组成整个的运动战。在这里，要反对所谓"有退无进"的逃跑主义，同时也要反对所谓"有进无退"的拚命主义。

（九三）运动战的特点之一，是其流动性，不但许可而且要求野战军的大踏步的前进和后退。然而，这和韩复榘式的逃跑主义[39]是没有相同之点的。战争的基本要求是:消灭敌人;其另一要求是:保存自己。保存自己的目的,在于消灭敌人;而消灭敌人,又是保存自己的最有效的手段。因此,运动战决不能被韩复榘一类人所借口,决不是只有向后的运动,没有向前的运动;这样的"运动",否定了运动战的基本的进攻性,实行的结果,中国虽大,也是要被"运动"掉的。

(九四)然而另一种思想也是不对的,即所谓有进无退的拚命主义。我们主张以战役和战斗上的外线的速决的进攻战为内容的运动战,其中包括了辅助作用的阵地战,又包括了"运动性的防御"和退却,没有这些,运动战便不能充分地执行。拚命主义是军事上的近视眼,其根源常是惧怕丧失土地。拚命主义者不知道运动战的特点之一是其流动性,不但许可而且要求野战军的大踏步的进退。积极方面,为了陷敌于不利而利于我之作战,常常要求敌人在运动中,并要求有利于我之许多条件,例如有利的地形、好打的敌情、能封锁消息的居民、敌人的疲劳和不意等。这就要求敌人的前进,虽暂时地丧失部分土地而不惜。因为暂时地部分地丧失土地,是全部地永久地保存土地和恢复土地的代价。消极方面,凡被迫处于不利地位,根本上危及军力的保存时,应该勇敢地退却,以便保存军力,在新的时机中再行打击敌人。拚命主义者不知此理,明明已处于确定了的不利情况,还要争一城一地的得失,结果不但城和地俱失,军力也不能保存。我们历来主张"诱敌深入",就是因为这是战略防御中弱军对强军作战的最有效的军事政策。

(九五)抗日战争的作战形式中,主要的是运动战,其次就要算游击战了。我们说,整个战争中,运动战是主要的,游击

战是辅助的,说的是解决战争的命运,主要是依靠正规战,尤
其是其中的运动战,游击战不能担负这种解决战争命运的主
要的责任。但这不是说:游击战在抗日战争中的战略地位不
重要。游击战在整个抗日战争中的战略地位,仅仅次于运动
战,因为没有游击战的辅助,也就不能战胜敌人。这样说,是
包括了游击战向运动战发展这一个战略任务在内的。长期的
残酷的战争中间,游击战不停止于原来地位,它将把自己提高
到运动战。这样,游击战的战略作用就有两方面:一是辅助正
规战,一是把自己也变为正规战。至于就游击战在中国抗日
战争中的空前广大和空前持久的意义说来,它的战略地位是
更加不能轻视的了。因此,在中国,游击战的本身,不只有战
术问题,还有它的特殊的战略问题。这个问题,我在《抗日游
击战争的战略问题》一文里面已经说到了。前面说过,抗日战
争三个战略阶段的作战形式,第一阶段,运动战是主要的,游
击战和阵地战是辅助的。第二阶段,则游击战将升到主要地
位,而以运动战和阵地战辅助之。第三阶段,运动战再升为主
要形式,而辅之以阵地战和游击战。但这个第三阶段的运动
战,已不全是由原来的正规军负担,而将由原来的游击军从游
击战提高到运动战去担负其一部分,也许是相当重要的一部
分。从三个阶段来看,中国抗日战争中的游击战,决不是可有
可无的。它将在人类战争史上演出空前伟大的一幕。为此缘
故,在全国的数百万正规军中间,至少指定数十万人,分散于
所有一切敌占地区,发动和配合民众武装,从事游击战争,是
完全必要的。被指定的军队,要自觉地负担这种神圣任务,不
要以为少打大仗,一时显得不像民族英雄,降低了资格,这种

想法是错误的。游击战争没有正规战争那样迅速的成效和显赫的名声,但是"路遥知马力,事久见人心",在长期和残酷的战争中,游击战争将表现其很大的威力,实在是非同小可的事业。并且正规军分散作游击战,集合起来又可作运动战,八路军就是这样做的。八路军的方针是:"基本的是游击战,但不放松有利条件下的运动战。"这个方针是完全正确的,反对这个方针的人们的观点是不正确的。

(九六)防御的和攻击的阵地战,在中国今天的技术条件下,一般都不能执行,这也就是我们表现弱的地方。再则敌人又利用中国土地广大一点,回避我们的阵地设施。因此阵地战就不能用为重要手段,更不待说用为主要手段。然而在战争的第一第二两阶段中,包括于运动战范围,而在战役作战上起其辅助作用的局部的阵地战,是可能的和必要的。为着节节抵抗以求消耗敌人和争取余裕时间之目的,而采取半阵地性的所谓"运动性的防御",更是属于运动战的必要部分。中国须努力增加新式武器,以便在战略反攻阶段中能够充分地执行阵地攻击的任务。战略反攻阶段,无疑地将提高阵地战的地位,因为那时敌人将坚守阵地,没有我之有力的阵地攻击以配合运动战,将不能达到收复失地之目的。虽然如此,第三阶段中,我们仍须力争以运动战为战争的主要形式。因为战争的领导艺术和人的活跃性,临到像第一次世界大战的中期以后西欧地区那样的阵地战,就死了一大半。然而在广大版图的中国境内作战,在相当长的时间内中国方面又还保存着技术贫弱这种情况,"把战争从壕沟里解放"的事,就自然出现。就在第三阶段,中国技术条件虽已增进,但仍不见得能够超过敌人,这样也就被逼着非努力讲求高度的运动战,不能达到最后胜利之目的。这样,整个抗日战争中,中国将不会以阵地战为主要形式,主要和重要的形式是运动战和游击战。在这些战争形式中,战争的领导艺术和人的活跃性能够得到充分地发挥的机会,这又是我们不幸中的幸事啊!

消耗战,歼灭战

(九七)前头说过,战争本质即战争目的,是保存自己,消灭敌人。然而达此目的的战争形式,有运动战、阵地战、游击战三种,实现时的效果就有程度的不同,因而一般地有所谓消耗战和歼灭战之别。

(九八)我们首先可以说,抗日战争是消耗战,同时又是歼灭战。为什么?敌之强的因素尚在发挥,战略上的优势和主动依然存在,没有战役和战斗的歼灭战,就不能有效地迅速地减杀其强的因素,破坏其优势和主动。我之弱的因素也依然存在,战略上的劣势和被动还未脱离,为了争取时间,加强国内国际条件,改变自己的不利状态,没有战役和战斗的歼灭战,也不能成功。因此,战役的歼灭战是达到战略的消耗战之目的的手段。在这点上说,歼灭战就是消耗战。中国之能够进行持久战,用歼灭达到消耗是主要的手段。

(九九)但达到战略消耗目的的,还有战役的消耗战。大抵运动战是执行歼灭任务的,阵地战是执行消耗任务的,游击战是执行消耗任务同时又执行歼灭任务的,三者互有区别。在这点上说,歼灭战不同于消耗战。战役的消耗战,是辅助的,但也是持久作战所需要的。

(一○○)从理论上和需要上说来,中国在防御阶段中,应该利用运动战之主要的歼灭性,游击战之部分的歼灭性,加上辅助性质的阵地战之主要的消耗性和游击战之部分的消耗性,用以达到大量消耗敌人的战略目的。在相持阶段中,继续利用游击战和运动战的歼灭性和消耗性,再行大量地消耗敌人。所有这些,都是为了使战局持久,逐渐地转变敌我形势,准备反攻的条件。战略反攻时,继续用歼灭达到消耗,以便最后地驱逐敌人。

(一○一)但是在事实上,十个月的经验是,许多甚至多数的运动战战役,打成了消耗战;游击战之应有的歼灭作用,在某些地区,也还未提到应有的程度。这种情况的好处是,无论如何我们总算消耗了敌人,对于持久作战和最后胜利有其意义,我们的血不是白流的。然而缺点是:一则消耗敌人的不足;二则我们自己不免消耗的较多,缴获的较少。虽然应该承认这种情况的客观原因,即敌我技术和兵员教养程度的不同,然而在理论上和实际上,无论如何也应该提倡主力军在一切有利场合努力地执行歼灭战。游击队虽然为了执行许多具体任务,例如破坏和扰乱等,不能不进行单纯的消耗战,然而仍须提倡并努力实行在战役和战斗之一切有利场合的歼灭性的作战,以达既能大量消耗敌人又能大量补充自己之目的。

(一○二)外线的速决的进攻战之所谓外线,所谓速决,所谓进攻,与乎运动战之所谓运动,在战斗形式上,主要地就是采用包围和迂回战术,因而便须集中优势兵力。所以,集中兵力,采用包围迂回战术,是实施运动战即外线的速决的进攻战之必要条件。然而一切这些,都是为着歼灭敌人之目的。

(一〇三)日本军队的长处,不但在其武器,还在其官兵的教养——其组织性,其因过去没有打过败仗而形成的自信心,其对天皇和对鬼神的迷信,其骄慢自尊,其对中国人的轻视等等特点;这是日本军阀多年的武断教育和日本的民族习惯造成的。我军对之杀伤甚多、俘虏甚少的现象,主要原因在此。这一点,过去许多人是估计不足的。这种东西的破坏,需要一个长的过程。首先需要我们重视这一特点,然后耐心地有计划地从政治上、国际宣传上、日本人民运动上多方面地向着这一点进行工作;而军事上的歼灭战,也是方法之一。在这里,悲观主义者可以据之引向亡国论,消极的军事家又可以据之反对歼灭战。我们则相反,我们认为日本军队的这种长处是可以破坏的,并且已在开始破坏中。破坏的方法,主要的是政治上的争取。对于日本士兵,不是侮辱其自尊心,而是了解和顺导他们的这种自尊心,从宽待俘虏的方法,引导他们了解日本统治者之反人民的侵略主义。另一方面,则是在他们面前表示中国军队和中国人民不可屈服的精神和英勇顽强的战斗力,这就是给以歼灭战的打击。在作战上讲,十个月的经验证明歼灭是可能的,平型关、台儿庄等战役就是明证。日本军心已在开始动摇,士兵不了解战争目的,陷于中国军队和中国人民的包围中,冲锋的勇气远弱于中国兵等等,都是有利于我之进行歼灭战的客观的条件,这些条件并将随着战争之持久而日益发展起来。在以歼灭战破坏敌军的气焰这一点上讲,歼灭又是缩短战争过程提早解放日本士兵和日本人民的条件之一。世界上只有猫和猫做朋友的事,没有猫和老鼠做朋友的事。

（一〇四）另一方面，应该承认在技术和兵员教养的程度上，现时我们不及敌人。因而最高限度的歼灭，例如全部或大部俘获的事，在许多场合特别是在平原地带的战斗中，是困难的。速胜论者在这点上面的过分要求，也属不对。抗日战争的正确要求应该是：尽可能的歼灭战。在一切有利的场合，每战集中优势兵力，采用包围迂回战术——不能包围其全部也包围其一部，不能俘获所包围之全部也俘获所包围之一部，不能俘获所包围之一部也大量杀伤所包围之一部。而在一切不利于执行歼灭战的场合，则执行消耗战。对于前者，用集中兵力的原则；对于后者，用分散兵力的原则。在战役的指挥关系上，对于前者，用集中指挥的原则；对于后者，用分散指挥的原则。这些，就是抗日战争战场作战的基本方针。

乘敌之隙的可能性

（一〇五）关于敌之可胜，就是在敌人的指挥方面也有其基础。自古无不犯错误的将军，敌人之有岔子可寻，正如我们自己也难免出岔子，乘敌之隙的可能性是存在的。从战略和战役上说来，敌人在十个月侵略战争中，已经犯了许多错误。计其大者有五。一是逐渐增加兵力。这是由于敌人对中国估计不足而来的，也有他自己兵力不足的原因。敌人一向看不起我们，东四省[40]得了便宜之后，加之以冀东、察北的占领，这些都算作敌人的战略侦察。他们得来的结论是：一盘散沙。据此以为中国不值一打，而定出所谓"速决"的计划，少少出点兵力，企图吓溃我们。十个月来，中国这样大的团结和这样大的抵抗力,他们是没有料到的,他们把中国已处于进步时代、中国已存在着先进的党派、先进的军队和先进的人民这一点忘掉了。及至不行,就逐渐增兵,由十几个师团一次又一次地增至三十个。再要前进,非再增不可。但由于同苏联对立,又由于人财先天不足,所以日本的最大的出兵数和最后的进攻点都不得不受一定的限制。二是没有主攻方向。台儿庄战役以前,敌在华中、华北大体上是平分兵力的,两方内部又各自平分。例如华北,在津浦、平汉、同蒲三路平分兵力,每路伤亡了一些,占领地驻守了一些,再前进就没有兵了。台儿庄败仗后,总结了教训,把主力集中徐州方向,这个错误算是暂时地改了一下。三是没有战略协同。敌之华中、华北两集团中,每一集团内部是大体协同的,但两集团间则很不协同。津浦南段打小蚌埠时,北段不动;北段打台儿庄时,南段不动。两处都触了霉头之后,于是陆军大臣来巡视了,参谋总长来指挥了,算是暂时地协调了一下。日本地主资产阶级和军阀内部存在着颇为严重的矛盾,这种矛盾正在向前发展着,战争的不协同是其具体表现之一。四是失去战略时机。这点显著地表现在南京、太原两地占领后的停顿,主要的是因为兵力不足,没有战略追击队。五是包围多歼灭少。台儿庄战役以前,上海、南京、沧州、保定、南口、忻口、临汾诸役,击破者多,俘获者少,表现其指挥的笨拙。这五个——逐渐增加兵力,没有主攻方向,没有战略协同,失去时机,包围多歼灭少,是台儿庄战役以前日本指挥的不行之点。台儿庄战役以后,虽已改了一些,然根据其兵力不足和内部矛盾诸因素,求不重犯错误是不可能的。且得之于此者,又失之于彼。例如,将华北兵力集中于徐州,华北占领地就出了大空隙,给予游击战争以放手发展的机会。以上是敌人自己弄错,不是我们使之错的。我们方面,尚可有意地制造敌之错误,即用自己聪明而有效的动作,在有组织的民众掩护之下,造成敌人错觉,调动敌人就我范围,例如声东击西之类,这件事的可能性前面已经说过了。所有这些,都说明:我之战争胜利又可在敌之指挥上面找到某种根源。虽然我们不应把这点作为我之战略计划的重要基础,相反,我之计划宁可放在敌人少犯错误的假定上,才是可靠的做法。而且我乘敌隙,敌也可以乘我之隙,少授敌以可寻之隙,又是我们指挥方面的任务。然而敌之指挥错误,是事实上已经存在过,并且还要发生的,又可因我之努力制造出来的,都足供我之利用,抗日将军们应该极力地捉住它。敌人的战略战役指挥许多不行,但其战斗指挥,即部队战术和小兵团战术,却颇有高明之处,这一点我们应该向他学习。

抗日战争中的决战问题

（一○六）抗日战争中的决战问题应分为三类:一切有把握的战役和战斗应坚决地进行决战,一切无把握的战役和战斗应避免决战,赌国家命运的战略决战应根本避免。抗日战争不同于其他许多战争的特点,又表现在这个决战问题上。在第一第二阶段,敌强我弱,敌之要求在于我集中主力与之决战。我之要求则相反,在选择有利条件,集中优势兵力,与之作有把握的战役和战斗上的决战,例如平型关、台儿庄以及许多的其他战斗;而避免在不利条件下的无把握的决战,例如彰德等地战役所采的方针。挤国家命运的战略的决战则根本不干，例如最近之徐州撤退。这样就破坏了敌之"速决"计划，不得不跟了我们干持久战。这种方针，在领土狭小的国家是做不到的，在政治太落后了的国家也难做到。我们是大国，又处进步时代，这点是可以做到的。如果避免了战略的决战，"留得青山在，不愁没柴烧"，虽然丧失若干土地，还有广大的回旋余地，可以促进并等候国内的进步、国际的增援和敌人的内溃，这是抗日战争的上策。急性病的速胜论者熬不过持久战的艰难路程，企图速胜，一到形势稍为好转，就吹起了战略决战的声浪，如果照了干去，整个的抗战要吃大亏，持久战为之葬送，恰恰中了敌人的毒计，实在是下策。不决战就须放弃土地，这是没有疑问的，在无可避免的情况下（也仅仅是在这种情况下），只好勇敢地放弃。情况到了这种时候，丝毫也不应留恋，这是以土地换时间的正确的政策。历史上，俄国以避免决战，执行了勇敢的退却，战胜了威震一时的拿破仑[41]。中国现在也应这样干。

（一〇七）不怕人家骂"不抵抗"吗？不怕的。根本不战，与敌妥协，这是不抵抗主义，不但应该骂，而且完全不许可的。坚决抗战，但为避开敌人毒计，不使我军主力丧于敌人一击之下，影响到抗战的继续，一句话，避免亡国，是完全必需的。在这上面发生怀疑，是战争问题上的近视眼，结果一定和亡国论者走到一伙去。我们曾经批评了所谓"有进无退"的拚命主义，就是因为这种拚命主义如果成为一般的风气，其结果就有使抗战不能继续，最后引向亡国的危险。

（一〇八）我们主张一切有利条件下的决战，不论是战斗的和大小战役的,在这上面不容许任何的消极。给敌以歼灭和给敌以消耗,只有这种决战才能达到目的,每个抗日军人均须坚决地去做。为此目的,部分的相当大量的牺牲是必要的,避免任何牺牲的观点是懦夫和恐日病患者的观点,必须给以坚决的反对。李服膺、韩复榘等逃跑主义者的被杀,是杀得对的。在战争中提倡勇敢牺牲英勇向前的精神和动作,是在正确的作战计划下绝对必要的东西,是同持久战和最后胜利不能分离的。我们曾经严厉地指斥了所谓"有退无进"的逃跑主义,拥护严格纪律的执行,就是因为只有这种在正确计划下的英勇决战,才能战胜强敌;而逃跑主义,则是亡国论的直接支持者。

(一○九)英勇战斗于前,又放弃土地于后,不是自相矛盾吗? 这些英勇战斗者的血,不是白流了吗? 这是非常不妥当的发问。吃饭于前,又拉屎于后,不是白吃了吗? 睡觉于前,又起床于后,不是白睡了吗? 可不可以这样提出问题呢? 我想是不可以的。吃饭就一直吃下去,睡觉就一直睡下去,英勇战斗就一直打到鸭绿江,这是主观主义和形式主义的幻想,在实际生活里是不存在的。谁人不知,为争取时间和准备反攻而流血战斗,某些土地虽仍不免于放弃,时间却争取了,给敌以歼灭和给敌以消耗的目的却达到了,自己的战斗经验却取得了,没有起来的人民却起来了,国际地位却增长了。这种血是白流的吗? 一点也不是白流的。放弃土地是为了保存军力,也正是为了保存土地;因为如不在不利条件下放弃部分的土地,盲目地举行绝无把握的决战,结果丧失军力之后,必随之以丧失全部的土地,更说不到什么恢复失地了。资本家做生意要有本钱,全部破产之后,就不算什么资本家。赌汉也要赌本,孤注一掷,不幸不中,就无从再赌。事物是往返曲折的,不是径情直遂的,战争也是一样,只有形式主义者想不通这个道理。

(一一〇)我想,即在战略反攻阶段的决战亦然。那时虽然敌处劣势,我处优势,然而仍适用"执行有利决战,避免不利决战"的原则,直至打到鸭绿江边,都是如此。这样,我可始终立于主动,一切敌人的"挑战书",旁人的"激将法",都应束之高阁,置之不理,丝毫也不为其所动。抗日将军们要有这样的坚定性,才算是勇敢而明智的将军。那些"一触即跳"的人们,是不足以语此的。第一阶段我处于某种程度的战略被动,然在一切战役上也应是主动的,尔后任何阶段都应是主动。我们是持久论和最后胜利论者,不是赌汉们那样的孤注一掷论者。

兵民是胜利之本

(一一一)日本帝国主义处在革命的中国面前,是决不放松其进攻和镇压的,它的帝国主义本质规定了这一点。中国不抵抗,日本就不费一弹安然占领中国,东四省的丧失,就是前例。中国若抵抗,日本就向着这种抵抗力压迫,直至它的压力无法超过中国的抵抗力才停止,这是必然的规律。日本地主资产阶级的野心是很大的,为了南攻南洋群岛,北攻西伯利亚起见,采取中间突破的方针,先打中国。那些认为日本将在占领华北、江浙一带以后适可而止的人,完全没有看到发展到了新阶段迫近了死亡界线的日本帝国主义,已经和历史上的日本不相同了。我们说,日本的出兵数和进攻点有一定的限制,是说:在日本一方面,在其力量基础上,为了还要举行别方面的进攻并防御另一方面的敌人，只能拿出一定程度的力量打中国打到它力所能及的限度为止；在中国一方面，又表现了自己的进步和顽强的抵抗力，不能设想只有日本猛攻，中国没有必要的抵抗力。日本不能占领全中国，然而在它一切力所能及的地区，它将不遗余力地镇压中国的反抗，直至日本的内外条件使日本帝国主义发生了进入坟墓的直接危机之前，它是不会停止这种镇压的。日本国内的政治只有两个出路：或者整个当权阶级迅速崩溃，政权交给人民，战争因而结束，但暂时无此可能；或者地主资产阶级日益法西斯化，把战争支持到自己崩溃的一天，日本走的正是这条路。除此没有第三条路。那些希望日本资产阶级中和派出来停止战争的，仅仅是一种幻想而已。日本的资产阶级中和派，已经作了地主和金融寡头的俘虏，这是多年来日本政治的实际。日本打了中国之后，如果中国的抗战还没有给日本以致命的打击，日本还有足够力量的话，它一定还要打南洋或西伯利亚，甚或两处都打。欧洲战争一起来，它就会干这一手；日本统治者的如意算盘是打得非常之大的。当然存在这种可能：由于苏联的强大，由于日本在中国战争中的大大削弱，它不得不停止进攻西伯利亚的原来计划，而对之采取根本的守势。然而在出现了这种情形之时，不是日本进攻中国的放松，反而是它进攻中国的加紧，因为那时它只剩下了向弱者吞剥的一条路。那时中国的坚持抗战、坚持统一战线和坚持持久战的任务，就更加显得严重，更加不能丝毫懈气。

（一一二）在这种情况下，中国制胜日本的主要条件，是全国的团结和各方面较之过去有十百倍的进步。中国已处于进步的时代,并已有了伟大的团结,但是目前的程度还非常之不够。日本占地如此之广,一方面由于日本之强,一方面则由于中国之弱;而这种弱,完全是百年来尤其是近十年来各种历史错误积累下来的结果,使得中国的进步因素限制在今天的状态。现在要战胜这样一个强敌,非有长期的广大的努力是不可能的。应该努力的事情很多,我这里只说最根本的两方面:军队和人民的进步。

(一一三)革新军制离不了现代化,把技术条件增强起来,没有这一点,是不能把敌人赶过鸭绿江的。军队的使用需要进步的灵活的战略战术,没有这一点,也是不能胜利的。然而军队的基础在士兵,没有进步的政治精神贯注于军队之中,没有进步的政治工作去执行这种贯注,就不能达到真正的官长和士兵的一致,就不能激发官兵最大限度的抗战热忱,一切技术和战术就不能得着最好的基础去发挥它们应有的效力。我们说日本技术条件虽优,但它终必失败,除了我们给以歼灭和消耗的打击外,就是它的军心终必随着我们的打击而动摇,武器和兵员结合不稳。我们相反,抗日战争的政治目的是官兵一致的。在这上面,就有了一切抗日军队的政治工作的基础。军队应实行一定限度的民主化,主要地是废除封建主义的打骂制度和官兵生活同甘苦。这样一来,官兵一致的目的就达到了,军队就增加了绝大的战斗力,长期的残酷的战争就不患不能支持。

(一一四)战争的伟力之最深厚的根源,存在于民众之中。日本敢于欺负我们,主要的原因在于中国民众的无组织状态。克服了这一缺点,就把日本侵略者置于我们数万万站起来了的人民之前，使它像一匹野牛冲入火阵，我们一声唤也要把它吓一大跳，这匹野牛就非烧死不可。我们方面，军队须有源源不绝的补充，现在下面胡干的"捉兵法"、"买兵法"[42]，亟须禁止，改为广泛的热烈的政治动员，这样，要几百万人当兵都是容易的。抗日的财源十分困难，动员了民众，则财政也不成问题，岂有如此广土众民的国家而患财穷之理？军队须和民众打成一片，使军队在民众眼睛中看成是自己的军队，这个军队便无敌于天下，个把日本帝国主义是不够打的。

（一一五）很多人对于官兵关系、军民关系弄不好，以为是方法不对，我总告诉他们是根本态度（或根本宗旨）问题，这态度就是尊重士兵和尊重人民。从这态度出发，于是有各种的政策、方法、方式。离了这态度，政策、方法、方式也一定是错的，官兵之间、军民之间的关系便决然弄不好。军队政治工作的三大原则：第一是官兵一致，第二是军民一致，第三是瓦解敌军。这些原则要实行有效，都须从尊重士兵、尊重人民和尊重已经放下武器的敌军俘虏的人格这种根本态度出发。那些认为不是根本态度问题而是技术问题的人，实在是想错了，应该加以改正才对。

（一一六）当此保卫武汉等地成为紧急任务之时，发动全军全民的全部积极性来支持战争，是十分严重的任务。保卫武汉等地的任务，毫无疑义必须认真地提出和执行。然而究竟能否确定地保卫不失，不决定于主观的愿望，而决定于具体的条件。政治上动员全军全民起来奋斗，是最重要的具体的条件之一。不努力于争取一切必要的条件，甚至必要条件有一不备，势必重蹈南京等地失陷之覆辙。中国的马德里在什么地方,看什么地方具备马德里的条件。过去是没有过一个马德里的,今后应该争取几个,然而全看条件如何。条件中的最基本条件,是全军全民的广大的政治动员。

(一一七)在一切工作中,应该坚持抗日民族统一战线的总方针。因为只有这种方针才能坚持抗战,坚持持久战,才能普遍地深入地改善官兵关系、军民关系,才能发动全军全民的全部积极性,为保卫一切未失地区、恢复一切已失地区而战,才能争取最后胜利。

(一一八)这个政治上动员军民的问题,实在太重要了。我们之所以不惜反反复复地说到这一点,实在是没有这一点就没有胜利。没有许多别的必要的东西固然也没有胜利,然而这是胜利的最基本的条件。抗日民族统一战线是全军全民的统一战线,决不仅仅是几个党派的党部和党员们的统一战线;动员全军全民参加统一战线,才是发起抗日民族统一战线的根本目的。

结　　　　论

(一一九)结论是什么呢? 结论就是:"在什么条件下,中国能战胜并消灭日本帝国主义的实力呢? 要有三个条件:第一是中国抗日统一战线的完成;第二是国际抗日统一战线的完成;第三是日本国内人民和日本殖民地人民的革命运动的兴起。就中国人民的立场来说,三个条件中,中国人民的大联合是主要的。""这个战争要延长多久呢? 要看中国抗日统一战线的实力和中日两国其他许多决定的因素如何而定。""如果这些条件不能很快实现，战争就要延长。但结果还是一样，日本必败，中国必胜。只是牺牲会大，要经过一个很痛苦的时期。""我们的战略方针，应该是使用我们的主力在很长的变动不定的战线上作战。中国军队要胜利，必须在广阔的战场上进行高度的运动战。""除了调动有训练的军队进行运动战之外，还要在农民中组织很多的游击队。""在战争的过程中……使中国军队的装备逐渐加强起来。因此，中国能够在战争的后期从事阵地战，对于日本的占领地进行阵地的攻击。这样，日本在中国抗战的长期消耗下，它的经济行将崩溃；在无数战争的消磨中，它的士气行将颓靡。中国方面，则抗战的潜伏力一天一天地奔腾高涨，大批的革命民众不断地倾注到前线去，为自由而战争。所有这些因素和其他的因素配合起来，就使我们能够对日本占领地的堡垒和根据地，作最后的致命的攻击，驱逐日本侵略军出中国。"（一九三六年七月与斯诺谈话）"中国的政治形势从此开始了一个新阶段，……这一阶段的最中心的任务是：动员一切力量争取抗战的胜利。""争取抗战胜利的中心关键，在使已经发动的抗战发展为全面的全民族的抗战。只有这种全面的全民族的抗战，才能使抗战得到最后的胜利。""由于当前的抗战还存在着严重的弱点，所以在今后的抗战过程中，可能发生许多挫败、退却，内部的分化、叛变，暂时和局部的妥协等不利的情况。因此，应该看到这一抗战是艰苦的持久战。但我们相信，已经发动的抗战，必将因为我党和全国人民的努力，冲破一切障碍物而继续地前进和发展。"（一九三七年八月《中共中央关于目前形势与党的任务的决定》）这些就是结论。亡国论者看敌人如神物，看自己如草芥，速胜论者看敌人如草芥,看自己如神物,这些都是错误的。我们的意见相反:抗日战争是持久战,最后胜利是中国的——这就是我们的结论。

(一二〇)我的讲演至此为止。伟大的抗日战争正在开展,很多人希望总结经验,以便争取全部的胜利。我所说的,只是十个月经验中的一般的东西,也算一个总结吧。这个问题值得引起广大的注意和讨论,我所说的只是一个概论,希望诸位研究讨论,给以指正和补充。

注　释

〔1〕见本卷《反对日本进攻的方针、办法和前途》注〔1〕。

〔2〕见本书第一卷《中国革命战争的战略问题》注〔45〕。

〔3〕这种亡国论是国民党内部分领导人的意见。他们是不愿意抗日的,后来抗日是被迫的。卢沟桥事变以后,蒋介石一派参加抗日了,汪精卫一派就代表了亡国论,并准备投降日本,后来果然投降了。但是亡国论思想不但是在国民党内存在着,在某些中层社会中甚至在一部分落后的劳动人民中也曾经发生影响。这是因为国民党政府腐败无能,在抗日战争中节节失败,而日军则长驱直进,在战争的第一年中就侵占了华北和华中的大片土地,因而在一部分落后的人民中产生了严重的悲观情绪。

〔4〕以上这些意见,都是共产党内的。在抗日战争的头半年内,党内存在着一种轻敌的倾向,认为日本不值一打。其根据并不是因为他们感觉自己的力量很大,他们知道共产党领导的军队和民众的有组织的力量在当时还是很小的;而是因为国民党抗日了,他们感觉国民党有很大的力量,可以有效地打击日本。他们只看见国民党暂时抗日的一面,忘记了国民党反动和腐败的一面,因而造成了错误的估计。

〔5〕这是蒋介石等人的意见。蒋介石国民党既已被迫抗战,他们就一心希望外国的迅速援助,不相信自己的力量,更不相信人民的力量。

〔6〕一九三八年三月下旬至四月上旬,中国军队和日本侵略军在台儿庄(今属山东省枣庄市)一带进行过一次会战。在这次会战中,中国军队击败日军第五、第十两个精锐师团,取得了会战的胜利。

〔7〕徐州战役是中国军队同日本侵略军在以徐州为中心的广大地区进行的一次战役。从一九三七年十二月起,华北、华中的日军分南北两线沿津浦铁路和台潍(台儿庄至潍县)公路进犯徐州外围地区。一九三八年四月上旬,中国军队在取得台儿庄会战的胜利后,继续向鲁南增兵,在徐州附近集结了约六十万的兵力;而日军在台儿庄遭到挫败以后,从四月上旬开始调集南北两线兵力二十多万人,对徐州进行迂回包围。中国军队在日军夹击和包围下,分路向豫皖边突围。五月十九日,徐州被日军占领。

〔8〕这是当时《大公报》在一九三八年四月二十五日和二十六日社评中提出的意见。他们从一种侥幸心理出发,希望用几个台儿庄一类的胜仗就能打败日本,免得在持久战中动员人民力量,危及自己阶级的安全。当时国民党统治集团内普遍有这种侥幸心理。

〔9〕参见本书第一卷《论反对日本帝国主义的策略》注〔33〕。抗日战争时期,托派在宣传上主张抗日,但是攻击中国共产党的抗日民族统一战线政策。把托派与汉奸相提并论,是由于当时在共产国际内流行着中国托派与日本帝国主义间谍组织有关的错误论断所造成的。

〔10〕见本书第一卷《论反对日本帝国主义的策略》注〔35〕。

〔11〕见本书第一卷《论反对日本帝国主义的策略》注〔36〕。

〔12〕戊戌维新也称戊戌变法,是一八九八年(戊戌年)发生的维新运动。当时,中国面临被帝国主义列强瓜分的严重危机。康有为、梁启超、谭嗣同等人,在清朝光绪皇帝的支持下,企图通过自上而下的变法维新,逐步地在中国推行地主阶级和资产阶级联合统治的君主立宪制度,发展民族资本主义,以挽救民族危亡。但是,这个运动缺乏人民群众的基础,又遭到以慈禧太后为首的顽固派的坚决反对。变法三个多月以后,慈禧太后发动政变,幽禁光绪皇帝,杀害谭嗣同等六人,变法遭到失败。

〔13〕见本书第一卷《湖南农民运动考察报告》注〔3〕。

〔14〕一九三八年一月十六日,日本近卫内阁发表声明,宣布以武力灭亡中国的方针;同时宣称由于国民党政府仍在"策划抗战",日本政府决定在中国扶植新的傀儡政权,"今后将不以国民政府为对手"。

〔15〕这里主要是指美国。自一九三七年到一九四〇年,美国每年输入日本的物资占日本全部进口额的三分之一以上,其中战争物资占一半以上。

〔16〕指英、美、法等帝国主义国家的政府。

〔17〕张伯伦(一八六九——一九四〇),英国保守党领袖。一九三七年至一九四〇年任英国首相。他主张迁就德、意、日法西斯对中国、埃塞俄比亚、西班牙、奥地利和捷克斯洛伐克等国家的侵略,实行妥协政策。

〔18〕毛泽东在这里所预言的抗日战争相持阶段中国方面可能的向上变化，在中国共产党领导下的抗日根据地是完全实现了。在国民党统治区，则因为以蒋介石为首的统治集团消极抗日、积极反共反人民，不但没有向上变化，反而向下变化了。因为这样，也激起了广大人民的反抗和觉悟。参见本书第三卷《论联合政府》第三部分关于这一切事实的分析。

〔19〕这个比喻里所引用的神话故事，见明朝吴承恩所著的《西游记》第七回。这个神话故事说，孙悟空本是个猴子，他能够一个筋斗翻十万八千里，但是，他站在如来佛的手心上尽力翻筋斗，总是翻不出去。如来佛翻掌一扑，将五个手指化作五行山，把他压住。

〔20〕一九三五年八月，季米特洛夫在共产国际第七次代表大会上所作的报告中说："法西斯是肆无忌惮的沙文主义和侵略战争。"一九三七年七月，他又发表了题为《法西斯主义就是战争》的论文。

〔21〕参见列宁《第二国际的破产》和《社会主义与战争》（《列宁全集》第26卷，人民出版社1988年版，第235、327页）。

〔22〕见本卷《为动员一切力量争取抗战胜利而斗争》。

〔23〕见本卷《陕甘宁边区政府、第八路军后方留守处布告》注〔3〕。

〔24〕见《孙子·谋攻》。

〔25〕城濮在今山东省鄄城县西南。公元前六三二年，晋楚两国大战于此。战争开始时，楚军占优势。晋军退却九十里，到达城濮一带，先选择楚军力量薄弱的右翼，给以严重的打击。然后，再集中优势兵力击溃了楚军的左翼。楚军终于大败而退。

〔26〕见本书第一卷《中国革命战争的战略问题》注〔31〕。

〔27〕公元前二〇四年，汉将韩信率部与赵王歇大战于井陉（在今河北省井陉县）。赵军号称二十万，数倍于汉军。韩信背水为阵，率军奋战；同时，遣兵袭占赵军防御薄弱的后方，使其腹背受敌，遂大破赵军。

〔28〕见本书第一卷《中国革命战争的战略问题》注〔32〕。

〔29〕见本书第一卷《中国革命战争的战略问题》注〔33〕。

〔30〕见本书第一卷《中国革命战争的战略问题》注〔34〕。

〔31〕见本书第一卷《中国革命战争的战略问题》注〔35〕。

〔32〕见本书第一卷《中国革命战争的战略问题》注〔36〕。

〔33〕十八世纪末十九世纪初，法国的拿破仑曾与英、普、奥、俄以及欧洲其他很多国家作战。在多次战争中，拿破仑的部队在数量上都不如他的敌人，但都得到了胜利。

〔34〕公元三八三年，秦王苻坚出兵攻晋。他依仗优势兵力，非常轻视晋军。晋

军打败了秦军的前锋,从水陆两路继续前进,隔淝水同秦军对峙。苻坚登寿阳城(今安徽省寿县)瞭望,见晋兵布阵严整,又望见八公山上的草木,以为都是晋兵,觉得是遇到了劲敌,开始有惧色。随后在淝水决战中,强大的秦军终于被晋军打败。

〔35〕蒋介石、汪精卫等在一九二七年背叛革命以后,进行十年的反人民战争,同时又在国民党统治区实行法西斯统治。这就使得中国人民没有可能广泛地组织起来。这个历史错误是应该由蒋介石为首的国民党反动派负责的。

〔36〕宋襄公是公元前七世纪春秋时代宋国的国君。公元前六三八年宋国与强大的楚国作战,宋兵已经排列成阵,楚兵正在渡河。宋国有一个官员认为楚兵多宋兵少,主张利用楚兵渡河未毕的时机出击。但宋襄公说:不可,因为君子不乘别人困难的时候去攻打人家。楚兵渡河以后,还未排列成阵,宋国官员又请求出击。宋襄公又说:不可,因为君子不攻击不成阵势的队伍。一直等到楚兵准备好了以后,宋襄公才下令出击。结果宋国大败,宋襄公自己也受了伤。

〔37〕见《宋史·岳飞传》。

〔38〕见《礼记·中庸》。

〔39〕一九三七年日本侵略军在占领北平、天津以后,不久即分兵沿津浦铁路南下,进攻山东省。多年统治山东的国民党军阀韩复榘不战而逃。在一九三七年十二月下旬至一九三八年一月上旬的十多天里,他就放弃了山东中部和西南部的大片国土,从济南一直逃到山东、河南的边境。

〔40〕见本书第一卷《论反对日本帝国主义的策略》注〔5〕。

〔41〕一八一二年,拿破仑以五十万大军进攻俄国。当时俄军只有二十万人左右。为了避免不利于自己的决战,俄军实行战略退却,一直到放弃和焚毁了莫斯科。拿破仑的军队在深入俄国国土以后,遭到了俄国广大军民的坚决反抗,陷于饥寒困苦、后路被切断、四面被包围的绝境,最后不得不从莫斯科撤退。这时,俄军乘机大举反攻,拿破仑军仅剩二万余人逃离俄国国境。

〔42〕国民党政府扩军的一种办法,是派军警四处捕拿人民去当兵,捉来的兵用绳捆索绑,形同囚犯。略为有钱的人,就向国民党政府的官吏行贿,出钱买人代替。

中国共产党在民族战争中的地位[*]

（一九三八年十月十四日）

同志们！我们有一个光明的前途；我们必须战胜日本帝国主义，必须建设新中国，也一定能够达到这些目的。但是由现在到这个光明前途的中间，存在着一段艰难的路程。为着一个光明的中国而斗争的中国共产党和全国人民，必须有步骤地同日寇作斗争；而要打败它，只有经过长期的战争。关于这个战争的各方面问题，我们已经说得很多。抗战以来的经

---

    * 这是毛泽东在中国共产党第六届中央委员会扩大的第六次全体会议上的政治报告《论新阶段》的一部分。这个报告是在一九三八年十月十二日至十四日作的，这一部分是十四日讲的。这次会议批准了以毛泽东为首的党中央政治局的路线，是一次很重要的会议。毛泽东在报告中提出"中国共产党在民族战争中的地位"这一问题，便是为的使全党同志明确地知道并认真地负起中国共产党领导抗日战争的重大历史责任。全会确定了坚持抗日民族统一战线的方针，同时指出了在统一战线中有团结又有斗争，"一切经过统一战线"的提法对于中国情况是不适合的，这样就批判了关于统一战线问题上的迁就主义的错误；毛泽东在这次会议的结论中所讲的"统一战线中的独立自主问题"，就是关于这方面的问题。全会同时又确定了全党从事组织人民的抗日武装斗争的极端重要性，决定党的主要工作方面是战区和敌后，而批判了那种把战胜日本帝国主义的希望寄托于国民党军队以及把人民的命运寄托于国民党反动派统治下的合法运动等项错误思想；毛泽东在结论中所讲的"战争和战略问题"，就是关于这一方面的问题。

验，我们也总结了；当前的形势，我们也估计了；全民族的紧急任务，我们也提出了；用长期的抗日民族统一战线支持长期的战争的理由和方法，我们也说明了；国际形势，我们也分析了。那末，还有什么问题呢？同志们，还有一个问题，这就是中国共产党在民族战争中处于何种地位的问题，这就是共产党员应该怎样认识自己、加强自己、团结自己，才能领导这次战争达到胜利而不致失败的问题。

爱国主义和国际主义

国际主义者的共产党员，是否可以同时又是一个爱国主义者呢？我们认为不但是可以的，而且是应该的。爱国主义的具体内容，看在什么样的历史条件之下来决定。有日本侵略者和希特勒的"爱国主义"，有我们的爱国主义。对于日本侵略者和希特勒的所谓"爱国主义"，共产党员是必须坚决地反对的。日本共产党人和德国共产党人都是他们国家的战争的失败主义者。用一切方法使日本侵略者和希特勒的战争归于失败，就是日本人民和德国人民的利益；失败得越彻底，就越好。日本共产党人和德国共产党人都应该这样做，他们也正在这样做。这是因为日本侵略者和希特勒的战争，不但是损害世界人民的，也是损害其本国人民的。中国的情况则不同，中国是被侵略的国家。因此，中国共产党人必须将爱国主义和国际主义结合起来。我们是国际主义者，我们又是爱国主义者，我们的口号是为保卫祖国反对侵略者而战。对于我们，失败主义是罪恶，争取抗日胜利是责无旁贷的。因为只有为着保卫祖国而战才能打败侵略者,使民族得到解放。只有民族得到解放,才有使无产阶级和劳动人民得到解放的可能。中国胜利了,侵略中国的帝国主义者被打倒了,同时也就是帮助了外国的人民。因此,爱国主义就是国际主义在民族解放战争中的实施。为此理由,每一个共产党员必须发挥其全部的积极性,英勇坚决地走上民族解放战争的战场,拿枪口瞄准日本侵略者。为此理由,我们的党从九一八事变[1]开始,就提出了用民族自卫战争反抗日本侵略者的号召;后来又提出了抗日民族统一战线的主张,命令红军改编为抗日的国民革命军开赴前线作战,命令自己的党员站在抗日战争的最前线,为保卫祖国流最后一滴血。这些爱国主义的行动,都是正当的,都正是国际主义在中国的实现,一点也没有违背国际主义。只有政治上糊涂的人,或者别有用心的人,才会瞎说我们做得不对,瞎说我们抛弃了国际主义。

共产党员在民族战争中的模范作用

根据上述理由,共产党员应在民族战争中表现其高度的积极性;而这种积极性,应使之具体地表现于各方面,即应在各方面起其先锋的模范的作用。我们的战争,是在困难环境之中进行的。广大人民群众的民族觉悟、民族自尊心和自信心的不足,大多数民众的无组织,军力的不坚强,经济的落后,政治的不民主,腐败现象和悲观情绪的存在,统一战线内部的不团结、不巩固等等,形成了这种困难环境。因此,共产党员不能不自觉地担负起团结全国人民克服各种不良现象的重大

的责任。在这里,共产党员的先锋作用和模范作用是十分重
要的。共产党员在八路军和新四军中,应该成为英勇作战的
模范,执行命令的模范,遵守纪律的模范,政治工作的模范和
内部团结统一的模范。共产党员在和友党友军发生关系的时
候,应该坚持团结抗日的立场,坚持统一战线的纲领,成为实
行抗战任务的模范;应该言必信,行必果,不傲慢,诚心诚意地
和友党友军商量问题,协同工作,成为统一战线中各党相互关
系的模范。共产党员在政府工作中,应该是十分廉洁、不用私
人、多做工作、少取报酬的模范。共产党员在民众运动中,应
该是民众的朋友,而不是民众的上司,是诲人不倦的教师,而
不是官僚主义的政客。共产党员无论何时何地都不应以个人
利益放在第一位,而应以个人利益服从于民族的和人民群众
的利益。因此,自私自利,消极怠工,贪污腐化,风头主义等
等,是最可鄙的;而大公无私,积极努力,克己奉公,埋头苦干
的精神,才是可尊敬的。共产党员应和党外一切先进分子协
同一致,为着团结全国人民克服各种不良现象而努力。必须
懂得,共产党员不过是全民族中的一小部分,党外存在着广大
的先进分子和积极分子,我们必须和他们协同工作。那种以
为只有自己好、别人都不行的想法,是完全不对的。共产党员
对于落后的人们的态度,不是轻视他们,看不起他们,而是亲
近他们,团结他们,说服他们,鼓励他们前进。共产党员对于
在工作中犯过错误的人们,除了不可救药者外,不是采取排
斥态度,而是采取规劝态度,使之翻然改进,弃旧图新。共产
党员应是实事求是的模范,又是具有远见卓识的模范。因为
只有实事求是,才能完成确定的任务;只有远见卓识,才能不

失前进的方向。因此,共产党员又应成为学习的模范,他们每天都是民众的教师,但又每天都是民众的学生。只有向民众学习,向环境学习,向友党友军学习,了解了他们,才能对于工作实事求是,对于前途有远见卓识。在长期战争和艰难环境中,只有共产党员协同友党友军和人民大众中的一切先进分子,高度地发挥其先锋的模范的作用,才能动员全民族一切生动力量,为克服困难、战胜敌人、建设新中国而奋斗。

团结全民族和反对民族中的奸细分子

为要克服困难,战胜敌人,建设新中国,只有巩固和扩大抗日民族统一战线,发动全民族中的一切生动力量,这是唯一无二的方针。但是我们的民族统一战线中已经存在着起破坏作用的奸细分子,这就是那些汉奸、托派[2]、亲日派分子。共产党员应该随时注意那些奸细分子,用真凭实据揭发他们的罪恶,劝告人民不要上他们的当。共产党员必须提高对于民族奸细分子的政治警觉性。共产党员必须明白,揭发和清除奸细,是和扩大和巩固民族统一战线不能分离的。只顾一方面,忘记另一方面,是完全错误的。

扩大共产党和防止奸细混入

为了克服困难,战胜敌人,建设新中国,共产党必须扩大自己的组织,向着真诚革命、信仰党的主义、拥护党的政策、并愿意服从纪律、努力工作的广大工人、农民和青年积极分子开门，使党成为一个伟大的群众性的党。在这里，关门主义倾向是不能容许的。但是在同时，对于奸细混入的警觉性也决不可少。日本帝国主义的特务机关，时刻企图破坏我们的党，时刻企图利用暗藏的汉奸、托派、亲日派、腐化分子、投机分子，装扮积极面目，混入我们的党里来。对于这些分子的警惕和严防，一刻也不应该放松。不可因为怕奸细而把自己的党关起门来，大胆地发展党是我们已经确定了的方针。但是在同时，又不可因为大胆发展而疏忽对于奸细分子和投机分子乘机侵入的警戒。只顾一方面，忘记另一方面，就会犯错误。"大胆发展而又不让一个坏分子侵入"，这才是正确的方针。

坚持统一战线和坚持党的独立性

坚持民族统一战线才能克服困难，战胜敌人，建设新中国，这是毫无疑义的。但是在同时，必须保持加入统一战线中的任何党派在思想上、政治上和组织上的独立性，不论是国民党也好，共产党也好，其他党派也好，都是这样。三民主义[3]中的民权主义，在党派问题上说来，就是容许各党派互相联合，又容许各党派独立存在。如果只谈统一性，否认独立性，就是背弃民权主义，不但我们共产党不能同意，任何党派也是不能同意的。没有问题，统一战线中的独立性，只能是相对的，而不是绝对的；如果认为它是绝对的，就会破坏团结对敌的总方针。但是决不能抹杀这种相对的独立性，无论在思想上也好，在政治上也好，在组织上也好，各党必须有相对的独立性,即是说有相对的自由权。如果被人抹杀或自己抛弃这种相对的自由权,那就也会破坏团结对敌的总方针。这是每个共产党员,同时也是每个友党党员,应该明白的。

　　阶级斗争和民族斗争的关系也是这样。在抗日战争中,一切必须服从抗日的利益,这是确定的原则。因此,阶级斗争的利益必须服从于抗日战争的利益,而不能违反抗日战争的利益。但是阶级和阶级斗争的存在是一个事实;有些人否认这种事实,否认阶级斗争的存在,这是错误的。企图否认阶级斗争存在的理论是完全错误的理论。我们不是否认它,而是调节它。我们提倡的互助互让政策,不但适用于党派关系,也适用于阶级关系。为了团结抗日,应实行一种调节各阶级相互关系的恰当的政策,既不应使劳苦大众毫无政治上和生活上的保证,同时也应顾到富有者的利益,这样去适合团结对敌的要求。只顾一方面,不顾另一方面,都将不利于抗日。

照顾全局,照顾多数及
和同盟者一道工作

　　共产党员在领导群众同敌人作斗争的时候,必须有照顾全局,照顾多数及和同盟者一道工作的观点。共产党员必须懂得以局部需要服从全局需要这一个道理。如果某项意见在局部的情形看来是可行的,而在全局的情形看来是不可行的,就应以局部服从全局。反之也是一样,在局部的情形看来是不可行的,而在全局的情形看来是可行的,也应以局部服从全局。这就是照顾全局的观点。共产党员决不可脱离群众的多数,置多数人的情况于不顾,而率领少数先进队伍单独冒进;必须注意组织先进分子和广大群众之间的密切联系。这就是照顾多数的观点。在一切有愿意和我们合作的民主党派和民主人士存在的地方,共产党员必须采取和他们一道商量问题和一道工作的态度。那种独断专行,把同盟者置之不理的态度,是不对的。一个好的共产党员,必须善于照顾全局,善于照顾多数,并善于和同盟者一道工作。我们过去在这些方面存在着很大的缺点,必须注意改进。

干 部 政 策

中国共产党是在一个几万万人的大民族中领导伟大革命斗争的党,没有多数才德兼备的领导干部,是不能完成其历史任务的。十七年来,我们党已经培养了不少的领导人材,军事、政治、文化、党务、民运各方面,都有了我们的骨干,这是党的光荣,也是全民族的光荣。但是,现有的骨干还不足以支撑斗争的大厦,还须广大地培养人材。在中国人民的伟大的斗争中,已经涌出并正在继续涌出很多的积极分子,我们的责任,就在于组织他们,培养他们,爱护他们,并善于使用他们。政治路线确定之后,干部就是决定的因素[4]。因此,有计划地培养大批的新干部,就是我们的战斗任务。

不但要关心党的干部,还要关心非党的干部。党外存在着很多的人材,共产党不能把他们置之度外。去掉孤傲习气,善于和非党干部共事,真心诚意地帮助他们,用热烈的同志的态度对待他们,把他们的积极性组织到抗日和建国的伟大事业中去，这是每一个共产党员的责任。

必须善于识别干部。不但要看干部的一时一事，而且要看干部的全部历史和全部工作，这是识别干部的主要方法。

必须善于使用干部。领导者的责任，归结起来，主要地是出主意、用干部两件事。一切计划、决议、命令、指示等等，都属于"出主意"一类。使这一切主意见之实行，必须团结干部，推动他们去做，属于"用干部"一类。在这个使用干部的问题上，我们民族历史中从来就有两个对立的路线：一个是"任人唯贤"的路线，一个是"任人唯亲"的路线。前者是正派的路线，后者是不正派的路线。共产党的干部政策，应是以能否坚决地执行党的路线，服从党的纪律，和群众有密切的联系，有独立的工作能力，积极肯干，不谋私利为标准，这就是"任人唯贤"的路线。过去张国焘的干部政策与此相反，实行"任人唯亲"，拉拢私党，组织小派别，结果叛党而去，这是一个大教训。鉴于张国焘的和类似张国焘的历史教训，在干部政策问题上坚持正派的公道的作风，反对不正派的不公道的作风，借以巩固党的统一团结，这是中央和各级领导者的重要的责任。

必须善于爱护干部。爱护的办法是：第一，指导他们。这就是让他们放手工作，使他们敢于负责；同时，又适时地给以指示，使他们能在党的政治路线下发挥其创造性。第二，提高他们。这就是给以学习的机会，教育他们，使他们在理论上在工作能力上提高一步。第三，检查他们的工作，帮助他们总结经验，发扬成绩，纠正错误。有委托而无检查，及至犯了严重的错误，方才加以注意，不是爱护干部的办法。第四，对于犯错误的干部,一般地应采取说服的方法,帮助他们改正错误。只有对犯了严重错误而又不接受指导的人们,才应当采取斗争的方法。在这里,耐心是必要的;轻易地给人们戴上"机会主义"的大帽子,轻易地采用"开展斗争"的方法,是不对的。第五,照顾他们的困难。干部有疾病、生活、家庭等项困难问题者,必须在可能限度内用心给以照顾。这些就是爱护干部的方法。

党　的　纪　律

鉴于张国焘严重地破坏纪律的行为,必须重申党的纪律:(一)个人服从组织;(二)少数服从多数;(三)下级服从上级;(四)全党服从中央。谁破坏了这些纪律,谁就破坏了党的统一。经验证明:有些破坏纪律的人,是由于他们不懂得什么是党的纪律;有些明知故犯的人,例如张国焘,则利用许多党员的无知以售其奸。因此,必须对党员进行有关党的纪律的教育,既使一般党员能遵守纪律,又使一般党员能监督党的领袖人物也一起遵守纪律,避免再发生张国焘事件。为使党内关系走上正轨,除了上述四项最重要的纪律外,还须制定一种较详细的党内法规,以统一各级领导机关的行动。

党　的　民　主

处在伟大斗争面前的中国共产党,要求整个党的领导机关,全党的党员和干部,高度地发挥其积极性,才能取得胜利。

所谓发挥积极性，必须具体地表现在领导机关、干部和党员的创造能力，负责精神，工作的活跃，敢于和善于提出问题、发表意见、批评缺点，以及对于领导机关和领导干部从爱护观点出发的监督作用。没有这些，所谓积极性就是空的。而这些积极性的发挥，有赖于党内生活的民主化。党内缺乏民主生活，发挥积极性的目的就不能达到。大批能干人材的创造，也只有在民主生活中才有可能。由于我们的国家是一个小生产的家长制占优势的国家，又在全国范围内至今还没有民主生活，这种情况反映到我们党内，就产生了民主生活不足的现象。这种现象，妨碍着全党积极性的充分发挥。同时，也就影响到统一战线中、民众运动中民主生活的不足。为此缘故，必须在党内施行有关民主生活的教育，使党员懂得什么是民主生活，什么是民主制和集中制的关系，并如何实行民主集中制。这样才能做到：一方面，确实扩大党内的民主生活；又一方面，不至于走到极端民主化，走到破坏纪律的自由放任主义。

在我们军队中的党组织，也须增加必要的民主生活，以便提高党员的积极性，增强军队的战斗力。但是军队党组织的民主应少于地方党组织的民主。无论在军队或在地方，党内民主都应是为着巩固纪律和增强战斗力，而不是削弱这种纪律和战斗力。

扩大党内民主，应看作是巩固党和发展党的必要的步骤，是使党在伟大斗争中生动活跃，胜任愉快，生长新的力量，突破战争难关的一个重要的武器。

我们的党已经从两条战线
斗争中巩固和壮大起来

十七年来，我们的党，一般地已经学会了使用马克思列宁主义的思想斗争的武器，从两方面反对党内的错误思想，一方面反对右倾机会主义，又一方面反对"左"倾机会主义。

在党的六届五中全会以前[5]，我们党反对了陈独秀的右倾机会主义[6]和李立三同志的"左"倾机会主义[7]。由于这两次党内斗争的胜利，使党获得了伟大的进步。五中全会以后，又有过两次有历史意义的党内斗争，这就是在遵义会议[8]上的斗争和开除张国焘出党的斗争。

遵义会议纠正了在第五次反"围剿"斗争中所犯的"左"倾机会主义性质的严重的原则错误，团结了党和红军，使得党中央和红军主力胜利地完成了长征，转到了抗日的前进阵地，执行了抗日民族统一战线的新政策。由于巴西会议[9]和延安会议[10]（反对张国焘路线的斗争是从巴西会议开始而在延安会议完成的）反对了张国焘的右倾机会主义，使得全部红军会合一起，全党更加团结起来，进行了英勇的抗日斗争。这两种机会主义错误都是在国内革命战争中产生的，它们的特点是在战争中的错误。

这两次党内斗争所得的教训在什么地方呢？在于：（一）由于不认识中国革命战争中的特点而产生的、表现于第五次反"围剿"斗争中的严重的原则错误，包含着不顾主客观条件的"左"的急性病倾向，这种倾向极端地不利于革命战争，同时也不利于任何革命运动。(二)张国焘的机会主义,则是革命战争中的右倾机会主义,其内容是他的退却路线、军阀主义和反党行为的综合。只有克服了它,才使得本质很好而且作了长期英勇斗争的红军第四方面军的广大的干部和党员,从张国焘的机会主义统制之下获得解放,转到中央的正确路线方面来。(三)十年土地革命战争时期的伟大的组织工作,不论是军事建设工作也好,政府工作也好,民众工作也好,党的建设工作也好,是有大的成绩的,没有这种组织工作和前线的英勇战斗相配合,要支持当时的残酷的反对蒋介石的斗争是不可能的。然而在后一个时期内,党的干部政策和组织政策方面,是犯了严重的原则性的错误的,这表现在宗派倾向、惩办主义和思想斗争中的过火政策。这是过去立三路线的残余未能肃清的结果,也是当时政治上的原则错误的结果。这些错误,也因遵义会议得到了纠正,使党转到了正确的干部政策和正确的组织原则方面来了。至于张国焘的组织路线,则是完全离开了共产党的一切原则,破坏了党的纪律,从小组织活动一直发展到反党反中央反国际的行为。中央对于张国焘的罪恶的路线错误和反党行为,曾经尽了一切可能的努力去克服它,并企图挽救张国焘本人。但是到了张国焘不但坚持地不肯改正他的错误,采取了两面派的行为,而且在后来实行叛党,投入国民党的怀抱的时候,党就不得不坚决地开除他的党籍。这一处分,不但获得了全党的拥护,而且获得了一切忠实于民族解放事业的人们的拥护。共产国际也批准了这一处分,并指出:张国焘是一个逃兵和叛徒。

以上这些教训和成功,给了我们今后团结全党,巩固思想上、政治上和组织上的一致,胜利地进行抗日战争的必要的前提。我们的党已经从两条战线斗争中巩固和壮大起来了。

当前的两条战线斗争

在今后的抗日形势中,从政治上反对右的悲观主义,将是头等重要的;但是在同时,反对"左"的急性病,也仍然要注意。在统一战线问题上,在党的组织问题上和在民众的组织问题上,则须继续反对"左"的关门主义倾向,以便实现和各抗日党派的合作,发展共产党和发展民众运动;但是在同时,无条件的合作,无条件的发展,这种右倾机会主义的倾向也要注意反对,否则也就会妨碍合作,妨碍发展,而变为投降主义的合作和无原则的发展了。

两条战线的思想斗争必须切合于具体对象的情况,决不应主观地看问题,决不应使过去那种"乱戴帽子"的坏习惯继续存在。

在反倾向的斗争中,反对两面派的行为,是值得严重地注意的。因为两面派行为的最大的危险性,在于它可能发展到小组织行动;张国焘的历史就是证据。阳奉阴违,口是心非,当面说得好听,背后又在捣鬼,这就是两面派行为的表现。必须提高干部和党员对于两面派行为的注意力,才能巩固党的纪律。

学　　习

一般地说,一切有相当研究能力的共产党员,都要研究马克思、恩格斯、列宁、斯大林的理论,都要研究我们民族的历史,都要研究当前运动的情况和趋势;并经过他们去教育那些文化水准较低的党员。特殊地说,干部应当着重地研究这些,中央委员和高级干部尤其应当加紧研究。指导一个伟大的革命运动的政党,如果没有革命理论,没有历史知识,没有对于实际运动的深刻的了解,要取得胜利是不可能的。

马克思、恩格斯、列宁、斯大林的理论,是"放之四海而皆准"的理论。不应当把他们的理论当作教条看待,而应当看作行动的指南。不应当只是学习马克思列宁主义的词句,而应当把它当成革命的科学来学习。不但应当了解马克思、恩格斯、列宁、斯大林他们研究广泛的真实生活和革命经验所得出的关于一般规律的结论,而且应当学习他们观察问题和解决问题的立场和方法。我们党的马克思列宁主义的修养,现在已较过去有了一些进步,但是还很不普遍,很不深入。我们的任务,是领导一个几万万人口的大民族,进行空前的伟大的斗争。所以,普遍地深入地研究马克思列宁主义的理论的任务,对于我们,是一个亟待解决并须着重地致力才能解决的大问题。我希望从我们这次中央全会之后,来一个全党的学习竞赛,看谁真正地学到了一点东西,看谁学的更多一点,更好一点。在担负主要领导责任的观点上说,如果我们党有一百个至二百个系统地而不是零碎地、实际地而不是空洞地学会了马克思列宁主义的同志,就会大大地提高我们党的战斗力量,并加速我们战胜日本帝国主义的工作。

学习我们的历史遗产,用马克思主义的方法给以批判的总结,是我们学习的另一任务。我们这个民族有数千年的历史,有它的特点,有它的许多珍贵品。对于这些,我们还是小学生。今天的中国是历史的中国的一个发展;我们是马克思主义的历史主义者,我们不应当割断历史。从孔夫子到孙中山,我们应当给以总结,承继这一份珍贵的遗产。这对于指导当前的伟大的运动,是有重要的帮助的。共产党员是国际主义的马克思主义者,但是马克思主义必须和我国的具体特点相结合并通过一定的民族形式才能实现。马克思列宁主义的伟大力量,就在于它是和各个国家具体的革命实践相联系的。对于中国共产党说来,就是要学会把马克思列宁主义的理论应用于中国的具体的环境。成为伟大中华民族的一部分而和这个民族血肉相联的共产党员,离开中国特点来谈马克思主义,只是抽象的空洞的马克思主义。因此,使马克思主义在中国具体化,使之在其每一表现中带着必须有的中国的特性,即是说,按照中国的特点去应用它,成为全党亟待了解并亟须解决的问题。洋八股[11]必须废止,空洞抽象的调头必须少唱,教条主义必须休息,而代之以新鲜活泼的、为中国老百姓所喜闻乐见的中国作风和中国气派。把国际主义的内容和民族形式分离起来,是一点也不懂国际主义的人们的做法,我们则要把二者紧密地结合起来。在这个问题上,我们队伍中存在着的一些严重的错误,是应该认真地克服的。

当前的运动的特点是什么?它有什么规律性?如何指导这个运动?这些都是实际的问题。直到今天,我们还没有懂得日本帝国主义的全部,也还没有懂得中国的全部。运动在发展中,又有新的东西在前头,新东西是层出不穷的。研究这个运动的全面及其发展,是我们要时刻注意的大课题。如果有人拒绝对于这些作认真的过细的研究,那他就不是一个马克思主义者。

学习的敌人是自己的满足,要认真学习一点东西,必须从不自满开始。对自己,"学而不厌",对人家,"诲人不倦",我们应取这种态度。

团　结　和　胜　利

中国共产党内部的团结,是团结全国人民争取抗日胜利和建设新中国的最基本的条件。经过了十七年锻炼的中国共产党,已经学到了如何团结自己的许多方法,已经老练得多了。这样,我们就能在全国人民中形成一个坚强的核心,争取抗日的胜利和建设一个新中国。同志们,只要我们能团结,这个目的就一定能够达到。

注　释

〔1〕见本书第一卷《论反对日本帝国主义的策略》注〔4〕。

〔2〕见本卷《论持久战》注〔9〕。

〔3〕见本书第一卷《湖南农民运动考察报告》注〔8〕。

〔4〕一九三四年一月斯大林《在党的第十七次代表大会上关于联共(布)中央工作的总结报告》中说:"在正确的政治路线提出以后,组织工作就决定一切,其中也决定政治路线本身的命运,即决定它的实现或失败。"斯大林在这里说到了正确挑选人才的问题。一九三五年五月斯大林《在克里姆林宫举行的红军学院学员毕业典礼上的讲话》中,提出和说明了"干部决定一切"的口号。(《斯大林选集》下卷,人民出版社 1979 年版,第 343、371 页)

〔5〕指从一九二七年八月七日中共中央紧急会议到一九三四年一月中共六届五中全会以前这一段时间。

〔6〕见本书第一卷《中国革命战争的战略问题》注〔4〕。

〔7〕见本书第一卷《中国革命战争的战略问题》注〔5〕。

〔8〕见本书第一卷《中国革命战争的战略问题》注〔7〕。

〔9〕巴西会议是一九三五年九月九日由毛泽东、周恩来、张闻天、秦邦宪和王稼祥在巴西（今属四川省若尔盖县）召开的紧急会议。当时，红军一、四方面军正在长征途中，张国焘拒绝执行中央的北上方针，并企图危害中央。毛泽东等在这次会议上决定脱离危险区域，率领一部分红军先行北上。张国焘则率领另一部分被他欺骗的红军从阿坝地区南下天全、芦山等地，另立"中央"，揭出反党分裂的旗帜。

〔10〕延安会议是一九三七年三月在延安召开的中共中央政治局扩大会议。这次会议讨论了当时国内政治形势和党的任务，并着重批评了张国焘的错误。在会议作出的《关于张国焘同志错误的决定》中，对于张国焘的机会主义、军阀主义和反党行为，进行了系统的批判和总结。张国焘本人参加了这次会议，表面上表示接受对他的批判，实际上准备最后叛党。参见本书第一卷《论反对日本帝国主义的策略》注〔24〕。

〔11〕参见本书第三卷《反对党八股》一文中关于洋八股的说明。

统一战线中的独立自主问题 *

（一九三八年十一月五日）

帮助和让步应该是积极的，
不应该是消极的

　　为了长期合作，统一战线中的各党派实行互助互让是必需的，但应该是积极的，不是消极的。我们必须巩固和扩大我党我军，同时也应赞助友党友军的巩固和扩大；人民要求政府满足自己的政治经济要求，同时给政府以一切可能的利于抗日的援助；工人要求厂主改良待遇，同时积极作工以利抗日；地主应该减租减息，同时农民应该交租交息，团结对外。这些都是互助的原则和方针，是积极的方针，不是消极的片面的方针。互让也是如此。彼此不挖墙脚，彼此不在对方党政军内

---

　　* 这是毛泽东在中国共产党第六届中央委员会扩大的第六次全体会议上所作的结论的一部分。结论是在一九三八年十一月五日和六日作的，这一部分是在五日讲的。统一战线中的独立自主问题，是当时毛泽东同陈绍禹在抗日民族统一战线问题上意见分歧的突出问题之一。这在本质上就是统一战线中无产阶级领导权的问题。关于这种意见分歧，毛泽东在一九四七年十二月二十五日的报告《目前形势和我们的任务》中曾作了以下简要的总结："抗日战争时期，我党反对了和这种投降主义思想（编者按：指第一次国内革命战争时期陈独秀的投降主义思想）相类似的思想，即是对于国民党的反人民政策让步，信任国民党超过信

组织秘密支部;在我们方面,就是不在国民党及其政府、军队内组织秘密支部,使国民党安心,利于抗日。"有所不为而后可以有为"[1],正是这种情形。没有红军的改编,红色区域的改制,暴动政策的取消,就不能实现全国的抗日战争。让了前者就得了后者,消极的步骤达到了积极的目的。"为了更好的一跃而后退"[2],正是列宁主义。把让步看作纯消极的东西,不是马克思列宁主义所许可的。纯消极的让步是有过的,那就是第二国际的劳资合作论[3],把一个阶级一个革命都让掉了。中国前有陈独秀[4],后有张国焘[5],都是投降主义者;我们应该大大地反对投降主义。我们的让步、退守、防御或停顿,不论是向同盟者或向敌人,都是当作整个革命政策的一部分看的,是联系于总的革命路线而当作不可缺少的一环看的,是当作曲线运动的一个片断看的。一句话,是积极的。

民族斗争和阶级斗争的一致性

用长期合作支持长期战争,就是说使阶级斗争服从于今天抗日的民族斗争,这是统一战线的根本原则。在此原则下,

任人民群众,不敢放手发动群众斗争,不敢在日本占领地区扩大解放区和扩大人民的军队,将抗日战争的领导权送给国民党。我党对于这样一种软弱无能的腐朽的违背马克思列宁主义原则的思想,进行了坚决的斗争,坚决地执行了'发展进步势力,争取中间势力,孤立顽固势力'的政治路线,坚决地扩大了解放区和人民解放军。这样,就不但保证了我党在日本帝国主义侵略时期能够战胜日本帝国主义,而且保证了我党在日本投降以后蒋介石举行反革命战争时期,能够顺利地不受损失地转变到用人民革命战争反对蒋介石反革命战争的轨道上,并在短时期内取得了伟大的胜利。这些历史教训,全党同志都要牢记。"

保存党派和阶级的独立性,保存统一战线中的独立自主;不是因合作和统一而牺牲党派和阶级的必要权利,而是相反,坚持党派和阶级的一定限度的权利;这才有利于合作,也才有所谓合作。否则就是将合作变成了混一,必然牺牲统一战线。在民族斗争中,阶级斗争是以民族斗争的形式出现的,这种形式,表现了两者的一致性。一方面,阶级的政治经济要求在一定的历史时期内以不破裂合作为条件;又一方面,一切阶级斗争的要求都应以民族斗争的需要(为着抗日)为出发点。这样便把统一战线中的统一性和独立性、民族斗争和阶级斗争,一致起来了。

"一切经过统一战线"是不对的

　　国民党是当权的党,它至今不许有统一战线的组织形式。刘少奇同志说的很对,如果所谓"一切经过"就是经过蒋介石和阎锡山,那只是片面的服从,无所谓"经过统一战线"。在敌后,只有根据国民党已经许可的东西(例如《抗战建国纲领》[6]),独立自主地去做,无法"一切经过"。或者估计国民党可能许可的,先斩后奏。例如设置行政专员,派兵去山东之类,先"经过"则行不通。听说法国共产党曾经提出过这个口号,那大概是因为法国有了各党的共同委员会,而对于共同决定的纲领,社会党方面不愿照做,依然干他们自己的,故共产党有提此口号以限制社会党之必要,并不是提此口号以束缚自己。中国的情形是国民党剥夺各党派的平等权利,企图指挥各党听它一党的命令。我们提这个口号,如果是要求国民党"一切"都要"经过"我们同意,是做不到的,滑稽的。如果想把我们所要做的"一切"均事先取得国民党同意,那末,它不同意怎么办? 国民党的方针是限制我们发展,我们提出这个口号,只是自己把自己的手脚束缚起来,是完全不应该的。在现时,有些应该先得国民党同意,例如将三个师的番号扩编为三个军的番号,这叫做先奏后斩。有些则造成既成事实再告诉它,例如发展二十余万军队,这叫做先斩后奏。有些则暂时斩而不奏,估计它现时不会同意,例如召集边区议会之类。有些则暂时不斩不奏,例如那些如果做了就要妨碍大局的事情。总之,我们一定不要破裂统一战线,但又决不可自己束缚自己的手脚,因此不应提出"一切经过统一战线"的口号。"一切服从统一战线",如果解释为"一切服从"蒋介石和阎锡山,那也是错误的。我们的方针是统一战线中的独立自主,既统一,又独立。

注　　释

〔1〕见《孟子·离娄下》。原文是:"人有不为也,而后可以有为。"

〔2〕见列宁《黑格尔〈哲学史讲演录〉一书摘要》(《列宁全集》第 55 卷,人民出版社 1990 年版,第 239 页)。

〔3〕"劳资合作论",是第二国际主张在资本主义国家内,无产阶级与资产阶级合作,反对用革命手段推翻资产阶级统治以建立无产阶级专政的一种反动理论。

〔4〕见本书第一卷《中国革命战争的战略问题》注〔4〕。

〔5〕见本书第一卷《论反对日本帝国主义的策略》注〔24〕。

〔6〕见本卷《陕甘宁边区政府、第八路军后方留守处布告》注〔3〕。

战争和战略问题*

（一九三八年十一月六日）

一　中国的特点和革命战争

革命的中心任务和最高形式是武装夺取政权，是战争解决问题。这个马克思列宁主义的革命原则是普遍地对的，不论在中国在外国，一概都是对的。

但是在同一个原则下，就无产阶级政党在各种条件下执行这个原则的表现说来，则基于条件的不同而不一致。在资本主义各国，在没有法西斯和没有战争的时期内，那里的条件是国家内部没有了封建制度，有的是资产阶级的民主制度；外

---

* 这是毛泽东在中国共产党第六届中央委员会扩大的第六次全体会议上所作的结论的一部分。结论是在一九三八年十一月五日和六日作的，这一部分是六日讲的。毛泽东在《抗日游击战争的战略问题》和《论持久战》两文中，已经解决了党领导抗日战争的问题。犯右倾机会主义错误的同志否认统一战线中的独立自主，因此对于党在战争和战略问题上的方针，也采取了怀疑和反对的态度。为着克服党内这种右倾机会主义，而使全党更明确地了解战争和战略问题在中国革命问题上的首要地位，并动员全党认真地从事这项工作，毛泽东在六届六中全会上又从中国政治斗争的历史方面着重地说明这个问题，同时说明我们的军事工作的发展和战略方针的具体变化的过程，从而取得了全党在领导思想上和工作上的一致。

部没有民族压迫,有的是自己民族压迫别的民族。基于这些特点,资本主义各国的无产阶级政党的任务,在于经过长期的合法斗争,教育工人,生息力量,准备最后地推翻资本主义。在那里,是长期的合法斗争,是利用议会讲坛,是经济的和政治的罢工,是组织工会和教育工人。那里的组织形式是合法的,斗争形式是不流血的(非战争的)。在战争问题上,那里的共产党是反对自己国家的帝国主义战争;如果这种战争发生了,党的政策是使本国反动政府败北。自己所要的战争只是准备中的国内战争[1]。但是这种战争,不到资产阶级处于真正无能之时,不到无产阶级的大多数有了武装起义和进行战争的决心之时,不到农民群众已经自愿援助无产阶级之时,起义和战争是不应该举行的。到了起义和战争的时候,又是首先占领城市,然后进攻乡村,而不是与此相反。所有这些,都是资本主义国家的共产党所曾经这样做,而在俄国的十月革命中证实了的。

中国则不同。中国的特点是:不是一个独立的民主的国家,而是一个半殖民地的半封建的国家;在内部没有民主制度,而受封建制度压迫;在外部没有民族独立,而受帝国主义压迫。因此,无议会可以利用,无组织工人举行罢工的合法权利。在这里,共产党的任务,基本地不是经过长期合法斗争以进入起义和战争,也不是先占城市后取乡村,而是走相反的道路。

对于中国共产党,在帝国主义没有武装进攻的时候,或者是和资产阶级一道,进行反对军阀(帝国主义的走狗)的国内战争,例如一九二四年至一九二七年的广东战争[2]和北伐战争;或者是联合农民和城市小资产阶级,进行反对地主阶级和买办资产阶级(同样是帝国主义的走狗)的国内战争,例如一九二七年至一九三六年的土地革命战争。在帝国主义举行武装进攻的时候,则是联合国内一切反对外国侵略者的阶级和阶层,进行对外的民族战争,例如现在的抗日战争。

所有这些,表示了中国和资本主义国家的不同。在中国,主要的斗争形式是战争,而主要的组织形式是军队。其他一切,例如民众的组织和民众的斗争等等,都是非常重要的,都是一定不可少,一定不可忽视,但都是为着战争的。在战争爆发以前的一切组织和斗争,是为了准备战争的,例如五四运动(一九一九年)至五卅运动(一九二五年)那一时期。在战争爆发以后的一切组织和斗争,则是直接或间接地配合战争的,例如北伐战争时期,革命军后方的一切组织和斗争是直接地配合战争的,北洋军阀统治区域内的一切组织和斗争是间接地配合战争的。又如土地革命战争时期,红色区域内部的一切组织和斗争是直接地配合战争的,红色区域外部的一切组织和斗争是间接地配合战争的。再如现在抗日战争时期,抗日军后方的和敌军占领地的一切组织和斗争,也同样是直接或间接地配合战争的。

"在中国,是武装的革命反对武装的反革命。这是中国革命的特点之一,也是中国革命的优点之一。"[3]斯大林同志的这一论断是完全正确的;无论是对于北伐战争说来,对于土地革命战争说来,对于今天的抗日战争说来,都是正确的。这些战争都是革命战争,战争所反对的对象都是反革命,参加战争的主要成分都是革命的人民;不同的只在或者是国内战争,或者是民族战争;或者是共产党单独进行的战争,或者是国共两党联合进行的战争。当然,这些区别是重要的。这些表示了战争主体有广狭的区别(工农联合,或工农资产阶级联合),战争对象有内外的区别(反对国内敌人,或反对国外敌人;国内敌人又分北洋军阀或国民党),表示了中国革命战争在其历史进程的各个时期中有不相同的内容。然而都是武装的革命反对武装的反革命,都是革命战争,都表示了中国革命的特点和优点。革命战争"是中国革命的特点之一,也是中国革命的优点之一",这一论断,完全适合于中国的情况。中国无产阶级政党的主要的和差不多开始就面对着的任务,是联合尽可能多的同盟军,组织武装斗争,依照情况,反对内部的或外部的武装的反革命,为争取民族的和社会的解放而斗争。在中国,离开了武装斗争,就没有无产阶级和共产党的地位,就不能完成任何的革命任务。

在这一点上,我们党从一九二一年成立直至一九二六年参加北伐战争的五六年内,是认识不足的。那时不懂得武装斗争在中国的极端的重要性,不去认真地准备战争和组织军队,不去注重军事的战略和战术的研究。在北伐过程中,忽视了军队的争取,片面地着重于民众运动,其结果,国民党一旦反动,一切民众运动都塌台了。一九二七年以后的一个长时期中,许多同志把党的中心任务仍旧放在准备城市起义和白区工作方面[4]。一些同志在这个问题上的根本的转变,是在一九三一年反对敌人的第三次"围剿"胜利之后。但也还没有全党的转变,有些同志仍旧没有如同现在我们这样想。

经验告诉我们,中国的问题离开武装就不能解决。认识这一点,对于今后进行胜利的抗日战争是有利益的。抗日战争中全民武装反抗的具体事实,将教育全党进一步地认识这个问题的重要性,每个党员都要时刻准备武装上前线。我们这次会议又决定党的主要工作方面是在战区和敌后,更给了一个明确的方针。这对于有些党员愿作党的组织工作,愿作民众运动的工作,而不愿研究战争和参加战争,有些学校没有注意鼓励学生上前线,等等现象,还是一剂对症的良药。大部分中国领土内党的组织工作和民众运动工作是直接联系于武装斗争的,没有也不能有单独的孤立的党的工作或民众运动。一部分距离战区较远的后方(如云南、贵州、四川)和一部分敌人控制的地区(如北平、天津、南京、上海),党的组织工作和民众运动也是配合战争的,只能也只应服从前线的要求。一句话,全党都要注重战争,学习军事,准备打仗。

二　中国国民党的战争史

我们来看一看国民党的历史,看一看它是如何地注意于战争,是有益处的。

从孙中山组织革命的小团体起,他就进行了几次反清的武装起义[5]。到了同盟会时期,更充满了武装起义的事迹[6],直至辛亥革命[7],武装推翻了清朝。中华革命党时期,进行了武装的反袁运动[8]。后来的海军南下[9],桂林北伐[10]和创设黄埔[11],都是孙中山的战争事业。

蒋介石代替孙中山,创造了国民党的全盛的军事时代。他看军队如生命,经历了北伐、内战和抗日三个时期。过去十

年的蒋介石是反革命的。为了反革命,他创造了一个庞大的
"中央军"。有军则有权,战争解决一切,这个基点,他是抓得
很紧的。对于这点,我们应向他学习。在这点上,孙中山和蒋
介石都是我们的先生。

辛亥革命后,一切军阀,都爱兵如命,他们都看重了"有军
则有权"的原则。

谭延闿[12]是一个聪明的官僚,他在湖南几起几覆,从来
不做寡头省长,要做督军兼省长。他后来做了广东和武汉的
国民政府主席,还是兼了第二军军长。中国有很多这样的军
阀,他们都懂得中国的特点。

中国也有些不要军队的政党,其中主要的一个是进步
党[13],但是它也懂得必须靠一个军阀才有官做。袁世凯[14]、
段祺瑞[15]、蒋介石(附蒋的是进步党之一部转变而成的政学
系[16])就成了它的靠山。

历史不长的几个小党,如青年党[17]等,没有军队,因此就
闹不出什么名堂来。

外国的资产阶级政党不需要各自直接管领一部分军队。
中国则不同,由于封建的分割,地主或资产阶级的集团或政
党,谁有枪谁就有势,谁枪多谁就势大。处在这样环境中的无
产阶级政党,应该看清问题的中心。

共产党员不争个人的兵权(决不能争,再也不要学张国
焘),但要争党的兵权,要争人民的兵权。现在是民族抗战,还
要争民族的兵权。在兵权问题上患幼稚病,必定得不到一点
东西。劳动人民几千年来上了反动统治阶级的欺骗和恐吓的
老当,很不容易觉悟到自己掌握枪杆子的重要性。日本帝国

主义的压迫和全民抗战,把劳动人民推上了战争的舞台,共产党员应该成为这个战争的最自觉的领导者。每个共产党员都应懂得这个真理:"枪杆子里面出政权"。我们的原则是党指挥枪,而决不容许枪指挥党。但是有了枪确实又可以造党,八路军在华北就造了一个大党。还可以造干部,造学校,造文化,造民众运动。延安的一切就是枪杆子造出来的。枪杆子里面出一切东西。从马克思主义关于国家学说的观点看来,军队是国家政权的主要成分。谁想夺取国家政权,并想保持它,谁就应有强大的军队。有人笑我们是"战争万能论",对,我们是革命战争万能论者,这不是坏的,是好的,是马克思主义的。俄国共产党的枪杆子造了一个社会主义。我们要造一个民主共和国。帝国主义时代的阶级斗争的经验告诉我们:工人阶级和劳动群众,只有用枪杆子的力量才能战胜武装的资产阶级和地主;在这个意义上,我们可以说,整个世界只有用枪杆子才可能改造。我们是战争消灭论者,我们是不要战争的;但是只能经过战争去消灭战争,不要枪杆子必须拿起枪杆子。

三　中国共产党的战争史

我们党虽然在一九二一年(中国共产党成立)至一九二四年(国民党第一次全国代表大会)的三四年中,不懂得直接准备战争和组织军队的重要性;一九二四年至一九二七年,乃至在其以后的一个时期,对此也还认识不足;但是从一九二四年参加黄埔军事学校开始,已进到了新的阶段,开始懂得军事的重要了。经过援助国民党的广东战争和北伐战争,党已掌握了一部分军队[18]。革命失败,得了惨痛的教训,于是有了南昌起义[19]、秋收起义[20]和广州起义[21],进入了创造红军的新时期。这个时期是我们党彻底地认识军队的重要性的极端紧要的时期。没有这一时期的红军及其所进行的战争,即是说,假如共产党采取了陈独秀的取消主义的话,今天的抗日战争及其长期支持是不能设想的。

　　一九二七年八月七日党中央的紧急会议[22]反对了政治上的右倾机会主义,使党大进了一步。一九三一年一月的六届四中全会[23],在名义上反对政治上的"左"倾机会主义,在实际上重新犯了"左"倾机会主义的错误。这两个会议的内容和历史作用是不一样的,但是这两个会议都没有着重地涉及战争和战略的问题,这是当时党的工作重心还没有放在战争上面的反映。一九三三年党的中央迁至红色区域以后,情形有了根本的改变,但对于战争问题(以及一切主要问题),又犯了原则性的错误,致使革命战争遭受了严重的损失[24]。一九三五年的遵义会议,则主要地是反对战争中的机会主义,把战争问题放在第一位,这是战争环境的反映。到今天为止,我们可以自信地说,中国共产党在十七年的斗争中,不但锻炼出来了一条坚强的马克思主义的政治路线,而且锻炼出来了一条坚强的马克思主义的军事路线。我们不但会运用马克思主义去解决政治问题,而且会运用马克思主义去解决战争问题;不但造就了一大批会治党会治国的有力的骨干,而且造就了一大批会治军的有力的骨干。这是无数先烈的热血浇灌出来的革命的鲜花,不但是中国共产党和中国人民的光荣,而且是世界共产党和世界人民的光荣。在世界范围内,还只有苏联、中国、西班牙三国共产党所领导的三个军队,是属于无产阶级和劳动人民方面的,其他各国的党都还没有军事经验,所以我们的军队和军事经验特别值得宝贵。

　　为了胜利地进行今天的抗日战争,扩大和巩固八路军、新四军和一切我党所领导的游击队,是非常重要的。在此原则下,党应派遣最好的和足够数量的党员和干部上前线。一切为了前线的胜利,组织任务须服从于政治任务。

四　国内战争和民族战争中党的军事战略的转变

　　我们党的军事战略的变化问题,值得给以研究。分为国内战争和民族战争两个过程来说。

　　国内战争的过程,大体上可以分为前后两个战略时期。在前期,主要的是游击战争;在后期,主要的是正规战争。但所谓正规战争是中国型的,只表现在集中兵力打运动战和指挥上、组织上的某种程度的集中性和计划性方面,其他则仍是游击性的,低级的,不能和外国军队一概而论,也和国民党的军队有些不同。因此,这种正规战,在某种意义上,是提高了的游击战。

　　在抗日战争的过程中,就我党的军事任务说来,也将大体上分为两个战略时期。在前期(包括战略防御和战略相持两个阶段),主要的是游击战争;在后期(战略反攻阶段),主要的将是正规战争。但抗日战争前期的游击战争,和国内战争前期的游击战争有许多不同的内容,因为是用正规性(某种程度上)的八路军去分散执行游击任务；抗日战争后期的正规战争也将不同于国内战争后期的正规战争，这是设想在装备了新式武器之后，军队和作战将要起一个大的变革而说的。这时的军队将获得高度的集中性和组织性，作战将获得高度的正规性，大大减少其游击性，低级的将变到高级的，中国型的将变到世界型的。这将是战略反攻阶段中的事业。

由此看来，国内战争和抗日战争两个过程和四个战略时期之间，共存在着三个战略的转变。第一个，国内游击战争和国内正规战争之间的转变。第二个，国内正规战争和抗日游击战争之间的转变。第三个，抗日游击战争和抗日正规战争之间的转变。

三个转变中，第一个转变曾经遇到很大的困难。这里有两方面的任务。一方面，要反对沉溺于游击性而不愿向正规性转变的右的地方主义和游击主义的倾向，这是由于干部对已经变化的敌情和任务估计不足而发生的。这一方面，拿中央红色区域来说，曾经作了艰苦的教育工作，才使之逐渐地转变过来。又一方面，则要反对过分地重视正规化的"左"的集中主义和冒险主义的倾向，这是由于一部分领导干部对敌情和任务估计过分，并且不看实情，机械地搬用外国经验而发生的。这一方面，在中央红色区域，曾经在三年的长时间内（遵义会议以前），付出了极大的牺牲，然后才从血的教训中纠正过来。这种纠正是遵义会议的成绩[25]。

第二个转变是处于两个不同的战争过程之间的，这是一九三七年秋季（卢沟桥事变后）的事情。这时，敌人是新的，即日本帝国主义，友军是过去的敌人国民党（它对我们仍然怀着敌意),战场是地域广大的华北(暂时的我军正面,但不久就会变为长期的敌人后方)。我们的战略转变,是在这些特殊情况之下进行的一个极其严重的转变。在这些特殊的情况下,必须把过去的正规军和运动战,转变成为游击军(说的是分散使用,不是说的组织性和纪律性)和游击战,才能同敌情和任务相符合。但是这样的一个转变,便在现象上表现为一个倒退的转变,因此这个转变应该是非常困难的。这时可能发生的,一方面是轻敌倾向,又一方面是恐日病,这些在国民党中都是发生了的。国民党当它从国内战争的战场向民族战争的战场转变时,主要由于轻敌,同时也存在着一种恐日病(以韩复榘、刘峙[26]为代表),而遭受了很多不应有的损失。然而我们却相当顺利地执行了这个转变,不但未遭挫败,反而大大地胜利了。这是由于广大的干部适时地接受了中央的正确指导和灵活地观察情况而获得的,虽然曾经在中央和一部分军事干部之间发生过严重的争论。这一转变关系于整个抗日战争的坚持、发展和胜利,关系于中国共产党的前途非常之大,只要想一想抗日游击战争在中国民族解放命运上的历史意义,就会知道的。中国的抗日游击战争,就其特殊的广大性和长期性说来,不但在东方是空前的,在整个人类历史上也可能是空前的。

至于由抗日游击战争到抗日正规战争的第三个转变,则属于战争发展的将来,估计那时又将发生新的情况和新的困难,现在可以不去说它。

五　抗日游击战争的战略地位

在抗日战争的全体上说来，正规战争是主要的，游击战争是辅助的，因为抗日战争的最后命运，只有正规战争才能解决。就全国来说，在抗日战争全过程的三个战略阶段（防御、相持、反攻）中，首尾两阶段，都是正规战争为主，辅之以游击战争。中间阶段，由于敌人保守占领地、我虽准备反攻但尚不能实行反攻的情况，游击战争将表现为主要形态，而辅之以正规战；但这在全战争中只是三个阶段中的一个阶段，虽然其时间可能最长。故在全体上说来，正规战争是主要的，游击战争是辅助的。不认识这一情况，不懂得正规战争是解决战争最后命运的关键，不注意正规军的建设和正规战的研究和指导，就不能战胜日本。这是一方面。

但游击战争是在全战争中占着一个重要的战略地位的。没有游击战争，忽视游击队和游击军的建设，忽视游击战的研究和指导，也将不能战胜日本。原因是大半个中国将变为敌人的后方，如果没有最广大的和最坚持的游击战争，而使敌人安稳坐占，毫无后顾之忧，则我正面主力损伤必大，敌之进攻必更猖狂，相持局面难以出现，继续抗战可能动摇，即若不然，则我反攻力量准备不足，反攻之时没有呼应，敌之消耗可能取得补偿等等不利情况，也都要发生。假如这些情况出现，而不及时地发展广大的和坚持的游击战争去克服它，要战胜日本也是不可能的。因此，游击战争虽在战争全体上居于辅助地位，但实占据着极其重要的战略地位。抗日而忽视游击战争，无疑是非常错误的。这是又一方面。

游击战争的可能,只要具备大国这个条件就存在的,因此古代也有游击战争。但是游击战争的坚持,却只有在共产党领导之下才能出现。故古代的游击战争大都是失败的游击战争,只有现代有了共产党的大国,如像内战时期的苏联和中国这样的国家,才有胜利的游击战争。在战争问题上,抗日战争中国共两党的分工,就目前和一般的条件说来,国民党担任正面的正规战,共产党担任敌后的游击战,是必须的,恰当的,是互相需要、互相配合、互相协助的。

由此可以懂得,我们党的军事战略方针,由国内战争后期的正规战争转变为抗日战争前期的游击战争,是何等重要和必要的了。综合其利,有如下十八项:(一)缩小敌军的占领地;(二)扩大我军的根据地;(三)防御阶段,配合正面作战,拖住敌人;(四)相持阶段,坚持敌后根据地,利于正面整军;(五)反攻阶段,配合正面,恢复失地;(六)最迅速最有效地扩大军队;(七)最普遍地发展共产党,每个农村都可组织支部;(八)最普遍地发展民众运动,全体敌后人民,除了敌人的据点以外,都可组织起来;(九)最普遍地建立抗日的民主政权;(十)最普遍地发展抗日的文化教育;(十一)最普遍地改善人民的生活;(十二)最便利于瓦解敌人的军队;(十三)最普遍最持久地影响全国的人心,振奋全国的士气;(十四)最普遍地推动友军友党进步;(十五)适合敌强我弱条件,使自己少受损失,多打胜仗;(十六)适合敌小我大的条件,使敌人多受损失,少打胜仗;(十七)最迅速最有效地创造出大批的领导干部;(十八)最便利于解决给养问题。

在长期奋斗中,游击队和游击战争应不停止于原来的地位,而向高级阶段发展,逐渐地变为正规军和正规战争,这也是没有疑义的。我们将经过游击战争,积蓄力量,把自己造成为粉碎日本帝国主义的决定因素之一。

六　注意研究军事问题

两军敌对的一切问题依靠战争去解决,中国的存亡系于战争的胜负。因此,研究军事的理论,研究战略和战术,研究军队政治工作,不可或缓。战术的研究虽然不足,但十年来从事军事工作的同志们已有很多的成绩,已有很多根据中国条件而提出的新东西,缺点在于没有总结起来。战略问题和战争理论问题的研究,至今还只限于极少数人的工作。政治工作的研究有第一等的成绩,其经验之丰富,新创设之多而且好,全世界除了苏联就要算我们了,但缺点在于综合性和系统性的不足。为了全党和全国的需要,军事知识的通俗化,成为迫切的任务。所有这些,今后都应该注意,而战争和战略的理论则是一切的骨干。从军事理论的研究,引起兴趣,唤起全党注意于军事问题的研究,我认为是必要的。

注　释

〔1〕参见列宁《战争和俄国社会民主党》、《俄国社会民主工党国外支部代表会议》、《关于自己的政府在帝国主义战争中的失败》(《列宁全集》第26卷,人民出版社1988年版,第12—19、163—169、297—303页)和《俄国的战败和革命危机》(《列宁全集》第27卷,人民出版社1990年版,第31—35页)。列宁这些著作是在一九一四年至一九一五年间针对着当时的帝国主义战争而写的。并参见《联共

（布）党史简明教程》第六章第三节《布尔什维克党在战争、和平与革命问题上的理论和策略》（人民出版社 1975 年版，第 185—192 页）。

〔2〕指第一次国内革命战争时期国共合作的革命军讨伐广东境内军阀买办势力的革命战争。一九二四年十月，革命军歼灭了勾结英帝国主义在广州发动叛乱的买办豪绅武装——"商团"。一九二五年二月至三月，革命军从广州东征，打败了盘据东江的军阀陈炯明部队的主力。六月，回师消灭了盘据广州的滇桂军阀杨希闵、刘震寰的部队。十月至十一月，举行第二次东征，最后消灭了陈炯明的军队。同时，革命军分兵南征，讨伐盘据广东西南部的军阀邓本殷。在上述这些战役中，中国共产党党员和共产主义青年团团员都英勇地站在战斗的前列，并且发动广大工农群众热烈地支援革命军。这些战役的胜利造成了当时广东统一的局面，为北伐战争建立了后方基地。

〔3〕见斯大林《论中国革命的前途》（《斯大林选集》上卷，人民出版社 1979 年版，第 487 页）。

〔4〕参见本书第三卷《学习和时局》一文的附录《关于若干历史问题的决议》第四部分。

〔5〕一八九四年，孙中山在美国檀香山组织了一个资产阶级性质的革命小团体，叫做兴中会。一八九五年清朝政府在中日战争中失败以后，孙中山依靠兴中会联络民间秘密团体会党的力量，在广东组织过两次反对清朝统治的武装起义，即一八九五年的广州之役和一九〇〇年的惠州之役。

〔6〕一九〇五年，兴中会同其他的反清团体华兴会等在日本东京联合组成中国资产阶级革命团体同盟会，采用了孙中山提出的"驱除鞑虏，恢复中华，创立民国，平均地权"的资产阶级革命的政纲。在同盟会的领导与影响下，革命党人联合会党、新军发动了多次武装起义，其中主要的是：一九〇六年的萍乡浏阳醴陵之役，一九〇七年的潮州黄冈之役、惠州之役、钦（州）廉（州）之役和镇南关（今广西友谊关）之役，一九〇八年钦（州）廉（州）上思之役和云南河口之役，一九一〇年的广州之役，一九一一年的广州之役和武昌起义。

〔7〕见本书第一卷《湖南农民运动考察报告》注〔3〕。

〔8〕一九一二年，同盟会改组为国民党，同当时北洋军阀袁世凯的统治实行妥协。一九一三年，袁世凯派军队南下，企图消灭在江西、安徽、广东等省的国民党势力，孙中山曾经发动武装的反抗，但是不久就失败了。一九一四年，孙中山鉴于对袁世凯妥协的失策，在日本东京另行组织中华革命党，以表示同当时的国民党相区别。中华革命党是资产阶级革命政党，它积极开展武装的反袁运动，主要的有：一九一四年湖南郴县、桂阳等地的起义，广东惠州、顺德等地的起义和一九一五年上海肇和军舰的起义。一九一五年十二月袁世凯称帝，蔡锷等反袁势力在

云南发动讨袁战争。孙中山是当时武装反袁的积极鼓吹者和活动者,他领导的中华革命党人又在广东、山东等地发动了反袁的武装起义。

〔9〕一九一七年孙中山和在他影响下的海军由上海到广州,以广东为根据地,联合当时反对北洋军阀段祺瑞的西南军阀,组织反段的军政府。

〔10〕一九二一年,孙中山在广西桂林进行北伐的准备工作。一九二二年移驻广东韶关,正式出师北伐。由于部下陈炯明勾结北洋军阀举行叛变,这次北伐没有取得成果。

〔11〕一九二四年,孙中山在中国共产党和苏联的帮助下,在广州东郊的黄埔建立陆军军官学校,一九二六年改组为中央军事政治学校,通称黄埔军校。在一九二七年蒋介石背叛革命以前,这是一所国共合作的革命军校。孙中山兼任军校总理,廖仲恺任校党代表,蒋介石任校长。中国共产党人周恩来、恽代英、萧楚女、熊雄、聂荣臻以及其他同志,曾经先后在这个学校担任政治工作和其他工作,以革命精神为当时的革命军队培养了大批骨干,其中包括不少的共产党员和共产主义青年团员。

〔12〕谭延闿(一八八〇——一九三〇),湖南茶陵人,清末翰林。原主张君主立宪,后附和辛亥革命。他在一九一二年参加国民党的阵营,反映了湖南地方势力同北洋军阀之间的矛盾。在一九一一年至一九二〇年期间,他先后当过湖南省的都督、省长兼署督军,督军,省长兼湘军总司令等职。

〔13〕进步党是一九一三年梁启超、汤化龙等组织的政党,当时它在政治上依附当权的袁世凯,曾经组织过内阁。一九一六年,进步党演变为"研究系",又依附当权的段祺瑞,在一九一七年参加了段祺瑞组织的内阁。

〔14〕见本书第一卷《论反对日本帝国主义的策略》注〔1〕。

〔15〕段祺瑞(一八六五——一九三六),安徽合肥人,北洋军阀皖系首领。他是袁世凯的老部下,在袁世凯死后曾经几度把持北洋军阀的中央政权。

〔16〕政学系原是对一九一六年由一部分国民党右翼分子及进步党分子组成的官僚政客集团——政学会的通称。在北洋军阀统治时期,它勾结南北军阀,反对孙中山。一九二七年南京国民党政府成立前后,该系一部分成员先后投靠蒋介石,帮助蒋介石建立和维持反革命统治,又成为国民党内的派系之一,其主要成员有黄郛、杨永泰、张群、熊式辉等。

〔17〕青年党,即"国家主义派"的中国青年党。见本书第一卷《中国社会各阶级的分析》注〔1〕。

〔18〕这里主要是指以共产党员叶挺为首的独立团(见本书第一卷《井冈山的斗争》注〔18〕),以贺龙为首的第二十军,朱德领导的第三军军官教育团,中央军事政治学校武汉分校。

〔19〕见本书第一卷《中国革命战争的战略问题》注〔37〕。

〔20〕见本书第一卷《中国革命战争的战略问题》注〔39〕。

〔21〕参见本书第一卷《中国的红色政权为什么能够存在?》注〔8〕。

〔22〕指中共中央在汉口召开的紧急会议。这次会议总结了第一次国内革命战争失败的经验教训,结束了陈独秀右倾投降主义在中央的统治,确定了土地革命和武装反抗国民党反动派统治的总方针,并把发动农民举行秋收起义作为当时党的最主要的任务。

〔23〕指一九三一年一月七日在上海召开的中国共产党第六届中央委员会第四次全体会议。陈绍禹等人在共产国际及其代表米夫的支持下,通过这次会议取得了在中共中央的领导地位,开始了长达四年之久的"左"倾冒险主义在党内的统治。

〔24〕参见本书第一卷《中国革命战争的战略问题》和本书第三卷《学习和时局》一文的附录《关于若干历史问题的决议》第四部分。

〔25〕参见本书第三卷《学习和时局》一文的附录《关于若干历史问题的决议》第三部分。

〔26〕韩复榘,原来是长期统治山东的国民党军阀,抗日战争爆发后任第五战区副司令长官、第三集团军总司令。刘峙,蒋介石的嫡系,原来在河南,抗日战争爆发后任第一战区副司令长官、第二集团军总司令,负责防御河北省境内平汉铁路沿线地区。这两人在日本侵略军进攻的时候都不战而逃。韩复榘于一九三八年一月被蒋介石以失地误国罪处死。

五　四　运　动[*]

（一九三九年五月一日）

二十年前的五四运动[1]，表现中国反帝反封建的资产阶级民主革命已经发展到了一个新阶段。五四运动的成为文化革新运动，不过是中国反帝反封建的资产阶级民主革命的一种表现形式。由于那个时期新的社会力量的生长和发展，使中国反帝反封建的资产阶级民主革命出现一个壮大了的阵营，这就是中国的工人阶级、学生群众和新兴的民族资产阶级所组成的阵营。而在"五四"时期，英勇地出现于运动先头的则有数十万的学生。这是五四运动比较辛亥革命进了一步的地方。

中国资产阶级民主革命的过程，如果要从它的准备时期说起的话，那它就已经过了鸦片战争[2]、太平天国战争[3]、甲午中日战争[4]、戊戌维新[5]、义和团运动[6]、辛亥革命[7]、五四运动、北伐战争、土地革命战争等好几个发展阶段。今天的抗日战争是其发展的又一个新的阶段，也是最伟大、最生动、最活跃的一个阶段。直至国外帝国主义势力和国内封建势力基本上被推翻而建立独立的民主国家之时，才算资产阶级民

---

[*]　这是毛泽东为延安出版的中共中央机关报《解放》写的纪念五四运动二十周年的文章。

主革命的成功。从鸦片战争以来,各个革命发展阶段各有若干特点。其中最重要的区别就在于共产党出现以前及其以后。然而就其全体看来,无一不是带了资产阶级民主革命的性质。这种民主革命是为了建立一个在中国历史上所没有过的社会制度,即民主主义的社会制度,这个社会的前身是封建主义的社会(近百年来成为半殖民地半封建的社会),它的后身是社会主义的社会。若问一个共产主义者为什么要首先为了实现资产阶级民主主义的社会制度而斗争,然后再去实现社会主义的社会制度,那答复是:走历史必由之路。

中国民主革命的完成依靠一定的社会势力。这种社会势力是:工人阶级、农民阶级、知识分子和进步的资产阶级,就是革命的工、农、兵、学、商,而其根本的革命力量是工农,革命的领导阶级是工人阶级。如果离开了这种根本的革命力量,离开了工人阶级的领导,要完成反帝反封建的民主革命是不可能的。在今天,革命的根本敌人是日本帝国主义和汉奸,革命的根本政策是抗日民族统一战线,这个统一战线的组织成分是一切抗日的工、农、兵、学、商。抗日战争最后胜利的取得,将是在工、农、兵、学、商的统一战线大大地巩固和发展的时候。

在中国的民主革命运动中,知识分子是首先觉悟的成分。辛亥革命和五四运动都明显地表现了这一点,而五四运动时期的知识分子则比辛亥革命时期的知识分子更广大和更觉悟。然而知识分子如果不和工农民众相结合,则将一事无成。革命的或不革命的或反革命的知识分子的最后的分界,看其是否愿意并且实行和工农民众相结合。他们的最后分界仅仅在这一点，而不在乎口讲什么三民主义或马克思主义。真正的革命者必定是愿意并且实行和工农民众相结合的。

五四运动到现在已有了二十个周年，抗日战争也快到两周年了。全国的青年和文化界对于民主革命和抗日战争负有大的责任。我希望他们认识中国革命的性质和动力，把自己的工作和工农民众结合起来，到工农民众中去，变为工农民众的宣传者和组织者。全国民众奋起之日，就是抗日战争胜利之时。全国青年们，努力啊！

注　　释

〔1〕 见本书第一卷《实践论》注〔6〕。
〔2〕 见本书第一卷《论反对日本帝国主义的策略》注〔35〕。
〔3〕 见本书第一卷《论反对日本帝国主义的策略》注〔36〕。
〔4〕 见本书第一卷《矛盾论》注〔22〕。
〔5〕 见本卷《论持久战》注〔12〕。
〔6〕 见本书第一卷《论反对日本帝国主义的策略》注〔37〕。
〔7〕 见本书第一卷《湖南农民运动考察报告》注〔3〕。

青年运动的方向[*]

（一九三九年五月四日）

今天是五四运动^{〔1〕}的二十周年纪念日，我们延安的全体青年在这里开这个纪念大会，我就来讲一讲关于中国青年运动的方向的几个问题。

第一，现在定了五月四日为中国青年节，这是很对的^{〔2〕}。"五四"至今已有二十年，今年才在全国定为青年节，这件事含着一个重要的意义。就是说，它表示我们中国反对帝国主义和封建主义的人民民主革命，快要进到一个转变点了。几十年来反帝反封建的人民民主革命屡次地失败了，这种情形，现在要来一个转变，不是再来一次失败，而是要转变到胜利的方面去了。现在中国的革命正在前进着，正在向着胜利前进。历史上多次失败的情形，不能再继续了，也决不能让它再继续了，而要使它转变为胜利。那末，现在已经转变了没有呢？没有。这一个转变，现在还没有到来，现在我们还没有胜利。但是胜利是可以争取到来的。抗日战争就要努力达到这个由失败到胜利的转变点。五四运动所反对的是卖国政府，是勾结帝国主义出卖民族利益的政府，是压迫人民的政府。这样的

政府要不要反对呢？假使不要反对的话，那末，五四运动就是错的。这是很明白的，这样的政府一定要反对，卖国政府应该打倒。你们看，孙中山先生远在五四运动以前，就是当时政府的叛徒，他反对了清朝政府，并且推翻了清朝政府。他做的对不对呢？我以为是很对的。因为他所反对的不是反抗帝国主义的政府，而是勾结帝国主义的政府，不是革命的政府，而是压迫革命的政府。五四运动正是做了反对卖国政府的工作，所以它是革命的运动。全中国的青年，应该这样去认识五四运动。现当全国人民奋起抗日的时候，大家鉴于过去革命失败的经验，下决心一定要把日本帝国主义打败，并且不容许再有卖国贼，不容许革命再失败。全国的青年除了一部分人之外，大家都觉悟起来，都具备这种必胜的决心，规定"五四"为青年节就表示了这一点。我们正向胜利的路上前进，只要全国人民一齐努力，中国革命一定要在抗日过程中得到胜利。

　　第二，中国的革命，它反对的是什么东西？革命的对象是什么呢？大家知道，一个是帝国主义，一个是封建主义。现在的革命对象是什么？一个是日本帝国主义，再一个是汉奸。要革命一定要打倒日本帝国主义，一定要打倒汉奸。革命是什么人去干呢？革命的主体是什么呢？就是中国的老百姓。革命的动力，有无产阶级，有农民阶级，还有其他阶级中一切愿意反帝反封建的人，他们都是反帝反封建的革命力量。但是这许多人中间，什么人是根本的力量，是革命的骨干呢？就是占全国人口百分之九十的工人农民。中国革命的性质是什么？我们现在干的是什么革命呢？我们现在干的是资产阶级性的民主主义的革命，我们所做的一切，不超过资产阶级民主革命的范围。现在还不应该破坏一般资产阶级的私有财产制，要破坏的是帝国主义和封建主义，这就叫做资产阶级性的民主主义的革命。但是这个革命，资产阶级已经无力完成，必须靠无产阶级和广大人民的努力才能完成。这个革命要达到的目的是什么呢？目的就是打倒帝国主义和封建主义，建立一个人民民主的共和国。这种人民民主主义的共和国，就是革命的三民主义的共和国。它比起现在这种半殖民地半封建的状态来是不相同的，它跟将来的社会主义制度也不相同。在社会主义的社会制度中是不要资本家的；在这个人民民主主义的制度中，还应当容许资本家存在。中国是否永远要资本家呢？不是的，将来一定不要。不但中国如此，全世界也是如此。英国也好，美国也好，法国也好，日本也好，德国也好，意大利也好，将来都统统不要资本家，中国也不能例外。苏联是建设了社会主义的国家，将来全世界统统要跟它走，那是没有疑义的。中国将来一定要发展到社会主义去，这样一个定律谁都不能推翻。但是我们在目前的阶段上不是实行社会主义，而是破坏帝国主义和封建主义，改变中国现在的这个半殖民地半封建的地位，建立人民民主主义的制度。全国青年应当为此而努力。

第三，过去中国革命的经验教训怎么样呢？这也是青年要懂得的一个重要问题。中国反帝反封建的资产阶级民主革命，正规地说起来，是从孙中山先生开始的，已经五十多年了；至于资本主义外国侵略中国，则差不多有了一百年。一百年来，中国的斗争，从鸦片战争[3]反对英国侵略起，后来有太平天国的战争[4]，有甲午战争[5]，有戊戌维新[6]，有义和团运动[7]，有辛亥革命[8]，有五四运动，有北伐战争，有红军战争，这些虽然情形各不相同，但都是为了反抗外敌，或改革现状的。但是从孙中山先生开始，才有比较明确的资产阶级民主革命。从孙先生开始的革命，五十年来，有它胜利的地方，也有它失败的地方。你们看，辛亥革命把皇帝赶跑，这不是胜利了吗？说它失败，是说辛亥革命只把一个皇帝赶跑，中国仍旧在帝国主义和封建主义的压迫之下，反帝反封建的革命任务并没有完成。五四运动是干什么的呢？也是为着反帝反封建，但是也失败了，中国仍然在帝国主义和封建主义的统治之下。北伐战争的革命也是一样，它胜利了，但又失败了。国民党反共[9]以来，中国又是帝国主义和封建主义的天下。于是不得不有十年的红军战争。但是这十年的奋斗，也只完成了局部的革命任务，还没有完成全国的革命任务。如果我们把过去几十年的革命做一个总结，那便是只得到了暂时的部分的胜利，没有永久的全国的胜利。正如孙中山先生说过的话："革命尚未成功，同志仍须努力。"现在要问：中国革命干了几十年，为什么至今尚未达到目的呢？原因在什么地方呢？我以为原因在两个地方：第一是敌人的力量太强；第二是自己的力量太弱。一个强了，一个弱了，所以革命没有胜利。所谓敌人的力量太强，是说帝国主义（这是主要的）和封建主义的力量太强。所谓自己的力量太弱，有军事、政治、经济、文化各方面表现的弱点，但是主要的是因为占全国人口百分之九十的工农劳动群众还没有动员起来，所以表现了弱，所以不能完成反帝反封建的任务。如果要把几十年来的革命做一个总结，那就是全国人民没有充分地动员起来，并且反动派总是反对和摧残这种动员。而要打倒帝国主义和封建主义，只有把占全国人口百分之九十的工农大众动员起来，组织起来，才有可能。孙中山先生在他的遗嘱里说："余致力国民革命凡四十年，其目的在求中国之自由平等。积四十年之经验，深知欲达到此目的，必须唤起民众及联合世界上以平等待我之民族共同奋斗。"这位老先生死了十多年了，连同他说的四十年，共有五十多年，这五十多年来的革命的经验教训是什么呢？根本就是"唤起民众"这一条道理。你们应该好好地研究一下，全国青年都应该好生研究。青年们一定要知道，只有动员占全国人口百分之九十的工农大众，才能战胜帝国主义，才能战胜封建主义。现在我们要达到战胜日本建立新中国的目的，不动员全国的工农大众，是不可能的。

　　第四，我再讲到青年运动。在二十年前的今天，由学生们参加的历史上叫做五四运动的大事件，在中国发生了，这是一个有重大意义的运动。"五四"以来，中国青年们起了什么作用呢？起了某种先锋队的作用，这是全国除开顽固分子以外，一切的人都承认的。什么叫做先锋队的作用？就是带头作用，就是站在革命队伍的前头。中国反帝反封建的人民队伍中，有由中国知识青年们和学生青年们组成的一支军队。这支军队是相当的大，死了的不算，在目前就有几百万。这支几百万人的军队，是反帝反封建的一个方面军，而且是一个重要的方面军。但是光靠这个方面军是不够的，光靠了它是不能打胜敌人的，因为它还不是主力军。主力军是谁呢？就是工农大众。中国的知识青年们和学生青年们，一定要到工农群众中去，把占全国人口百分之九十的工农大众，动员起来，组织起来。没有工农这个主力军，单靠知识青年和学生青年这支军队，要达到反帝反封建的胜利，是做不到的。所以全国知识青年和学生青年一定要和广大的工农群众结合在一块，和他们变成一体，才能形成一支强有力的军队。这是一支几万万人的军队啊！有了这支大军，才能攻破敌人的坚固阵地，才能攻破敌人的最后堡垒。拿这个观点来看过去的青年运动，就应该指出一种错误的倾向，这就是在过去几十年的青年运动中，有一部分青年，他们不愿意和工农大众相联合，他们反对工农运动，这是青年运动潮流中的一股逆流。他们实在太不高明，跟占全国人口百分之九十的工农大众不联合，并且根本反对工农。这样一个潮流好不好呢？我看是不好的，因为他们反对工农，就是反对革命，所以说，它是青年运动中的一股逆流。这样的青年运动，是没有好结果的。早几天，我作了一篇短文[10]，我在那里说过这样一句话："革命的或不革命的或反革命的知识分子的最后的分界，看其是否愿意并且实行和工农民众相结合。"我在这里提出了一个标准，我认为是唯一的标准。看一个青年是不是革命的，拿什么做标准呢？拿什么去辨别他呢？只有一个标准，这就是看他愿意不愿意、并且实行不实行和广大的工农群众结合在一块。愿意并且实行和工农结合的，是革命的，否则就是不革命的，或者是反革命的。他今天把自己结合于工农群众，他今天是革命的；但是如果他明天不去结合了，或者反过来压迫老百姓，那就是不革命的，或者是反革命的了。有些青年，仅仅在嘴上大讲其信仰三民主义[11]，或者信仰马克思主义，这是不算数的。你们看，希特勒不是也讲"信仰社会主义"吗？墨索里尼在二十年前也还是一个"社会主义者"呢！他们的"社会主义"到底是什么东西呢？

原来就是法西斯主义！陈独秀不是也"信仰"过马克思主义吗？他后来干了什么呢？他跑到反革命那里去了。张国焘不是也"信仰"过马克思主义吗？他现在到哪里去了呢？他一小差就开到泥坑里去了。有些人自己对自己加封为"三民主义信徒"，而且是老牌的三民主义者，可是他们做了些什么呢？原来他们的民族主义，就是勾结帝国主义；他们的民权主义，就是压迫老百姓；他们的民生主义呢，那就是拿老百姓身上的血来喝得越多越好。这是口是心非的三民主义者。所以我们看人的时候，看他是一个假三民主义者还是一个真三民主义者，是一个假马克思主义者还是一个真马克思主义者，只要看他和广大的工农群众的关系如何，就完全清楚了。只有这一个辨别的标准，没有第二个标准。我希望全国的青年切记不要堕入那股黑暗的逆流之中，要认清工农是自己的朋友，向光明的前途进军。

　　第五，现在的抗日战争，是中国革命的一个新阶段，而且是最伟大、最活跃、最生动的一个新阶段。青年们在这个阶段里，是负担了重大的责任的。我们中国几十年来的革命运动，经过了许多的奋斗阶段，但是没有一次像现在的抗日战争这样广大的。我们认为现在的中国革命有和过去不同的特点，它将从失败转变到胜利，就是指的中国的广大的人民进步了，青年的进步就是明证。因此，这次抗日战争是一定要胜利的，非胜利不可。大家知道，抗日战争的根本政策，是抗日民族统一战线，它的目的是打倒日本帝国主义，打倒汉奸，变旧中国为新中国，使全民族从半殖民地半封建的地位解放出来。现在中国青年运动的不统一，是一个很大的缺点。你们应该继续要求统一,因为统一才有力量。你们要使全国青年知道现在的形势,实行团结,抗日到底。

最后,第六,我要说到延安的青年运动。延安的青年运动是全国青年运动的模范。延安的青年运动的方向,就是全国的青年运动的方向。为什么?因为延安的青年运动的方向是正确的。你们看,在统一方面,延安的青年们不但做了,而且做得很好。延安的青年们是团结的,是统一的。延安的知识青年、学生青年、工人青年、农民青年,大家都是团结的。全国各地,远至海外的华侨中间,大批的革命青年都来延安求学。今天到会的人,大多数来自千里万里之外,不论姓张姓李,是男是女,作工务农,大家都是一条心。这还不算全国的模范吗?延安的青年们不但本身团结,而且和工农群众相结合,这一点更加是全国的模范。延安的青年们干了些什么呢?他们在学习革命的理论,研究抗日救国的道理和方法。他们在实行生产运动,开发了千亩万亩的荒地。开荒种地这件事,连孔夫子也没有做过。孔子办学校的时候,他的学生也不少,"贤人七十,弟子三千"〔12〕,可谓盛矣。但是他的学生比起延安来就少得多,而且不喜欢什么生产运动。他的学生向他请教如何耕田,他就说:"不知道,我不如农民。"又问如何种菜,他又说:"不知道,我不如种菜的。"中国古代在圣人那里读书的青年们,不但没有学过革命的理论,而且不实行劳动。现在全国广大地方的学校,革命理论不多,生产运动也不讲。只有我们延安和各敌后抗日根据地的青年们根本不同,他们真是抗日救国的先锋,因为他们的政治方向是正确的,工作方法也是正确的。所以我说,延安的青年运动是全国青年运动的模范。

今天的大会很有意思。我要讲的都讲过了。希望大家把五十年来的中国革命经验研究一下,把好的地方发挥起来,把错误去掉,使全国青年和全国人民结合起来,使革命由失败转变到胜利。到了全国青年和全国人民都发动起来、组织起来、团结起来的一天,就是日本帝国主义被打倒的一天。每个青年都要担负这个责任。每个青年现在必须和过去不同,一定要下一个大决心,把全国的青年团结起来,把全国的人民组织起来,一定要把日本帝国主义打倒,一定要把旧中国改造为新中国。这就是我所希望于你们的。

注　　释

〔1〕见本书第一卷《实践论》注〔6〕。

〔2〕一九三九年三月,陕甘宁边区的青年组织规定以五月四日为中国青年节。那时国民党在广大青年群众的爱国高潮的压力下,也同意了这个规定。后来国民党畏惧青年学习“五四”的革命精神,觉得这个规定很危险,又改定以三月二十九日(一九一一年在广州起义中牺牲后来葬在黄花岗的革命烈士的纪念日)为青年节。但在共产党领导的革命根据地内则继续以五月四日为青年节。中华人民共和国成立以后,中央人民政府政务院在一九四九年十二月正式宣布以五月四日为中国青年节。

〔3〕见本书第一卷《论反对日本帝国主义的策略》注〔35〕。

〔4〕见本书第一卷《论反对日本帝国主义的策略》注〔36〕。

〔5〕见本书第一卷《矛盾论》注〔22〕。

〔6〕见本卷《论持久战》注〔12〕。

〔7〕见本书第一卷《论反对日本帝国主义的策略》注〔37〕。

〔8〕见本书第一卷《湖南农民运动考察报告》注〔3〕。

〔9〕指一九二七年蒋介石在上海、南京和汪精卫在武汉所发动的反革命政变。

〔10〕指本卷《五四运动》。

〔11〕见本书第一卷《湖南农民运动考察报告》注〔8〕。

〔12〕司马迁《史记·孔子世家》记载:“孔子以诗书礼乐教,弟子盖三千焉,身通六艺者七十有二人。”

反 对 投 降 活 动 [*]

（一九三九年六月三十日）

中华民族在日本侵略者面前，历来存在的劈头第一个大问题，就是战不战的问题。自"九一八"〔1〕到卢沟桥事变〔2〕之间，这个问题争论得很严重。"战则存，不战则亡"——这是一切爱国党派和一切爱国同胞的结论；"战则亡，不战则存"——这是一切投降主义者的结论。卢沟桥抗战的炮声，把这个争论暂时地解决了。它宣告：第一个结论是对的，第二个结论是错了。但是卢沟桥的炮声，为什么仅仅暂时地解决这个问题而没有最后地解决这个问题呢？这是由于日本帝国主义的诱降政策，由于国际投降主义者〔3〕的妥协企图，由于中国抗日阵线中一部分人的动摇性。现时人们就把这个问题改变了一点词句，变为所谓"和战问题"，又提出来了。在中国内部，因而就掀起了主战派和主和派之争。他们的论点依然是一样，"战则存，和则亡"——主战派的结论；"和则存，战则亡"——主和派的结论。但是，主战派，乃是包括一切爱国党派，一切爱国同胞，全民族的大多数；主和派，即投降派，按其人数说来，则仅仅是抗日阵线中的一部分的动摇分子。因此，

---

*　这是毛泽东为纪念抗日战争两周年写的文章。

所谓主和派,就不得不进行其欺骗宣传,而第一就是反共。于是雪片一样地制造所谓"共产党捣乱","八路军、新四军游而不击,不听指挥","陕甘宁边区实行割据,向外扩展","共产党阴谋推翻政府",乃至"苏联阴谋侵略中国"等等的假消息、假报告、假文件、假决议,用以蒙蔽事实的真相,企图造成舆论,达其主和即投降之目的。主和派即投降派之所以这样做,因为共产党是抗日民族统一战线的发起者和坚持者,不反对它,就不能破坏国共合作,就不能分裂抗日民族统一战线,就不能投降。其次,就是寄其希望于日本帝国主义的让步。他们认为日本已经不行了,它将改变其根本政策,自动地退出华中、华南甚至华北,中国可以不要再打而取得胜利。再其次,就是寄其希望于国际的压力。许多所谓主和派分子,他们不但希望各大国出来对日本压一压,迫使日本让步,以便讲和,而且还希望各国向中国政府的头上压一压,以便向主战派说:"你们看,国际空气如此,只得和吧!""太平洋国际会议[4]是有益于中国的,这不是什么慕尼黑[5],这是复兴中国的步骤!"这些,就是中国主和派即投降派的整套观点,整套做法,整套阴谋[6]。这一套,不但汪精卫在演出,更严重的就是还有许多的张精卫、李精卫,他们暗藏在抗日阵线内部,也在和汪精卫里应外合地演出,有些唱双簧[7],有些装红白脸[8]。

　　我们共产党人公开宣称:我们是始终站在主战派方面的,我们坚决地反对那些主和派。我们仅仅愿意和全国一切爱国党派、爱国同胞一道,巩固团结,巩固抗日民族统一战线,巩固国共合作,实行三民主义[9],抗战到底,打到鸭绿江边,收复一切失地[10],而不知其他。我们坚决地斥责那些公开的汪精卫和暗藏的汪精卫辈制造反共空气、挑拨国共磨擦[11]、甚至企图再来挑动一次国共内战的阴谋。我们向他们说：你们这种分裂阴谋的实质，不过是你们实行投降的准备步骤，而你们的投降政策和分裂政策不过是出卖民族利益、图谋少数人私利的整个计划的表现；每个人民都有眼睛，你们的阴谋会被人民揭穿的。我们坚决地斥责那些认为太平洋会议并非东方慕尼黑的无稽之谈。所谓太平洋会议，就是东方慕尼黑，就是准备把中国变成捷克。我们坚决地斥责那些认为日本帝国主义能够觉悟、能够让步的空谈。日本帝国主义灭亡中国的根本方针是决不会变的。武汉失陷后日本的甜言蜜语，例如放弃其所谓"不以国民政府为对手"的方针[12]，转而承认以国民政府为对手，例如所谓华中、华南撤兵的条件，乃是诱鱼上钩取而烹之的阴险政策，谁要上钩谁就准备受烹。国际投降主义者引诱中国投降，同样是他们的阴险政策。他们纵容日本侵略中国，自己"坐山观虎斗"，以待时机一到，就策动所谓太平洋调停会议，借收渔人之利。如果寄希望于这些阴谋家，同样将大上其当。

战或不战的问题，如今改成了战或和的问题，但性质还是一样，这是一切问题中的第一个大问题，最根本的问题。半年以来，由于日本诱降政策的加紧执行，国际投降主义者的积极活动，主要地还是在中国抗日阵线中一部分人的更加动摇，所谓和战问题竟闹得甚嚣尘上，投降的可能就成了当前政治形势中的主要危险；而反共，即分裂国共合作，分裂抗日团结，就成了那班投降派准备投降的首要步骤。在这种情形下，全国一切爱国党派，一切爱国同胞，必须睁大眼睛注视那班投降派的活动,必须认识当前形势中投降是主要危险、反共即准备投降这一个主要的特点,而用一切努力去反对投降和分裂。用全民族的血肉和日本帝国主义打了两个周年的战争,决不容许一部分人的动摇和叛卖。用全民族的努力所结成的抗日民族统一战线,决不容许一部分人的破坏和分裂。

战下去,团结下去,——中国必存。

和下去,分裂下去,——中国必亡。

何去何从? 国人速择。

我们共产党人是一定要战下去,团结下去的。

全国一切爱国党派,一切爱国同胞,也是一定要战下去,团结下去的。

投降派的投降阴谋和分裂阴谋即使一时得势,最后也必被人民揭穿而受到制裁。中华民族的历史任务是团结抗战以求解放,投降派欲反其道而行之,无论他们如何得势,如何兴高采烈,以为天下"莫予毒也",然而他们的命运是最后一定要受到全国人民的制裁的。

反对投降和分裂——这就是全国一切爱国党派、一切爱国同胞的当前紧急任务。

全国人民团结起来,坚持抗战和团结,把投降阴谋和分裂阴谋镇压下去啊!

注　　释

〔1〕 见本书第一卷《论反对日本帝国主义的策略》注〔4〕。
〔2〕 见本卷《反对日本进攻的方针、办法和前途》注〔1〕。
〔3〕 国际投降主义者,指当时阴谋牺牲中国、对日妥协的英美帝国主义者。
〔4〕 当时,英、美、法帝国主义者和中国主和派阴谋召开所谓太平洋国际会

议,同日本帝国主义妥协,出卖中国。这一阴谋被称为"远东慕尼黑"或者"东方慕尼黑"。毛泽东在本文中所斥责的那种认为太平洋国际会议并非东方慕尼黑的无稽之谈,是指当时蒋介石的说法。

〔5〕一九三八年九月,英、法、德、意四国政府首脑在德国的慕尼黑举行会议,签订了慕尼黑协定,英法将捷克斯洛伐克出卖给德国,作为德国向苏联进攻的交换条件。在一九三八年和一九三九年间,英美帝国主义曾经几次酝酿出卖中国来换取同日本帝国主义的妥协。一九三九年六月,即毛泽东作此文时,英日正在进行谈判,重新酝酿这种阴谋。这种阴谋同英、法、德、意在慕尼黑制造的阴谋类似,所以人们把它叫做"东方慕尼黑"。

〔6〕毛泽东这里所说的"中国主和派即投降派的整套观点,整套做法,整套阴谋",就是指当时蒋介石的观点、做法和阴谋。当时汪精卫是公开的投降派的主要头目;蒋介石是暗藏在抗日阵线内部的投降派的主要头目。

〔7〕毛泽东这里指蒋介石和汪精卫彼此间的活动有如唱双簧的关系。

〔8〕当时以蒋介石为首的国民党主和派采取两面派的活动,一面还装着抗战的样子,另一面又用各种形式去进行投降的活动,就好像中国古典戏剧中的演员,有的化装红脸,有的化装白脸一样。

〔9〕见本书第一卷《湖南农民运动考察报告》注〔8〕。

〔10〕一九三九年一月,蒋介石在国民党五届五中全会上说出他的所谓抗战到底的"底",是恢复卢沟桥事变以前的状态。毛泽东因此特别提出抗战到底的界说,是"打到鸭绿江边,收复一切失地",以对抗蒋介石的投降政策。

〔11〕"磨擦"是当时流行的一个名词,指国民党反动派破坏抗日民族统一战线、反对共产党和进步势力的各种反动行为。

〔12〕一九三七年十二月十三日,日本侵略军占领南京。一九三八年一月十六日,日本政府发表声明,宣称"今后将不以国民政府为对手,期望真正与帝国合作的新兴中国政权的成立和发展"。同年十月,日军占领广州和武汉。日本政府利用蒋介石对于抗战的动摇,改取诱蒋投降为主的方针,在十一月三日又发表声明,宣称"如果国民政府抛弃以往的指导方针,更换人事,改弦易辙,参加新秩序的建设,我方亦不拒绝"。

必须制裁反动派[*]

（一九三九年八月一日）

今天是八月一日，我们在这里开追悼大会。为什么要开这样的追悼会呢？因为反动派杀死了革命的同志，杀死了抗日的战士。现在应该杀死什么人？应该杀死汉奸，杀死日本帝国主义者。但是，中国和日本帝国主义者打了两年仗，还没有分胜负。汉奸还是很活跃，杀死的也很少。革命的同志，抗日的战士，却被杀死了。什么人杀死的？军队杀死的。军队为什么杀死了抗日战士？军队是执行命令，有人指使军队去杀的。什么人指使军队去杀？反动派在那里指使[1]。同志们！照理说，什么人要杀抗日战士呢？第一是日本帝国主义者要杀他们，第二是汪精卫[2]等汉奸卖国贼要杀他们。但是现在杀人的地方不是在上海、北平、天津、南京，不是在日寇汉奸占领的地方，而是在平江这个地方，在抗战的后方，被杀死的是新四军平江通讯处的负责同志涂正坤、罗梓铭等。很明显，是那班中国反动派接受了日本帝国主义和汪精卫的命令来杀人的。这些反动派，他们是准备投降的，所以恭恭敬敬地执行了日本人和汪精卫的命令，先把最坚决的抗日分子杀死。

---

[*]　这是毛泽东在延安人民追悼平江惨案死难烈士大会上的演说。

这件事非同小可,我们一定要反对,我们一定要抗议!

现在全国抗日,全国人民在抗日的目标之下结成一个大团结。在这个大团结里面,有一部分人是反动派,是投降派。他们干什么呢？就是杀抗日分子,压制进步,勾结日寇汉奸,准备投降。

这样一件杀死抗日同志的大事,有谁出来过问呢？自从六月十二日下午三时杀了人之后,到今天是八月一日了,我们看见有人出来过问没有呢？没有。这件事应该由谁出来过问呢？应该由中国的法律出来过问,由法官出来过问。如果在陕甘宁边区发生了这样的事情,我们的高等法院早就出来过问了。但是,平江惨案快两个月了,法律和法官并没有出来过问。这是什么缘故呢？这是因为中国不统一〔3〕。

中国应该统一,不统一就不能胜利。但是什么叫统一呢？统一就是要大家抗日,要大家团结,要大家进步,要有赏有罚。应该赏什么人呢？应该赏抗日的人,赏团结的人,赏进步的人。应该罚什么人呢？应该罚破坏抗日、团结、进步的汉奸和反动派。现在统一了没有呢？没有。平江惨案就是证据。从这件事情就可以看出,应该统一的没有统一。我们早就要求全国统一。第一个,统一于抗战。现在涂正坤、罗梓铭等抗日同志不但没有受赏,反被惨杀了；而那些坏蛋,他们反对抗战,准备投降,实行杀人,却没有受处罚。这就是不统一。我们要反对这些坏蛋,反对这些投降分子,捉拿这些杀人凶手。第二个,统一于团结。赞成团结的应该受赏,破坏团结的应该受罚。但是现在赞成团结的涂正坤、罗梓铭等同志,他们倒受了处罚,被人惨杀了；而那些破坏团结的坏人却没有受到一点处罚。这就是不统一。第三个,统一于进步。要全国进步,要落后的人向进步的人看齐,决不能拉进步的人向落后的人看齐。平江惨案的那些刽子手,他们把进步分子杀了。抗战以来,被暗杀的共产党员和爱国志士已经不下几十几百,平江惨案不过是最近的一件事。这样下去,中国就不得了,抗日的人可以统统被杀。杀抗日的人,这是什么意思?这就是说:中国的反动派执行了日本帝国主义和汪精卫的命令,准备投降,所以先杀抗日军人,先杀共产党员,先杀爱国志士。这样的事如果不加制止,中国就会在这些反动派手里灭亡。所以这件事是全国的事,是很大的事,我们必须要求国民政府严办那些反动派。

同志们还要懂得,近来日本帝国主义的捣乱更加厉害了,国际帝国主义帮助日本也更加积极了[4],中国内部的汉奸,公开的汪精卫和暗藏的汪精卫,他们破坏抗战,破坏团结,向后倒退,也更加积极了。他们想使中国大部投降,内部分裂,国内打仗。现在国内流行一种秘密办法,叫做什么《限制异党活动办法》[5],其内容全部是反动的,是帮助日本帝国主义的,是不利于抗战,不利于团结,不利于进步的。什么是"异党"?日本帝国主义是异党,汪精卫是异党,汉奸是异党。共产党和一切抗日的党派,一致团结抗日,这是"异党"吗?现在偏偏有那些投降派、反动派、顽固派,在抗战的队伍中闹磨擦,闹分裂,这种行为对不对呢?完全不对的。(全场鼓掌)"限制",现在要限制什么人?要限制日本帝国主义者,要限制汪精卫,要限制反动派,要限制投降分子。(全场鼓掌)为什么要限制最抗日最革命最进步的共产党呢?这是完全不对的。我们延安

的人民表示坚决的反对,坚决的抗议。(全场鼓掌)我们要反
对所谓《限制异党活动办法》,这种办法就是破坏团结的种种
罪恶行为的根源。我们今天开这个大会,就是为了继续抗战,
继续团结,继续进步。为了这个,就要取消《限制异党活动办
法》,就要制裁那些投降派、反动派,就要保护一切革命的同
志、抗日的同志、抗日的人民。(热烈鼓掌,高呼口号)

注　　释

〔1〕一九三九年六月十二日,根据蒋介石的秘密命令,国民党第二十七集团
军派兵包围新四军驻湖南平江嘉义镇的通讯处,惨杀新四军参议涂正坤、八路军
少校副官罗梓铭等六人。这个惨杀事件,激起了各抗日根据地的人民和国民党统
治区的正义人士的公愤。毛泽东在这篇演说中所抨击的反动派,就是指的这次惨
杀事件的指使者蒋介石和他的党徒。

〔2〕见本书第一卷《论反对日本帝国主义的策略》注〔31〕。

〔3〕毛泽东在这里所解释的“统一”,是针对国民党反动派企图利用“统一”的
名义,以消灭共产党领导的抗日武装和抗日根据地的阴谋而提出的。自从国共两
党重新合作共同抗日之日起,国民党在政治上用以打击共产党的主要武器就是
“统一”这个口号,他们诬蔑共产党标新立异,妨碍统一,不利抗日。一九三九年一
月国民党五届五中全会原则通过《防制异党活动办法》以后,这种反动叫嚣就更加
猖狂了。毛泽东在这里把“统一”这个口号从国民党反动派手里夺取过来,变为革
命的口号,用以反对国民党的反人民反民族的分裂行动。

〔4〕参见本卷《反对投降活动》。一九三八年十月武汉失守以后,日本帝国主
义对国民党采取以政治诱降为主的方针,英美等帝国主义也不断劝蒋介石同日本
帝国主义“议和”。一九三八年十一月,英国首相张伯伦表示愿意实行英日经济合
作,共同参加所谓“远东建设”。一九三九年,英美帝国主义企图牺牲中国以便同
日本侵略者妥协的阴谋活动更加露骨。这一年的四月,英国驻华大使卡尔往返于
蒋介石和日本之间,企图拉拢中日“议和”。六月,美国示意国民党政府外交官员,
要中国出面提议召开国际会议,解决中日问题。七月,英日达成协议,英国完全承
认日本侵略中国所造成的“实际局势”。

〔5〕一九三八年十月武汉失守后,国民党逐渐加紧反共活动。一九三九年
春,国民党中央秘密颁布《防制异党活动办法》,随后又秘密颁布《异党问题处理办

法》、《处理异党问题实施方案》。在这些反动的文件里,规定采用法西斯统治的方法,限制共产党人和一切进步分子的思想、言论和行动,破坏一切抗日的群众组织;在国民党反动派所认为的"异党活动最烈之区域",实行"联保连坐法",在保甲组织中建立"通讯网",即建立反革命的特务组织,以便随时监视和限制人民的活动;在华中、华北各地,布置对共产党的政治压迫和军事进攻。

关于国际新形势
对新华日报^[1]记者的谈话

（一九三九年九月一日）

记者问：苏德互不侵犯协定的订立^[2]，其意义如何？

毛答：苏德互不侵犯协定是苏联社会主义力量增长和苏联政府坚持和平政策的结果。这个协定打破了张伯伦、达拉第^[3]等国际反动资产阶级挑动苏德战争的阴谋，打破了德意日反共集团对于苏联的包围，巩固了苏德两国间的和平，保障了苏联社会主义建设的发展。在东方，则打击了日本，援助了中国，增强了中国抗战派的地位，打击了中国的投降派。在这一切上面，就安置了援助全世界人民争取自由解放的基础。这就是苏德互不侵犯协定的全部政治意义。

问：人们还不明了苏德互不侵犯协定是英法苏谈判破裂的结果，反而以为英法苏谈判的破裂是苏德协定的结果。请你说明一下英法苏谈判为什么没有成功。

答：英法苏三国谈判所以没有成功，完全由于英法政府没有诚意。近年来，世界反动资产阶级首先是英法的反动资产阶级，对于德意日法西斯的侵略，一贯地执行了一种反动的政策，即所谓"不干涉"政策。这个政策的目的，在于纵容侵略战争，自己从中取利。因此，英法根本拒绝苏联历来提出的组织真正的反侵略阵线的建议,而采取"不干涉"的立场,纵容德意日侵略,自己站在一边看。其目的在于使战争的双方互相消耗,然后自己出台干涉。在执行这个反动政策的过程中,曾经牺牲了半个中国给日本,牺牲了整个阿比西尼亚、整个西班牙、整个奥国、整个捷克给德意[4]。这一次又想牺牲苏联。这种阴谋,在这次英法苏三国的谈判中已经明显地暴露出来了。这个谈判,从四月十五日到八月二十三日,进行了四个多月,在苏联方面尽到了一切的忍耐。英法则始终不赞成平等互惠原则,只要求苏联保证它们的安全,它们却不肯保证苏联的安全,不肯保证波罗的海诸小国的安全,以便开一个缺口让德国进兵,并且不让苏联军队通过波兰去反对侵略者。这就是谈判破裂的原因。在这个期间,德国愿意停止反苏,愿意放弃所谓《防共协定》[5],承认了苏联边疆的不可侵犯,苏德互不侵犯协定就订立了。国际反动派,首先是英法反动派的这种"不干涉"政策,乃是"坐山观虎斗"的政策,是完全损人利己的帝国主义的政策。它从张伯伦上台开始,到去年九月慕尼黑协定[6]发展到了顶点,到此次英法苏谈判就最后破产。往后的时间,就不得不变成英法和德意两大帝国主义集团直接冲突的局面。我一九三八年十月在中共六届六中全会上曾经说过:"搬起石头打自己的脚,这就是张伯伦政策的必然结果。"张伯伦以损人的目的开始,以害己的结果告终。这将是一切反动政策的发展规律。

　　问:据你看,目前的时局将要如何发展?

　　答:目前的国际时局已处在新的形势中。早已开始了的第二次帝国主义战争的片面性状态,即是说,由于"不干涉"政策而发生的一方进攻、一方坐视的局面，就欧洲方面说来，今后势必由全面性的战争起而代之。第二次帝国主义战争已进到新的阶段。

在欧洲方面，德意帝国主义集团和英法帝国主义集团之间，为了争夺对殖民地人民统治权的帝国主义大战，是迫在眉睫了。在战争中，为了欺骗人民，为了动员舆论，战争的双方都将不顾羞耻地宣称自己是正义的，而称对方是非正义的。其实，这只是一种欺骗。因为，双方的目的都是帝国主义的目的，都是为了争夺对殖民地半殖民地和势力范围的统治权，都是掠夺性的战争。在目前，就是为了争夺波兰，争夺巴尔干半岛和地中海沿岸。这样的战争完全不是正义的。世界上只有非掠夺性的谋解放的战争，才是正义的战争。共产党决不赞助任何掠夺战争。共产党对于一切正义的非掠夺的谋解放的战争，则将挺身出而赞助，并站在斗争的最前线。第二国际所属的社会民主党，在张伯伦、达拉第的威迫利诱之下，正在发生分化，一部分上层反动分子正在蹈袭第一次大战时的覆辙，准备赞助新的帝国主义战争。但另一部分，则将和共产党一道建立反战反法西斯的人民阵线。目前张伯伦、达拉第正在模仿德意，一步一步地反动化，正在利用战争动员将国家组织法西斯化，将经济组织战争化。总之，两大帝国主义集团正在狂热地准备战争，大屠杀的危险临到千百万人民的头上。这种情形，毫无疑义地将激起广大人民的反抗运动。无论在德意，无论在英法，无论在欧洲和世界其他地方，人民如果不愿充当帝国主义的炮灰，他们就一定会起来用各种方式去反对帝国主义战争。

在资本主义世界,除了上述两大集团之外,还有第三个集团,这就是以美国为首的包括中美洲南美洲许多国家在内的集团。这个集团,为了自己的利益,暂时还不至于转入战争。美国帝国主义想在中立的名义之下,暂时不参加战争的任何一方,以便在将来出台活动,争取资本主义世界的领导地位。美国资产阶级暂时还不准备在国内取消民主政治和平时的经济生活,这一点对于世界的和平运动是有利益的。

日本帝国主义受了苏德协定的严重打击,它的前途将更加困难。它的外交政策,正在两派斗争中。军阀想和德意建立联盟,达到独占中国,侵略南洋,排斥英美法出东方的目的;但一部分资产阶级则主张对英美法让步,把目标集中于掠夺中国。目前和英国妥协的趋势甚大。英国反动派将以共同瓜分中国和在财政上经济上帮助日本为条件,换得日本充当英国利益的东方警犬,镇压中国的民族解放运动,牵制苏联。因此,不管怎样,日本灭亡中国的根本目的是决不会变更的。日本对中国正面大规模军事进攻的可能性,或者不很大了;但是,它将更厉害地进行其"以华制华"[7]的政治进攻和"以战养战"[8]的经济侵略,而在其占领地则将继续疯狂的军事"扫荡"[9];并想经过英国压迫中国投降。在某种适合于日本的时机,日本将发起东方慕尼黑,以某种较大的让步为钓饵,诱胁中国订立城下之盟,用以达其灭亡中国的目的。日本的这种帝国主义的目的,在日本人民革命没有起来之前,不管日本统治阶级掉换什么内阁,都是不会变更的。

在整个资本主义世界之外,另一个光明世界,就是社会主义的苏联。苏德协定增加了苏联帮助世界和平运动的可能,增加了它援助中国抗日的可能。

这些就是我对于国际形势的估计。

问：在这种形势下，中国的前途将如何？

答：中国的前途有两个：一个是坚持抗战、坚持团结、坚持进步的前途，这就是复兴的前途。一个是实行妥协、实行分裂、实行倒退的前途，这就是亡国的前途。

在新的国际环境中，在日本更加困难和我国绝不妥协的条件之下，我国的战略退却阶段便已完结，而战略相持阶段便已到来。所谓战略相持阶段，即是准备反攻的阶段。

但是，正面相持和敌后相持是成反比例的，正面相持的局面出现，敌后斗争的局面就要紧张。所以，从武汉失守后开始的敌人在沦陷区（主要是在华北）举行的大规模的军事"扫荡"，今后不但还会继续，而且还会加紧起来。更因敌人目前的主要政策是"以华制华"的政治进攻和"以战养战"的经济侵略，英国的东方政策是远东慕尼黑，这就极大地加重了中国大部投降和内部分裂的危险。至于我国国力和敌人对比，还是相差很远，要准备实行反攻的力量，非全国一致，艰苦奋斗，是不可能的。

因此，我国坚持抗战的任务还是一个非常严重的任务，千万不要丝毫大意。

因此，毫无疑义，中国万万不可放弃现在的时机，万万不可打错主意，而应该采取坚定的政治立场。

这就是：第一，坚持抗战的立场，反对任何的妥协运动。不论是公开的汪精卫和暗藏的汪精卫，都应该给以坚决的打击。不论是日本的引诱和英国的引诱，都应该给以坚决的拒绝,中国决不能参加东方慕尼黑。

第二,坚持团结的立场,反对任何的分裂运动。也不论是从日本帝国主义方面来的,从其他外国方面来的,从国内投降派方面来的,都应该充分警戒。任何不利于抗战的内部磨擦,都必须用严正的态度加以制止。

第三,坚持进步的立场,反对任何的倒退运动。不论是军事方面的、政治方面的、财政经济方面的、党务方面的、文化教育方面的和民众运动方面的,一切不利于抗战的思想、制度和办法,都要来一个重新考虑和切实改进,以利抗战。

果能如此,中国就能好好地准备反攻的力量。

从现时起,全国应以"准备反攻"为抗战的总任务。

在现时,一方面,应当严正地支持正面的防御,有力地援助敌后的战争;另一方面,应当实行政治、军事等各种改革,聚积巨大的力量,以便等候时机一到,就倾注全力,大举反攻,收复失地。

注　释

〔1〕《新华日报》是中国共产党在国民党统治区公开出版的机关报。一九三八年一月十一日在汉口创刊,同年十月二十五日迁到重庆继续出版。一九四七年三月被国民党政府强迫停刊。

〔2〕苏德互不侵犯条约订立于一九三九年八月二十三日。

〔3〕张伯伦是当时英国政府的首相,达拉第是当时法国政府的总理。他们一贯纵容德、意、日法西斯发动侵略战争,企图把这种侵略战争的矛头引向苏联。但是,同他们的愿望相反,帝国主义之间的矛盾日益尖锐,在一九三九年九月,德国法西斯首先向英法和它们的同盟国发动了战争。

〔4〕一九三五年十月,意大利开始武装侵略阿比西尼亚(埃塞俄比亚),于一九三六年五月将埃塞俄比亚占领。一九三六年七月,德国和意大利共同武装干涉西班牙内政,支持佛朗哥法西斯势力反叛西班牙人民阵线政府。人民阵线政府领

导西班牙人民进行了长期的抗战，于一九三九年三月失败。一九三八年三月德国出兵占领奥地利，同年十月又出兵侵占捷克斯洛伐克的苏台德区，于一九三九年三月完全占领了捷克斯洛伐克。德意法西斯这些疯狂的侵略行动，都是在当时英法政府"不干涉"政策的纵容和鼓励之下进行并且获得成功的。

〔5〕一九三六年十一月，德日订立《反共产国际协定》和《反共产国际协定附属议定书》，同时还制定了一个直接反对苏联的秘密附件。一九三七年十一月，意大利也参加了这个协定。

〔6〕参见本卷《反对投降活动》注〔5〕。

〔7〕"以华制华"是日本帝国主义侵略中国的一种阴谋毒计。向来，日本帝国主义总是在中国培植可以供它利用的力量，以便分裂中国内部而达到它的侵略目的。抗日战争爆发以后，它不仅利用国民党中汪精卫派公开的亲日分子，而且利用蒋介石派的力量来牵制抗战最坚决的中国共产党。从一九三九年起，日本帝国主义对蒋介石军队停止大规模的战略进攻，着重从政治上鼓励他进行反共活动，正是这种"以华制华"政策的实施。

〔8〕日本帝国主义在中国的占领区内实行残暴的经济掠夺，用以供给它进行侵略战争的需要。日本军阀把这种政策叫做"以战养战"。

〔9〕一九三八年十月武汉失守后，日本帝国主义逐渐集中主要兵力进犯敌后抗日根据地。他们所到之处，极其野蛮地实行烧光、杀光和抢光的政策。敌人把这种疯狂的军事进犯叫做"扫荡"。

和中央社、扫荡报、新民报[1] 三记者的谈话

（一九三九年九月十六日）

记者问：有几个问题请教。今天在《新中华报》[2]上看了毛先生九月一日的谈话，有些问题已经说到了，有些尚请毛先生补充。问题分三部分，就是写在纸上的，请逐一赐教。

毛答：可以根据先生们的问题表，分别来讲。

先生们提到抗战的相持阶段是否到来的问题。我以为，相持阶段是有条件地到来了。就是说，在国际新形势之下，在日本更加困难和中国绝不妥协的条件之下，可以说已经到来了。这里并不否认敌人还可能有比较大的战役进攻，例如进攻北海、长沙，甚至进攻西安，都是可能的。说敌人的大规模战略进攻和我们的战略退却在一定条件下基本上已经停止，并不是说一切进攻的可能和一切退却的可能都没有了。至于新阶段的具体内容，就是准备反攻，一切都可以包括在这一概念之中。这就是说，中国要在相持阶段中准备一切力量，以备将来的反攻。说准备反攻，并不是立即反攻，条件不够是不能反攻的。而且这讲的是战略的反攻，不是战役的反攻。战役上的反攻，例如对付敌人在晋东南的军事"扫荡"，我们把他打退，这样的战役反攻不但会有，而且是必不可少的。但是战略

上的大举反攻时期,现在还没有到,现在是对于这种大举反攻作积极准备的时期。在这个时期内,还要打退正面敌人一些可能的战役进攻。

如果把新阶段的任务分别来讲,那末,在敌人后方,一定要坚持游击战争,粉碎敌人的"扫荡",破坏敌人的经济侵略;在正面,一定要巩固军事防御,打退敌人可能的战役进攻;在大后方[3],主要的是积极改革政治。这许多,都是准备反攻的具体内容。

改革国内政治之所以非常重要,是因为敌人在目前,主要的是政治进攻,我们就要特别加强政治抵抗。这就是说,民主政治的问题,应当快点解决,才能加强政治上的抵抗力,才能准备军事力量。中国抗战主要地依靠自力更生。如果过去也讲自力更生,那末,在新的国际环境下,自力更生就更加重要。自力更生的主要内容,就是民主政治。

问:刚才毛先生说,为了自力更生达到抗战胜利,民主政治是必要的,那末,在现在的环境下,用什么方法来实现这个制度?

答:军政、训政、宪政三个时期的划分[4],原是孙中山先生说的。但孙先生在逝世前的《北上宣言》[5]里,就没有讲三个时期了,那里讲到中国要立即召开国民会议。可见孙先生的主张,在他自己,早就依据情势,有了变动。现在在抗战这种严重的局面之下,要避免亡国惨祸,并把敌人打出去,必须快些召集国民大会,实行民主政治。关于这个问题,有各种不同的议论。有些人说:老百姓没有知识,不能实行民主政治。这是不对的。在抗战中间,老百姓进步甚快,加上有领导,有方针,一定可以实行民主政治。例如在华北,已经实行了民主政治。在那里,区长、乡长、保甲长,多是民选的。县长,有些也是民选的了,许多先进的人物和有为的青年,被选出来当县长了。这样的问题,应该提出让大家讨论。

先生们提出的第二部分问题里,有关于所谓"限制异党"的问题,就是说,关于各地磨擦的问题。先生们关心这件事是很对的。关于这件事,近来情况虽然比较好一点,但是根本上没有什么变化。

问:共产党对这个问题的态度,曾向中央政府表示过没有?

答:我们已经提出抗议。

问:用什么方式提出的?

答:还是在七月间,我们党的代表周恩来同志,已经写信给蒋委员长。八月一日,延安各界又打了电报给蒋委员长和国民政府,要求取消那个秘密流行成为各地磨擦根源的所谓《限制异党活动办法》[6]。

问:中央政府有无答复?

答:没有答复。听说这个东西,国民党里面也有一些人不赞成。你们知道,共同抗日的军队叫做友军,不叫做"异军",那末,共同抗日的党派就是友党,不是"异党"。抗战中间有许多党派,党派的力量有大小,但是大家同在抗战,完全应该互相团结,而决不应该互相"限制"。什么是异党? 日本走狗汪精卫[7]的汉奸党是异党,因为它和抗日党派在政治上没有丝毫共同之点,这样的党,就应该限制。国民党、共产党,在政治上是有共同之点的,这就是抗日。所以现在是如何集中全力反日防日和反汪防汪的问题,而不是集中全力反共防共的问题。口号只能是这样提。现在汪精卫有三个口号:反蒋、反共、亲日。汪精卫是国共两党和全国人民的共同敌人。共产党却不是国民党的敌人,国民党也不是共产党的敌人,不应该互相反对,互相"限制",而应该互相团结,互相协助。我们的口号一定要和汪精卫的口号有区别,一定要和汪精卫的口号对立起来,而决不能和他相混同。他要反蒋,我们就要拥蒋;他要反共,我们就要联共;他要亲日,我们就要抗日。凡是敌人反对的,我们就要拥护;凡是敌人拥护的,我们就要反对。现在许多人的文章上常常有一句话,说是"无使亲痛仇快"。这句话出于东汉时刘秀的一位将军叫朱浮的写给渔阳太守彭宠的一封信,那信上说:"凡举事无为亲厚者所痛,而为见仇者所快。"朱浮这句话提出了一个明确的政治原则,我们千万不可忘记。

先生们的问题表中还问到共产党对待所谓磨擦的态度。我可以率直地告诉你们,我们根本反对抗日党派之间那种互相对消力量的磨擦。但是,任何方面的横逆如果一定要来,如果欺人太甚,如果实行压迫,那末,共产党就必须用严正的态度对待之。这态度就是:人不犯我,我不犯人;人若犯我,我必犯人。但我们是站在严格的自卫立场上的,任何共产党员不许超过自卫原则。

问:华北的磨擦问题怎样?

答:那里的张荫梧、秦启荣[8],是两位磨擦专家。张荫梧在河北,秦启荣在山东,简直是无法无天,和汉奸的行为很少区别。他们打敌人的时候少,打八路军的时候多。有许多铁的证据,如像张荫梧给其部下进攻八路军的命令等,我们已送给蒋委员长了。

问:新四军方面有无磨擦?

答:也是有的,平江惨案[9]就是惊动全国的大事件。

问:有些人说,统一战线是重要的,但是按照统一,边区政府就应该取消。关于这,先生以为如何?

答:各种胡言乱语到处都有,如所谓取消边区,即是一例。陕甘宁边区是民主的抗日根据地,是全国政治上最进步的区域,取消的理由何在?何况边区是蒋委员长早已承认了的,国民政府行政院也早在民国二十六年冬天就正式通过了。中国确实需要统一,但是应该统一于抗战,统一于团结,统一于进步。如果向相反的方面统一,那中国就会亡国。

问:由于对于统一的了解不同,国共是否有分裂的可能?

答:如果只说到可能性的话,那末,团结和分裂两种可能性都有,要看国共两党的态度如何,尤其要看全国人民的态度如何来决定。我们共产党方面,关于合作的方针,早经讲过,我们不但希望长期合作,而且努力争取这种合作。听说蒋委员长在国民党五中全会中也说过,国内问题不能用武力来解决。大敌当前,国共两党又都有了过去的经验,大家一定要长期合作,一定要避免分裂。但是要给长期合作找到政治保证,分裂的可能性才能彻底避免,这就是坚持抗战到底和实行民主政治。如果能这样做,那末,就能继续团结而避免分裂,这是要靠两党和全国人民共同努力的,也是一定要这样努力的。"坚持抗战、反对投降","坚持团结、反对分裂","坚持进步、反对倒退",这是我们党在今年的《七七宣言》里提出来的三大政治口号。我们认为只有这样做,中国才能避免亡国,并把敌人打出去;除此没有第二条路好走。

注　释

〔1〕中央社是国民党的中央通讯社。《扫荡报》是国民党政府军事系统的报纸。《新民报》是代表民族资产阶级的一种报纸。

〔2〕《新中华报》的前身是中华苏维埃共和国中央政府机关报《红色中华》,一九三七年一月二十九日改为此名,在延安出版。同年九月九日改为陕甘宁边区政府的机关报。一九三九年二月七日起改组为中国共产党中央委员会的机关报。一九四一年五月十五日终刊。

〔3〕指国民党统治区。抗日战争时期,人们习惯称未被日本侵略军占领而在国民党统治下的中国西南部和西北部的广大地区为“大后方”。

〔4〕孙中山在《建国大纲》中,曾经将“建国”程序划分为“军政”、“训政”、“宪政”三个时期。以蒋介石为首的国民党反动派,长期利用“军政”、“训政”的说法,作为实行反革命专政和剥夺人民一切自由权利的借口。

〔5〕一九二四年十月,直系军阀在第二次直奉战争中失败,它控制的北京中央政权垮台,冯玉祥等北方实力派电请孙中山入京,共商国是。孙中山于十一月十三日应邀北上。在离开广州前,孙中山发表《北上宣言》,重申反对帝国主义和军阀的主张,号召召集国民会议。这个宣言受到全国人民的欢迎。

〔6〕见本卷《必须制裁反动派》注〔5〕。

〔7〕见本书第一卷《论反对日本帝国主义的策略》注〔31〕。

〔8〕见本卷《团结一切抗日力量,反对反共顽固派》注〔5〕和注〔6〕。

〔9〕见本卷《必须制裁反动派》注〔1〕。

苏联利益和人类利益的一致

（一九三九年九月二十八日）

当着伟大的十月社会主义革命二十二周年纪念快要到来的时候，中苏文化协会要我写一篇文章。我想根据我的观察，说明几个和苏联和中国都有关系的问题。因为这些问题目前正在中国广大人民中间议论着，似乎还没有得到确定的结论。我想乘此时机，对这些问题提出一点意见，贡献给关心欧洲大战和中苏关系的人们，作为参考，或者不是无益的。

有些人说：苏联利于爆发世界大战，而不要求世界和平的继续；这次大战的爆发，就是由苏联不同英法订立互助条约而同德国订立互不侵犯条约[1]所促成的。这种意见，我以为是不正确的。因为在过去很长的时期中，苏联的对外政策是一贯的和平政策，这种和平政策就是以苏联的利益和世界人类大多数的利益互相联系着的。在过去，苏联不但为了自己建设社会主义需要和平，需要巩固苏联和世界各国间的和平关系，不使发生反苏战争；而且需要制止各法西斯国家的侵略，制止各所谓民主国家挑拨战争的行为，需要尽量地延缓帝国主义世界大战的爆发，争取世界范围内的和平。多年以来，苏联对于世界的和平事业，尽了很大的努力。例如，它加入了国际联盟[2]，同法国同捷克都订立了互助协定[3]，竭力想同英国及一切愿意和平的国家订立保障安全的条约。当德意联合侵略西班牙,而英美法采取名义上"不干涉"实际上放任德意侵略的政策的时候,苏联就积极地援助西班牙政府军反抗德意,而反对英美法的"不干涉"政策。当日本侵略中国,英美法采取同样的"不干涉"政策的时候,苏联就不但同中国订立了互不侵犯条约,而且积极地援助了中国的抗日。当英法两国牺牲奥国和捷克纵容希特勒侵略的时候,苏联就竭力揭穿慕尼黑政策[4]的黑幕,向英法提议制止侵略的进一步的发展。当今年春夏波兰问题紧张、世界大战一触即发的时候,不管张伯伦、达拉第[5]如何没有诚意,苏联还是同英法进行了四个多月的谈判,企图订立一个英法苏互助条约,制止大战的爆发。无如这一切,都被英法政府的帝国主义政策,纵容战争、挑拨战争、扩大战争的政策所障碍,世界和平事业就遭受了最后的挫折,帝国主义的世界大战终于爆发了。英、美、法各国政府,并无诚意制止大战的爆发;相反,它们是促成了大战的爆发。因为它们拒绝同苏联妥协,拒绝同苏联订立真正有效的建立在平等互惠基础之上的互助条约,这就证明它们只愿意战争,不愿意和平。谁也知道,在现在这个世界上,拒绝了苏联,就是拒绝了和平。这一点,就是英国的路易乔治,这个资产阶级的代表人物,也是知道的[6]。在这种状态下,在这个时候,德国愿意停止反苏,放弃《防共协定》[7],承认苏联边疆的不可侵犯,苏德互不侵犯条约就订立了。英美法的计划是:推动德国进攻苏联,它们自己"坐山观虎斗",让苏、德打得精疲力竭之后,它们出来收拾时局。这种阴谋,被苏德互不侵犯条约击破了。国人不去注意此种阴谋,不去注意英法帝国主义的纵容战争、挑拨战争和促进世界大战爆发的阴谋,实在是上了这些阴谋家的甜蜜宣传的当。这些阴谋家,在西班牙问题上,在中国问题上,在奥地利和捷克的问题上,不但并无丝毫制止侵略的意思,而且相反,纵容侵略,挑拨战争,使人为鹬蚌,己为渔人,美其名曰"不干涉",实则是"坐山观虎斗"。世界上多少人被张伯伦及其伙伴的甜蜜演说所蒙蔽,而不知道他们笑里藏刀的可怕,而不知道在张伯伦、达拉第决心拒绝苏联,决心进行帝国主义战争的时候,苏德才订立了互不侵犯条约;现在这些人应该觉悟过来了。苏联这样地维持世界和平到最后的一刻,这就是苏联的利益和人类大多数的利益互相一致的表现。这就是我要说的第一个问题。

有些人说:第二次帝国主义世界大战既然爆发了,苏联或者会参加战争的一方,就是说,苏联红军似乎即将参加德国帝国主义的战线。这种意见,我以为是不正确的。现在爆发的战争,无论在英法方面,或德国方面,都是非正义的、掠夺的、帝国主义的战争。世界各国的共产党,世界各国的人民,都应该起来反对这种战争,都应该揭穿战争双方的帝国主义性质,即仅仅有害于世界人民而丝毫也不利于世界人民的这种性质,都应该揭穿社会民主党拥护帝国主义战争背叛无产阶级利益的罪恶的行为。苏联是社会主义的国家,是共产党当权的国家,它对于战争的态度必然是鲜明的两种态度:(1)坚决地不参加非正义的、掠夺的、帝国主义的战争,对于战争的双方,严守中立。因此,苏联红军决不会无原则地参加帝国主义战线。(2)积极地援助正义的、非掠夺的、谋解放的战争。例如,十三年以前,援助中国人民的北伐战争;一年以前,援助西班牙人民的反抗德意的战争；两年以来，援助中国人民的抗日战争；几个月以来，援助蒙古人民的抗日战争；以及还必然地会援助将来其他国家其他民族中间可能发生的人民解放的战争和民族解放的战争，还必然地会援助有利于保卫和平的战争。关于这一点，苏联过去二十二年的历史已经证明了，今后的历史还将继续证明。有些人把苏联根据苏德商务协定同德国做生意一件事，看作是苏联参加德国战线的行动，这种意见也是不正确的，这是把通商和参战混为一谈的缘故。不但不能把通商和参战混为一谈，也不能把通商和援助混为一谈。例如在西班牙战争中，苏联是同德、意两国通商的，但世人不说苏联援助德意侵略西班牙，而说苏联援助西班牙反抗德意的侵略，这是因为苏联确实地援助了西班牙的缘故。又如在中日战争中，苏联也是同日本通商的，世人也不说苏联援助日本侵略中国，而说它援助中国反抗日本的侵略，这是因为苏联确实地援助了中国的缘故。现在世界大战的双方都和苏联有通商关系，这种事实，对于双方都说不到援助，更说不到参战。除非战争的性质有了变化，某一国或某几国的战争经过一定的必要的变化之后，对于苏联和世界人民有利的时候，那时才有援助或参战的可能；否则是没有这种可能的。至于依据交战各国对苏联的态度是亲苏或反苏的分别，使苏联对它们的通商不得不有多有少，有厚有薄，这是各交战国自己态度的问题，不是苏联的问题。但是即使某一国家或某些国家采取了反苏态度，只要它们还愿维持外交关系，订立通商条约，而不向苏联宣战，例如八月二十三日以前的德国那样，苏联也不会同它们断绝通商关系的。这种通商关系，不是援助，更不是参战,这是应该认识清楚的。这就是我要说的第二个问题。

国内许多的人,对于苏联进兵波兰[8]的问题,糊涂起来了。波兰问题,应该分为德国方面,英法方面,波兰政府方面,波兰人民方面和苏联方面几个方面来看。在德国方面,它是为了掠夺波兰人民而进行战争的,是为了击破英法帝国主义战线的一翼而进行战争的。这种战争的性质,是帝国主义的,是不能同情的,是应当反对的。在英法方面,是把波兰作为英法财政资本掠夺的对象之一,是为了在世界范围内拒绝德国帝国主义重分它们的赃物而去利用波兰的,是把波兰当做自己帝国主义战线的一翼来看待的,所以英法的战争是帝国主义战争,英法的所谓援助波兰不过是同德国争夺对波兰的统治权,同样是不能同情的,是应当反对的。在波兰政府方面,它是一个法西斯政府,是波兰地主资产阶级的反动政府,它残酷地剥削工农,压迫波兰的民主主义者;它又是一个大波兰主义的政府,因为它在波兰民族以外的许多少数民族中,即在乌克兰人、白俄罗斯人、犹太人、日耳曼人、立陶宛人等等一千余万人口的非波兰民族中,施行残酷的民族压迫,它本身是一个帝国主义的政府。在这次战争中,波兰反动政府甘愿驱使波兰人民充当英法财政资本的炮灰,甘愿充当国际财政资本反动战线的一个组成部分。二十年来,波兰政府一贯地反对苏联,在英法苏谈判中,坚决地拒绝苏联军队的援助。而这个政府又是一个十分无能的政府,一百五十万以上的大军,不堪一击,仅仅在两个星期的时间中,就葬送了自己的国家,使波兰人民遭受德国帝国主义的蹂躏。所有这一切,都是波兰政府的滔天罪恶,如果我们同情这样的政府,那是不对的。在波兰人民方面,他们是牺牲者,他们应该起来反对德国法西斯的压迫,反对自己的反动的地主资产阶级,建立独立的自由的波兰民主国家。毫无疑义的,我们的同情应该寄在波兰人民方面。在苏联方面,则是采取了完全正义的行动。当时摆在苏联面前的问题有下面的两个。第一个问题是:让整个波兰处在德国帝国主义的统治下面呢,还是让东部波兰少数民族得到解放呢?在这个问题上,苏联选择了第二条路。在那白俄罗斯民族和乌克兰民族居住的一大块土地,还是在一九一八年订立布列斯特条约[9]的时候,就被当时的德国帝国主义从幼年的苏联手里强迫地割去,而后来又被凡尔赛条约强迫地放到波兰反动政府的统治下面。苏联现在不过是把过去失掉的土地收回来,把被压迫的白俄罗斯民族和乌克兰民族解放出来,并使免受德国的压迫。这几天的电讯,指明这些少数民族是怎样地箪食壶浆以迎红军,把红军看做他们的救星;而在德军占领的西部波兰地方,法军占领的西部德国地方,则丝毫也没有这种消息。这就是表明,苏联的战争是正义的、非掠夺的、谋解放的战争,是援助弱小民族解放、援助人民解放的战争。而德国的战争,英法的战争,则都是非正义的、掠夺的、帝国主义的战争,是压迫他国民族、压迫他国人民的战争。除此以外,在苏联面前,还有第二个问题,这就是张伯伦企图继续他的反对苏联的老政策。张伯伦的政策是:一方面大举封锁德国的西面,压迫德国的西部;一方面企图联合美国,收买意大利,收买日本,收买北欧各国,使它们站在自己方面,以孤立德国;再一方面,则拿波兰,甚至还准备拿匈牙利,拿罗马尼亚,作为礼物,以引诱德国。总之,用威迫利诱种种办法,推动德国放弃苏德互不侵犯条约,使之倒转枪口,进攻苏联。这种阴谋,不但过去和现在是存在着,而且将来也还会继续的。苏联大军的进入波兰东部,是为了收复自己国土,解放弱小民族,同时也是制止德国侵略势力向东扩展,击破张伯伦阴谋的一个具体步骤。从这几天的消息看来,苏联的这一方针,是极大地成功了。这就是苏联的利益和世界人类大多数的利益互相一致,和波兰反动统治下被压迫人民的利益互相一致的具体表现。这就是我要说的第三个问题。

苏德互不侵犯条约订立之后的整个形势,大大地打击了日本,援助了中国,加强了中国抗战派的地位,打击了投降派。中国人民,对于这个协定表示欢迎,是很正确的。但当诺蒙坎停战协定[10]订立之后,英、美通讯社纷传日苏互不侵犯协定行将订立的消息,中国人民中间就发生一种忧虑,有些人认为苏联或者将不援助中国了。这种观察,我以为是不正确的。诺蒙坎停战协定的性质,和过去张高峰停战协定[11]是一样的,就是说,在日本屈膝之下,日本军阀承认了苏蒙边疆的不可侵犯。这种停战协定,将使苏联增加对于中国援助的可能,而不是减少其援助。至于所谓日苏互不侵犯条约,在过去多年之前,苏联就要求日本签订,日本始终拒绝。现在日本统治阶级内部的一派,要求苏联订立这种条约,而苏联是否愿意订立,须看这个条约是否合乎苏联利益和世界人类大多数利益这一个基本原则而定。具体地说,就是要看这个条约是否不和中国民族解放战争的利益相冲突。据我看,根据斯大林今年三月十日在苏联共产党第十八次代表大会上的报告,根据莫洛托夫今年五月三十日在苏联最高议会上的演说,苏联是不会变更这个基本原则的。即使日苏互不侵犯条约有订立的可能,苏联也决不会在条约中限制自己援助中国的行动。苏联的利益和中国民族解放的利益决不会互相冲突,而将是永久互相一致。这一点,我认为绝对没有疑义。那些有反苏成见的人,借着诺蒙坎停战协定的订立和日苏互不侵犯条约的传闻,掀风鼓浪,挑拨中苏两大民族间的感情。这种情形,在英美法的阴谋家中,在中国的投降派中,都是存在的,这是一种严重的危险,应该彻底地揭穿其黑幕。中国的外交政策,很明显的,应该是抗日的外交政策。这个政策以自力更生为主,同时不放弃一切可能争取的外援。而所谓外援,在帝国主义世界大战爆发的情况之下,主要地是在下列的三方面:(1)社会主义的苏联;(2)世界各资本主义国家内的人民;(3)世界各殖民地、半殖民地的被压迫民族。只有这些才是可靠的援助者。此外的所谓外援,即使还有可能,也只能看作是部分的和暂时的。当然,这些部分的暂时的外援,也是应该争取的,但决不可过于依赖,不可看作可靠的援助。对于帝国主义战争的交战各国,中国应该严守中立,不参加任何的一方。那种主张中国应该参加英法帝国主义战线的意见,乃是投降派的意见,不利于抗日和不利于中华民族独立解放的意见,是应该根本拒绝的。这就是我要说的第四个问题。

上述的这些问题,都是当前国人议论纷纷的问题。国人注意国际问题的研究,注意帝国主义世界大战和中国抗日战争的关系,注意苏联和中国的关系,而其目的是为了中国抗日的胜利,这是很好的现象。我现在提出我对于上述各问题的一些基本观点,是否有当,希望读者不吝指教。

注　　释

〔1〕见本卷《关于国际新形势对新华日报记者的谈话》注〔2〕。

〔2〕国际联盟是第一次世界大战以后,英、法、日等国为了协商宰割世界和暂时调节相互之间的矛盾而成立的国际组织。一九三一年日本占领中国东北以后,为了扩大侵略行动的便利,于一九三三年宣告退出国联;一九三三年德国法西斯党执政,为了准备侵略战争的便利,也退出了国联。就在法西斯侵略战争的威胁日益扩大的时期,苏联为了使国联变成揭露侵略者、争取世界和平的场所,于一九三四年加入了国际联盟。

〔3〕苏法和苏捷两个互助条约都是在一九三五年五月订立的。

〔4〕见本卷《反对投降活动》注〔5〕。

〔5〕见本卷《关于国际新形势对新华日报记者的谈话》注〔3〕。

〔6〕路易乔治,即劳合·乔治,英国资产阶级自由党领袖之一。一九三八年冬,英法政府准备同德意法西斯政府举行协商,十一月九日劳合·乔治在议会中说:拒绝苏联参加协商,就不可能取得和平。

〔7〕见本卷《关于国际新形势对新华日报记者的谈话》注〔5〕。

〔8〕一九三九年九月一日,德国出兵侵入波兰,占领了波兰的大部分土地。十七日波兰政府逃亡国外。苏联为了防止德国法西斯的东侵,于九月十七日进兵波兰东部。

〔9〕见本书第一卷《中国革命战争的战略问题》注〔23〕。

〔10〕自一九三九年五月开始,日"满"(伪满洲国)军在"满"蒙边境诺蒙坎地方,向苏联和蒙古人民共和国的军队进攻。在苏蒙军的自卫反击下,日"满"军遭到惨败,向苏联要求停战。九月十六日,诺蒙坎停战协定在莫斯科签订,主要内容是:一、双方立即停战;二、苏蒙和日"满"双方各派代表二人组织委员会,以勘定"满"蒙发生冲突地带的界线。

〔11〕张高峰,即张鼓峰。一九三八年七月底八月初,日军在中国、苏联交界处的张鼓峰地方,向苏军挑衅。在苏军的有力回击下,日军失败求和。八月十日,苏日在莫斯科订立张鼓峰停战协定,规定双方立即停战,发生冲突地带的双方界线的最后标定,由苏联代表二人、日"满"代表二人组织混合委员会调查处理。

《共产党人》发刊词

（一九三九年十月四日）

　　中央很早就计划出版一个党内的刊物，现在算是实现了。为了建设一个全国范围的、广大群众性的、思想上政治上组织上完全巩固的布尔什维克化的中国共产党，这样一个刊物是必要的。在当前的时机中，这种必要性更加明显。当前时机中的特点，一方面，是抗日民族统一战线中的投降危险、分裂危险和倒退危险日益发展着；又一方面，是我们党已经走出了狭隘的圈子，变成了全国性的大党。而党的任务是动员群众克服投降危险、分裂危险和倒退危险，并准备对付可能的突然事变，使党和革命不在可能的突然事变中，遭受出乎意料的损失。在这种时机，这样一个党内刊物的出版，实在是十分必要的了。

　　这个党内刊物定名为《共产党人》。它的任务是什么呢？它将写些什么东西呢？它和别的党报有些什么不同呢？

　　它的任务就是：帮助建设一个全国范围的、广大群众性的、思想上政治上组织上完全巩固的布尔什维克化的中国共产党。为了中国革命的胜利，迫切地需要建设这样一个党，建设这样一个党的主观客观条件也已经大体具备，这件伟大的工程也正在进行之中。帮助进行这件伟大的工程，不是一般党报所能胜任的，必须有专门的党报，这就是《共产党人》出版的原因。

在某种程度上说来，我们的党已经是一个全国性的党，也已经是一个群众性的党；而且就其领导骨干说来，就其党员的某些成分说来，就其总路线说来，就其革命工作说来，也已经是一个思想上、政治上、组织上都巩固的和布尔什维克化的党。

那末，现在提出新的任务的理由何在呢？

理由就在：我们现在有大批的新党员所形成的很多的新组织，这些新组织还不能说是广大群众性的，还不是思想上、政治上、组织上都巩固的，还不是布尔什维克化的。同时，对于老党员，也发生了提高水平的问题，对于老组织，也发生了在思想上、政治上、组织上进一步巩固和进一步布尔什维克化的问题。党所处的环境，党所负的任务，现在和过去国内革命战争时期有很大的不同，现在的环境是复杂得多，现在的任务是艰巨得多了。

现在是民族统一战线的时期，我们同资产阶级建立了统一战线；现在是抗日战争的时期，我们党的武装在前线上配合友军同敌人进行残酷的战争；现在是我们党发展成为全国性的大党的时期，党已经不是从前的样子了。如果把这些情况联系起来看，就懂得我们提出"建设一个全国范围的、广大群众性的、思想上政治上组织上完全巩固的布尔什维克化的中国共产党"，是怎样一个光荣而又严重的任务了。

我们现在要建设这样一个党，究竟应该怎样进行呢？解决这个问题，是同我们党的历史，是同我们党的十八年斗争史，不能分离的。

我们党的历史，从一九二一年第一次全国代表大会那个时候起，到现在，已经整整十八年了。十八年中，党经历了许多伟大的斗争。党员、党的干部、党的组织，在这些伟大斗争中，锻炼了自己。他们经历过伟大的革命胜利，也经历过严重的革命失败。同资产阶级建立过民族统一战线，又由于这种统一战线的破裂，同大资产阶级及其同盟者进行过严重的武装斗争。最近三年，则又处于同资产阶级建立民族统一战线的时期中。中国革命和中国共产党的发展道路，是在这样同中国资产阶级的复杂关联中走过的。这是一个历史的特点，殖民地半殖民地革命过程中的特点，而为任何资本主义国家的革命史中所没有的。再则，由于中国是半殖民地半封建的国家，政治、经济、文化各方面发展不平衡的国家，半封建经济占优势而又土地广大的国家，这就不但规定了中国现阶段革命的性质是资产阶级民主革命的性质，革命的主要对象是帝国主义和封建主义，基本的革命的动力是无产阶级、农民阶级和城市小资产阶级，而在一定的时期中，一定的程度上，还有民族资产阶级的参加，并且规定了中国革命斗争的主要形式是武装斗争。我们党的历史，可以说就是武装斗争的历史。斯大林同志说过："在中国，是武装的革命反对武装的反革命。这是中国革命的特点之一，也是中国革命的优点之一。"[1]这是说得非常之对的。这一特点，这一半殖民地的中国的特点，也是各个资本主义国家的共产党领导的革命史中所没有的，或是同那些国家不相同的。这样：（一）无产阶级同资产阶级建立或被迫分裂革命的民族统一战线，（二）主要的革命形式是武装斗争，——就成了中国资产阶级民主革命过程中的两个基本特点。这里，我们没有把党同农民阶级和党同城市小资产阶级的关系作为基本特点,这是因为:第一,这种关系,世界各国的共产党原则上都是一样的;第二,在中国,只要一提到武装斗争,实质上即是农民战争,党同农民战争的密切关系即是党同农民的关系。

由于这两个基本特点,恰是由于这些基本特点,我们党的建设过程,我们党的布尔什维克化的过程,就处在特殊的情况中。党的失败和胜利,党的后退和前进,党的缩小和扩大,党的发展和巩固,都不能不联系于党同资产阶级的关系和党同武装斗争的关系。当我们党的政治路线是正确地处理同资产阶级建立统一战线或被迫着分裂统一战线的问题时,我们党的发展、巩固和布尔什维克化就前进一步;而如果是不正确地处理同资产阶级的关系时,我们党的发展、巩固和布尔什维克化就会要后退一步。同样,当我们党正确地处理革命武装斗争问题时,我们党的发展、巩固和布尔什维克化就前进一步;而如果是不正确地处理这个问题时,那末,我们党的发展、巩固和布尔什维克化也就会要后退一步。十八年来,党的建设过程,党的布尔什维克化的过程,是这样同党的政治路线密切地联系着,是这样同党对于统一战线问题、武装斗争问题之正确处理或不正确处理密切地联系着的。这一论断,很明显地,已经被十八年党的历史所证明了。倒转来说,党更加布尔什维克化,党就能、党也才能更正确地处理党的政治路线,更正确地处理关于统一战线问题和武装斗争问题。这一论断,也是很明显地被十八年来的党的历史所证明了。

所以,统一战线问题,武装斗争问题,党的建设问题,是我们党在中国革命中的三个基本问题。正确地理解了这三个问题及其相互关系,就等于正确地领导了全部中国革命。而在十八年党的历史中,凭借我们丰富的经验,失败和成功、后退和前进、缩小和发展的深刻的和丰富的经验,我们已经能够对这三个问题做出正确的结论来了。就是说,我们已经能够正确地处理统一战线问题,又正确地处理武装斗争问题,又正确地处理党的建设问题。也就是说,十八年的经验,已使我们懂得:统一战线,武装斗争,党的建设,是中国共产党在中国革命中战胜敌人的三个法宝,三个主要的法宝。这是中国共产党的伟大成绩,也是中国革命的伟大成绩。

在这里,让我们对于这三个法宝,三个问题,分别地大略地说一下吧。

十八年中,中国无产阶级同中国资产阶级和其他阶级的统一战线,是在三种不同的情况、三个不同的阶段中间发展着的,这就是一九二四年至一九二七年第一次大革命的阶段,一九二七年至一九三七年土地革命战争的阶段和今天的抗日战争的阶段。三个阶段的历史,证明了下列的规律:(一)由于中国最大的压迫是民族压迫,在一定的时期中,一定的程度上,中国民族资产阶级是能够参加反帝国主义和反封建军阀的斗争的。因此,无产阶级在这种一定的时期内,应该同民族资产阶级建立统一战线,并尽可能地保持之。(二)又由于中国民族资产阶级在经济上、政治上的软弱性,在另一种历史环境下,它就会动摇变节。因此,中国革命统一战线的内容不能始终一致,而是要发生变化的。在某一时期有民族资产阶级参加在内,而在另一时期则民族资产阶级并不参加在内。(三)中国的带买办性的大资产阶级,是直接为帝国主义服务并为它们所豢养的阶级。因此,中国的带买办性的大资产阶级历来都是革命的对象。但是,由于中国的带买办性的大资产阶级的各个集团是以不同的帝国主义为背景的,在各个帝国主义间的矛盾尖锐化的时候,在革命的锋芒主要地是反对某一个帝国主义的时候,属于别的帝国主义系统的大资产阶级集团也可能在一定程度上和一定时期内参加反对某一个帝国主义的斗争。在这种一定的时期内,中国无产阶级为了削弱敌人和加强自己的后备力量,可以同这样的大资产阶级集团建立可能的统一战线,并在有利于革命的一定条件下尽可能地保持之。(四)在买办性的大资产阶级参加统一战线并和无产阶级一道向共同敌人进行斗争的时候,它仍然是很反动的,它坚决地反对无产阶级及其政党在思想上、政治上、组织上的发展,而要加以限制,而要采取欺骗、诱惑、"溶解"和打击等等破坏政策,并以这些政策作为它投降敌人和分裂统一战线的准备。(五)无产阶级的坚固的同盟者是农民。(六)城市小资产阶级也是可靠的同盟者。这些规律的正确性,不但在第一次大革命时期和土地革命时期证明了,而且在目前的抗日战争中也在证明着。因此,无产阶级的政党在同资产阶级(尤其是大资产阶级)组织统一战线的问题上,必须实行坚决的、严肃的两条战线斗争。一方面,要反对忽视资产阶级在一定时期中一定程度上参加革命斗争的可能性的错误。这种错误,把中国的资产阶级和资本主义国家的资产阶级看做一样,因而忽视同资产阶级建立统一战线并尽可能保持这个统一战线的政策,这就是"左"倾关门主义。另一方面,则要反对把无产阶级和资产阶级的纲领、政策、思想、实践等等看做一样的东西,忽视它们之间的原则差别的错误。这种错误,忽视资产阶级(尤其是大资产阶级)不但在极力影响小资产阶级和农民,而且还在极力影响无产阶级和共产党,力求消灭无产阶级和共产党在思想上、政治上、组织上的独立性,力求把无产阶级和共产党变成资产阶级及其政党的尾巴,力求使革命果实归于资产阶级的一群一党的事实;忽视资产阶级(尤其是大资产阶级)一到革命同他们一群一党的私利相冲突时,他们就实行叛变革命的事实。如果忽视了这一方面,这就是右倾机会主义。过去陈独秀右倾机会主义[2]的特点,就是引导无产阶级适合资产阶级一群一党的私利,这也就是第一次大革命失败的主观原因。中国资产阶级在资产阶级民主革命中的这种二重性,对于中国共产党的政治路线和党的建设的影响是非常之大的,不了解中国资产阶级的这种二重性,就不能了解中国共产党的政治路线和党的建设。中国共产党的政治路线的重要一部分,就是同资产阶级联合又同它斗争的政治路线。中国共产党的党的建设的重要一部分,就是在同资产阶级联合又同它斗争的中间发展起来和锻炼出来的。这里所谓联合,就是同资产阶级的统一战线。所谓斗争,在同资产阶级联合时,就是在思想上、政治上、组织上的"和平"的"不流血"的斗争;而在被迫着同资产阶级分裂时,就转变为武装斗争。如果我们党不知道在一定时期中同资产阶级联合,党就不能前进,革命就不能发展;如果我们党不知道在联合资产阶级时又同资产阶级进行坚决的、严肃的"和平"斗争,党在思想上、政治上、组织上就会瓦解,革命就会失败;又如果我们党在被迫着同资产阶级分裂时不同资产阶级进行坚决的、严肃的武装斗争,同样党也就会瓦解,革命也就会失败。所有这些,都是在过去十八年的历史中证明了的。

中国共产党的武装斗争,就是在无产阶级领导之下的农民战争。它的历史,也可以分为三个阶段。第一阶段,是参加北伐战争。这时,我们党虽已开始懂得武装斗争的重要性,但还没有彻底了解其重要性,还没有了解武装斗争是中国革命的主要斗争形式。第二阶段,是土地革命战争。这时,我们党已经建立了独立的武装队伍,已经学会了独立的战争艺术,已经建立了人民政权和根据地。我们党已经能够把武装斗争这个主要斗争形式同其他许多的必要的斗争形式直接或间接地配合起来,就是说,把武装斗争同工人的斗争,同农民的斗争(这是主要的),同青年的、妇女的、一切人民的斗争,同政权的斗争,同经济战线上的斗争,锄奸战线上的斗争,思想战线上的斗争,等等斗争形式,在全国范围内或者直接地或者间接地配合起来。而这种武装斗争,就是在无产阶级领导之下的农民土地革命斗争。第三个阶段,就是现在的抗日战争阶段。在这个阶段中,我们能够运用过去第一阶段中尤其是第二阶段中的武装斗争的经验,能够运用武装斗争形式和其他各种必要的斗争形式互相配合的经验。这种武装斗争的总概念,在目前就是游击战争[3]。游击战争是什么呢? 它就是在落后的国家中,在半殖民地的大国中,在长时期内,人民武装队伍为了战胜武装的敌人、创造自己的阵地所必须依靠的因而也是最好的斗争形式。到目前为止,我们党的政治路线和党的建设,是密切地联系于这一斗争形式的。离开了武装斗争,离开了游击战争,就不能了解我们的政治路线,也就不能了解我们的党的建设。我们的政治路线的重要一部分就是武装斗争。十八年来，我们党是逐步学会了并坚持了武装斗争。我们懂得，在中国，离开了武装斗争，就没有无产阶级的地位，就没有人民的地位，就没有共产党的地位，就没有革命的胜利。十八年来，我们党的发展、巩固和布尔什维克化，是在革命战争中进行的，没有武装斗争，就不会有今天的共产党。这个拿血换来的经验，全党同志都不要忘记。

党的建设的过程，党的发展、巩固和布尔什维克化的过程，也同样是有三个阶段的特点的。第一阶段是党的幼年时期。在这个阶段的初期和中期，党的路线是正确的，党员群众和党的干部的革命积极性是非常之高的，因此获得了第一次大革命的胜利。然而这时的党终究还是幼年的党，是在统一战线、武装斗争和党的建设三个基本问题上都没有经验的党，是对于中国的历史状况和社会状况、中国革命的特点、中国革命的规律都懂得不多的党，是对于马克思列宁主义的理论和中国革命的实践还没有完整的、统一的了解的党。因此，党的领导机关中占统治地位的成分，在这一阶段的末期，在这一阶段的紧要关头中，没有能够领导全党巩固革命的胜利，受了资产阶级的欺骗，而使革命遭到失败。在这一阶段中，党的组织是发展了，但是没有巩固，没有能够使党员、党的干部在思想上、政治上坚定起来。新党员非常之多，但是没有给予必要的马克思列宁主义的教育。工作经验也不少，但是不能够很好地总结起来。党内混入了大批的投机分子，但是没有清洗出去。党处于敌人和同盟者的阴谋诡计的包围中，但是没有警觉性。党内涌出了很多的活动分子，但是没有来得及造成党的中坚骨干。党的手里有了一批革命武装，但是不能掌握住。所有这些情形，都是由于没有经验，缺乏深刻的革命认识，还不善于将马克思列宁主义的理论和中国革命的实践相结合。这就是党的建设的第一阶段。第二阶段，即土地革命战争的阶段。由于有了第一阶段的经验，由于对于中国的历史状况和社会状况、中国革命的特点、中国革命的规律的进一步的了解，由于我们的干部更多地领会了马克思列宁主义的理论，更多地学会了将马克思列宁主义的理论和中国革命的实践相结合，我们党就能够进行了胜利的十年土地革命斗争。资产阶级虽然叛变了，但是党能够紧紧地依靠着农民。党的组织不但重新发展了，而且得到了巩固。敌人虽然天天在暗害我们的党，但是党驱逐了暗害分子。大批干部重新在党内涌出，而且变成了党的中心骨干。党开辟了人民政权的道路，因此也就学会了治国安民的艺术。党创造了坚强的武装部队，因此也就学会了战争的艺术。所有这些，都是党的重大进步和重大成功。然而，一部分同志曾在这个伟大斗争中跌下了或跌下过机会主义的泥坑，这仍然是因为他们不去虚心领会过去的经验，对于中国的历史状况和社会状况、中国革命的特点、中国革命的规律不了解，对于马克思列宁主义的理论和中国革命的实践没有统一的理解而来的。因此，党的领导机关的一部分人，没有能够在这一整个阶段中掌握住正确的政治路线和组织路线。党和革命在一个时期遭受过李立三同志"左"倾机会主义[4]的危害，而在另一个时期，又遭受过革命战争中的"左"倾机会主义和白区工作中的"左"倾机会主义的危害。只在到了遵义会议[5]（一九三五年一月在贵州遵义召开的中央政治局会议）以后，党才彻底地走上了布尔什维克化的道路，奠定了后来战胜张国焘右倾机会主义[6]和建立抗日民族统一战线的基础。这就是党的发展过程的第二个阶段。党的发展过程的第三个阶段，就是抗日民族统一战线的阶段。这个阶段，已经过去了三年，这三年的斗争，是有非常伟大的意义的。党凭借着过去两个革命阶段中的经验，凭借着党的组织力量和武装力量，凭借着党在全国人民中间的很高的政治信仰，凭借着党对于马克思列宁主义的理论和中国革命的实践之更加深入的更加统一的理解，就不但建立了抗日民族统一战线，而且进行了伟大的抗日战争。党的组织已经从狭小的圈子中走了出来，变成了全国性的大党。党的武装力量，也在同日寇的斗争中重新壮大起来和进一步坚强起来了。党在全国人民中的影响，更加扩大了。这些都是伟大的成功。然而，大批的新党员还没有受到教育，很多的新组织还没有巩固，他们同老党员和老组织之间，还存在着很大的区别。大批的新党员、新干部还没有足够的革命经验。他们对于中国的历史状况和社会状况、中国革命的特点、中国革命的规律还不懂得或懂得不多。他们对于马克思列宁主义的理论和中国革命的实践之完全的统一的理解，还相距很远。在过去发展党的组织的工作中，虽然中央着重地提出了"大胆发展而又不让一个坏分子侵入"的口号，但实际上是混进了许多投机分子和敌人的暗害分子。统一战线虽然建立了并坚持了三年之久，可是资产阶级特别是大资产阶级却时时刻刻在企图破坏我们的党，大资产阶级投降派和顽固派所指挥的严重的磨擦斗争在全国进行着，反共之声喧嚣不已。大资产阶级投降派和顽固派,并想以此作为投降日本帝国主义、分裂统一战线和拉了中国向后倒退的准备。大资产阶级在思想上企图"溶解"共产主义,在政治上、组织上企图取消共产党,取消边区,取消党的武装力量。在这种情况之下,我们的任务,无疑是克服这种投降、分裂和倒退的危险,尽可能地保持民族统一战线,保持国共合作,而争取继续抗日、继续团结和继续进步;同时,准备对付可能的突然事变,使党和革命不在可能的突然事变中遭受意外的损失。为达此目的,就要巩固党的组织,巩固党的武装力量,并动员全国人民,进行反投降、反分裂、反倒退的坚决的斗争。这种任务的完成,依靠全党的努力,依靠全体党员、党的干部、党的各地各级组织实行不屈不挠再接再厉的斗争。我们相信,有了十八年经验的中国共产党,在它的有经验的老党员、老干部和带着新鲜血液富有朝气的新党员、新干部相互协力的情况下,在它的经历过风浪的布尔什维克化的中央和地方组织相互协力的情况下,在它的坚强的武装力量和进步的人民群众相互协力的情况下,是可能达到这些目的的。

这就是我们党在十八个年头中的主要的经历和主要的问题。

十八年的经验告诉我们,统一战线和武装斗争,是战胜敌人的两个基本武器。统一战线,是实行武装斗争的统一战线。而党的组织,则是掌握统一战线和武装斗争这两个武器以实行对敌冲锋陷阵的英勇战士。这就是三者的相互关系。

我们今天要怎样建设我们的党? 要怎样才能建设一个"全国范围的、广大群众性的、思想上政治上组织上完全巩固的布尔什维克化的中国共产党"? 这个问题,考察一下我们党

的历史，就会懂得；把党的建设问题同统一战线问题、同武装
斗争问题联系起来看一下，把党的建设问题同联合资产阶级
又同它作斗争的问题、同八路军新四军坚持抗日游击战争和
建立抗日根据地的问题联系起来看一下，就会懂得。

　　根据马克思列宁主义的理论和中国革命的实践之统一的
理解，集中十八年的经验和当前的新鲜经验传达到全党，使党
铁一样地巩固起来，而避免历史上曾经犯过的错误——这就
是我们的任务。

注　　释

　　〔1〕见斯大林《论中国革命的前途》(《斯大林选集》上卷，人民出版社 1979 年
版，第 487 页)。

　　〔2〕见本书第一卷《中国革命战争的战略问题》注〔4〕。

　　〔3〕毛泽东在这里说中国革命的武装斗争的总概念在目前就是游击战争，是
总结了第二次国内革命战争和抗日战争初期的中国革命战争的经验。在第二次
国内革命战争时期的长时间内，中国共产党所领导的武装斗争都是游击战争。这
个时期的后一阶段，随着红军力量的成长，游击战曾经转变为带游击性的运动战
(这种运动战，按照毛泽东的说法，是提高了的游击战争)。但在抗日战争期间，根
据敌情的变化，这种带游击性的运动战又基本上转变为游击战争。在抗日战争的
初期，党内犯右倾机会主义错误的同志轻视党所领导的游击战争，而把自己的希
望寄托于国民党军队的作战。毛泽东曾在《抗日游击战争的战略问题》、《论持久
战》和《战争和战略问题》等著作中，驳斥了这种观点，并在本文中把长时期内中国
革命的武装斗争采取游击战争形式的经验，作了理论上的总结。中国共产党所领
导的武装斗争，到了抗日战争的后期，特别是第三次国内革命战争时期，由于革命
力量的新成长和敌情的新变化，战争的主要形式就由游击战争转变为正规战争；
而在第三次国内革命战争的后期，更发展为使用大量重武器并包括攻坚战的大兵
团作战了。

　　〔4〕见本书第一卷《中国革命战争的战略问题》注〔5〕。

　　〔5〕见本书第一卷《中国革命战争的战略问题》注〔7〕。

　　〔6〕参见本书第一卷《论反对日本帝国主义的策略》注〔23〕和注〔24〕。

目前形势和党的任务 [*]

（一九三九年十月十日）

（一）帝国主义世界大战的爆发，是由于各帝国主义国家企图解脱新的经济危机和政治危机。战争的性质，无论在德国或英法方面，都是非正义的掠夺的帝国主义战争。全世界共产党都应该坚决反对这种战争，反对社会民主党拥护这种战争叛卖无产阶级的罪恶行为。社会主义的苏联依然坚持其和平政策，对战争的双方严守中立，用出兵波兰的行动制止德国侵略势力向东扩展，巩固东欧和平，解放被波兰统治者所压迫的西部乌克兰和白俄罗斯的兄弟民族。苏联和其周围各国订立了各种条约，以预防国际反动势力的可能的袭击，并为世界和平的恢复而奋斗。

（二）日本帝国主义在国际新形势下的政策是专力进攻中国，企图解决中国问题，以准备将来扩大其对国际的冒险行动。其企图用以解决中国问题的方针是：

一、对于占领区域，是加以确保，作为灭亡全中国的准备。为达此目的，它需要"扫荡"抗日游击根据地，需要进行经济开发和建立伪政权，需要消灭中国人的民族精神。

---

* 这是毛泽东为中共中央起草的决定。

二、对于我后方，是以政治进攻为主，而以军事进攻为辅。所谓政治进攻，就是着重于分化抗日统一战线，分裂国共合作，引诱国民党政府投降，而不是着重于大规模的军事进攻。

在现在时期，敌人如同过去进攻武汉那样的大规模战略进攻行动，由于他所受中国过去二年余的英勇抗战的打击，由于他的兵力不足和财力不足，其可能性已经不大了。在这种意义上，抗战的战略相持阶段基本上已经到来。这种战略相持阶段，即是准备反攻阶段。但是第一，我们说相持局面基本上已经到来，并不否认敌人还有某些战役进攻的可能；敌人现在正在进攻长沙，将来还可能进攻其他若干地区。第二，随着正面相持的可能之增多，敌人将加重其对于我游击根据地的"扫荡"战争。第三，如果中国不能破坏敌人占领地，让其达到确保占领地、经营占领地的目的；又如果中国不能打退敌人的政治进攻，不能坚持抗战，坚持团结，坚持进步，以准备反攻力量，或者国民党政府竟自动投降；那末，在将来，敌人就仍有大举进攻的可能。就是说，已经到来的相持局面仍有被敌人和投降派破坏的可能。

（三）抗日统一战线中的投降危险、分裂危险和倒退危险仍然是当前时局中的最大危险，目前的反共现象和倒退现象仍然是大地主大资产阶级准备投降的步骤。我们的任务，仍然是协同全国一切爱国分子，动员群众，切实执行我党《七七宣言》中"坚持抗战、反对投降"，"坚持团结、反对分裂"，"坚持进步、反对倒退"三大政治口号，以准备反攻力量。为达此目的，在敌后方，必须坚持游击战争，战胜敌人的"扫荡"，破坏敌人的占领地，实行激进的有利于广大抗日民众的政治改革和经济改革。在正面,必须支持军事防御,打退敌人可能的任何战役进攻。在我后方,必须迅速地认真地实行政治改革,结束国民党一党专政,召集真正代表民意的有权力的国民大会,制定宪法,实行宪政。任何的动摇和懈怠,任何与此相反的方针,都是绝对错误的。同时,我党各级领导机关和全体同志,应该提高对当前时局的警觉性,用全力从思想上、政治上、组织上巩固我们的党,巩固党所领导的军队和政权,以准备对付可能的危害中国革命的突然事变,使党和革命在可能的突然事变中不致遭受意外的损失。

大量吸收知识分子[*]

（一九三九年十二月一日）

一、在长期的和残酷的民族解放战争中，在建立新中国的伟大斗争中，共产党必须善于吸收知识分子，才能组织伟大的抗战力量，组织千百万农民群众，发展革命的文化运动和发展革命的统一战线。没有知识分子的参加，革命的胜利是不可能的。

二、三年以来，我党我军在吸收知识分子方面，已经尽了相当的努力，吸收了大批革命知识分子参加党，参加军队，参加政府工作，进行文化运动和民众运动，发展了统一战线，这是一个大的成绩。但许多军队中的干部，还没有注意到知识分子的重要性，还存着恐惧知识分子甚至排斥知识分子的心理。许多我们办的学校，还不敢放手地大量地招收青年学生。许多地方党部，还不愿意吸收知识分子入党。这种现象的发生，是由于不懂得知识分子对于革命事业的重要性，不懂得殖民地半殖民地国家的知识分子和资本主义国家的知识分子的区别，不懂得为地主资产阶级服务的知识分子和为工农阶级服务的知识分子的区别，不懂得资产阶级政党正在拼命地

---

* 这是毛泽东为中共中央起草的决定。

同我们争夺知识分子,日本帝国主义也在利用各种方法收买和麻醉中国知识分子的严重性,尤其不懂得我们的党和军队已经造成了中坚骨干,有了掌握知识分子的能力这种有利的条件。

三、因此,今后应该注意:(1)一切战区的党和一切党的军队,应该大量吸收知识分子加入我们的军队,加入我们的学校,加入政府工作。只要是愿意抗日的比较忠实的比较能吃苦耐劳的知识分子,都应该多方吸收,加以教育,使他们在战争中在工作中去磨练,使他们为军队、为政府、为群众服务,并按照具体情况将具备了入党条件的一部分知识分子吸收入党。对于不能入党或不愿入党的一部分知识分子,也应该同他们建立良好的共同工作关系,带领他们一道工作。(2)在这种大量吸收政策之下,毫无疑义应该充分注意拒绝敌人和资产阶级政党派遣进来的分子,拒绝不忠实的分子。对于这类分子的拒绝,应取严肃的态度。这类分子已经混进我们的党、我们的军队和政府者,则应依靠真凭实据,坚决地有分别地洗刷出去。但不要因此而怀疑那些比较忠实的知识分子;要严防反革命分子陷害好人。(3)对于一切多少有用的比较忠实的知识分子,应该分配适当的工作,应该好好地教育他们,带领他们,在长期斗争中逐渐克服他们的弱点,使他们革命化和群众化,使他们同老党员老干部融洽起来,使他们同工农党员融洽起来。(4)对于一部分反对知识分子参加工作的干部,尤其是主力部队中的某些干部,则应该切实地说服他们,使他们懂得吸收知识分子参加工作的必要。同时切实地鼓励工农干部加紧学习,提高他们的文化水平,使工农干部的知识分子化和知识分子的工农群众化，同时实现起来。（5）在国民党统治区和日寇占领区，基本上适用上述原则，但吸收知识分子入党时，应更多注意其忠实的程度，以保证党的组织更加严密。对于广大的同情我们的党外知识分子，则应该同他们建立适当的联系，把他们组织到抗日和民主的伟大斗争中去，组织到文化运动中去，组织到统一战线的工作中去。

四、全党同志必须认识，对于知识分子的正确的政策，是革命胜利的重要条件之一。我们党在土地革命时期，许多地方许多军队对于知识分子的不正确态度，今后决不应重复；而无产阶级自己的知识分子的造成，也决不能离开利用社会原有知识分子的帮助。中央盼望各级党委和全党同志，严重地注意这个问题。

中国革命和中国共产党 *

（一九三九年十二月）

第一章　中国社会

第一节　中华民族

我们中国是世界上最大国家之一,它的领土和整个欧洲的面积差不多相等。在这个广大的领土之上,有广大的肥田沃地,给我们以衣食之源;有纵横全国的大小山脉,给我们生长了广大的森林,贮藏了丰富的矿产;有很多的江河湖泽,给我们以舟楫和灌溉之利;有很长的海岸线,给我们以交通海外各民族的方便。从很早的古代起,我们中华民族的祖先就劳动、生息、繁殖在这块广大的土地之上。

现在中国的国境:在东北、西北和西方的一部,和苏维埃

---

*　《中国革命和中国共产党》,是一九三九年冬季,由毛泽东和其他几个在延安的同志合作写作的一个课本。第一章《中国社会》,是其他几个同志起草,经过毛泽东修改的。第二章《中国革命》,是毛泽东自己写的。第三章,准备写《党的建设》,因为担任写作的同志没有完稿而停止。但是这两章,特别是第二章,在中国共产党和中国人民中仍然起了很大的教育作用。毛泽东在这个小册子的第二章中关于新民主主义的观点,在一九四〇年一月他所写的《新民主主义论》中大为发展了。

社会主义共和国联盟接壤。正北面，和蒙古人民共和国接壤。西方的一部和西南方，和阿富汗、印度、不丹、尼泊尔接壤。南方，和缅甸、越南接壤。东方，和朝鲜接壤，和日本、菲律宾邻近。这个地理上的国际环境，给予中国人民革命造成了外部的有利条件和困难条件。有利的是：和苏联接壤，和欧美各主要帝国主义国家隔离较远，在其周围的国家中有许多是殖民地半殖民地国家。困难的是：日本帝国主义利用其和中国接近的关系，时刻都在迫害着中国各民族的生存，迫害着中国人民的革命。

我们中国现在拥有四亿五千万人口，差不多占了全世界人口的四分之一。在这四亿五千万人口中，十分之九以上为汉人。此外，还有蒙人、回人、藏人、维吾尔人、苗人、彝人、壮人、仲家[1]人、朝鲜人等，共有数十种少数民族，虽然文化发展的程度不同，但是都已有长久的历史。中国是一个由多数民族结合而成的拥有广大人口的国家。

中华民族的发展（这里说的主要地是汉族的发展），和世界上别的许多民族同样，曾经经过了若干万年的无阶级的原始公社的生活。而从原始公社崩溃，社会生活转入阶级生活那个时代开始，经过奴隶社会、封建社会，直到现在，已有了大约四千年之久。在中华民族的开化史上，有素称发达的农业和手工业，有许多伟大的思想家、科学家、发明家、政治家、军事家、文学家和艺术家，有丰富的文化典籍。在很早的时候，中国就有了指南针的发明[2]。还在一千八百年前，已经发明了造纸法[3]。在一千三百年前，已经发明了刻版印刷[4]。在八百年前，更发明了活字印刷[5]。火药的应用[6]，也在欧洲人之前。所以，中国是世界文明发达最早的国家之一，中国已有了将近四千年的有文字可考的历史。

中华民族不但以刻苦耐劳著称于世，同时又是酷爱自由、富于革命传统的民族。以汉族的历史为例，可以证明中国人民是不能忍受黑暗势力的统治的，他们每次都用革命的手段达到推翻和改造这种统治的目的。在汉族的数千年的历史上，有过大小几百次的农民起义，反抗地主和贵族的黑暗统治。而多数朝代的更换，都是由于农民起义的力量才能得到成功的。中华民族的各族人民都反对外来民族的压迫，都要用反抗的手段解除这种压迫。他们赞成平等的联合，而不赞成互相压迫。在中华民族的几千年的历史中，产生了很多的民族英雄和革命领袖。所以，中华民族又是一个有光荣的革命传统和优秀的历史遗产的民族。

第二节　古代的封建社会

中国虽然是一个伟大的民族国家，虽然是一个地广人众、历史悠久而又富于革命传统和优秀遗产的国家；可是，中国自从脱离奴隶制度进到封建制度以后，其经济、政治、文化的发展，就长期地陷在发展迟缓的状态中。这个封建制度，自周秦以来一直延续了三千年左右。

中国封建时代的经济制度和政治制度，是由以下的各个主要特点构成的：

一、自给自足的自然经济占主要地位。农民不但生产自己需要的农产品，而且生产自己需要的大部分手工业品。地主和贵族对于从农民剥削来的地租，也主要地是自己享用，而不是用于交换。那时虽有交换的发展，但是在整个经济中不起决定的作用。

二、封建的统治阶级——地主、贵族和皇帝，拥有最大部分的土地，而农民则很少土地，或者完全没有土地。农民用自己的工具去耕种地主、贵族和皇室的土地，并将收获的四成、五成、六成、七成甚至八成以上，奉献给地主、贵族和皇室享用。这种农民，实际上还是农奴。

三、不但地主、贵族和皇室依靠剥削农民的地租过活，而且地主阶级的国家又强迫农民缴纳贡税，并强迫农民从事无偿的劳役，去养活一大群的国家官吏和主要地是为了镇压农民之用的军队。

四、保护这种封建剥削制度的权力机关，是地主阶级的封建国家。如果说，秦以前的一个时代是诸侯割据称雄的封建国家，那末，自秦始皇统一中国以后，就建立了专制主义的中央集权的封建国家；同时，在某种程度上仍旧保留着封建割据的状态。在封建国家中，皇帝有至高无上的权力，在各地方分设官职以掌兵、刑、钱、谷等事，并依靠地主绅士作为全部封建统治的基础。

中国历代的农民，就在这种封建的经济剥削和封建的政治压迫之下，过着贫穷困苦的奴隶式的生活。农民被束缚于封建制度之下，没有人身的自由。地主对农民有随意打骂甚至处死之权，农民是没有任何政治权利的。地主阶级这样残酷的剥削和压迫所造成的农民的极端的穷苦和落后，就是中国社会几千年在经济上和社会生活上停滞不前的基本原因。

封建社会的主要矛盾，是农民阶级和地主阶级的矛盾。

而在这样的社会中，只有农民和手工业工人是创造财富和创造文化的基本的阶级。

地主阶级对于农民的残酷的经济剥削和政治压迫，迫使农民多次地举行起义，以反抗地主阶级的统治。从秦朝的陈胜、吴广、项羽、刘邦[7]起，中经汉朝的新市、平林、赤眉、铜马[8]和黄巾[9]，隋朝的李密、窦建德[10]，唐朝的王仙芝、黄巢[11]，宋朝的宋江、方腊[12]，元朝的朱元璋[13]，明朝的李自成[14]，直至清朝的太平天国[15]，总计大小数百次的起义，都是农民的反抗运动，都是农民的革命战争。中国历史上的农民起义和农民战争的规模之大，是世界历史上所仅见的。在中国封建社会里，只有这种农民的阶级斗争、农民的起义和农民的战争，才是历史发展的真正动力。因为每一次较大的农民起义和农民战争的结果，都打击了当时的封建统治，因而也就多少推动了社会生产力的发展。只是由于当时还没有新的生产力和新的生产关系，没有新的阶级力量，没有先进的政党，因而这种农民起义和农民战争得不到如同现在所有的无产阶级和共产党的正确领导，这样，就使当时的农民革命总是陷于失败，总是在革命中和革命后被地主和贵族利用了去，当作他们改朝换代的工具。这样，就在每一次大规模的农民革命斗争停息以后，虽然社会多少有些进步，但是封建的经济关系和封建的政治制度，基本上依然继续下来。

这种情况，直至近百年来，才发生新的变化。

第三节　现代的殖民地、半殖民地和半封建社会

中国过去三千年来的社会是封建社会，前面已经说明了。那末，中国现在的社会是否还是完全的封建社会呢？不是，中国已经变化了。自从一八四〇年的鸦片战争[16]以后，中国一步一步地变成了一个半殖民地半封建的社会。自从一九三一年九一八事变[17]日本帝国主义武装侵略中国以后，中国又变成了一个殖民地、半殖民地和半封建的社会。现在我们就来说明这种变化的过程。

如第二节所述，中国的封建社会继续了三千年左右。直到十九世纪的中叶，由于外国资本主义的侵入，这个社会的内部才发生了重大的变化。

中国封建社会内的商品经济的发展，已经孕育着资本主义的萌芽，如果没有外国资本主义的影响，中国也将缓慢地发展到资本主义社会。外国资本主义的侵入，促进了这种发展。外国资本主义对于中国的社会经济起了很大的分解作用，一方面，破坏了中国自给自足的自然经济的基础，破坏了城市的手工业和农民的家庭手工业；又一方面，则促进了中国城乡商品经济的发展。

这些情形，不仅对中国封建经济的基础起了解体的作用，同时又给中国资本主义生产的发展造成了某些客观的条件和可能。因为自然经济的破坏，给资本主义造成了商品的市场，而大量农民和手工业者的破产，又给资本主义造成了劳动力

的市场。

　　事实上，由于外国资本主义的刺激和封建经济结构的某些破坏，还在十九世纪的下半期，还在六十年前，就开始有一部分商人、地主和官僚投资于新式工业。到了同世纪末年和二十世纪初年，到了四十年前，中国民族资本主义便开始了初步的发展。到了二十年前，即第一次帝国主义世界大战的时期，由于欧美帝国主义国家忙于战争，暂时放松了对于中国的压迫，中国的民族工业，主要是纺织业和面粉业，又得到了进一步的发展。

　　中国民族资本主义发生和发展的过程，就是中国资产阶级和无产阶级发生和发展的过程。如果一部分的商人、地主和官僚是中国资产阶级的前身，那末，一部分的农民和手工业工人就是中国无产阶级的前身了。中国的资产阶级和无产阶级，作为两个特殊的社会阶级来看，它们是新产生的，它们是中国历史上没有过的阶级。它们从封建社会脱胎而来，构成了新的社会阶级。它们是两个互相关联又互相对立的阶级，它们是中国旧社会（封建社会）产出的双生子。但是，中国无产阶级的发生和发展，不但是伴随中国民族资产阶级的发生和发展而来，而且是伴随帝国主义在中国直接地经营企业而来。所以，中国无产阶级的很大一部分较之中国资产阶级的年龄和资格更老些，因而它的社会力量和社会基础也更广大些。

　　可是，上面所述的这一资本主义的发生和发展的新变化，只是帝国主义侵入中国以来所发生的变化的一个方面。还有和这个变化同时存在而阻碍这个变化的另一个方面，这就是帝国主义勾结中国封建势力压迫中国资本主义的发展。

帝国主义列强侵入中国的目的,决不是要把封建的中国变成资本主义的中国。帝国主义列强的目的和这相反,它们是要把中国变成它们的半殖民地和殖民地。

帝国主义列强为了这个目的,曾经对中国采用了并且还正在继续地采用着如同下面所说的一切军事的、政治的、经济的和文化的压迫手段,使中国一步一步地变成了半殖民地和殖民地:

一、向中国举行多次的侵略战争,例如一八四〇年的英国鸦片战争,一八五七年的英法联军战争[18],一八八四年的中法战争[19],一八九四年的中日战争[20],一九〇〇年的八国联军战争[21]。用战争打败了中国之后,帝国主义列强不但占领了中国周围的许多原由中国保护的国家,而且抢去了或"租借"去了中国的一部分领土。例如日本占领了台湾和澎湖列岛,"租借"了旅顺,英国占领了香港,法国"租借"了广州湾。割地之外,又索去了巨大的赔款。这样,就大大地打击了中国这个庞大的封建帝国。

二、帝国主义列强强迫中国订立了许多不平等条约,根据这些不平等条约,取得了在中国驻扎海军和陆军的权利,取得了领事裁判权[22],并把全中国划分为几个帝国主义国家的势力范围[23]。

三、帝国主义列强根据不平等条约,控制了中国一切重要的通商口岸,并把许多通商口岸划出一部分土地作为它们直接管理的租界[24]。它们控制了中国的海关和对外贸易,控制了中国的交通事业(海上的、陆上的、内河的和空中的)。因此它们便能够大量地推销它们的商品,把中国变成它们的工业品的市场,同时又使中国的农业生产服从于帝国主义的需要。

四、帝国主义列强还在中国经营了许多轻工业和重工业的企业,以便直接利用中国的原料和廉价的劳动力,并以此对中国的民族工业进行直接的经济压迫,直接地阻碍中国生产力的发展。

五、帝国主义列强经过借款给中国政府,并在中国开设银行,垄断了中国的金融和财政。因此,它们就不但在商品竞争上压倒了中国的民族资本主义,而且在金融上、财政上扼住了中国的咽喉。

六、帝国主义列强从中国的通商都市直至穷乡僻壤,造成了一个买办的和商业高利贷的剥削网,造成了为帝国主义服务的买办阶级和商业高利贷阶级,以便利其剥削广大的中国农民和其他人民大众。

七、于买办阶级之外,帝国主义列强又使中国的封建地主阶级变为它们统治中国的支柱。它们"首先和以前的社会制度的统治阶级——封建地主、商业和高利贷资产阶级联合起来,以反对占大多数的人民。帝国主义到处致力于保持资本主义前期的一切剥削形式(特别是在乡村),并使之永久化,而这些形式则是它的反动的同盟者生存的基础"[25]。"帝国主义及其在中国的全部财政军事的势力,乃是一种支持、鼓舞、栽培、保存封建残余及其全部官僚军阀上层建筑的力量。"[26]

八、为了造成中国军阀混战和镇压中国人民,帝国主义列强供给中国反动政府以大量的军火和大批的军事顾问。

九、帝国主义列强在所有上述这些办法之外,对于麻醉中国人民的精神的一个方面,也不放松,这就是它们的文化侵略政策。传教,办医院,办学校,办报纸和吸引留学生等,就是这个侵略政策的实施。其目的,在于造就服从它们的知识干部和愚弄广大的中国人民。

十、从一九三一年"九一八"以后,日本帝国主义的大举进攻,更使已经变成半殖民地的中国的一大块土地沦为日本的殖民地。

上述这些情形,就是帝国主义侵入中国以后的新的变化的又一个方面,就是把一个封建的中国变为一个半封建、半殖民地和殖民地的中国的血迹斑斑的图画。

由此可以明白,帝国主义列强侵略中国,在一方面促使中国封建社会解体,促使中国发生了资本主义因素,把一个封建社会变成了一个半封建的社会;但是在另一方面,它们又残酷地统治了中国,把一个独立的中国变成了一个半殖民地和殖民地的中国。

将这两个方面的情形综合起来说,我们这个殖民地、半殖民地、半封建的社会,有如下的几个特点:

一、封建时代的自给自足的自然经济基础是被破坏了;但是,封建剥削制度的根基——地主阶级对农民的剥削,不但依旧保持着,而且同买办资本和高利贷资本的剥削结合在一起,在中国的社会经济生活中,占着显然的优势。

二、民族资本主义有了某些发展,并在中国政治的、文化的生活中起了颇大的作用;但是,它没有成为中国社会经济的主要形式,它的力量是很软弱的,它的大部分是对于外国帝国主义和国内封建主义都有或多或少的联系的。

三、皇帝和贵族的专制政权是被推翻了,代之而起的先是地主阶级的军阀官僚的统治,接着是地主阶级和大资产阶级联盟的专政。在沦陷区,则是日本帝国主义及其傀儡的统治。

四、帝国主义不但操纵了中国的财政和经济的命脉,并且操纵了中国的政治和军事的力量。在沦陷区,则一切被日本帝国主义所独占。

五、由于中国是在许多帝国主义国家的统治或半统治之下,由于中国实际上处于长期的不统一状态,又由于中国的土地广大,中国的经济、政治和文化的发展,表现出极端的不平衡。

六、由于帝国主义和封建主义的双重压迫,特别是由于日本帝国主义的大举进攻,中国的广大人民,尤其是农民,日益贫困化以至大批地破产,他们过着饥寒交迫的和毫无政治权利的生活。中国人民的贫困和不自由的程度,是世界所少见的。

这些就是殖民地、半殖民地、半封建的中国社会的特点。

决定这种情况的,主要地是日本帝国主义和其他帝国主义的势力,是外国帝国主义和国内封建主义相结合的结果。

帝国主义和中华民族的矛盾,封建主义和人民大众的矛盾,这些就是近代中国社会的主要的矛盾。当然还有别的矛盾,例如资产阶级和无产阶级的矛盾,反动统治阶级内部的矛盾。而帝国主义和中华民族的矛盾,乃是各种矛盾中的最主要的矛盾。这些矛盾的斗争及其尖锐化,就不能不造成日益发展的革命运动。伟大的近代和现代的中国革命,是在这些基本矛盾的基础之上发生和发展起来的。

第二章　中国革命

第一节　百年来的革命运动

帝国主义和中国封建主义相结合,把中国变为半殖民地和殖民地的过程,也就是中国人民反抗帝国主义及其走狗的过程。从鸦片战争、太平天国运动、中法战争、中日战争、戊戌变法[27]、义和团运动[28]、辛亥革命[29]、五四运动[30]、五卅运动[31]、北伐战争、土地革命战争,直至现在的抗日战争,都表现了中国人民不甘屈服于帝国主义及其走狗的顽强的反抗精神。

中国人民,百年以来,不屈不挠、再接再厉的英勇斗争,使得帝国主义至今不能灭亡中国,也永远不能灭亡中国。

现在,虽然日本帝国主义竭其全力大举进攻中国,虽然中国有许多地主和大资产阶级分子,例如公开的汪精卫和暗藏的汪精卫之流,已经投降敌人或者准备投降敌人,但是英勇的中国人民必然还要奋战下去。不到驱逐日本帝国主义出中国,使中国得到完全的解放,这个奋战是决不会停止的。

中国人民的民族革命斗争,从一八四〇年的鸦片战争算起,已经有了整整一百年的历史了;从一九一一年的辛亥革命算起,也有了三十年的历史了。这个革命的过程,现在还未完结,革命的任务还没有显著的成就,还要求全国人民,首先是中国共产党,担负起坚决奋斗的责任。

那末,这个革命的对象究竟是谁? 这个革命的任务究竟是什么呢？这个革命的动力是什么？这个革命的性质是什么？这个革命的前途又是什么呢？这些问题，就是我们在下面要来说明的。

第二节　中国革命的对象

依照第一章第三节的分析，我们已经知道中国现时的社会，是一个殖民地、半殖民地、半封建性质的社会。只有认清中国社会的性质，才能认清中国革命的对象、中国革命的任务、中国革命的动力、中国革命的性质、中国革命的前途和转变。所以，认清中国社会的性质，就是说，认清中国的国情，乃是认清一切革命问题的基本的根据。

中国现时社会的性质，既然是殖民地、半殖民地、半封建的性质，那末，中国现阶段革命的主要对象或主要敌人，究竟是谁呢？

不是别的，就是帝国主义和封建主义，就是帝国主义国家的资产阶级和本国的地主阶级。因为，在现阶段的中国社会中，压迫和阻止中国社会向前发展的主要的东西，不是别的，正是它们二者。二者互相勾结以压迫中国人民，而以帝国主义的民族压迫为最大的压迫，因而帝国主义是中国人民的第一个和最凶恶的敌人。

在日本武力侵入中国以后，中国革命的主要敌人是日本帝国主义和勾结日本公开投降或准备投降的一切汉奸和反动派。

中国资产阶级本来也是受着帝国主义压迫的，它也曾经领导过革命斗争,起过主要的领导作用,例如辛亥革命;也曾经参加过革命斗争,例如北伐战争和当前的抗日战争。但是,这个资产阶级的上层部分,即以国民党反动集团为代表的那个阶层,它曾经在一九二七年至一九三七年这一个长时期内勾结帝国主义,并和地主阶级结成反动的同盟,背叛了曾经援助过它的朋友——共产党、无产阶级、农民阶级和其他小资产阶级,背叛了中国革命,造成了革命的失败。所以,当时革命的人民和革命的政党(共产党),曾经不得不把这些资产阶级分子当作革命的对象之一。在抗日战争中,大地主大资产阶级的一部分,以汪精卫[32]为代表,已经叛变,已经变成汉奸。所以,抗日的人民,也已经不得不把这些背叛民族利益的大资产阶级分子当作革命的对象之一。

由此也可以明白,中国革命的敌人是异常强大的。中国革命的敌人不但有强大的帝国主义,而且有强大的封建势力,而且在一定时期内还有勾结帝国主义和封建势力以与人民为敌的资产阶级的反动派。因此,那种轻视中国革命人民的敌人的力量的观点,是不正确的。

在这样的敌人面前,中国革命的长期性和残酷性就发生了。因为我们的敌人是异常强大的,革命力量就非在长期间内不能聚积和锻炼成为一个足以最后地战胜敌人的力量。因为敌人对于中国革命的镇压是异常残酷的,革命力量就非磨练和发挥自己的顽强性,不能坚持自己的阵地和夺取敌人的阵地。因此,那种以为中国革命力量瞬间就可以组成,中国革命斗争顷刻就可以胜利的观点,是不正确的。

在这样的敌人面前,中国革命的主要方法,中国革命的主要形式,不能是和平的,而必须是武装的,也就决定了。因为我们的敌人不给中国人民以和平活动的可能,中国人民没有任何的政治上的自由权利。斯大林说:"在中国,是武装的革命反对武装的反革命。这是中国革命的特点之一,也是中国革命的优点之一。"〔33〕这是完全正确的规定。因此,那种轻视武装斗争,轻视革命战争,轻视游击战争,轻视军队工作的观点,是不正确的。

在这样的敌人面前,革命的根据地问题也就发生了。因为强大的帝国主义及其在中国的反动同盟军,总是长期地占据着中国的中心城市,如果革命的队伍不愿意和帝国主义及其走狗妥协,而要坚持地奋斗下去,如果革命的队伍要准备积蓄和锻炼自己的力量,并避免在力量不够的时候和强大的敌人作决定胜负的战斗,那就必须把落后的农村造成先进的巩固的根据地,造成军事上、政治上、经济上、文化上的伟大的革命阵地,借以反对利用城市进攻农村区域的凶恶敌人,借以在长期战斗中逐步地争取革命的全部胜利。在这种情形下面,由于中国经济发展的不平衡(不是统一的资本主义经济),由于中国土地的广大(革命势力有回旋的余地),由于中国的反革命营垒内部的不统一和充满着各种矛盾,由于中国革命主力军的农民的斗争是在无产阶级政党共产党的领导之下,这样,就使得在一方面,中国革命有在农村区域首先胜利的可能;而在另一方面,则又造成了革命的不平衡状态,给争取革命全部胜利的事业带来了长期性和艰苦性。由此也就可以明白,在这种革命根据地上进行的长期的革命斗争,主要的是在中国共产党领导之下的农民游击战争。因此,忽视以农村区域作革命根据地的观点，忽视对农民进行艰苦工作的观点，忽视游击战争的观点，都是不正确的。

但是着重武装斗争，不是说可以放弃其他形式的斗争；相反，没有武装斗争以外的各种形式的斗争相配合，武装斗争就不能取得胜利。着重农村根据地上的工作，不是说可以放弃城市工作和尚在敌人统治下的其他广大农村中的工作；相反，没有城市工作和其他农村工作，农村根据地就处于孤立，革命就会失败。而且革命的最后目的，是夺取作为敌人主要根据地的城市，没有充分的城市工作，就不能达此目的。

由此也就可以明白，为要使革命在农村和城市都得到胜利，不破坏敌人用以向人民作斗争的主要的工具，即敌人的军队，也是不可能的。因此，除了战争中消灭敌军以外，瓦解敌军的工作也就成为重要的工作。

由此也就可以明白，在敌人长期占领的反动的黑暗的城市和反动的黑暗的农村中进行共产党的宣传工作和组织工作，不能采取急性病的冒险主义的方针，必须采取荫蔽精干、积蓄力量、以待时机的方针。其领导人民对敌斗争的策略，必须是利用一切可以利用的公开合法的法律、命令和社会习惯所许可的范围，从有理、有利、有节的观点出发，一步一步地和稳扎稳打地去进行，决不是大唤大叫和横冲直撞的办法所能成功的。

第三节　中国革命的任务

既然现阶段上中国革命的敌人主要的是帝国主义和封建

地主阶级，那末，现阶段上中国革命的任务是什么呢？

毫无疑义，主要地就是打击这两个敌人，就是对外推翻帝国主义压迫的民族革命和对内推翻封建地主压迫的民主革命，而最主要的任务是推翻帝国主义的民族革命。

中国革命的两大任务，是互相关联的。如果不推翻帝国主义的统治，就不能消灭封建地主阶级的统治，因为帝国主义是封建地主阶级的主要支持者。反之，因为封建地主阶级是帝国主义统治中国的主要社会基础，而农民则是中国革命的主力军，如果不帮助农民推翻封建地主阶级，就不能组成中国革命的强大的队伍而推翻帝国主义的统治。所以，民族革命和民主革命这样两个基本任务，是互相区别，又是互相统一的。

中国今天的民族革命任务，主要地是反对侵入国土的日本帝国主义，而民主革命任务，又是为了争取战争胜利所必须完成的，两个革命任务已经联系在一起了。那种把民族革命和民主革命分为截然不同的两个革命阶段的观点，是不正确的。

第四节　中国革命的动力

根据现阶段中国社会的性质、中国革命的对象、中国革命的任务的分析和规定，中国革命的动力是什么呢？

既然中国社会是一个殖民地、半殖民地、半封建的社会，既然中国革命所反对的对象主要的是外国帝国主义在中国的统治和内部的封建主义，既然中国革命的任务是推翻这两个压迫者，那末，在中国社会的各个阶级和各个阶层中，有些什么阶级有些什么阶层可以充当反对帝国主义和封建主义的力量呢？这就是现阶段上中国革命的动力问题。认清这个革命的动力问题，才能正确地解决中国革命的基本策略问题。

现阶段的中国社会里，有些什么阶级呢？有地主阶级，有资产阶级；地主阶级和资产阶级的上层部分都是中国社会的统治阶级。又有无产阶级，有农民阶级，有农民以外的各种类型的小资产阶级；这三个阶级，在今天中国的最广大的领土上，还是被统治阶级。

所有这些阶级，它们对于中国革命的态度和立场如何，全依它们在社会经济中所占的地位来决定。所以，社会经济的性质，不仅规定了革命的对象和任务，又规定了革命的动力。

我们现在就来分析一下中国社会的各阶级。

一　地　主　阶　级

地主阶级是帝国主义统治中国的主要的社会基础，是用封建制度剥削和压迫农民的阶级，是在政治上、经济上、文化上阻碍中国社会前进而没有丝毫进步作用的阶级。

因此，作为阶级来说，地主阶级是革命的对象，不是革命的动力。

在抗日战争中，一部分大地主跟着一部分大资产阶级（投降派）已经投降日寇，变为汉奸了；另一部分大地主，跟着另一部分大资产阶级（顽固派），虽然还留在抗战营垒内，亦已非常动摇。但是许多中小地主出身的开明绅士即带有若干资本主义色彩的地主们，还有抗日的积极性，还需要团结他们一道抗日〔34〕。

二　资 产 阶 级

资产阶级有带买办性的大资产阶级和民族资产阶级的区别。

带买办性的大资产阶级，是直接为帝国主义国家的资本家服务并为他们所豢养的阶级，他们和农村中的封建势力有着千丝万缕的联系。因此，在中国革命史上，带买办性的大资产阶级历来不是中国革命的动力，而是中国革命的对象。

但是，因为中国带买办性的大资产阶级是分属于几个帝国主义国家的，在几个帝国主义国家间的矛盾尖锐地对立着的时候，在革命主要地是反对某一个帝国主义的时候，属于别的帝国主义系统之下的买办阶级也有可能在一定程度上和一定时间内参加当前的反帝国主义战线。但是一到他们的主子起来反对中国革命时，他们也就立即反对革命了。

在抗日战争中，亲日派大资产阶级（投降派）已经投降，或准备投降了。欧美派大资产阶级（顽固派）虽然尚留在抗日营垒内，也是非常动摇，他们就是一面抗日一面反共的两面派人物。我们对于大资产阶级投降派的政策是把他们当作敌人看待，坚决地打倒他们。而对于大资产阶级的顽固派，则是用革命的两面政策去对待，即：一方面是联合他们，因为他们还在抗日，还应该利用他们和日本帝国主义的矛盾；又一方面是和他们作坚决的斗争，因为他们执行着破坏抗日和团结的反共反人民的高压政策，没有斗争就会危害抗日和团结〔34〕。

民族资产阶级是带两重性的阶级。

一方面,民族资产阶级受帝国主义的压迫,又受封建主义的束缚,所以,他们同帝国主义和封建主义有矛盾。从这一方面说来,他们是革命的力量之一。在中国革命史上,他们也曾经表现过一定的反帝国主义和反官僚军阀政府的积极性。

但是又一方面,由于他们在经济上和政治上的软弱性,由于他们同帝国主义和封建主义并未完全断绝经济上的联系,所以,他们又没有彻底的反帝反封建的勇气。这种情形,特别是在民众革命力量强大起来的时候,表现得最为明显。

民族资产阶级的这种两重性,决定了他们在一定时期中和一定程度上能够参加反帝国主义和反官僚军阀政府的革命,他们可以成为革命的一种力量。而在另一时期,就有跟在买办大资产阶级后面,作为反革命的助手的危险。

在中国的民族资产阶级,主要的是中等资产阶级,他们虽然在一九二七年以后,一九三一年(九一八事变)以前,跟随着大地主大资产阶级反对过革命,但是他们基本上还没有掌握过政权,而受当政的大地主大资产阶级的反动政策所限制。在抗日时期内,他们不但和大地主大资产阶级的投降派有区别,而且和大资产阶级的顽固派也有区别,至今仍然是我们的较好的同盟者。因此,对于民族资产阶级采取慎重的政策,是完全必要的[34]。

三　农民以外的各种类型的小资产阶级

农民以外的小资产阶级,包括广大的知识分子、小商人、手工业者和自由职业者。

所有这些小资产阶级,和农民阶级中的中农的地位有某些相像,都受帝国主义、封建主义和大资产阶级的压迫,日益走向破产和没落的境地。

因此,这些小资产阶级是革命的动力之一,是无产阶级的可靠的同盟者。这些小资产阶级也只有在无产阶级领导之下,才能得到解放。

我们现在就来分析一下各种类型的没有把农民包括在内的小资产阶级。

第一是知识分子和青年学生。知识分子和青年学生并不是一个阶级或阶层。但是从他们的家庭出身看,从他们的生活条件看,从他们的政治立场看,现代中国知识分子和青年学生的多数是可以归入小资产阶级范畴的。数十年来,中国已出现了一个很大的知识分子群和青年学生群。在这一群人中间,除去一部分接近帝国主义和大资产阶级并为其服务而反对民众的知识分子外,一般地是受帝国主义、封建主义和大资产阶级的压迫,遭受着失业和失学的威胁。因此,他们有很大的革命性。他们或多或少地有了资本主义的科学知识,富于政治感觉,他们在现阶段的中国革命中常常起着先锋的和桥梁的作用。辛亥革命前的留学生运动[35],一九一九年的五四运动,一九二五年的五卅运动,一九三五年的一二九运动,就是显明的例证。尤其是广大的比较贫苦的知识分子,能够和工农一道,参加和拥护革命。马克思列宁主义思想在中国的广大的传播和接受,首先也是在知识分子和青年学生中。革命力量的组织和革命事业的建设,离开革命的知识分子的参加,是不能成功的。但是,知识分子在其未和群众的革命斗争打成一片,在其未下决心为群众利益服务并与群众相结合的时候，往往带有主观主义和个人主义的倾向，他们的思想往往是空虚的，他们的行动往往是动摇的。因此，中国的广大的革命知识分子虽然有先锋的和桥梁的作用，但不是所有这些知识分子都能革命到底的。其中一部分，到了革命的紧急关头，就会脱离革命队伍，采取消极态度；其中少数人，就会变成革命的敌人。知识分子的这种缺点，只有在长期的群众斗争中才能克服。

第二是小商人。他们一般不雇店员，或者只雇少数店员，开设小规模的商店。帝国主义、大资产阶级和高利贷者的剥削，使他们处在破产的威胁中。

第三是手工业者。这是一个广大的群众。他们自有生产手段，不雇工，或者只雇一二个学徒或助手。他们的地位类似中农。

第四是自由职业者。有各种业务的自由职业者，医生即是其中之一。他们不剥削别人，或对别人只有轻微的剥削。他们的地位类似手工业者。

上述各项小资产阶级成分，构成广大的人群，他们一般地能够参加和拥护革命，是革命的很好的同盟者，故必须争取和保护之。其缺点是有些人容易受资产阶级的影响，故必须注意在他们中进行革命的宣传工作和组织工作。

四　农　民　阶　级

农民在全国总人口中大约占百分之八十，是现时中国国民经济的主要力量。

农民的内部是在激烈地分化的过程中。

第一是富农。富农约占农村人口百分之五左右（连地主一起共约占农村人口百分之十左右），被称为农村的资产阶级。中国的富农大多有一部分土地出租，又放高利贷，对于雇农的剥削也很残酷，带有半封建性。但富农一般都自己参加劳动，在这点上它又是农民的一部分。富农的生产在一定时期中还是有益的。富农一般地在农民群众反对帝国主义的斗争中可能参加一分力量，在反对地主的土地革命斗争中也可能保持中立。因此，我们不应把富农看成和地主无分别的阶级，不应过早地采取消灭富农的政策。

第二是中农。中农在中国农村人口中约占百分之二十左右。中农一般地不剥削别人，在经济上能自给自足（但在年成丰收时能有些许盈余，有时也利用一点雇佣劳动或放一点小债），而受帝国主义、地主阶级和资产阶级的剥削。中农都是没有政治权利的。一部分中农土地不足，只有一部分中农（富裕中农）土地略有多余。中农不但能够参加反帝国主义革命和土地革命，并且能够接受社会主义。因此，全部中农都可以成为无产阶级的可靠的同盟者，是重要的革命动力的一部分。中农态度的向背是决定革命胜负的一个因素，尤其在土地革命之后，中农成了农村中的大多数的时候是如此。

第三是贫农。中国的贫农，连同雇农在内，约占农村人口百分之七十。贫农是没有土地或土地不足的广大的农民群众，是农村中的半无产阶级，是中国革命的最广大的动力，是无产阶级的天然的和最可靠的同盟者，是中国革命队伍的主力军。贫农和中农都只有在无产阶级的领导之下，才能得到解放；而无产阶级也只有和贫农、中农结成坚固的联盟，才能领导革命到达胜利,否则是不可能的。农民这个名称所包括的内容,主要地是指贫农和中农。

五　无　产　阶　级

中国无产阶级中,现代产业工人约有二百五十万至三百万,城市小工业和手工业的雇佣劳动者和商店店员约有一千二百万,农村的无产阶级(即雇农)及其他城乡无产者,尚有一个广大的数目。

中国无产阶级除了一般无产阶级的基本优点,即与最先进的经济形式相联系,富于组织性纪律性,没有私人占有的生产资料以外,还有它的许多特出的优点。

中国无产阶级有哪些特出的优点呢?

第一、中国无产阶级身受三种压迫(帝国主义的压迫、资产阶级的压迫、封建势力的压迫),而这些压迫的严重性和残酷性,是世界各民族中少见的;因此,他们在革命斗争中,比任何别的阶级来得坚决和彻底。在殖民地半殖民地的中国,没有欧洲那样的社会改良主义的经济基础,所以除极少数的工贼之外,整个阶级都是最革命的。

第二、中国无产阶级开始走上革命的舞台,就在本阶级的革命政党——中国共产党领导之下,成为中国社会里比较最有觉悟的阶级。

第三、由于从破产农民出身的成分占多数,中国无产阶级和广大的农民有一种天然的联系,便利于他们和农民结成亲密的联盟。

因此,虽然中国无产阶级有其不可避免的弱点,例如人数较少（和农民比较），年龄较轻（和资本主义国家的无产阶级比较），文化水准较低（和资产阶级比较）；然而，他们终究成为中国革命的最基本的动力。中国革命如果没有无产阶级的领导，就必然不能胜利。远的如辛亥革命，因为那时还没有无产阶级的自觉的参加，因为那时还没有共产党，所以流产了。近的如一九二四年至一九二七年的革命，因为这时有了无产阶级的自觉的参加和领导，因为这时已经有了共产党，所以能在一个时期内取得了很大的胜利；但又因为大资产阶级后来背叛了它和无产阶级的联盟，背叛了共同的革命纲领，同时也由于那时中国无产阶级及其政党还没有丰富的革命经验，结果又遭到了失败。抗日战争以来，因为无产阶级和共产党对于抗日民族统一战线的领导，所以团结了全民族，发动了和坚持了伟大的抗日战争。

中国无产阶级应该懂得：他们自己虽然是一个最有觉悟性和最有组织性的阶级，但是如果单凭自己一个阶级的力量，是不能胜利的。而要胜利，他们就必须在各种不同的情形下团结一切可能的革命的阶级和阶层，组织革命的统一战线。在中国社会的各阶级中，农民是工人阶级的坚固的同盟军，城市小资产阶级也是可靠的同盟军，民族资产阶级则是在一定时期中和一定程度上的同盟军，这是现代中国革命的历史所已经证明了的根本规律之一。

六　游　　民

中国的殖民地和半殖民地的地位，造成了中国农村中和城市中的广大的失业人群。在这个人群中，有许多人被迫到没有任何谋生的正当途径,不得不找寻不正当的职业过活,这就是土匪、流氓、乞丐、娼妓和许多迷信职业家的来源。这个阶层是动摇的阶层;其中一部分容易被反动势力所收买,其另一部分则有参加革命的可能性。他们缺乏建设性,破坏有余而建设不足,在参加革命以后,就又成为革命队伍中流寇主义和无政府思想的来源。因此,应该善于改造他们,注意防止他们的破坏性。

以上这些,就是我们对于中国革命动力的分析。

第五节　中国革命的性质

我们已经明白了中国社会的性质,亦即中国的特殊的国情,这是解决中国一切革命问题的最基本的根据。我们又明白了中国革命的对象、中国革命的任务、中国革命的动力,这些都是由于中国社会的特殊性质,由于中国的特殊国情而发生的关于现阶段中国革命的基本问题。在明白了所有这些之后,那末,我们就可以明白现阶段中国革命的另一个基本问题,即中国革命的性质是什么了。

现阶段的中国革命究竟是一种什么性质的革命呢?资产阶级民主主义的革命,还是无产阶级社会主义的革命呢?显然地,不是后者,而是前者。

既然中国社会还是一个殖民地、半殖民地、半封建的社会,既然中国革命的敌人主要的还是帝国主义和封建势力,既然中国革命的任务是为了推翻这两个主要敌人的民族革命和民主革命,而推翻这两个敌人的革命,有时还有资产阶级参加，即使大资产阶级背叛革命而成了革命的敌人，革命的锋芒也不是向着一般的资本主义和资本主义的私有财产，而是向着帝国主义和封建主义，既然如此，所以，现阶段中国革命的性质，不是无产阶级社会主义的，而是资产阶级民主主义的。

但是，现时中国的资产阶级民主主义的革命，已不是旧式的一般的资产阶级民主主义的革命，这种革命已经过时了，而是新式的特殊的资产阶级民主主义的革命。这种革命正在中国和一切殖民地半殖民地国家发展起来，我们称这种革命为新民主主义的革命。这种新民主主义的革命是世界无产阶级社会主义革命的一部分，它是坚决地反对帝国主义即国际资本主义的。它在政治上是几个革命阶级联合起来对于帝国主义者和汉奸反动派的专政，反对把中国社会造成资产阶级专政的社会。它在经济上是把帝国主义者和汉奸反动派的大资本大企业收归国家经营，把地主阶级的土地分配给农民所有，同时保存一般的私人资本主义的企业，并不废除富农经济。因此，这种新式的民主革命，虽然在一方面是替资本主义扫清道路，但在另一方面又是替社会主义创造前提。中国现时的革命阶段，是为了终结殖民地、半殖民地、半封建社会和建立社会主义社会之间的一个过渡的阶段，是一个新民主主义的革命过程。这个过程是从第一次世界大战和俄国十月革命之后才发生的，在中国则是从一九一九年五四运动开始的。所谓新民主主义的革命，就是在无产阶级领导之下的人民大众的反帝反封建的革命。中国的社会必须经过这个革命，才能进一步发展到社会主义的社会去，否则是不可能的。

这种新民主主义的革命，和历史上欧美各国的民主革命大不相同，它不造成资产阶级专政，而造成各革命阶级在无产阶级领导之下的统一战线的专政。在抗日战争中，在中国共产党领导的各个抗日根据地内建立起来的抗日民主政权，乃是抗日民族统一战线的政权，它既不是资产阶级一个阶级的专政，也不是无产阶级一个阶级的专政，而是在无产阶级领导之下的几个革命阶级联合起来的专政。只要是赞成抗日又赞成民主的人们，不问属于何党何派，都有参加这个政权的资格。

这种新民主主义的革命也和社会主义的革命不相同，它只推翻帝国主义和汉奸反动派在中国的统治，而不破坏任何尚能参加反帝反封建的资本主义成分。

这种新民主主义的革命，和孙中山在一九二四年所主张的三民主义的革命在基本上是一致的。孙中山在这一年发表的《中国国民党第一次全国代表大会宣言》上说："近世各国所谓民权制度，往往为资产阶级所专有，适成为压迫平民之工具。若国民党之民权主义，则为一般平民所共有，非少数人所得而私也。"又说："凡本国人及外国人之企业，或有独占的性质，或规模过大为私人之力所不能办者，如银行、铁道、航路之属，由国家经营管理之，使私有资本制度不能操纵国民之生计，此则节制资本之要旨也。"孙中山又在其遗嘱上指出"必须唤起民众及联合世界上以平等待我之民族共同奋斗"的关于内政外交的根本原则。所有这些，就把适应于旧的国际国内环境的旧民主主义的三民主义，改造成了适应于新的国际国内环境的新民主主义的三民主义。中国共产党在一九三七年九月二十二日发表宣言,声明"三民主义为中国今日之必需,本党愿为其彻底实现而奋斗",就是指的这种三民主义,而不是任何别的三民主义。这种三民主义即是孙中山的三大政策,即联俄、联共和扶助农工政策的三民主义。在新的国际国内条件下,离开三大政策的三民主义,就不是革命的三民主义。(关于共产主义和三民主义只是在基本的民主革命政纲上相同,而在其他一切方面则均不相同,这一问题,这里不来说它。)

这样,就使中国的资产阶级民主革命,无论就其斗争阵线(统一战线)来说,就其国家组成来说,均不能忽视无产阶级、农民阶级和其他小资产阶级的地位。谁要是想撇开中国的无产阶级、农民阶级和其他小资产阶级,就一定不能解决中华民族的命运,一定不能解决中国的任何问题。中国现阶段的革命所要造成的民主共和国,一定要是一个工人、农民和其他小资产阶级在其中占一定地位起一定作用的民主共和国。换言之,即是一个工人、农民、城市小资产阶级和其他一切反帝反封建分子的革命联盟的民主共和国。这种共和国的彻底完成,只有在无产阶级领导之下才有可能。

第六节　中国革命的前途

在将现阶段上中国社会的性质,中国革命的对象、任务、动力和性质这些基本问题弄清楚了之后,对于中国革命的前途问题,就是说,中国资产阶级民主主义革命和无产阶级社会主义革命的关系问题,中国革命的现在阶段和将来阶段的关系问题,也就容易明白了。

因为既然在现阶段上的中国资产阶级民主主义的革命,不是一般的旧式的资产阶级民主主义的革命,而是特殊的新式的民主主义的革命,而是新民主主义的革命,而中国革命又是处在二十世纪三十和四十年代的新的国际环境中,即处在社会主义向上高涨、资本主义向下低落的国际环境中,处在第二次世界大战和革命的时代,那末,中国革命的终极的前途,不是资本主义的,而是社会主义和共产主义的,也就没有疑义了。

没有问题,现阶段的中国革命既然是为了变更现在的殖民地、半殖民地、半封建社会的地位,即为了完成一个新民主主义的革命而奋斗,那末,在革命胜利之后,因为肃清了资本主义发展道路上的障碍物,资本主义经济在中国社会中会有一个相当程度的发展,是可以想象得到的,也是不足为怪的。资本主义会有一个相当程度的发展,这是经济落后的中国在民主革命胜利之后不可避免的结果。但这只是中国革命的一方面的结果,不是它的全部结果。中国革命的全部结果是:一方面有资本主义因素的发展,又一方面有社会主义因素的发展。这种社会主义因素是什么呢?就是无产阶级和共产党在全国政治势力中的比重的增长,就是农民、知识分子和城市小资产阶级或者已经或者可能承认无产阶级和共产党的领导权,就是民主共和国的国营经济和劳动人民的合作经济。所有这一切,都是社会主义的因素。加以国际环境的有利,便使中国资产阶级民主革命的最后结果,避免资本主义的前途,实现社会主义的前途,不能不具有极大的可能性了。

第七节　中国革命的两重任务和中国共产党

　　总结本章各节所述，我们可以明白，整个中国革命是包含着两重任务的。这就是说，中国革命是包括资产阶级民主主义性质的革命（新民主主义的革命）和无产阶级社会主义性质的革命、现在阶段的革命和将来阶段的革命这样两重任务的。而这两重革命任务的领导，都是担负在中国无产阶级的政党——中国共产党的双肩之上，离开了中国共产党的领导，任何革命都不能成功。

　　完成中国资产阶级民主主义的革命（新民主主义的革命），并准备在一切必要条件具备的时候把它转变到社会主义革命的阶段上去，这就是中国共产党光荣的伟大的全部革命任务。每个共产党员都应为此而奋斗，绝对不能半途而废。有些幼稚的共产党员，以为我们只有在现在阶段的民主主义革命的任务，没有在将来阶段的社会主义革命的任务，或者以为现在的革命或土地革命即是社会主义的革命。应该着重指出，这些观点是错误的。每个共产党员须知，中国共产党领导的整个中国革命运动，是包括民主主义革命和社会主义革命两个阶段在内的全部革命运动；这是两个性质不同的革命过程，只有完成了前一个革命过程才有可能去完成后一个革命过程。民主主义革命是社会主义革命的必要准备，社会主义革命是民主主义革命的必然趋势。而一切共产主义者的最后目的，则是在于力争社会主义社会和共产主义社会的最后的完成。只有认清民主主义革命和社会主义革命的区别,同时又认清二者的联系,才能正确地领导中国革命。

领导中国民主主义革命和中国社会主义革命这样两个伟大的革命到达彻底的完成,除了中国共产党之外,是没有任何一个别的政党(不论是资产阶级的政党或小资产阶级的政党)能够担负的。而中国共产党则从自己建党的一天起,就把这样的两重任务放在自己的双肩之上了,并且已经为此而艰苦奋斗了整整十八年。

这样的任务是非常光荣的,但同时也是非常艰巨的。没有一个全国范围的、广大群众性的、思想上政治上组织上完全巩固的、布尔什维克化的中国共产党,这样的任务是不能完成的。因此,积极地建设这样一个共产党,乃是每一个共产党员的责任。

注　　释

〔1〕仲家,布依族的一种旧称。

〔2〕指南针的发明,在中国是很早的。公元前三世纪战国时代,《吕氏春秋》上有"慈石召铁"的话,可见当时中国人已经知道磁石能吸铁。公元一世纪,东汉王充的《论衡》说磁勺柄指南,可见当时已经发现了磁石的指极性。根据宋代文献记载,在十一世纪,中国人已经发明了用人造磁针制造的指南针。到十二世纪初,即宋徽宗时,朱彧的《萍洲可谈》和徐兢的《宣和奉使高丽图经》,都说到航海用指南针,可见当时指南针的使用已经相当普遍。

〔3〕根据中国古代文献记载,公元二世纪初,东汉宦官蔡伦集中前人的经验,用树皮、麻头、破布和破鱼网造纸。此后,这种造纸法便在全国逐步推广开来。人们把这种纸称作"蔡侯纸"。

〔4〕中国的刻版印刷术,约创始于公元七世纪,即唐初年间。

〔5〕宋仁宗庆历(一○四一——一○四八)年间,毕升发明了活字印刷。

〔6〕中国火药的发明,大约在公元九世纪。到了宋朝初年,即公元十世纪后

半期至十一世纪初,中国已经使用火药制造火炮、火箭等武器,供战争之用。

〔7〕陈胜、吴广是秦末农民大起义的领袖。公元前二〇九年,即秦二世元年,陈胜、吴广往戍地途中在蕲县大泽乡(今安徽省宿县东南)率领同行戍卒九百人起义,反抗秦朝的残暴统治。全国各地纷起响应。项羽和他的叔父项梁在吴(今江苏省吴县)起兵,刘邦在沛(今江苏省沛县)起兵。陈胜、吴广起义失败以后,项羽、刘邦两军成了当时反秦的主要力量。项军消灭了秦军的主力,刘军攻占了关中和秦的都城咸阳。秦朝灭亡后,刘项双方相争数年,项羽败死,刘邦做了皇帝,建立了汉朝。

〔8〕新市、平林、赤眉、铜马都是王莽时代农民起义军的名称。西汉末年,各地农民不断进行反抗活动和武装起义。公元八年,王莽代汉以后,实行"改制",企图缓和农民的反抗。但是,由于社会阶级矛盾的日益尖锐,加之天灾频繁,各地农民的反抗斗争终于发展为大规模的武装起义。公元十七年,新市(今湖北省京山县东北)人王匡、王凤领导饥民起义,以绿林山为基地,称为"绿林军"。后绿林军一部在王匡、王凤率领下北入南阳,称"新市兵"。另一部由王常等率领进入南郡(今湖北省江陵县),称"下江兵"。新市兵进入随县,平林(今湖北省随县东北)人陈牧等千余人起义响应,号称"平林兵"。公元十八年,山东琅琊人樊崇在莒县(今山东省莒县)领导农民起义。起义军用红色涂眉,号称"赤眉军",主要活动于山东、江苏、河南、陕西等地,是当时最大的一支农民起义军。同时,在黄河以北的广大地区,还有大小数十支农民起义军,铜马是其中较大的一支,主要活动于河北、山东交界地区。

〔9〕公元一八四年,即东汉灵帝中平元年,张角等领导河北、河南、山东、安徽等地的农民数十万人同时举行起义。起义军头戴黄巾为标志,因此被称为"黄巾军"。

〔10〕公元七世纪初,即隋朝末年,农民纷纷起义。李密、窦建德是当时两支主要起义军的首领。李密领导的河南瓦岗军和窦建德领导的河北起义军,在推翻隋朝统治的斗争中,起了重要作用。

〔11〕王仙芝、黄巢是唐末农民起义军的领袖。公元八七四年(唐僖宗乾符元年),王仙芝在山东起义,次年黄巢聚众响应。参见本书第一卷《关于纠正党内的错误思想》注〔4〕。

〔12〕宋江和方腊分别是公元十二世纪初即北宋末年北方和南方农民起义的有名首领。宋江率领的起义队伍,主要活动于山东、河北、河南、江苏一带;方腊率领的起义队伍,主要活动于浙江、安徽一带。

〔13〕公元一三五一年,即元顺帝至正十一年,各地人民纷纷起义。一三五二年,安徽凤阳人朱元璋投入北方红巾军郭子兴部起义军。郭死,朱元璋成为该军

的首领。一三六八年,他领导的部队推翻了在各地人民起义的打击下已经摇摇欲坠的元朝的统治,成为明朝的开国皇帝。

〔14〕见本书第一卷《关于纠正党内的错误思想》注〔5〕。

〔15〕见本书第一卷《论反对日本帝国主义的策略》注〔36〕。

〔16〕见本书第一卷《论反对日本帝国主义的策略》注〔35〕。

〔17〕见本书第一卷《论反对日本帝国主义的策略》注〔4〕。

〔18〕一八五七年的英法联军战争,又称第二次鸦片战争。一八五六年,英国侵略军在广州向中国方面挑衅。一八五七年英法两国组成联合侵略军,对中国发动侵略战争。美国和沙俄不仅积极帮助他们,而且直接插手,乘机攫取中国的权利。当时清朝政府正以全力镇压太平天国农民革命,对外国侵略者采取消极抵抗政策。一八五七年至一八六〇年,英法联军先后攻陷广州、天津、北京等重要城市,劫掠并焚毁北京圆明园,迫使清朝政府订立了《天津条约》和《北京条约》。这些条约主要规定将天津、牛庄(后改为营口)、登州(后改为烟台)、台湾(台南)、淡水、潮州(后改为汕头)、琼州、南京、镇江、九江、汉口等处开辟为商埠;承认外国人有在中国内地自由传教和游历通商的特权,外国商船有在中国内河航行的特权。从此,外国侵略势力不但扩大到中国沿海各省,同时还深入了内地。

〔19〕一八八二年至一八八三年,法国侵略者侵犯越南北部。一八八四年至一八八五年,又把侵略战争扩大到中国的广西、台湾、福建、浙江等地。中国军队在冯子材等率领下,奋起抵抗,并且屡获胜利。但是,腐朽的清朝政府在战争胜利之后,反而签订了屈辱的《天津条约》,允许在云南、广西两省的中越边界开埠通商,使法国侵略势力得以伸入中国西南地区。

〔20〕见本书第一卷《矛盾论》注〔22〕。

〔21〕一九〇〇年,英、美、德、法、俄、日、意、奥八个帝国主义国家,为了镇压义和团的反侵略运动,联合出兵进攻中国,中国人民进行了英勇的抵抗。战争中,侵略军先后攻陷大沽、天津、北京等地。同时,沙俄又单独出兵侵入中国东北。清政府接受了帝国主义的条件,于一九〇一年九月七日在条件极为苛刻的《辛丑条约》上签字。这个条约的主要内容是:中国向八国赔偿银四亿五千万两,承认帝国主义国家有在北京和北京至天津、山海关一带地区驻兵的特权。

〔22〕领事裁判权,是帝国主义国家强迫旧中国政府缔结的不平等条约中所规定的特权之一,开始于一八四三年的中英《虎门条约》和一八四四年的中美《望厦条约》。凡是享有这种特权的国家在中国的侨民,如果成为民刑诉讼的被告时,中国法庭无权裁判,只能由各该国的领事或者法庭裁判。

〔23〕从十九世纪末起,侵略中国的各帝国主义国家,按照他们各自在中国的经济和军事的势力,曾经将中国的某些地区划为自己的势力范围。例如,当时长

江流域各省被划为英国的势力范围,云南、广西、广东被划为法国的势力范围,山东被划为德国的势力范围,福建被划为日本的势力范围,东三省原划为沙俄的势力范围,一九〇五年日俄战争后,东三省南部又成为日本的势力范围。

〔24〕 帝国主义国家在强迫清朝政府开放了沿江沿海的许多地方为通商口岸后,于一八四五年开始在这些地方强占一定的地区作为"租界"。最初,租界是外国人居留、贸易的特定地区。中国政府对租界内的行政、司法等有干预权,并保有租界内的领土主权。后来,帝国主义国家在租界内,逐渐实行完全独立于中国行政系统和法律制度以外的一套殖民地统治制度。它们以租界为据点,在政治上和经济上直接或者间接地控制中国的封建买办阶级的统治。一九二四年至一九二七年,在中国共产党的领导下,中国人民曾进行收回租界的斗争,并于一九二七年一月,一度收回了汉口和九江的英租界。但是,在蒋介石发动反革命政变以后,帝国主义在中国各地的租界仍然被保留下来。

〔25〕 见共产国际第六次代表大会《关于殖民地和半殖民地国家革命运动的提纲》。

〔26〕 见斯大林一九二七年五月二十四日在共产国际执行委员会第八次全会第十次会议上的演说《中国革命和共产国际的任务》(《斯大林全集》第9卷,人民出版社1954年版,第260页)。

〔27〕 见本卷《论持久战》注〔12〕。

〔28〕 见本书第一卷《论反对日本帝国主义的策略》注〔37〕。

〔29〕 见本书第一卷《湖南农民运动考察报告》注〔3〕。

〔30〕 见本书第一卷《实践论》注〔6〕。

〔31〕 见本书第一卷《中国社会各阶级的分析》注〔9〕。

〔32〕 见本书第一卷《论反对日本帝国主义的策略》注〔31〕。

〔33〕 见斯大林《论中国革命的前途》(《斯大林选集》上卷,人民出版社1979年版,第487页)。

〔34〕 这个自然段是一九四〇年四月以后修改《中国革命和中国共产党》时加写的。一九四〇年毛泽东写信给中央军委总政治部宣传部长萧向荣,指出正在编写的战士课本需加修改,"要将大资产阶级与民族资产阶级,亲日派大资产阶级与非亲日派(即英美派)大资产阶级,大地主与中小地主及开明绅士,加以区别";并谈到他对《中国革命和中国共产党》的第二章已作了相应的修改。他说:一九三九年十二月写《中国革命和中国共产党》第二章时,"正在第一次反共高潮的头几个月,民族资产阶级与开明绅士的态度是否与大资产阶级大地主有区别,还不能明显地看出来,到今年三月就可以看出来了,请参看三月十一日我的那个《统一战线中的策略问题》"。

〔35〕二十世纪初,中国出现了一个出国留学的热潮。在资产阶级民主思想的影响下,中国留学生中的很多人先后组织爱国团体,出版革命报刊,宣传资产阶级民主革命思想,反对帝国主义侵略中国。一九〇三年,留日学生爆发了大规模的"拒法"(反对法国军队入侵广西)和"拒俄"(反对沙皇俄国军队霸占东北)运动。辛亥革命前的留学生运动对中国革命产生了较大的影响。

斯大林是中国人民的朋友

（一九三九年十二月二十日）

今年十二月二十一日，是斯大林同志的六十岁生日。这个生日，在全世界上，在只要是知道的又是革命的人们的心中，可以料得到，都会引起亲切的热烈的庆祝。

庆祝斯大林，这不是一件应景的事情。庆祝斯大林，这就是说，拥护他，拥护他的事业，拥护社会主义的胜利，拥护他给人类指示的方向，拥护自己的亲切的朋友。因为现在全世界上大多数的人类都是受难者，只有斯大林指示的方向，只有斯大林的援助，才能解脱人类的灾难。

我们中国人民，是处在历史上灾难最深重的时候，是需要人们援助最迫切的时候。《诗经》上说的："嘤其鸣矣，求其友声。"我们正是处在这种时候。

但是，谁是我们的朋友呢？

一类所谓朋友，他们自称是中国人民的朋友；中国人中间有些人也不加思索地称他们做朋友。但是这种朋友，只能属于唐朝的李林甫[1]一类。李林甫是唐朝的宰相，是一个有名的被称为"口蜜腹剑"的人。现在这些所谓朋友，正是"口蜜腹剑"的朋友。这些人是谁呢？就是那些口称同情中国的帝国主义者。

另一类朋友则不然，他们是拿真正的同情给我们的，他们是把我们当做弟兄看待的。这些人是谁呢？就是苏联的人民，就是斯大林。

没有一个国家把它在中国的特权废除过，只有苏联是废除了。

第一次大革命时期，一切帝国主义者都反对我们，只有苏联援助了我们。

抗日战争以来，没有一个帝国主义国家的政府真正援助我们，只有苏联是用了空军和物资援助了我们。

这还不够明白吗？

中华民族和中国人民的解放事业，只有社会主义的国家，社会主义的领袖，社会主义的人民，社会主义的思想家、政治家、劳动者，才能真正援助；而我们的事业，没有他们的援助是不能取得最后胜利的。

斯大林是中国人民解放事业的忠实的朋友。中国人民对于斯大林的敬爱，对于苏联的友谊，是完全出于诚意的，任何人的挑拨离间，造谣污蔑，到底都没有用处。

注　　释

〔1〕李林甫，公元八世纪人，唐玄宗时的一个宰相。《资治通鉴》说："李林甫为相，凡才望功业出己右及为上所厚、势位将逼己者，必百计去之；尤忌文学之士，或阳与之善，啗以甘言而阴陷之。世谓李林甫'口有蜜，腹有剑'。"

纪 念 白 求 恩

（一九三九年十二月二十一日）

　　白求恩[1]同志是加拿大共产党员，五十多岁了，为了帮助中国的抗日战争，受加拿大共产党和美国共产党的派遣，不远万里，来到中国。去年春上到延安，后来到五台山工作，不幸以身殉职。一个外国人，毫无利己的动机，把中国人民的解放事业当作他自己的事业，这是什么精神？这是国际主义的精神，这是共产主义的精神，每一个中国共产党员都要学习这种精神。列宁主义认为：资本主义国家的无产阶级要拥护殖民地半殖民地人民的解放斗争，殖民地半殖民地的无产阶级要拥护资本主义国家的无产阶级的解放斗争，世界革命才能胜利[2]。白求恩同志是实践了这一条列宁主义路线的。我们中国共产党员也要实践这一条路线。我们要和一切资本主义国家的无产阶级联合起来，要和日本的、英国的、美国的、德国的、意大利的以及一切资本主义国家的无产阶级联合起来，才能打倒帝国主义，解放我们的民族和人民，解放世界的民族和人民。这就是我们的国际主义，这就是我们用以反对狭隘民族主义和狭隘爱国主义的国际主义。

　　白求恩同志毫不利己专门利人的精神，表现在他对工作的极端的负责任，对同志对人民的极端的热忱。每个共产党员都要学习他。不少的人对工作不负责任，拈轻怕重，把重担子推给人家，自己挑轻的。一事当前，先替自己打算，然后再替别人打算。出了一点力就觉得了不起，喜欢自吹，生怕人家不知道。对同志对人民不是满腔热忱，而是冷冷清清，漠不关心，麻木不仁。这种人其实不是共产党员，至少不能算一个纯粹的共产党员。从前线回来的人说到白求恩，没有一个不佩服，没有一个不为他的精神所感动。晋察冀边区的军民，凡亲身受过白求恩医生的治疗和亲眼看过白求恩医生的工作的，无不为之感动。每一个共产党员，一定要学习白求恩同志的这种真正共产主义者的精神。

白求恩同志是个医生，他以医疗为职业，对技术精益求精；在整个八路军医务系统中，他的医术是很高明的。这对于一班见异思迁的人，对于一班鄙薄技术工作以为不足道、以为无出路的人，也是一个极好的教训。

我和白求恩同志只见过一面。后来他给我来过许多信。可是因为忙，仅回过他一封信，还不知他收到没有。对于他的死，我是很悲痛的。现在大家纪念他，可见他的精神感人之深。我们大家要学习他毫无自私自利之心的精神。从这点出发，就可以变为大有利于人民的人。一个人能力有大小，但只要有这点精神，就是一个高尚的人，一个纯粹的人，一个有道德的人，一个脱离了低级趣味的人，一个有益于人民的人。

注　释

〔1〕白求恩即诺尔曼·白求恩（一八九〇——一九三九），加拿大共产党党员，著名的医生。一九三六年德意法西斯侵犯西班牙时，他曾经亲赴前线为反法

西斯的西班牙人民服务。一九三七年中国的抗日战争爆发,他率领加拿大美国医疗队,于一九三八年初来中国,三月底到达延安,不久赴晋察冀边区,在那里工作了一年多。他的牺牲精神、工作热忱、责任心,均称模范。由于在一次为伤员施行急救手术时受感染,一九三九年十一月十二日在河北省唐县逝世。

〔2〕参见列宁《民族和殖民地问题提纲初稿》和《民族和殖民地问题委员会的报告》(《列宁全集》第39卷,人民出版社1986年版,第159—166、229—234页)。

新民主主义论[*]

（一九四〇年一月）

一　中国向何处去

　　抗战以来，全国人民有一种欣欣向荣的气象，大家以为有了出路，愁眉锁眼的姿态为之一扫。但是近来的妥协空气，反共声浪，忽又甚嚣尘上，又把全国人民打入闷葫芦里了。特别是文化人和青年学生，感觉锐敏，首当其冲。于是怎么办，中国向何处去，又成为问题了。因此，趁着《中国文化》^{〔1〕}的出版，说明一下中国政治和中国文化的动向问题，或者也是有益的。对于文化问题，我是门外汉，想研究一下，也方在开始。好在延安许多同志已有详尽的文章，我的粗枝大叶的东西，就当作一番开台锣鼓好了。对于全国先进的文化工作者，我们的东西，只当作引玉之砖，千虑之一得，希望共同讨论，得出正确结论，来适应我们民族的需要。科学的态度是"实事求是"，

---

　　*　这是毛泽东一九四〇年一月九日在陕甘宁边区文化协会第一次代表大会上的讲演，原题为《新民主主义的政治与新民主主义的文化》，载于一九四〇年二月十五日延安出版的《中国文化》创刊号。同年二月二十日在延安出版的《解放》第九十八、九十九期合刊登载时，题目改为《新民主主义论》。

"自以为是"和"好为人师"那样狂妄的态度是决不能解决问题的。我们民族的灾难深重极了,惟有科学的态度和负责的精神,能够引导我们民族到解放之路。真理只有一个,而究竟谁发现了真理,不依靠主观的夸张,而依靠客观的实践。只有千百万人民的革命实践,才是检验真理的尺度。我想,这可以算作《中国文化》出版的态度。

二　我们要建立一个新中国

我们共产党人,多年以来,不但为中国的政治革命和经济革命而奋斗,而且为中国的文化革命而奋斗;一切这些的目的,在于建设一个中华民族的新社会和新国家。在这个新社会和新国家中,不但有新政治、新经济,而且有新文化。这就是说,我们不但要把一个政治上受压迫、经济上受剥削的中国,变为一个政治上自由和经济上繁荣的中国,而且要把一个被旧文化统治因而愚昧落后的中国,变为一个被新文化统治因而文明先进的中国。一句话,我们要建立一个新中国。建立中华民族的新文化,这就是我们在文化领域中的目的。

三　中国的历史特点

我们要建立中华民族的新文化,但是这种新文化究竟是一种什么样子的文化呢?

一定的文化(当作观念形态的文化)是一定社会的政治和经济的反映,又给予伟大影响和作用于一定社会的政治和经济；而经济是基础，政治则是经济的集中的表现[2]。这是我们对于文化和政治、经济的关系及政治和经济的关系的基本观点。那末，一定形态的政治和经济是首先决定那一定形态的文化的；然后，那一定形态的文化又才给予影响和作用于一定形态的政治和经济。马克思说："不是人们的意识决定人们的存在，而是人们的社会存在决定人们的意识。"[3]他又说："从来的哲学家只是各式各样地说明世界，但是重要的乃在于改造世界。"[4]这是自有人类历史以来第一次正确地解决意识和存在关系问题的科学的规定，而为后来列宁所深刻地发挥了的能动的革命的反映论之基本的观点。我们讨论中国文化问题，不能忘记这个基本观点。

这样说来，问题是很清楚的，我们要革除的那种中华民族旧文化中的反动成分，它是不能离开中华民族的旧政治和旧经济的；而我们要建立的这种中华民族的新文化，它也不能离开中华民族的新政治和新经济。中华民族的旧政治和旧经济，乃是中华民族的旧文化的根据；而中华民族的新政治和新经济，乃是中华民族的新文化的根据。

所谓中华民族的旧政治和旧经济是什么？而所谓中华民族的旧文化又是什么？

自周秦以来，中国是一个封建社会，其政治是封建的政治，其经济是封建的经济。而为这种政治和经济之反映的占统治地位的文化，则是封建的文化。

自外国资本主义侵略中国，中国社会又逐渐地生长了资本主义因素以来，中国已逐渐地变成了一个殖民地、半殖民地、半封建的社会。现在的中国，在日本占领区，是殖民地社会;在国民党统治区,基本上也还是一个半殖民地社会;而不论在日本占领区和国民党统治区,都是封建半封建制度占优势的社会。这就是现时中国社会的性质,这就是现时中国的国情。作为统治的东西来说,这种社会的政治是殖民地、半殖民地、半封建的政治,其经济是殖民地、半殖民地、半封建的经济,而为这种政治和经济之反映的占统治地位的文化,则是殖民地、半殖民地、半封建的文化。

这些统治的政治、经济和文化形态,就是我们革命的对象。我们要革除的,就是这种殖民地、半殖民地、半封建的旧政治、旧经济和那为这种旧政治、旧经济服务的旧文化。而我们要建立起来的,则是与此相反的东西,乃是中华民族的新政治、新经济和新文化。

那末,什么是中华民族的新政治、新经济,又什么是中华民族的新文化呢?

中国革命的历史进程,必须分为两步,其第一步是民主主义的革命,其第二步是社会主义的革命,这是性质不同的两个革命过程。而所谓民主主义,现在已不是旧范畴的民主主义,已不是旧民主主义,而是新范畴的民主主义,而是新民主主义。

由此可以断言,所谓中华民族的新政治,就是新民主主义的政治;所谓中华民族的新经济,就是新民主主义的经济;所谓中华民族的新文化,就是新民主主义的文化。

这就是现时中国革命的历史特点。在中国从事革命的一切党派,一切人们,谁不懂得这个历史特点,谁就不能指导这个革命和进行这个革命到胜利,谁就会被人民抛弃,变为向隅而泣的可怜虫。

四　中国革命是世界革命的一部分

中国革命的历史特点是分为民主主义和社会主义两个步骤,而其第一步现在已不是一般的民主主义,而是中国式的、特殊的、新式的民主主义,而是新民主主义。那末,这个历史特点是怎样形成的呢? 它是一百年来就有了的,还是后来才发生的呢?

只要研究一下中国的和世界的历史发展,就知道这个历史特点,并不是从鸦片战争[5]以来就有了的,而是在后来,在第一次帝国主义世界大战和俄国十月革命之后,才形成的。我们现在就来研究这个形成过程。

很清楚的,中国现时社会的性质,既然是殖民地、半殖民地、半封建的性质,它就决定了中国革命必须分为两个步骤。第一步,改变这个殖民地、半殖民地、半封建的社会形态,使之变成一个独立的民主主义的社会。第二步,使革命向前发展,建立一个社会主义的社会。中国现时的革命,是在走第一步。

这个第一步的准备阶段,还是自从一八四〇年鸦片战争以来,即中国社会开始由封建社会改变为半殖民地半封建社会以来,就开始了的。中经太平天国运动[6]、中法战争[7]、中日战争[8]、戊戌变法[9]、辛亥革命[10]、五四运动[11]、北伐战争、土地革命战争、直到今天的抗日战争,这样许多个别的阶段,费去了整整一百年工夫,从某一点上说来,都是实行这第一步,都是中国人民在不同的时间中和不同的程度上实行这第一步,实行反对帝国主义和封建势力,为了建立一个独立的民主主义的社会而斗争,为了完成第一个革命而斗争。而辛亥革命,则是在比较更完全的意义上开始了这个革命。这个革命,按其社会性质说来,是资产阶级民主主义的革命,不是无产阶级社会主义的革命。这个革命,现在还未完成,还须付与很大的气力,这是因为这个革命的敌人,直到现在,还是非常强大的缘故。孙中山先生说的"革命尚未成功,同志仍须努力",就是指的这种资产阶级民主主义的革命。

然而中国资产阶级民主主义革命,自从一九一四年爆发第一次帝国主义世界大战和一九一七年俄国十月革命在地球六分之一的土地上建立了社会主义国家以来,起了一个变化。

在这以前,中国资产阶级民主主义革命,是属于旧的世界资产阶级民主主义革命的范畴之内的,是属于旧的世界资产阶级民主主义革命的一部分。

在这以后,中国资产阶级民主主义革命,却改变为属于新的资产阶级民主主义革命的范畴,而在革命的阵线上说来,则属于世界无产阶级社会主义革命的一部分了。

为什么呢?因为第一次帝国主义世界大战和第一次胜利的社会主义十月革命,改变了整个世界历史的方向,划分了整个世界历史的时代。

在世界资本主义战线已在地球的一角(这一角占全世界六分之一的土地)崩溃,而在其余的角上又已经充分显露其腐朽性的时代,在这些尚存的资本主义部分非更加依赖殖民地半殖民地便不能过活的时代,在社会主义国家已经建立并宣布它愿意为了扶助一切殖民地半殖民地的解放运动而斗争的时代,在各个资本主义国家的无产阶级一天一天从社会帝国主义的社会民主党的影响下面解放出来并宣布他们赞助殖民地半殖民地解放运动的时代，在这种时代，任何殖民地半殖民地国家，如果发生了反对帝国主义，即反对国际资产阶级、反对国际资本主义的革命，它就不再是属于旧的世界资产阶级民主主义革命的范畴，而属于新的范畴了；它就不再是旧的资产阶级和资本主义的世界革命的一部分，而是新的世界革命的一部分，即无产阶级社会主义世界革命的一部分了。这种革命的殖民地半殖民地，已经不能当作世界资本主义反革命战线的同盟军，而改变为世界社会主义革命战线的同盟军了。

这种殖民地半殖民地革命的第一阶段，第一步，虽然按其社会性质，基本上依然还是资产阶级民主主义的，它的客观要求，是为资本主义的发展扫清道路；然而这种革命，已经不是旧的、被资产阶级领导的、以建立资本主义的社会和资产阶级专政的国家为目的的革命，而是新的、被无产阶级领导的、以在第一阶段上建立新民主主义的社会和建立各个革命阶级联合专政的国家为目的的革命。因此，这种革命又恰是为社会主义的发展扫清更广大的道路。这种革命，在其进行中，因为敌情和同盟军的变化，又分为若干的阶段，然而其基本性质是没有变化的。

这种革命，是彻底打击帝国主义的，因此它不为帝国主义所容许，而为帝国主义所反对。但是它却为社会主义所容许，而为社会主义的国家和社会主义的国际无产阶级所援助。

因此，这种革命，就不能不变成无产阶级社会主义世界革命的一部分。

“中国革命是世界革命的一部分”，这一正确的命题，还是

在一九二四年至一九二七年的中国第一次大革命时期,就提
出了的。这是中国共产党人提出,而为当时一切参加反帝反
封建斗争的人们所赞成的。不过那时这一理论的意义还没有
发挥,以致人们还只是模糊地认识这个问题。

这种"世界革命",已不是旧的世界革命,旧的资产阶级世
界革命早已完结了;而是新的世界革命,而是社会主义的世界
革命。同样,这种"一部分",已经不是旧的资产阶级革命的一
部分,而是新的社会主义革命的一部分。这是一个绝大的变
化,这是自有世界历史和中国历史以来无可比拟的大变化。

中国共产党人提出的这一正确的命题,是根据斯大林的
理论的。

斯大林还在一九一八年所作十月革命一周年纪念的论文
时,就说道:

　　"十月革命的伟大的世界意义,主要的是:第一,它扩大了民族
问题的范围,把它从欧洲反对民族压迫的斗争的局部问题,变为各
被压迫民族、各殖民地及半殖民地从帝国主义之下解放出来的总
问题;第二,它给这一解放开辟了广大的可能性和现实的道路,这
就大大地促进了西方和东方的被压迫民族的解放事业,把他们吸
引到胜利的反帝国主义斗争的巨流中去;第三,它从而在社会主义
的西方和被奴役的东方之间架起了一道桥梁,建立了一条从西方
无产者经过俄国革命到东方被压迫民族的新的反对世界帝国主义
的革命战线。"[12]

从这篇文章以后,斯大林曾经多次地发挥了关于论述殖
民地半殖民地的革命脱离了旧范畴,改变成了无产阶级社会
主义革命一部分的理论。解释得最清楚明确的,是斯大林在

一九二五年六月三十日发表的同当时南斯拉夫的民族主义者
争论的文章。这篇文章载在张仲实译的《斯大林论民族问题》
一书上面,题目叫做《再论民族问题》。其中有这么一段:

  "舍米契引证了斯大林在一九一二年年底所著《马克思主义与
民族问题》那本小册子中的一个地方。那里曾说:'在上升的资本
主义的条件之下,民族的斗争是资产阶级相互之间的斗争。'显然,
他企图以此来暗示他给当前历史条件下的民族运动的社会意义所
下的定义是正确的。然而,斯大林那本小册子是在帝国主义战争
以前写的,那时候民族问题在马克思主义者看来还不是一个具有
全世界意义的问题,那时候马克思主义者关于民族自决权的基本
要求不是当作无产阶级革命的一部分,而是当作资产阶级民主革
命的一部分。自那时候起,国际形势已经根本地改变了,战争和俄
国十月革命已把民族问题从资产阶级民主革命的一部分变成了无
产阶级社会主义革命的一部分了,——要是看不清这一点,那就未
免太可笑了。列宁还在一九一六年十月间,就在他的《民族自决权
讨论的总结》一文中说过,民族问题中关于民族自决权的基本点,
已不再是一般民主运动的一部分,它已经变成一般无产阶级的、社
会主义革命的一个构成部分了。列宁以及俄国共产主义的其他代
表者关于民族问题的以后的一些著作,我就不用讲了。现在,当我
们由于新的历史环境而进入于一个新的时代——无产阶级革命的
时代,舍米契在这一切以后却引证斯大林在俄国资产阶级民主革
命时期所写的那本小册子中的一个地方,这能有什么意义呢? 它
只能有这样一个意义,就是舍米契是离开时间和空间,不顾到活的
历史环境来引证的,因而违反了辩证法的最基本的要求,没有考虑
到在某一个历史环境下是正确的东西在另一个历史环境下就可以
成为不正确的。"

　　由此可见,有两种世界革命,第一种是属于资产阶级和资本主义范畴的世界革命。这种世界革命的时期早已过去了,还在一九一四年第一次帝国主义世界大战爆发之时,尤其是在一九一七年俄国十月革命之时,就告终结了。从此以后,开始了第二种世界革命,即无产阶级的社会主义的世界革命。这种革命,以资本主义国家的无产阶级为主力军,以殖民地半殖民地的被压迫民族为同盟军。不管被压迫民族中间参加革命的阶级、党派或个人,是何种的阶级、党派或个人,又不管他们意识着这一点与否,他们主观上了解了这一点与否,只要他们反对帝国主义,他们的革命,就成了无产阶级社会主义世界革命的一部分,他们就成了无产阶级社会主义世界革命的同盟军。

　　中国革命到了今天,它的意义更加增大了。在今天,是在由于资本主义的经济危机和政治危机已经一天一天把世界拖进第二次世界大战的时候;是在苏联已经到了由社会主义到共产主义的过渡期,有能力领导和援助全世界无产阶级和被压迫民族,反抗帝国主义战争,打击资本主义反动的时候;是在各资本主义国家的无产阶级正在准备打倒资本主义、实现社会主义的时候;是在中国无产阶级、农民阶级、知识分子和其他小资产阶级在中国共产党的领导之下,已经形成了一个伟大的独立的政治力量的时候。在今天,我们是处在这种时候,那末,应该不应该估计中国革命的世界意义是更加增大了呢? 我想是应该的。中国革命是世界革命的伟大的一部分。

　　这个中国革命的第一阶段(其中又分为许多小阶段),其社会性质是新式的资产阶级民主主义的革命,还不是无产阶级社会主义的革命,但早已成了无产阶级社会主义的世界革命的一部分，现在则更成了这种世界革命的伟大的一部分，成了这种世界革命的伟大的同盟军。这个革命的第一步、第一阶段，决不是也不能建立中国资产阶级专政的资本主义的社会，而是要建立以中国无产阶级为首领的中国各个革命阶级联合专政的新民主主义的社会，以完结其第一阶段。然后，再使之发展到第二阶段，以建立中国社会主义的社会。

这就是现时中国革命的最基本的特点，这就是二十年来（从一九一九年五四运动算起）的新的革命过程，这就是现时中国革命的生动的具体的内容。

五　新民主主义的政治

中国革命分为两个历史阶段，而其第一阶段是新民主主义的革命，这是中国革命的新的历史特点。这个新的特点具体地表现在中国内部的政治关系和经济关系上又是怎样的呢？下面我们就来说明这种情形。

在一九一九年五四运动以前（五四运动发生于一九一四年第一次帝国主义大战和一九一七年俄国十月革命之后），中国资产阶级民主革命的政治指导者是中国的小资产阶级和资产阶级（他们的知识分子）。这时，中国无产阶级还没有当作一个觉悟了的独立的阶级力量登上政治的舞台，还是当作小资产阶级和资产阶级的追随者参加了革命。例如辛亥革命时的无产阶级，就是这样的阶级。

在五四运动以后，虽然中国民族资产阶级继续参加了革命，但是中国资产阶级民主革命的政治指导者，已经不是属于中国资产阶级,而是属于中国无产阶级了。这时,中国无产阶级,由于自己的长成和俄国革命的影响,已经迅速地变成了一个觉悟了的独立的政治力量了。打倒帝国主义的口号和整个中国资产阶级民主革命的彻底的纲领,是中国共产党提出的;而土地革命的实行,则是中国共产党单独进行的。

由于中国民族资产阶级是殖民地半殖民地国家的资产阶级,是受帝国主义压迫的,所以,虽然处在帝国主义时代,他们也还是在一定时期中和一定程度上,保存着反对外国帝国主义和反对本国官僚军阀政府(这后者,例如在辛亥革命时期和北伐战争时期)的革命性,可以同无产阶级、小资产阶级联合起来,反对它们所愿意反对的敌人。这是中国资产阶级和旧俄帝国的资产阶级的不同之点。在旧俄帝国,因为它已经是一个军事封建的帝国主义,是侵略别人的,所以俄国的资产阶级没有什么革命性。在那里,无产阶级的任务,是反对资产阶级,而不是联合它。在中国,因为它是殖民地半殖民地,是被人侵略的,所以中国民族资产阶级还有在一定时期中和一定程度上的革命性。在这里,无产阶级的任务,在于不忽视民族资产阶级的这种革命性,而和他们建立反帝国主义和反官僚军阀政府的统一战线。

但同时,也即是由于他们是殖民地半殖民地的资产阶级,他们在经济上和政治上是异常软弱的,他们又保存了另一种性质,即对于革命敌人的妥协性。中国的民族资产阶级,即使在革命时,也不愿意同帝国主义完全分裂,并且他们同农村中的地租剥削有密切联系,因此,他们就不愿和不能彻底推翻帝国主义,更加不愿和更加不能彻底推翻封建势力。这样,中国资产阶级民主革命的两个基本问题，两大基本任务，中国民族资产阶级都不能解决。至于中国的大资产阶级，以国民党为代表，在一九二七年至一九三七年这一个长的时期内，一直是投入帝国主义的怀抱，并和封建势力结成同盟，反对革命人民的。中国的民族资产阶级也曾在一九二七年及其以后的一个时期内一度附和过反革命。在抗日战争中，大资产阶级的一部分，以汪精卫[13]为代表，又已投降敌人，表示了大资产阶级的新的叛变。这又是中国资产阶级同历史上欧美各国的资产阶级特别是法国的资产阶级的不同之点。在欧美各国，特别在法国，当它们还在革命时代，那里的资产阶级革命是比较彻底的；在中国，资产阶级则连这点彻底性都没有。

一方面——参加革命的可能性，又一方面——对革命敌人的妥协性，这就是中国资产阶级"一身而二任焉"的两面性。这种两面性，就是欧美历史上的资产阶级，也是同具的。大敌当前，他们要联合工农反对敌人；工农觉悟，他们又联合敌人反对工农。这是世界各国资产阶级的一般规律，不过中国资产阶级的这个特点更加突出罢了。

在中国，事情非常明白，谁能领导人民推翻帝国主义和封建势力，谁就能取得人民的信仰，因为人民的死敌是帝国主义和封建势力、而特别是帝国主义的缘故。在今日，谁能领导人民驱逐日本帝国主义，并实施民主政治，谁就是人民的救星。历史已经证明：中国资产阶级是不能尽此责任的，这个责任就不得不落在无产阶级的肩上了。

所以，无论如何，中国无产阶级、农民、知识分子和其他小资产阶级，乃是决定国家命运的基本势力。这些阶级，或者已经觉悟，或者正在觉悟起来，他们必然要成为中华民主共和国的国家构成和政权构成的基本部分，而无产阶级则是领导的力量。现在所要建立的中华民主共和国，只能是在无产阶级领导下的一切反帝反封建的人们联合专政的民主共和国，这就是新民主主义的共和国，也就是真正革命的三大政策的新三民主义共和国。

这种新民主主义共和国，一方面和旧形式的、欧美式的、资产阶级专政的、资本主义的共和国相区别，那是旧民主主义的共和国，那种共和国已经过时了；另一方面，也和苏联式的、无产阶级专政的、社会主义的共和国相区别，那种社会主义的共和国已经在苏联兴盛起来，并且还要在各资本主义国家建立起来，无疑将成为一切工业先进国家的国家构成和政权构成的统治形式；但是那种共和国，在一定的历史时期中，还不适用于殖民地半殖民地国家的革命。因此，一切殖民地半殖民地国家的革命，在一定历史时期中所采取的国家形式，只能是第三种形式，这就是所谓新民主主义共和国。这是一定历史时期的形式，因而是过渡的形式，但是不可移易的必要的形式。

因此，全世界多种多样的国家体制中，按其政权的阶级性质来划分，基本地不外乎这三种：（甲）资产阶级专政的共和国；（乙）无产阶级专政的共和国；（丙）几个革命阶级联合专政的共和国。

第一种，是旧民主主义的国家。在今天，在第二次帝国主义战争爆发之后，许多资本主义国家已经没有民主气息，已经转变或即将转变为资产阶级的血腥的军事专政了。某些地主和资产阶级联合专政的国家，可以附在这一类。

第二种,除苏联外,正在各资本主义国家中酝酿着。将来要成为一定时期中的世界统治形式。

第三种,殖民地半殖民地国家的革命所采取的过渡的国家形式。各个殖民地半殖民地国家的革命必然会有某些不同特点,但这是大同中的小异。只要是殖民地或半殖民地的革命,其国家构成和政权构成,基本上必然相同,即几个反对帝国主义的阶级联合起来共同专政的新民主主义的国家。在今天的中国,这种新民主主义的国家形式,就是抗日统一战线的形式。它是抗日的,反对帝国主义的;又是几个革命阶级联合的,统一战线的。但可惜,抗战许久了,除了共产党领导下的抗日民主根据地外,大部分地区关于国家民主化的工作基本上还未着手,日本帝国主义就利用这个最根本的弱点,大踏步地打了进来;再不变计,民族的命运是非常危险的。

这里所谈的是“国体”问题。这个国体问题,从前清末年起,闹了几十年还没有闹清楚。其实,它只是指的一个问题,就是社会各阶级在国家中的地位。资产阶级总是隐瞒这种阶级地位,而用“国民”的名词达到其一阶级专政的实际。这种隐瞒,对于革命的人民,毫无利益,应该为之清楚地指明。“国民”这个名词是可用的,但是国民不包括反革命分子,不包括汉奸。一切革命的阶级对于反革命汉奸们的专政,这就是我们现在所要的国家。

“近世各国所谓民权制度,往往为资产阶级所专有,适成为压迫平民之工具。若国民党之民权主义,则为一般平民所共有,非少数人所得而私也。”这是一九二四年在国共合作的国民党的第一次全国代表大会宣言中的庄严的声明。十六年来,国民党自己违背了这个声明,以致造成今天这样国难深重的局面。这是国民党一个绝大的错误,我们希望它在抗日的洗礼中改正这个错误。

至于还有所谓"政体"问题,那是指的政权构成的形式问题,指的一定的社会阶级取何种形式去组织那反对敌人保护自己的政权机关。没有适当形式的政权机关,就不能代表国家。中国现在可以采取全国人民代表大会、省人民代表大会、县人民代表大会、区人民代表大会直到乡人民代表大会的系统,并由各级代表大会选举政府。但必须实行无男女、信仰、财产、教育等差别的真正普遍平等的选举制,才能适合于各革命阶级在国家中的地位,适合于表现民意和指挥革命斗争,适合于新民主主义的精神。这种制度即是民主集中制。只有民主集中制的政府,才能充分地发挥一切革命人民的意志,也才能最有力量地去反对革命的敌人。"非少数人所得而私"的精神,必须表现在政府和军队的组成中,如果没有真正的民主制度,就不能达到这个目的,就叫做政体和国体不相适应。

国体——各革命阶级联合专政。政体——民主集中制。这就是新民主主义的政治,这就是新民主主义的共和国,这就是抗日统一战线的共和国,这就是三大政策的新三民主义的共和国,这就是名副其实的中华民国。我们现在虽有中华民国之名,尚无中华民国之实,循名责实,这就是今天的工作。

这就是革命的中国、抗日的中国所应该建立和决不可不建立的内部政治关系,这就是今天"建国"工作的唯一正确的方向。

六　新民主主义的经济

在中国建立这样的共和国，它在政治上必须是新民主主义的，在经济上也必须是新民主主义的。

大银行、大工业、大商业，归这个共和国的国家所有。"凡本国人及外国人之企业，或有独占的性质，或规模过大为私人之力所不能办者，如银行、铁道、航路之属，由国家经营管理之，使私有资本制度不能操纵国民之生计，此则节制资本之要旨也。"这也是国共合作的国民党的第一次全国代表大会宣言中的庄严的声明，这就是新民主主义共和国的经济构成的正确的方针。在无产阶级领导下的新民主主义共和国的国营经济是社会主义的性质，是整个国民经济的领导力量，但这个共和国并不没收其他资本主义的私有财产，并不禁止"不能操纵国民生计"的资本主义生产的发展，这是因为中国经济还十分落后的缘故。

这个共和国将采取某种必要的方法，没收地主的土地，分配给无地和少地的农民，实行中山先生"耕者有其田"的口号，扫除农村中的封建关系，把土地变为农民的私产。农村的富农经济，也是容许其存在的。这就是"平均地权"的方针。这个方针的正确的口号，就是"耕者有其田"。在这个阶段上，一般地还不是建立社会主义的农业，但在"耕者有其田"的基础上所发展起来的各种合作经济，也具有社会主义的因素。

中国的经济，一定要走"节制资本"和"平均地权"的路，决不能是"少数人所得而私"，决不能让少数资本家少数地主"操纵国民生计"，决不能建立欧美式的资本主义社会，也决不能还是旧的半封建社会。谁要是敢于违反这个方向，他就一定达不到目的，他就自己要碰破头的。

这就是革命的中国、抗日的中国应该建立和必然要建立的内部经济关系。

这样的经济，就是新民主主义的经济。

而新民主主义的政治，就是这种新民主主义经济的集中的表现。

七　驳资产阶级专政

这种新民主主义政治和新民主主义经济的共和国，是全国百分之九十以上的人民都赞成的，舍此没有第二条路走。

走建立资产阶级专政的资本主义社会之路吗？诚然，这是欧美资产阶级走过的老路，但无如国际国内的环境，都不容许中国这样做。

依国际环境说，这条路是走不通的。现在的国际环境，从基本上说来，是资本主义和社会主义斗争的环境，是资本主义向下没落，社会主义向上生长的环境。要在中国建立资产阶级专政的资本主义社会，首先是国际资本主义即帝国主义不容许。帝国主义侵略中国，反对中国独立，反对中国发展资本主义的历史，就是中国的近代史。历来中国革命的失败，都是被帝国主义绞杀的，无数革命的先烈，为此而抱终天之恨。现在是一个强大的日本帝国主义打了进来，它是要把中国变成殖民地的；现在是日本在中国发展它的资本主义，却不是什么中国发展资本主义;现在是日本资产阶级在中国专政,却不是什么中国资产阶级专政。不错,现在是帝国主义最后挣扎的时期,它快要死了,"帝国主义是垂死的资本主义"[14]。但是正因为它快要死了,它就更加依赖殖民地半殖民地过活,决不容许任何殖民地半殖民地建立什么资产阶级专政的资本主义社会。正因为日本帝国主义陷在严重的经济危机和政治危机的深坑之中,就是说,它快要死了,它就一定要打中国,一定要把中国变为殖民地,它就断绝了中国建立资产阶级专政和发展民族资本主义的路。

其次,是社会主义不容许。这个世界上,所有帝国主义都是我们的敌人,中国要独立,决不能离开社会主义国家和国际无产阶级的援助。这就是说,不能离开苏联的援助,不能离开日本和英、美、法、德、意各国无产阶级在其本国进行反资本主义斗争的援助。虽然不能说,中国革命的胜利一定要在日本和英、美、法、德、意各国或其中一二国的革命胜利之后,但须加上它们的力量才能胜利,这是没有疑义的。尤其是苏联的援助,是抗战最后胜利决不可少的条件。拒绝苏联的援助,革命就要失败,一九二七年以后反苏运动[15]的教训,不是异常明显的吗?现在的世界,是处在革命和战争的新时代,是资本主义决然死灭和社会主义决然兴盛的时代。在这种情形下,要在中国反帝反封建胜利之后,再建立资产阶级专政的资本主义社会,岂非是完全的梦呓?

如果说,由于特殊条件(资产阶级战胜了希腊的侵略,无产阶级的力量太薄弱),在第一次帝国主义大战和十月革命之后,还有过一个基马尔式的小小的资产阶级专政的土耳其〔16〕,那末,在第二次世界大战和苏联已经完成社会主义建设之后,就决不会再有一个土耳其,尤其决不容许有一个四亿五千万人口的土耳其。由于中国的特殊条件(资产阶级的软弱和妥协性,无产阶级的强大和革命彻底性),中国从来也没有过土耳其的那种便宜事情。一九二七年中国第一次大革命失败之后,中国的资产阶级分子不是曾经高唱过什么基马尔主义吗? 然而中国的基马尔在何处? 中国的资产阶级专政和资本主义社会又在何处呢? 何况所谓基马尔的土耳其,最后也不能不投入英法帝国主义的怀抱,一天一天变成了半殖民地,变成了帝国主义反动世界的一部分。处在今天的国际环境中,殖民地半殖民地的任何英雄好汉们,要就是站在帝国主义战线方面,变为世界反革命力量的一部分;要就是站在反帝国主义战线方面,变为世界革命力量的一部分。二者必居其一,其他的道路是没有的〔17〕。

依国内环境说,中国资产阶级应该获得了必要的教训。中国资产阶级,以大资产阶级为首,在一九二七年的革命刚刚由于无产阶级、农民和其他小资产阶级的力量而得到胜利之际,他们就一脚踢开了这些人民大众,独占革命的果实,而和帝国主义及封建势力结成了反革命联盟,并且费了九牛二虎之力,举行了十年的"剿共"战争。然而结果又怎么样呢? 现在是当一个强大敌人深入国土、抗日战争已打了两年之后,难道还想抄袭欧美资产阶级已经过时了的老章程吗? 过去的"剿共十年"并没有"剿"出什么资产阶级专政的资本主义社会,难道还想再来试一次吗? 不错,"剿共十年""剿"出了一个"一党专政",但这乃是半殖民地半封建的专政。而在"剿共"

四年（一九二七年至一九三一年的"九一八"）之后，就已经"剿"出了一个"满洲国"；再加六年，至一九三七年，就把一个日本帝国主义"剿"进中国本部来了。如果有人还想从今日起，再"剿"十年，那就已经是新的"剿共"典型，同旧的多少有点区别。但是这种新的"剿共"事业，不是已经有人捷足先登、奋勇担负起来了吗？这个人就是汪精卫，他已经是大名鼎鼎的新式反共人物了。谁要加进他那一伙去，那是行的，但是什么资产阶级专政呀，资本主义社会呀，基马尔主义呀，现代国家呀，一党专政呀，一个主义呀，等等花腔，岂非更加不好意思唱了吗？如果不入汪精卫一伙，要入抗日一伙，又想于抗日胜利之后，一脚踢开抗日人民，自己独占抗日成果，来一个"一党专政万岁"，又岂非近于做梦吗？抗日，抗日，是谁之力？离了工人、农民和其他小资产阶级，你就不能走动一步。谁还敢于去踢他们，谁就要变为粉碎，这又岂非成了常识范围里的东西了吗？但是中国资产阶级顽固派（我说的是顽固派），二十年来，似乎并没有得到什么教训。不见他们还在那里高叫什么"限共"、"溶共"、"反共"吗？不见他们一个《限制异党活动办法》之后，再来一个《异党问题处理办法》，再来一个《处理异党问题实施方案》〔18〕吗？好家伙，这样地"限制"和"处理"下去，不知他们准备置民族命运于何地，也不知他们准备置其自身于何地？我们诚心诚意地奉劝这些先生们，你们也应该睁开眼睛看一看中国和世界，看一看国内和国外，看一看现在是什么样子，不要再重复你们的错误了。再错下去，民族命运固然遭殃，我看你们自己的事情也不大好办。这是断然的，一定的，确实的，中国资产阶级顽固派如不觉悟，他们的事情是并不美妙的，他们将得到一个自寻死路的前途。所以我们希望中国的抗日统一战线坚持下去，不是一家独霸而是大家合作，把抗日的事业弄个胜利，才是上策，否则一概是下策。这是我们共产党人的衷心劝告，"勿谓言之不预也"。

中国有一句老话："有饭大家吃。"这是很有道理的。既然有敌大家打，就应该有饭大家吃，有事大家做，有书大家读。那种"一人独吞"、"人莫予毒"的派头，不过是封建主的老戏法，拿到二十世纪四十年代来，到底是行不通的。

我们共产党人对于一切革命的人们，是决不排斥的，我们将和所有愿意抗日到底的阶级、阶层、政党、政团以及个人，坚持统一战线，实行长期合作。但人家要排斥共产党，那是不行的；人家要分裂统一战线，那是不行的。中国必须抗战下去，团结下去，进步下去；谁要投降，要分裂，要倒退，我们是不能容忍的。

八　驳"左"倾空谈主义

不走资产阶级专政的资本主义的路，是否就可以走无产阶级专政的社会主义的路呢？

也不可能。

没有问题，现在的革命是第一步，将来要发展到第二步，发展到社会主义。中国也只有进到社会主义时代才是真正幸福的时代。但是现在还不是实行社会主义的时候。中国现在的革命任务是反帝反封建的任务，这个任务没有完成以前，社会主义是谈不到的。中国革命不能不做两步走，第一步是新民主主义,第二步才是社会主义。而且第一步的时间是相当地长,决不是一朝一夕所能成就的。我们不是空想家,我们不能离开当前的实际条件。

有些恶意的宣传家,故意混淆这两个不同的革命阶段,提倡所谓"一次革命论",用以证明什么革命都包举在三民主义里面了,共产主义就失了存在的理由;用这种"理论",起劲地反对共产主义和共产党,反对八路军新四军和陕甘宁边区。其目的,是想根本消灭任何革命,反对资产阶级民主革命的彻底性,反对抗日的彻底性,而为投降日寇准备舆论。这种情形,是日本帝国主义有计划地造成的。因为日本帝国主义在占领武汉后,知道单用武力不能屈服中国,乃着手于政治进攻和经济引诱。所谓政治进攻,就是在抗日阵线中诱惑动摇分子,分裂统一战线,破坏国共合作。所谓经济引诱,就是所谓"合办实业"。在华中华南,日寇允许中国资本家投资百分之五十一,日资占百分之四十九;在华北,日寇允许中国资本家投资百分之四十九,日资占百分之五十一。日寇并允许将各中国资本家原有产业,发还他们,折合计算,充作资本。这样一来,一些丧尽天良的资本家,就见利忘义,跃跃欲试。一部分资本家,以汪精卫为代表,已经投降了。再一部分资本家,躲在抗日阵线内的,也想跑去。但是他们做贼心虚,怕共产党阻挡他们的去路,更怕老百姓骂汉奸。于是打伙儿地开了个会,决议:事先要在文化界舆论界准备一下。计策已定,事不宜迟,于是雇上几个玄学鬼[19],再加几名托洛茨基,摇动笔杆枪,就乱唤乱叫、乱打乱刺了一顿。于是什么"一次革命论"呀,共产主义不适合中国国情呀,共产党在中国没有存在之必要呀,八路军新四军破坏抗日、游而不击呀,陕甘宁边区是封建割据呀,共产党不听话、不统一、有阴谋、要捣乱呀,来这么一套,骗那些不知世事的人,以便时机一到,资本家们就很有理由地去拿百分之四十九或五十一,而把全民族的利益一概卖给敌人。这个叫做偷梁换柱,实行投降之前的思想准备或舆论准备。这班先生们,像煞有介事地提倡"一次革命论",反对共产主义和共产党,却原来不为别的,专为百分之四十九或五十一,其用心亦良苦矣。"一次革命论"者,不要革命论也,这就是问题的本质。

但是还有另外一些人,他们似乎并无恶意,也迷惑于所谓"一次革命论",迷惑于所谓"举政治革命与社会革命毕其功于一役"的纯主观的想头;而不知革命有阶段之分,只能由一个革命到另一个革命,无所谓"毕其功于一役"。这种观点,混淆革命的步骤,降低对于当前任务的努力,也是很有害的。如果说,两个革命阶段中,第一个为第二个准备条件,而两个阶段必须衔接,不容横插一个资产阶级专政的阶段,这是正确的,这是马克思主义的革命发展论。如果说,民主革命没有自己的一定任务,没有自己的一定时间,而可以把只能在另一个时间去完成的另一任务,例如社会主义的任务,合并在民主主义任务上面去完成,这个叫做"毕其功于一役",那就是空想,而为真正的革命者所不取的。

九　驳顽固派

于是资产阶级顽固派就跑出来说:好,你们共产党既然把社会主义社会制度推到后一个阶段去了,你们既然又宣称"三民主义为中国今日之必需,本党愿为其彻底实现而奋斗”〔20〕,那末,就把共产主义暂时收起好了。这种议论,在所谓“一个主义”的标题之下,已经变成了狂妄的叫嚣。这种叫嚣,其本质就是顽固分子们的资产阶级专制主义。但为了客气一点,叫它作毫无常识,也是可以的。

共产主义是无产阶级的整个思想体系,同时又是一种新的社会制度。这种思想体系和社会制度,是区别于任何别的思想体系和任何别的社会制度的,是自有人类历史以来,最完全最进步最革命最合理的。封建主义的思想体系和社会制度,是进了历史博物馆的东西了。资本主义的思想体系和社会制度,已有一部分进了博物馆(在苏联);其余部分,也已“日薄西山,气息奄奄,人命危浅,朝不虑夕”,快进博物馆了。惟独共产主义的思想体系和社会制度,正以排山倒海之势,雷霆万钧之力,磅礴于全世界,而葆其美妙之青春。中国自有科学的共产主义以来,人们的眼界是提高了,中国革命也改变了面目。中国的民主革命,没有共产主义去指导是决不能成功的,更不必说革命的后一阶段了。这也就是资产阶级顽固派为什么要那样叫嚣和要求“收起”它的原因。其实,这是“收起”不得的,一收起,中国就会亡国。现在的世界,依靠共产主义做救星;现在的中国,也正是这样。

谁人不知,关于社会制度的主张,共产党是有现在的纲领和将来的纲领,或最低纲领和最高纲领两部分的。在现在,新民主主义,在将来,社会主义,这是有机构成的两部分,而为整个共产主义思想体系所指导的。因为共产党的最低纲领和三民主义的政治原则基本上相同,就狂叫“收起”共产主义,岂非荒谬绝伦之至？在共产党人，正因三民主义的政治原则有和自己的最低纲领基本上相同之点，所以才有可能承认"三民主义为抗日统一战线的政治基础"，才有可能承认"三民主义为中国今日之必需，本党愿为其彻底实现而奋斗"，否则就没有这种可能了。这是共产主义和三民主义在民主革命阶段上的统一战线，孙中山所谓"共产主义是三民主义的好朋友"[21]，也正是指的这种统一战线。否认共产主义，实际上就是否认统一战线。顽固派也正是要奉行其一党主义，否认统一战线，才造出那些否认共产主义的荒谬说法来。

"一个主义"也不通。在阶级存在的条件之下，有多少阶级就有多少主义，甚至一个阶级的各集团中还各有各的主义。现在封建阶级有封建主义，资产阶级有资本主义，佛教徒有佛教主义，基督徒有基督主义，农民有多神主义，近年还有人提倡什么基马尔主义，法西斯主义，唯生主义[22]，"按劳分配主义"[23]，为什么无产阶级不可以有一个共产主义呢？既然是数不清的主义，为什么见了共产主义就高叫"收起"呢？讲实在话，"收起"是不行的，还是比赛吧。谁把共产主义比输了，我们共产党人自认晦气。如若不然，那所谓"一个主义"的反民权主义的作风，还是早些"收起"吧！

为了免除误会，并使顽固派开开眼界起见，关于三民主义和共产主义的异同，有清楚指明之必要。

三民主义和共产主义两个主义比较起来，有相同的部分，也有不同的部分。

第一，相同部分。这就是两个主义在中国资产阶级民主革命阶段上的基本政纲。一九二四年孙中山重新解释的三民主义中的革命的民族主义、民权主义和民生主义这三个政治原则，同共产主义在中国民主革命阶段的政纲，基本上是相同的。由于这些相同，并由于三民主义见之实行，就有两个主义两个党的统一战线。忽视这一方面，是错误的。

第二，不同部分。则有：（一）民主革命阶段上一部分纲领的不相同。共产主义的全部民主革命政纲中有彻底实现人民权力、八小时工作制和彻底的土地革命纲领，三民主义则没有这些部分。如果它不补足这些，并且准备实行起来，那对于民主政纲就只是基本上相同，不能说完全相同。（二）有无社会主义革命阶段的不同。共产主义于民主革命阶段之外，还有一个社会主义革命阶段，因此，于最低纲领之外，还有一个最高纲领，即实现社会主义和共产主义社会制度的纲领。三民主义则只有民主革命阶段，没有社会主义革命阶段，因此它就只有最低纲领，没有最高纲领，即没有建立社会主义和共产主义社会制度的纲领。（三）宇宙观的不同。共产主义的宇宙观是辩证唯物论和历史唯物论，三民主义的宇宙观则是所谓民生史观，实质上是二元论或唯心论，二者是相反的。（四）革命彻底性的不同。共产主义者是理论和实践一致的，即有革命彻底性。三民主义者除了那些最忠实于革命和真理的人们之外，是理论和实践不一致的，讲的和做的互相矛盾，即没有革命彻底性。上述这些，都是两者的不同部分。由于这些不同，共产主义者和三民主义者之间就有了差别。忽视这种差别，只看见统一方面，不看见矛盾方面，无疑是非常错误的。

明白了这些之后，就可以明白，资产阶级顽固派要求"收起"共产主义，这是什么意思呢？不是资产阶级的专制主义，就是毫无常识了。

一〇　旧三民主义和新三民主义

　　资产阶级顽固派完全不知道历史的变化，其知识的贫乏几等于零。他们既不知道共产主义和三民主义的区别，也不知道新三民主义和旧三民主义的区别。

　　我们共产党人承认"三民主义为抗日民族统一战线的政治基础"，承认"三民主义为中国今日之必需，本党愿为其彻底实现而奋斗"，承认共产主义的最低纲领和三民主义的政治原则基本上相同。但是这种三民主义是什么三民主义呢？这种三民主义不是任何别的三民主义，乃是孙中山先生在《中国国民党第一次全国代表大会宣言》中所重新解释的三民主义。我愿顽固派先生们，于其"限共"、"溶共"、"反共"等工作洋洋得意之余，也去翻阅一下这个宣言。原来孙中山先生在这个宣言中说道："国民党之三民主义，其真释具如此。"就可知只有这种三民主义，才是真三民主义，其他都是伪三民主义。只有《中国国民党第一次全国代表大会宣言》里对于三民主义的解释才是"真释"，其他一切都是伪释。这大概不是共产党"造谣"吧，这篇宣言的通过，我和很多的国民党员都是亲眼看见的。

　　这篇宣言，区分了三民主义的两个历史时代。在这以前，三民主义是旧范畴的三民主义，是旧的半殖民地资产阶级民主革命的三民主义，是旧民主主义的三民主义，是旧三民主义。

　　在这以后，三民主义是新范畴的三民主义，是新的半殖民地资产阶级民主革命的三民主义,是新民主主义的三民主义,是新三民主义。只有这种三民主义,才是新时期的革命的三民主义。

这种新时期的革命的三民主义,新三民主义或真三民主义,是联俄、联共、扶助农工三大政策的三民主义。没有三大政策,或三大政策缺一,在新时期中,就都是伪三民主义,或半三民主义。

第一,革命的三民主义,新三民主义,或真三民主义,必须是联俄的三民主义。现在的事情非常明白,如果没有联俄政策,不同社会主义国家联合,那就必然是联帝政策,必然同帝国主义联合。不见一九二七年之后,就已经有过这种情形吗?社会主义的苏联和帝国主义之间的斗争一经进一步尖锐化,中国不站在这方面,就要站在那方面,这是必然的趋势。难道不可以不偏不倚吗?这是梦想。全地球都要卷进这两个战线中去,在今后的世界中,"中立"只是骗人的名词。何况中国是在同一个深入国土的帝国主义奋斗,没有苏联帮助,就休想最后胜利。如果舍联俄而联帝,那就必须将"革命"二字取消,变成反动的三民主义。归根结底,没有"中立"的三民主义,只有革命的或反革命的三民主义。如果照汪精卫从前的话,来一个"夹攻中的奋斗"[24],来一个"夹攻中奋斗"的三民主义,岂不勇矣哉?但可惜连发明人汪精卫也放弃(或"收起")了这种三民主义,他现在改取了联帝的三民主义。如果说帝亦有东帝西帝之分,他联的是东帝,我和他相反,联一批西帝,东向而击,又岂不革命矣哉?但无如西帝们要反苏反共,你联它们,它们就要请你北向而击,你革命也革不成。所有这些情形,就规定了革命的三民主义，新三民主义，或真三民主义，必须是联俄的三民主义，决不能是同帝国主义联合反俄的三民主义。

第二，革命的三民主义，新三民主义，或真三民主义，必须是联共的三民主义。如不联共，就要反共。反共是日本帝国主义和汪精卫的政策，你也要反共，那很好，他们就请你加入他们的反共公司。但这岂非有点当汉奸的嫌疑吗？我不跟日本走，单跟别国走。那也滑稽。不管你跟谁走，只要反共，你就是汉奸，因为你不能再抗日。我独立反共。那是梦话。岂有殖民地半殖民地的好汉们，能够不靠帝国主义之力，干得出如此反革命大事吗？昔日差不多动员了全世界帝国主义的气力反了十年之久还没有反了的共，今日忽能"独立"反之吗？听说外边某些人有这么一句话："反共好，反不了。"如果传言非虚，那末，这句话只有一半是错的，"反共"有什么"好"呢？却有一半是对的，"反共"真是"反不了"。其原因，基本上不在于"共"而在于老百姓，因为老百姓欢喜"共"，却不欢喜"反"。老百姓是决不容情的，在一个民族敌人深入国土之时，你要反共，他们就要了你的命。这是一定的，谁要反共谁就要准备变成齑粉。如果没有决心准备变自己为齑粉的话，那就确实以不反为妙。这是我们向一切反共英雄们的诚恳的劝告。因之清楚而又清楚，今日的三民主义，必须是联共的三民主义，否则，三民主义就要灭亡。这是三民主义的存亡问题。联共则三民主义存，反共则三民主义亡，谁能证明其不然呢？

第三，革命的三民主义，新三民主义，或真三民主义，必须是农工政策的三民主义。不要农工政策，不真心实意地扶助农工，不实行《总理遗嘱》上的"唤起民众"，那就是准备革命失败，也就是准备自己失败。斯大林说："所谓民族问题，实质上就是农民问题。"[25] 这就是说，中国的革命实质上是农民革命，现在的抗日，实质上是农民的抗日。新民主主义的政治，实质上就是授权给农民。新三民主义，真三民主义，实质上就是农民革命主义。大众文化，实质上就是提高农民文化。抗日战争，实质上就是农民战争。现在是"上山主义"[26] 的时候，大家开会、办事、上课、出报、著书、演剧，都在山头上，实质上都是为的农民。抗日的一切，生活的一切，实质上都是农民所给。说"实质上"，就是说基本上，并非忽视其他部分，这是斯大林自己解释过了的。中国有百分之八十的人口是农民，这是小学生的常识。因此农民问题，就成了中国革命的基本问题，农民的力量，是中国革命的主要力量。农民之外，中国人口中第二个部分就是工人。中国有产业工人数百万，有手工业工人和农业工人数千万。没有各种工业工人，中国就不能生活，因为他们是工业经济的生产者。没有近代工业工人阶级，革命就不能胜利，因为他们是中国革命的领导者，他们最富于革命性。在这种情形下，革命的三民主义，新三民主义或真三民主义，必然是农工政策的三民主义。如果有什么一种三民主义，它是没有农工政策的，它是并不真心实意扶助农工，并不实行"唤起民众"的，那就一定会灭亡。

由此可知，离开联俄、联共、扶助农工三大政策的三民主义，是没有前途的。一切有良心的三民主义者，必须认真地考虑到这点。

这种三大政策的三民主义，革命的三民主义，新三民主义，真三民主义，是新民主主义的三民主义，是旧三民主义的发展,是孙中山先生的大功劳,是在中国革命作为社会主义世界革命一部分的时代产生的。只有这种三民主义,中国共产党才称之为"中国今日之必需",才宣布"愿为其彻底实现而奋斗"。只有这种三民主义,才和中国共产党在民主革命阶段中的政纲,即其最低纲领,基本上相同。

　　至于旧三民主义,那是中国革命旧时期的产物。那时的俄国是帝国主义的俄国,当然不能有联俄政策;那时国内也没有共产党,当然不能有联共政策;那时工农运动也没有充分显露自己在政治上的重要性,尚不为人们所注意,当然就没有联合工农的政策。因此,一九二四年国民党改组以前的三民主义,乃是旧范畴的三民主义,乃是过时了的三民主义。如不把它发展到新三民主义,国民党就不能前进。聪明的孙中山看到了这一点,得了苏联和中国共产党的助力,把三民主义重新作了解释,遂获得了新的历史特点,建立了三民主义同共产主义的统一战线,建立了第一次国共合作,取得了全国人民的同情,举行了一九二四年至一九二七年的革命。

　　旧三民主义在旧时期内是革命的,它反映了旧时期的历史特点。但如果在新时期内,在新三民主义已经建立之后,还要翻那老套;在有了社会主义国家以后,要反对联俄;在有了共产党之后,要反对联共;在工农已经觉悟并显示了自己的政治威力之后,要反对农工政策;那末,它就是不识时务的反动的东西了。一九二七年以后的反动,就是这种不识时务的结果。语曰:"识时务者为俊杰。"我愿今日的三民主义者记取此语。

　　如果是旧范畴的三民主义,那就同共产主义的最低纲领没有什么基本上相同之点，因为它是旧时期的，是过时了的。如果有什么一种三民主义，它要反俄、反共、反农工，那就是反动的三民主义，它不但和共产主义的最低纲领没有丝毫相同之点，而且是共产主义的敌人，一切都谈不上。这也是三民主义者应该慎重地考虑一番的。

但是无论如何，在反帝反封建的任务没有基本上完成以前，新三民主义是不会被一切有良心的人们放弃的。放弃它的只是那些汪精卫、李精卫之流。汪精卫、李精卫们尽管起劲地干什么反俄、反共、反农工的伪三民主义，自会有一班有良心的有正义感的人们继续拥护孙中山的真三民主义。如果说，一九二七年反动之后，还有许多真三民主义者继续为中国革命而奋斗，那末，在一个民族敌人深入国土的今天，这种人无疑将是成千成万的。我们共产党人将始终和一切真诚的三民主义者实行长期合作，除了汉奸和那班至死不变的反共分子外，我们是决不抛弃任何友人的。

一一　新民主主义的文化

上面，我们说明了中国政治在新时期中的历史特点，说明了新民主主义共和国问题。下面，我们就可以进到文化问题了。

一定的文化是一定社会的政治和经济在观念形态上的反映。在中国，有帝国主义文化，这是反映帝国主义在政治上经济上统治或半统治中国的东西。这一部分文化，除了帝国主义在中国直接办理的文化机关之外，还有一些无耻的中国人也在提倡。一切包含奴化思想的文化,都属于这一类。在中国,又有半封建文化,这是反映半封建政治和半封建经济的东西,凡属主张尊孔读经、提倡旧礼教旧思想、反对新文化新思想的人们,都是这类文化的代表。帝国主义文化和半封建文化是非常亲热的两兄弟,它们结成文化上的反动同盟,反对中国的新文化。这类反动文化是替帝国主义和封建阶级服务的,是应该被打倒的东西。不把这种东西打倒,什么新文化都是建立不起来的。不破不立,不塞不流,不止不行,它们之间的斗争是生死斗争。

至于新文化,则是在观念形态上反映新政治和新经济的东西,是替新政治新经济服务的。

如我们在第三节中已经提过的话,中国自从发生了资本主义经济以来,中国社会就逐渐改变了性质,它不是完全的封建社会了,变成了半封建社会,虽然封建经济还是占优势。这种资本主义经济,对于封建经济说来,它是新经济。同这种资本主义新经济同时发生和发展着的新政治力量,就是资产阶级、小资产阶级和无产阶级的政治力量。而在观念形态上作为这种新的经济力量和新的政治力量之反映并为它们服务的东西,就是新文化。没有资本主义经济,没有资产阶级、小资产阶级和无产阶级,没有这些阶级的政治力量,所谓新的观念形态,所谓新文化,是无从发生的。

新的政治力量,新的经济力量,新的文化力量,都是中国的革命力量,它们是反对旧政治旧经济旧文化的。这些旧东西是由两部分合成的,一部分是中国自己的半封建的政治经济文化,另一部分是帝国主义的政治经济文化,而以后者为盟主。所有这些,都是坏东西,都是应该彻底破坏的。中国社会的新旧斗争,就是人民大众(各革命阶级)的新势力和帝国主义及封建阶级的旧势力之间的斗争。这种新旧斗争,即是革命和反革命的斗争。这种斗争的时间,从鸦片战争算起,已经整整一百年了;从辛亥革命算起,也有了差不多三十年了。

但是如前所说,革命亦有新旧之分,在某一历史时期是新的东西,在另一历史时期就变为旧的了。在中国资产阶级民主革命的一百年中,分为前八十年和后二十年两个大段落。这两大段落中,各有一个基本的带历史性质的特点,即在前八十年,中国资产阶级民主革命是属于旧范畴的;而在后二十年,由于国际国内政治形势的变化,便属于新范畴了。旧民主主义——前八十年的特点。新民主主义——后二十年的特点。这种区别,在政治上如此,在文化上也是如此。

在文化上如何表现这种区别呢? 这就是我们要在下面说明的问题。

一二　　中国文化革命的历史特点

在中国文化战线或思想战线上,"五四"以前和"五四"以后,构成了两个不同的历史时期。

在"五四"以前,中国文化战线上的斗争,是资产阶级的新文化和封建阶级的旧文化的斗争。在"五四"以前,学校与科举之争[27],新学与旧学之争,西学与中学之争,都带着这种性质。那时的所谓学校、新学、西学,基本上都是资产阶级代表们所需要的自然科学和资产阶级的社会政治学说(说基本上,是说那中间还夹杂了许多中国的封建余毒在内）。在当时,这种所谓新学的思想,有同中国封建思想作斗争的革命作用,是替旧时期的中国资产阶级民主革命服务的。可是,因为中国资产阶级的无力和世界已经进到帝国主义时代,这种资产阶级思想只能上阵打几个回合,就被外国帝国主义的奴化思想和中国封建主义的复古思想的反动同盟所打退了,被这个思想上的反动同盟军稍稍一反攻,所谓新学,就偃旗息鼓,宣告退却,失了灵魂,而只剩下它的躯壳了。旧的资产阶级民主主义文化,在帝国主义时代,已经腐化,已经无力了,它的失败是必然的。

"五四"以后则不然。在"五四"以后,中国产生了完全崭新的文化生力军,这就是中国共产党人所领导的共产主义的文化思想,即共产主义的宇宙观和社会革命论。五四运动是在一九一九年,中国共产党的成立和劳动运动的真正开始是在一九二一年,均在第一次世界大战和十月革命之后,即在民族问题和殖民地革命运动在世界上改变了过去面貌之时,在这里中国革命和世界革命的联系,是非常之显然的。由于中国政治生力军即中国无产阶级和中国共产党登上了中国的政治舞台,这个文化生力军,就以新的装束和新的武器,联合一切可能的同盟军,摆开了自己的阵势,向着帝国主义文化和封建文化展开了英勇的进攻。这支生力军在社会科学领域和文学艺术领域中,不论在哲学方面,在经济学方面,在政治学方面,在军事学方面,在历史学方面,在文学方面,在艺术方面（又不论是戏剧,是电影,是音乐,是雕刻,是绘画）,都有了极大的发展。二十年来,这个文化新军的锋芒所向,从思想到形式（文字等），无不起了极大的革命。其声势之浩大，威力之猛烈，简直是所向无敌的。其动员之广大，超过中国任何历史时代。而鲁迅，就是这个文化新军的最伟大和最英勇的旗手。鲁迅是中国文化革命的主将，他不但是伟大的文学家，而且是伟大的思想家和伟大的革命家。鲁迅的骨头是最硬的，他没有丝毫的奴颜和媚骨，这是殖民地半殖民地人民最可宝贵的性格。鲁迅是在文化战线上，代表全民族的大多数，向着敌人冲锋陷阵的最正确、最勇敢、最坚决、最忠实、最热忱的空前的民族英雄。鲁迅的方向，就是中华民族新文化的方向。

在"五四"以前，中国的新文化，是旧民主主义性质的文化，属于世界资产阶级的资本主义的文化革命的一部分。在"五四"以后，中国的新文化，却是新民主主义性质的文化，属于世界无产阶级的社会主义的文化革命的一部分。

在"五四"以前，中国的新文化运动，中国的文化革命，是资产阶级领导的，他们还有领导作用。在"五四"以后，这个阶级的文化思想却比较它的政治上的东西还要落后，就绝无领导作用，至多在革命时期在一定程度上充当一个盟员，至于盟长资格，就不得不落在无产阶级文化思想的肩上。这是铁一般的事实，谁也否认不了的。

所谓新民主主义的文化，就是人民大众反帝反封建的文化；在今日，就是抗日统一战线的文化。这种文化，只能由无产阶级的文化思想即共产主义思想去领导，任何别的阶级的文化思想都是不能领导了的。所谓新民主主义的文化，一句话，就是无产阶级领导的人民大众的反帝反封建的文化。

一三　四个时期

文化革命是在观念形态上反映政治革命和经济革命,并为它们服务的。在中国,文化革命,和政治革命同样,有一个统一战线。

这种文化革命的统一战线,二十年来,分为四个时期。第一个时期是一九一九年到一九二一年的两年,第二个时期是一九二一年到一九二七年的六年,第三个时期是一九二七年到一九三七年的十年,第四个时期是一九三七年到现在的三年。

第一个时期是一九一九年五四运动到一九二一年中国共产党成立。这一时期中以五四运动为主要的标志。

五四运动是反帝国主义的运动,又是反封建的运动。五四运动的杰出的历史意义,在于它带着为辛亥革命还不曾有的姿态,这就是彻底地不妥协地反帝国主义和彻底地不妥协地反封建主义。五四运动所以具有这种性质,是在当时中国的资本主义经济已有进一步的发展,当时中国的革命知识分子眼见得俄、德、奥三大帝国主义国家已经瓦解,英、法两大帝国主义国家已经受伤,而俄国无产阶级已经建立了社会主义国家,德、奥(匈牙利)、意三国无产阶级在革命中,因而发生了中国民族解放的新希望。五四运动是在当时世界革命号召之下,是在俄国革命号召之下,是在列宁号召之下发生的。五四运动是当时无产阶级世界革命的一部分。五四运动时期虽然还没有中国共产党,但是已经有了大批的赞成俄国革命的具有初步共产主义思想的知识分子。五四运动，在其开始，是共产主义的知识分子、革命的小资产阶级知识分子和资产阶级知识分子（他们是当时运动中的右翼）三部分人的统一战线的革命运动。它的弱点，就在只限于知识分子，没有工人农民参加。但发展到六三运动〔28〕时，就不但是知识分子，而且有广大的无产阶级、小资产阶级和资产阶级参加，成了全国范围的革命运动了。五四运动所进行的文化革命则是彻底地反对封建文化的运动，自有中国历史以来，还没有过这样伟大而彻底的文化革命。当时以反对旧道德提倡新道德、反对旧文学提倡新文学为文化革命的两大旗帜，立下了伟大的功劳。这个文化运动，当时还没有可能普及到工农群众中去。它提出了"平民文学"口号，但是当时的所谓"平民"，实际上还只能限于城市小资产阶级和资产阶级的知识分子，即所谓市民阶级的知识分子。五四运动是在思想上和干部上准备了一九二一年中国共产党的成立，又准备了五卅运动〔29〕和北伐战争。当时的资产阶级知识分子，是五四运动的右翼，到了第二个时期，他们中间的大部分就和敌人妥协，站在反动方面了。

第二个时期，以中国共产党的成立和五卅运动、北伐战争为标志，继续了并发展了五四运动时三个阶级的统一战线，吸引了农民阶级加入，并且在政治上形成了这个各阶级的统一战线，这就是第一次国共两党的合作。孙中山先生之所以伟大，不但因为他领导了伟大的辛亥革命（虽然是旧时期的民主革命），而且因为他能够"适乎世界之潮流，合乎人群之需要"，提出了联俄、联共、扶助农工三大革命政策，对三民主义作了新的解释，树立了三大政策的新三民主义。在这以前，三民主义是和教育界、学术界、青年界没有多大联系的,因为它没有提出反帝国主义的口号,也没有提出反封建社会制度和反封建文化思想的口号。在这以前,它是旧三民主义,这种三民主义是被人们看成为一部分人为了夺取政府权力,即是说为了做官,而临时应用的旗帜,看成为纯粹政治活动的旗帜。在这以后,出现了三大政策的新三民主义。由于国共两党的合作,由于两党革命党员的努力,这种新三民主义便被推广到了全中国,推广到了一部分教育界、学术界和广大青年学生之中。这完全是因为原来的三民主义发展成了反帝反封建的三大政策的新民主主义的三民主义之故;没有这一发展,三民主义思想的传播是不可能的。

在这一时期中,这种革命的三民主义,成了国共两党和各个革命阶级的统一战线的政治基础,"共产主义是三民主义的好朋友",两个主义结成了统一战线。以阶级论,则是无产阶级、农民阶级、城市小资产阶级、资产阶级的统一战线。那时,以共产党的《向导周报》[30],国民党的上海《民国日报》[31]及各地报纸为阵地,曾经共同宣传了反帝国主义的主张,共同反对了尊孔读经的封建教育,共同反对了封建古装的旧文学和文言文,提倡了以反帝反封建为内容的新文学和白话文。在广东战争和北伐战争中,曾经在中国军队中灌输了反帝反封建的思想,改造了中国的军队。在千百万农民群众中,提出了打倒贪官污吏打倒土豪劣绅的口号,掀起了伟大的农民革命斗争。由于这些,再由于苏联的援助,就取得了北伐的胜利。但是大资产阶级一经爬上了政权,就立即结束了这次革命,转入了新的政治局面。

　　第三个时期是一九二七年至一九三七年的新的革命时期。因为在前一时期的末期,革命营垒中发生了变化,中国大资产阶级转到了帝国主义和封建势力的反革命营垒,民族资产阶级也附和了大资产阶级,革命营垒中原有的四个阶级,这时剩下了三个,剩下了无产阶级、农民阶级和其他小资产阶级(包括革命知识分子),所以这时候,中国革命就不得不进入一个新的时期,而由中国共产党单独地领导群众进行这个革命。这一时期,是一方面反革命的"围剿",又一方面革命深入的时期。这时有两种反革命的"围剿":军事"围剿"和文化"围剿"。也有两种革命深入:农村革命深入和文化革命深入。这两种"围剿",在帝国主义策动之下,曾经动员了全中国和全世界的反革命力量,其时间延长至十年之久,其残酷是举世未有的,杀戮了几十万共产党员和青年学生,摧残了几百万工人农民。从当事者看来,似乎以为共产主义和共产党是一定可以"剿尽杀绝"的了。但结果却相反,两种"围剿"都惨败了。作为军事"围剿"的结果的东西,是红军的北上抗日;作为文化"围剿"的结果的东西,是一九三五年"一二九"青年革命运动的爆发。而作为这两种"围剿"之共同结果的东西,则是全国人民的觉悟。这三者都是积极的结果。其中最奇怪的,是共产党在国民党统治区域内的一切文化机关中处于毫无抵抗力的地位,为什么文化"围剿"也一败涂地了?这还不可以深长思之吗?而共产主义者的鲁迅,却正在这一"围剿"中成了中国文化革命的伟人。

　　反革命"围剿"的消极的结果,则是日本帝国主义打进来了。这就是为什么全国人民至今还是非常痛恨那十年反共的最大原因。

这一时期的斗争,在革命方面,是坚持了人民大众反帝反封建的新民主主义和新三民主义;在反革命方面,则是在帝国主义指挥下的地主阶级和大资产阶级联盟的专制主义。这种专制主义,在政治上,在文化上,腰斩了孙中山的三大政策,腰斩了他的新三民主义,造成了中华民族的深重的灾难。

第四个时期就是现在的抗日战争时期。在中国革命的曲线运动中,又来了一次四个阶级的统一战线,但是范围更放大了,上层阶级包括了很多统治者,中层阶级包括了民族资产阶级和小资产阶级,下层阶级包括了一切无产者,全国各阶层都成了盟员,坚决地反抗了日本帝国主义。这个时期的第一阶段,是在武汉失陷以前。这时全国各方面是欣欣向荣的,政治上有民主化的趋势,文化上有较普遍的动员。武汉失陷以后,为第二阶段,政治情况发生了许多变化,大资产阶级的一部分,投降了敌人,其另一部分也想早日结束抗战。在文化方面,反映这种情况,就出现了叶青、张君劢等人的反动和言论出版的不自由。

为了克服这种危机,必须同一切反抗战、反团结、反进步的思想进行坚决的斗争,不击破这些反动思想,抗战的胜利是无望的。这一斗争的前途如何?这是全国人民心目中的大问题。依据国内国际条件,不论抗战路程上有多少困难,中国人民总是要胜利的。全部中国史中,五四运动以后二十年的进步,不但赛过了以前的八十年,简直赛过了以前的几千年。假如再有二十年的工夫,中国的进步将到何地,不是可以想得到的吗?一切内外黑暗势力的猖獗,造成了民族的灾难;但是这种猖獗，不但表示了这些黑暗势力的还有力量，而且表示了它们的最后挣扎，表示了人民大众逐渐接近了胜利。这在中国是如此，在整个东方也是如此，在世界也是如此。

一四　文化性质问题上的偏向

一切新的东西都是从艰苦斗争中锻炼出来的。新文化也是这样，二十年中有三个曲折，走了一个"之"字，一切好的坏的东西都考验出来了。

资产阶级顽固派，在文化问题上，和他们在政权问题上一样，是完全错误的。他们不知道中国新时期的历史特点，他们不承认人民大众的新民主主义的文化。他们的出发点是资产阶级专制主义，在文化上就是资产阶级的文化专制主义。一部分所谓欧美派的文化人[32]（我说的是一部分），他们曾经实际赞助过国民党政府的文化"剿共"，现在似乎又在赞助什么"限共"、"溶共"政策。他们不愿工农在政治上抬头，也不愿工农在文化上抬头。资产阶级顽固派的这条文化专制主义的路是走不通的，它同政权问题一样，没有国内国际的条件。因此，这种文化专制主义，也还是"收起"为妙。

当作国民文化的方针来说，居于指导地位的是共产主义的思想，并且我们应当努力在工人阶级中宣传社会主义和共产主义，并适当地有步骤地用社会主义教育农民及其他群众。但整个的国民文化，现在也还不是社会主义的。

新民主主义的政治、经济、文化，由于其都是无产阶级领导的缘故，就都具有社会主义的因素，并且不是普通的因素，而是起决定作用的因素。但是就整个政治情况、整个经济情况和整个文化情况说来，却还不是社会主义的，而是新民主主义的。因为在现阶段革命的基本任务主要地是反对外国的帝国主义和本国的封建主义，是资产阶级民主主义的革命，还不是以推翻资本主义为目标的社会主义的革命。就国民文化领域来说，如果以为现在的整个国民文化就是或应该是社会主义的国民文化，这是不对的。这是把共产主义思想体系的宣传，当作了当前行动纲领的实践；把用共产主义的立场和方法去观察问题、研究学问、处理工作、训练干部，当作了中国民主革命阶段上整个的国民教育和国民文化的方针。以社会主义为内容的国民文化必须是反映社会主义的政治和经济的。我们在政治上经济上有社会主义的因素，反映到我们的国民文化也有社会主义的因素；但就整个社会来说，我们现在还没有形成这种整个的社会主义的政治和经济，所以还不能有这种整个的社会主义的国民文化。由于现时的中国革命是世界无产阶级社会主义革命的一部分，因而现时的中国新文化也是世界无产阶级社会主义新文化的一部分，是它的一个伟大的同盟军；这种一部分，虽则包含社会主义文化的重大因素，但是就整个国民文化来说，还不是完全以社会主义文化的资格去参加，而是以人民大众反帝反封建的新民主主义文化的资格去参加的。由于现时中国革命不能离开中国无产阶级的领导，因而现时的中国新文化也不能离开中国无产阶级文化思想的领导，即不能离开共产主义思想的领导。但是这种领导，在现阶段是领导人民大众去作反帝反封建的政治革命和文化革命，所以现在整个新的国民文化的内容还是新民主主义的，不是社会主义的。

在现时，毫无疑义，应该扩大共产主义思想的宣传，加紧马克思列宁主义的学习，没有这种宣传和学习，不但不能引导中国革命到将来的社会主义阶段上去，而且也不能指导现时的民主革命达到胜利。但是我们既应把对于共产主义的思想体系和社会制度的宣传，同对于新民主主义的行动纲领的实践区别开来；又应把作为观察问题、研究学问、处理工作、训练干部的共产主义的理论和方法，同作为整个国民文化的新民主主义的方针区别开来。把二者混为一谈，无疑是很不适当的。

由此可知，现阶段上中国新的国民文化的内容，既不是资产阶级的文化专制主义，又不是单纯的无产阶级的社会主义，而是以无产阶级社会主义文化思想为领导的人民大众反帝反封建的新民主主义。

一五　民族的科学的大众的文化

这种新民主主义的文化是民族的。它是反对帝国主义压迫，主张中华民族的尊严和独立的。它是我们这个民族的，带有我们民族的特性。它同一切别的民族的社会主义文化和新民主主义文化相联合，建立互相吸收和互相发展的关系，共同形成世界的新文化；但是决不能和任何别的民族的帝国主义反动文化相联合，因为我们的文化是革命的民族文化。中国应该大量吸收外国的进步文化，作为自己文化食粮的原料，这种工作过去还做得很不够。这不但是当前的社会主义文化和新民主主义文化，还有外国的古代文化，例如各资本主义国家启蒙时代的文化，凡属我们今天用得着的东西，都应该吸收。但是一切外国的东西，如同我们对于食物一样，必须经过自己的口腔咀嚼和胃肠运动，送进唾液胃液肠液，把它分解为精华和糟粕两部分，然后排泄其糟粕，吸收其精华，才能对我们的身体有益，决不能生吞活剥地毫无批判地吸收。所谓“全盘西化”〔33〕的主张，乃是一种错误的观点。形式主义地吸收外国的东西，在中国过去是吃过大亏的。中国共产主义者对于马克思主义在中国的应用也是这样，必须将马克思主义的普遍真理和中国革命的具体实践完全地恰当地统一起来，就是说，和民族的特点相结合，经过一定的民族形式，才有用处，决不能主观地公式地应用它。公式的马克思主义者，只是对于马克思主义和中国革命开玩笑，在中国革命队伍中是没有他们的位置的。中国文化应有自己的形式，这就是民族形式。民族的形式，新民主主义的内容——这就是我们今天的新文化。

这种新民主主义的文化是科学的。它是反对一切封建思想和迷信思想，主张实事求是，主张客观真理，主张理论和实践一致的。在这点上，中国无产阶级的科学思想能够和中国还有进步性的资产阶级的唯物论者和自然科学家，建立反帝反封建反迷信的统一战线；但是决不能和任何反动的唯心论建立统一战线。共产党员可以和某些唯心论者甚至宗教徒建立在政治行动上的反帝反封建的统一战线，但是决不能赞同他们的唯心论或宗教教义。中国的长期封建社会中，创造了灿烂的古代文化。清理古代文化的发展过程，剔除其封建性的糟粕，吸收其民主性的精华，是发展民族新文化提高民族自信心的必要条件；但是决不能无批判地兼收并蓄。必须将古代封建统治阶级的一切腐朽的东西和古代优秀的人民文化即多少带有民主性和革命性的东西区别开来。中国现时的新政治新经济是从古代的旧政治旧经济发展而来的，中国现时的新文化也是从古代的旧文化发展而来，因此，我们必须尊重自己的历史，决不能割断历史。但是这种尊重，是给历史以一定的科学的地位，是尊重历史的辩证法的发展，而不是颂古非今，不是赞扬任何封建的毒素。对于人民群众和青年学生，主要地不是要引导他们向后看，而是要引导他们向前看。

这种新民主主义的文化是大众的，因而即是民主的。它应为全民族中百分之九十以上的工农劳苦民众服务，并逐渐成为他们的文化。要把教育革命干部的知识和教育革命大众的知识在程度上互相区别又互相联结起来，把提高和普及互相区别又互相联结起来。革命文化，对于人民大众，是革命的有力武器。革命文化，在革命前，是革命的思想准备；在革命中，是革命总战线中的一条必要和重要的战线。而革命的文化工作者，就是这个文化战线上的各级指挥员。“没有革命的理论，就不会有革命的运动”〔34〕，可见革命的文化运动对于革命的实践运动具有何等的重要性。而这种文化运动和实践运动，都是群众的。因此，一切进步的文化工作者，在抗日战争中，应有自己的文化军队，这个军队就是人民大众。革命的文化人而不接近民众，就是“无兵司令”，他的火力就打不倒敌人。为达此目的，文字必须在一定条件下加以改革，言语必须接近民众，须知民众就是革命文化的无限丰富的源泉。

民族的科学的大众的文化，就是人民大众反帝反封建的文化,就是新民主主义的文化,就是中华民族的新文化。

新民主主义的政治、新民主主义的经济和新民主主义的文化相结合,这就是新民主主义共和国,这就是名副其实的中华民国,这就是我们要造成的新中国。

新中国站在每个人民的面前,我们应该迎接它。

新中国航船的桅顶已经冒出地平线了,我们应该拍掌欢迎它。

举起你的双手吧,新中国是我们的。

注　　释

〔1〕《中国文化》是一九四〇年二月在延安创刊的杂志,一九四一年八月终刊。

〔2〕"政治是经济的最集中的表现"一语,见列宁《论工会、目前局势及托洛茨基同志的错误》(《列宁全集》第 40 卷,人民出版社 1986 年版,第 212 页)。

〔3〕见马克思《〈政治经济学批判〉序言》(《马克思恩格斯选集》第 2 卷,人民出版社 1972 年版,第 82 页)。

〔4〕见马克思《关于费尔巴哈的提纲》。新的译文是:"哲学家们只是用不同的方式解释世界,而问题在于改变世界。"(《马克思恩格斯选集》第 1 卷,人民出版社 1972 年版,第 19 页)

〔5〕见本书第一卷《论反对日本帝国主义的策略》注〔35〕。

〔6〕见本书第一卷《论反对日本帝国主义的策略》注〔36〕。

〔7〕见本卷《中国革命和中国共产党》注〔19〕。

〔8〕见本书第一卷《矛盾论》注〔22〕。

〔9〕见本卷《论持久战》注〔12〕。

〔10〕见本书第一卷《湖南农民运动考察报告》注〔3〕。

〔11〕见本书第一卷《实践论》注〔6〕。

〔12〕见斯大林《十月革命和民族问题》(《斯大林选集》上卷,人民出版社 1979 年版,第 126 页)。

〔13〕见本书第一卷《论反对日本帝国主义的策略》注〔31〕。

〔14〕参见列宁《帝国主义是资本主义的最高阶段》(《列宁全集》第 27 卷,人民

出版社 1990 年版,第 437 页)。

〔15〕指蒋介石叛变革命以后国民党政府所进行的一系列的反苏运动:一九二七年十二月十三日国民党反动派枪杀广州苏联副领事;同月十四日南京国民党政府下"绝俄令",不承认各省苏联领事,勒令各省苏联商业机构停止营业。一九二九年七月蒋介石又受帝国主义的唆使,在东北向苏联挑衅,不久引起军事冲突。

〔16〕基马尔,又译凯末尔(一八八一———一九三八),第一次世界大战后土耳其民族商业资产阶级的代表。在第一次世界大战后,英帝国主义指使希腊对土耳其进行武装侵略,土耳其人民得到苏俄的援助,于一九二二年战胜了希腊军队。一九二三年土耳其建立了资产阶级专政的共和国,基马尔被选为总统。

〔17〕一九五八年九月二日,毛泽东在同巴西记者马罗金和杜特列夫人谈话时对这个观点作了修正。他指出:在《新民主主义论》中讲到,第二次世界大战爆发以后,殖民地和半殖民地的资产阶级,要就是站在帝国主义战线方面,要就是站在反帝国主义战线方面,没有其他的道路。事实上,这种观点只适合于一部分国家。对于印度、印度尼西亚、阿拉伯联合共和国(按:阿拉伯联合共和国,一九五八年由埃及同叙利亚合并组成。一九六一年叙利亚脱离阿联,成立阿拉伯叙利亚共和国。一九七一年阿联改名为阿拉伯埃及共和国)等国家却不适用,它们是民族主义国家。拉丁美洲也有许多这样的国家。这些国家既不站在帝国主义的一边,也不站在社会主义的一边,而站在中立的立场,不参加双方的集团,这是适合于它们现时的情况的。

〔18〕见本卷《必须制裁反动派》注〔5〕。

〔19〕毛泽东在这里是指张君劢及其一伙。张君劢在五四运动后宣扬一种自称为"新玄学"的唯心主义的哲学思想,提倡自孔孟以至宋明理学的所谓"精神文明",同时又鼓吹"自由意志",一九二三年引起了一场"科学与玄学"的争论,当时张君劢被称为"玄学鬼"。一九三八年十二月,他经蒋介石授意,发表《致毛泽东先生一封公开信》,主张取消八路军、新四军及陕甘宁边区,要求"将马克思主义暂搁一边",为蒋介石张目。

〔20〕见一九三七年九月二十二日发表的《中共中央为公布国共合作宣言》。

〔21〕见一九二四年孙中山《三民主义·民生主义》第二讲(《孙中山全集》第 9卷,中华书局 1986 年版,第 386 页)。

〔22〕一九三三年,国民党中央组织部部长陈立夫发表《唯生论》一书,宣扬宇宙的实质是"生命之流",万物的根本问题在于"求生",用来反对阶级斗争的学说;并认为宇宙万物各有一个重心,以人类社会现象来说,就是只能有一个领袖,否则就无法维持其均衡和生存。这种唯生主义的理论是为国民党反动派实行法西斯专政服务的。

〔23〕山西军阀阎锡山曾标榜过"按劳分配"的口号。其主要内容是:用军事方法强迫劳动人民在村公所控制的固定份地上,或官办的工厂、商店里,从事农奴式的劳动,只将很小一部分劳动果实,按劳动情况分配给劳动者。

〔24〕汪精卫在一九二七年叛变革命之后不久写过一篇东西,题为《夹攻之奋斗》(载 1927 年 7 月 25 日《汉口民国日报》)。

〔25〕一九二五年三月三十日,斯大林在共产国际执行委员会南斯拉夫委员会会议上的演讲《论南斯拉夫的民族问题》中说:"……农民是民族运动的主力军,没有农民这支军队,就没有而且也不可能有声势浩大的民族运动。所谓民族问题实质上是农民问题,正是指这一点说的。"(《斯大林全集》第 7 卷,人民出版社 1958 年版,第 61 页)

〔26〕在中国共产党内,曾经有些教条主义者讥笑毛泽东注重农村革命根据地为"上山主义"。毛泽东在这里是用教条主义者的这句讽刺话,说明农村革命根据地的伟大作用。

〔27〕"学校"指当时效法欧美资本主义国家的教育制度。"科举"指中国原有的封建考试制度。十九世纪末,中国提倡"维新"的知识分子主张废除科举,兴办学校;封建顽固派竭力反对这种主张。

〔28〕一九一九年的五四爱国运动,至六月初转入一个新的阶段,以六月三日北京学生反抗军警镇压,集会讲演开始,由学生的罢课,发展到上海、南京、天津、杭州、武汉、九江及山东、安徽各地的工人罢工,商人罢市。五四运动至此遂成为有无产阶级、城市小资产阶级和民族资产阶级参加的广大群众运动。

〔29〕见本书第一卷《中国社会各阶级的分析》注〔9〕。

〔30〕《向导》周报是中共中央的机关报,一九二二年九月十三日在上海创刊,一九二七年七月十八日在武汉终刊。

〔31〕上海《民国日报》于一九一六年一月创刊,国民党一大后正式成为国民党的机关报。在中国共产党的影响和国民党左派的努力下,曾经宣传过反对帝国主义和反对封建主义的主张。一九二五年十一月以后,曾被西山会议派把持,成为国民党右派的报纸。一九四七年停刊。

〔32〕毛泽东在这里所说的一部分欧美派文化人是指以胡适等为代表的一些人物。

〔33〕所谓"全盘西化",是一部分资产阶级学者的主张。他们主张中国一切东西都要完全模仿欧美资本主义国家。

〔34〕见列宁《俄国社会民主党人的任务》(《列宁全集》第 2 卷,人民出版社 1984 年版,第 443 页);并见列宁《怎么办?》第一章第四节(《列宁全集》第 6 卷,人民出版社 1986 年版,第 23 页)。

克服投降危险，力争时局好转[*]

（一九四〇年一月二十八日）

目前时局发展的情况，证明中央的历次估计是正确的。大地主大资产阶级的投降方向和无产阶级、农民、城市小资产阶级、中等资产阶级的抗战方向，是对立的，双方在斗争中。目前是两种方向同时存在，两种前途都有可能。在这里应使全党同志认识的，就是不要把各地发生的投降、反共、倒退等严重现象孤立起来看。对于这些现象，应认识其严重性，应坚决反抗之，应不被这些现象的威力所压倒。如果没有这种精神，如果没有坚决反抗这些现象的正确方针，如果听任国民党顽固派的"军事限共"和"政治限共"发展下去，如果只从惧怕破裂统一战线一点设想，那末，抗战的前途就是危险的，投降和反共就将全国化，统一战线就有破裂的危险。必须认清目前国内国际尚存在着许多利于我们争取继续抗战、继续团结和继续进步的客观条件。例如，日本对华方针依然是非常强硬的；英美法和日本之间的矛盾虽已部分缩小，但并未真正协调，而且英法在东方的地位又被欧战削弱，因而所谓远东慕尼黑会议很难召集；苏联积极援助中国。这些都是使国民党不

---

　　* 这是毛泽东为中共中央起草的对党内的指示。

易投降妥协和不易举行全国反共战争的国际条件。又如，共产党、八路军、新四军坚决反对投降，坚持抗战团结的方针；中间阶级也反对投降；国民党内部投降派和顽固派虽然握有权力，但在数量上只占少数。这些都是使国民党不易投降妥协和不易举行全国反共战争的国内条件。在上述情况下，党的任务就在于：一方面，坚决反抗投降派顽固派的军事进攻和政治进攻；又一方面，积极发展全国党政军民学各方面的统一战线，力争国民党中的大多数，力争中间阶层，力争抗战军队中的同情者，力争民众运动的深入，力争知识分子，力争抗日根据地的巩固和抗日武装、抗日政权的发展，力争党的巩固和进步。如此双管齐下，就有可能克服大地主大资产阶级的投降危险并争取时局的好转前途。所以，力争时局好转，同时提起可能发生突然事变（在目前是局部的、地方性的突然事变）的警觉性，这就是党的目前政策的总方针。

　　汪精卫公布卖国协定[1]和蒋介石发表告国人书[2]之后，一方面，和平空气必受一个打击，抗战势力必有一个发展；又一方面，则"军事限共"和"政治限共"还会继续，地方事变还会发生，国民党有强调所谓"统一对外"以进攻我们之可能。这是因为在最近时期内，抗战和进步势力还不可能发展到足以全部压服投降和倒退势力的缘故。我们的方针，就在于在全国范围内一切有共产党组织的地方，极力扩大反对汪精卫卖国协定的宣传。蒋的宣言表示了他要继续抗战，但是他没有强调全国必须加强团结，没有提到任何坚持抗战和进步的方针；而没有这种方针，便无法坚持抗战。因此，我们应该在反汪运动中强调如下各项：（一）拥护抗战到底的国策，反对汪精卫的卖国协定;(二)全国人民团结起来,打倒汉奸汪精卫,打倒汪精卫的伪中央;(三)拥护国共合作,打倒汪精卫的反共政策;(四)反共就是汪精卫分裂抗日统一战线的阴谋,打倒暗藏的汪派汉奸;(五)加紧全国团结,消灭内部磨擦;(六)革新内政,开展宪政运动,树立民主政治;(七)开放党禁,允许抗日党派的合法存在;(八)保证人民有抗日反汉奸的言论集会自由权;(九)巩固抗日根据地,反对汪派汉奸的阴谋破坏;(十)拥护抗日有功的军队,充分接济前线;(十一)发展抗战文化,保护进步青年,取缔汉奸言论。以上这些口号,应公开发布之。各地应大量发表文章、宣言、传单、演说和小册子,并增加适合地方情况的口号。

延安定二月一日召开反对汪精卫卖国协定的民众大会。各地应在二月上旬或中旬,联合各界和国民党抗日派,普遍举行民众大会,掀起全国反投降反汉奸反磨擦的热潮。

注　释

〔1〕指一九三九年十一月日本帝国主义交付汪精卫集团的《日支新关系调整要纲》。该"要纲"由脱离汪精卫集团的高宗武、陶希圣一九四〇年一月在香港公布。主要内容有:汪伪政权承认"满洲国";确定日本在蒙疆(指长城线以北地区,包括长城线在内)、华北、长江下游和华南沿海特定岛屿的不同的政治、军事、经济特权;自中央到地方的伪政府,都由日本顾问或职员监督;伪军和伪警察,由日籍教官训练,武器也由日本供给;伪政府财政经济政策,工业、农业和交通事业,都由日本控制;一切资源,任由日本开发利用;汪日共同防共等等。汪精卫集团于一九三九年十二月三十日与日方秘密签订了这个卖国协定,其内容有所修改。

〔2〕指一九四〇年一月二十四日由国民党中央社发表的蒋介石《为〈日汪密约〉告全国军民书》。

团结一切抗日力量，
反对反共顽固派*

（一九四〇年二月一日）

我们延安的各界人民今天在这里开会,为了什么呢? 为了声讨卖国贼汪精卫〔1〕,又是为了团结一切抗日力量,反对反共顽固派。

我们共产党人屡次指出,日本帝国主义的灭华方针是坚决的。不管日本掉换什么内阁,它的灭亡中国把中国变为殖民地的基本方针是不会变更的。中国亲日派大资产阶级的政治代表汪精卫,看了这种情形,吓得发疯,跪倒在日本面前,订立了日汪卖国条约,把中国出卖给日本帝国主义。他还要成立傀儡政府,和抗日政府相对立;还要成立傀儡军队,和抗日军队相对立。他对于反蒋近来不大提了,据说已经改为"联蒋"。反共是日汪的主要目的。他们知道共产党抗日最彻底,国共合作则力量更大,他们就用全力分裂国共合作,使两党各自孤立,最好是两党打起来。这样,他们就利用国民党内部的顽固派,到处放火。在湖南就闹平江惨案〔2〕,在河南就闹确山惨案〔3〕,在山西就闹旧军打新军〔4〕,在河北就闹张荫梧打

---

* 这是毛泽东在延安民众讨汪大会上所作的讲演。

八路军[5],在山东就闹秦启荣打游击队[6],在鄂东就闹程汝怀杀死五六百个共产党员[7],在陕甘宁边区就闹内部的"点线工作"[8]、外部的"封锁工作",并且还准备着军事进攻[9]。此外,又逮捕了一大批进步青年送进集中营[10];又雇请玄学鬼张君劢[11]提出取消共产党、取消陕甘宁边区、取消八路军新四军的反动主张,雇请托洛茨基分子叶青等人做文章骂共产党。所有这些,无非是要破坏抗日的局面,使全国人民都当亡国奴。

这样,汪精卫派和国民党的反共顽固派两家里应外合,把时局闹得乌烟瘴气了。

许多人看了这种情形,非常气愤,就以为抗日没有希望了,国民党都是坏人,都应当反对。我们必须指出,气愤是完全正当的,哪有看了这些严重情形而不气愤的呢?但是抗日仍然是有希望的,国民党里面也不都是坏人。对于各部分的国民党人,应当采取不同的政策。对于那些丧尽天良的坏蛋,对于那些敢于向八路军新四军阵地后面打枪的人,对于那些敢于闹平江惨案、确山惨案的人,对于那些敢于破坏边区的人,对于那些敢于攻打进步军队、进步团体、进步人员的人,我们是决不能容忍的,是必定要还击的,是决不能让步的。因为这类坏蛋,已经丧尽天良,当一个民族敌人深入国土的时候,他们还要闹磨擦,闹惨案,闹分裂。不管他们心里怎样想,他们是在实际上帮助了日本和汪精卫,或者有些人本来就是暗藏的汉奸。对于这些人,如果不加以惩罚,我们就是犯错误,就是纵容汉奸国贼,就是不忠实于民族抗战,就是不忠实于祖国,就是纵容坏蛋来破裂统一战线,就是违背了党的政策。

但是这种给投降派和反共顽固派以打击的政策，全是为了坚持抗日，全是为了保护抗日统一战线。因此，我们对于那些忠心抗日的人，对于一切非投降派、非反共顽固派的人们，对于这样的国民党员，是表示好意的，是团结他们的，是尊重他们的，是愿意和他们长期合作以便把国家弄好的。谁如果不这样做，谁也就是违背了党的政策。

这就是我们党的两条政策：一方面，团结一切进步势力，团结一切忠心抗日的人，这是一条政策；一方面，反对一切丧尽天良的坏蛋，反对那些投降派和反共顽固派，这是又一条政策。我们党的这些政策，为了达到一个目的，这就是力争时局好转，战胜日本。我们共产党和全国人民的任务，就是团结一切抗日的进步的势力，抵抗一切投降的倒退的势力，力争时局的好转，挽救时局的逆转。这就是我们的根本方针。我们决不悲观失望，我们是乐观的。我们不怕任何投降派和反共顽固派的进攻，我们一定要粉碎他们，我们也一定能够粉碎他们。中华民族的解放是一定的，中国决不会亡国。中国的进步是一定的，倒退只是暂时的现象。

我们今天开会还要向全国人民表明一种态度，这就是为了抗日，全国人民的团结和进步是必要的。有些人单单强调了抗日，但不愿意强调团结和进步，甚至完全不提团结和进步，这是不对的。没有真正的、坚强的团结，没有迅速的、切实的进步，怎能坚持抗日？国民党的反共顽固派强调统一，但是他们的所谓"统一"，乃是假统一，不是真统一；乃是不合理的统一，不是合理的统一；乃是形式主义的统一，不是实际的统一。他们高唤统一，却原来是要取消共产党、八路军、新四军和陕甘宁边区,说有共产党、八路军、新四军和边区存在,中国就不统一,他们要把全国一切都化为国民党;不但继续他们的一党专政,而且还要扩大他们的一党专政。如果是这样,那还有什么统一呢? 老实说,过去如果没有共产党、八路军、新四军和陕甘宁边区真心实意地出来主张停止内战一致抗日,那就无人发起抗日民族统一战线,无人领导和平解决西安事变,那就无从实行抗日。今天如果没有共产党、八路军、新四军、陕甘宁边区和各抗日民主根据地真心实意地出来维持抗日的大局,反对投降、分裂、倒退的危险倾向,那就会弄得一团糟。八路军、新四军几十万人挡住了五分之二的敌人,和四十个日本师团中的十七个师团打〔12〕,为什么要取消他们呢? 陕甘宁边区是全国最进步的地方,这里是民主的抗日根据地。这里一没有贪官污吏,二没有土豪劣绅,三没有赌博,四没有娼妓,五没有小老婆,六没有叫化子,七没有结党营私之徒,八没有萎靡不振之气,九没有人吃磨擦饭〔13〕,十没有人发国难财,为什么要取消它呢? 只有不要脸的人们才说得出不要脸的话,顽固派有什么资格站在我们面前哼一声呢? 同志们,当然不能是这样的。不是取消边区,而是全国要学习边区;不是取消八路军、新四军,而是全国要学习八路军、新四军;不是取消共产党,而是全国要学习共产党;不是要进步的人们向落后的人们看齐,而是要落后的人们向进步的人们看齐。我们共产党是最主张统一的人,我们发起了统一战线,我们坚持了统一战线,我们提出了统一的民主共和国的口号。谁人能够提出这些呢? 谁人能够实行这些呢? 谁人能够只要每月五块钱薪水〔14〕呢? 谁人能够创造这样的廉洁政治呢? 统一,统一,投降派有一套统一论，要我们统一于投降；反共顽固派有一套统一论，要我们统一于分裂，统一于倒退。我们能够信这些道理吗？不以抗战、团结、进步三件事做基础的统一，算得真统一吗？算得合理的统一吗？算得实际的统一吗？真是做梦！我们今天开大会，就是要提出我们的统一论。我们的统一论，就是全国人民的统一论，就是一切有良心的人的统一论。这种统一论是以抗战、团结、进步三件事做基础的。只有进步才能团结，只有团结才能抗日，只有进步、团结、抗日才能统一。这就是我们的统一论，这就是真统一论，这就是合理的统一论，这就是实际的统一论。那种假统一论，不合理的统一论，形式主义的统一论，乃是亡国的统一论，乃是丧尽天良的统一论。他们要把共产党、八路军、新四军和民主的抗日根据地消灭，要把一切地方的抗日力量消灭，以便统一于国民党。这是阴谋，这是借统一之名，行专制之实，挂了统一这个羊头，卖他们的一党专制的狗肉，死皮赖脸，乱吹一顿，不识人间有羞耻事。我们今天开大会，就要戳破他们的纸老虎，我们要坚决地反对反共顽固派。

注　　释

〔1〕见本书第一卷《论反对日本帝国主义的策略》注〔31〕。

〔2〕见本卷《必须制裁反动派》注〔1〕。

〔3〕确山惨案，也称竹沟惨案、竹沟事变。一九三九年十一月十一日，河南省确山、信阳、泌阳等县的国民党反动武装一千八百余人，围攻确山县竹沟镇新四军留守处，惨杀因抗日受伤的新四军干部、战士和他们的家属以及当地群众共二百余人。

〔4〕旧军，指国民党山西地方实力派阎锡山指挥的晋绥军。新军，指抗日战争初期，由中国共产党人在与阎锡山建立统一战线的过程中组建和领导的、以山

西青年抗敌决死队为主力的山西人民的抗日武装。一九三九年十二月,阎锡山在蒋介石掀起的第一次反共高潮中,与日本侵略军相勾结,集中晋绥军六个军的兵力,向驻在山西西部的新军进攻。新军奋起反击,在八路军的支援下,粉碎了旧军的进攻。同时,在山西的东南部,旧军又同国民党中央军中的顽固派相配合进攻新军,摧毁沁水、阳城、晋城、高平、长治等县的抗日民主政权和人民团体,屠杀了大批的共产党员和进步分子。

〔5〕张荫梧,当时任国民党河北省民军总指挥。从一九三八年以来,他就在国民党当局的指令下,不断制造磨擦,进攻八路军。一九三九年六月,他率部袭击河北深县八路军的后方机关,惨杀八路军干部和战士四百余人。

〔6〕秦启荣,当时任国民党军事委员会别动总队第五纵队司令。在国民党当局的指使下,他不断地制造同八路军的磨擦。一九三九年三月三十日,他的部队在山东博山太河镇伏击八路军山东纵队第三支队南下受训干部及护送部队,逮捕和杀害团级干部以下二百余人。到一九四〇年春,他已经残杀了八路军在山东的游击队和地方工作人员七百余人。

〔7〕程汝怀,当时任国民党湖北省政府鄂东行署主任、第五战区鄂东游击总指挥。从一九三九年六月至九月,他先后多次调集部队,围攻新四军在鄂东的游击部队和后方机关,惨杀共产党员五六百人。

〔8〕一九三九年后,国民党派遣特务间谍进入陕甘宁边区,发展秘密党员、特务,建立据点,设置情报网,并通过若干秘密交通线进行联系。这种反革命的特务活动,他们自称为"点线工作"。

〔9〕在一九三九年初至一九四〇年六月,国民党军队不断向陕甘宁边区发动军事进攻,占领了边区所属的淳化、旬邑、正宁、宁县、镇原五座县城。

〔10〕在抗日战争期间,国民党反动派模仿德意法西斯的办法,从中国西北的兰州、西安至东南的赣州、上饶等地,设立了很多集中营,用以囚禁大批的共产党员、爱国人士和进步青年。

〔11〕见本卷《新民主主义论》注〔19〕。

〔12〕中国共产党领导的军队所抗击的日本侵略军的数目,在后来有了变动。到一九四三年,八路军、新四军以及其他人民武装抗击了侵华日军总数的百分之六十四和全部伪军的百分之九十五。参见本书第三卷《论联合政府》一文的《两个战场》一节。

〔13〕"吃磨擦饭",即是说有些国民党人以反共为专门职业。

〔14〕当时共产党领导下的抗日军队和抗日政府的工作人员,每人每月的伙食费和津贴费平均为银币五元。

向国民党的十点要求 *

（一九四〇年二月一日）

　　二月一日延安举行讨汪大会，全场义愤激昂，一致决议声讨汪精卫之卖国投降，拥护抗战到底。为挽救时局危机争取抗战胜利起见，谨陈救国大计十端，愿国民政府、各党各派、抗战将士、全国同胞采纳而实行之。

　　一曰全国讨汪。查汪逆收集党徒，附敌叛国，订立卖国密约[1]，为虎作伥，固国人皆曰可杀。然此乃公开之汪精卫，尚未语于暗藏之汪精卫也。若夫暗藏之汪精卫，则招摇过市，窃据要津；匿影藏形，深入社会。贪官污吏，实为其党徒；磨擦专家，皆属其部下。若无全国讨汪运动，从都市以至乡村，从上级以至下级，动员党、政、军、民、报、学各界，悉起讨汪，则汪党不绝，汪祸长留，外引敌人，内施破坏，其为害有不堪设想者。宜由政府下令，唤起全国人民讨汪。有不奉行者，罪其官吏。务绝汪党，投畀豺虎。此应请采纳实行者一。

　　二曰加紧团结。今之论者不言团结而言统一，其意盖谓惟有取消共产党，取消八路军新四军，取消陕甘宁边区，取消各地方抗日力量，始谓之统一。不知共产党、八路军、新四军、

陕甘宁边区,乃全国主张统一之最力者。主张西安事变[2]和平解决者,非共产党、八路军、新四军与边区乎?发起抗日民族统一战线,主张建立统一民主共和国而身体力行之者,非共产党、八路军、新四军与边区乎?立于国防之最前线抗御敌军十七个师团,屏障中原、西北,保卫华北、江南,坚决实行三民主义与《抗战建国纲领》[3]者,非共产党、八路军、新四军与边区乎?盖自汪精卫倡言反共亲日以来,张君劢、叶青等妖人和之以笔墨,反共派、顽固派和之以磨擦。假统一之名,行独霸之实。弃团结之义,肇分裂之端。司马昭之心,固已路人皆知矣。若夫共产党、八路军、新四军与边区,则坚决提倡真统一,反对假统一;提倡合理的统一,反对不合理的统一;提倡实际上的统一,反对形式上的统一。非统一于投降而统一于抗战,非统一于分裂而统一于团结,非统一于倒退而统一于进步。以抗战、团结、进步三者为基础之统一乃真统一,乃合理统一,乃实际统一。舍此而求统一,无论出何花样,弄何玄虚,均为南辕北辙,实属未敢苟同。至于各地方抗日力量,则宜一体爱护,不宜厚此薄彼;信任之,接济之,扶掖之,奖励之。待人以诚而去其诈,待人以宽而去其隘。诚能如此,则苟非别有用心之徒,未有不团结一致而纳于统一国家之轨道者。统一必以团结为基础,团结必以进步为基础;惟进步乃能团结,惟团结乃能统一,实为不易之定论。此应请采纳实行者二。

三曰厉行宪政。"训政"多年,毫无结果。物极必反,宪政为先。然而言论不自由,党禁未开放,一切犹是反宪政之行为。以此制宪,何殊官样文章。以此行宪,何异一党专制。当此国难深重之秋,若犹不思变计,则日汪肆扰于外,奸徒破坏于内,国脉民命,岌岌可危矣。政府宜即开放党禁,扶植舆论,以为诚意推行宪政之表示。昭大信于国民,启新国之气运,诚未有急于此者。此应请采纳实行者三。

四曰制止磨擦。自去年三月倡导所谓《限制异党活动办法》以来,限共、溶共、反共之声遍于全国,惨案迭起,血花乱飞。犹以为未足,去年十月复有所谓《异党问题处理办法》。其在西北、华北、华中区域,复有所谓《处理异党问题实施方案》[4]。论者谓已由"政治限共"进入"军事限共"之期,言之有据,何莫不然。盖所谓限共者,反共也。反共者,日汪之诡计,亡华之毒策也。于是群情惊疑,奔走相告,以为又将重演十年前之惨剧。演变所极,湖南则有平江惨案,河南则有确山惨案,河北则有张荫梧进攻八路军,山东则有秦启荣消灭游击队,鄂东有程汝怀惨杀共产党员五六百之众,陇东有中央军大举进攻八路驻防军之举,而最近山西境内复演出旧军攻击新军并连带侵犯八路军阵地之惨剧[5]。此等现象,不速制止,势将同归于尽,抗战胜利云乎哉? 宜由政府下令处罚一切制造惨案分子,并昭示全国不许再有同类事件发生,以利团结抗战。此应请采纳实行者四。

五曰保护青年。近在西安附近有集中营之设,将西北、中原各省之进步青年七百余人拘系一处,施以精神与肉体之奴役,形同囚犯,惨不忍闻。青年何辜,遭此荼毒? 夫青年乃国家之精华,进步青年尤属抗战之至宝。信仰为人人之自由,而思想乃绝非武力所能压制者。过去十年"文化围剿"之罪恶,彰明较著,奈何今日又欲重蹈之乎? 政府宜速申令全国,保护青年,取消西安附近之集中营,严禁各地侮辱青年之暴举。此应请采纳实行者五。

六曰援助前线。最前线之抗日有功军队,例如八路军、新四军及其他军队,待遇最为菲薄,衣单食薄,弹药不继,医疗不备。而奸人反肆无忌惮,任意污蔑。无数不负责任毫无常识之谰言,震耳欲聋。有功不赏,有劳不录,而搆陷愈急,毒谋愈肆。此皆将士寒心、敌人拊掌之怪现象,断乎不能容许者也。宜由政府一面充分接济前线有功军队,一面严禁奸徒污蔑搆陷,以励军心而利作战。此应请采纳实行者六。

七曰取缔特务机关。特务机关之横行,时人比诸唐之周兴、来俊臣[6],明之魏忠贤、刘瑾[7]。彼辈不注意敌人而以对内为能事,杀人如麻,贪贿无艺,实谣言之大本营,奸邪之制造所。使通国之人重足而立,侧目而视者,无过于此辈穷凶极恶之特务人员。为保存政府威信起见,亟宜实行取缔,加以改组,确定特务机关之任务为专对敌人及汉奸,以回人心而培国本。此应请采纳实行者七。

八曰取缔贪官污吏。抗战以来,有发国难财至一万万元之多者,有讨小老婆至八九个之多者[8]。举凡兵役也,公债也,经济之统制也,灾民难民之救济也,无不为贪官污吏借以发财之机会。国家有此一群虎狼,无怪乎国事不可收拾。人民怨愤已达极点,而无人敢暴露其凶残。为挽救国家崩溃之危机起见,亟宜断行有效办法,彻底取缔一切贪官污吏。此应请采纳实行者八。

九曰实行《总理遗嘱》。《总理遗嘱》有云:“余致力国民革命凡四十年,其目的在求中国之自由平等。积四十年之经验,深知欲达到此目的,必须唤起民众”。大哉言乎,我四亿五千万人民实闻之矣。顾诵读遗嘱者多，遵循遗嘱者少。背弃遗嘱者奖，实行遗嘱者罚。事之可怪，宁有逾此？宜由政府下令，有敢违背遗嘱，不务唤起民众而反践踏民众者，处以背叛孙总理之罪。此应请采纳实行者九。

十曰实行三民主义。三民主义为国民党所奉行之主义。顾无数以反共为第一任务之人，放弃抗战工作，人民起而抗日，则多方压迫制止，此放弃民族主义也；官吏不给予人民以丝毫民主权利，此放弃民权主义也；视人民之痛苦若无睹，此放弃民生主义也。在此辈人员眼中，三民主义不过口头禅，而有真正实行之者，不笑之曰多事，即治之以严刑。由此怪象丛生，信仰扫地。亟宜再颁明令，严督全国实行。有违令者，从重治罪。有遵令者，优予奖励。则三民主义庶乎有实行之日，而抗日事业乃能立胜利之基。此应请采纳实行者十。

凡此十端，皆救国之大计，抗日之要图。当此敌人谋我愈急，汪逆极端猖獗之时，心所谓危，不敢不告。倘蒙采纳施行，抗战幸甚，中华民族解放事业幸甚。迫切陈词，愿闻明教。

注　释

〔1〕见本卷《克服投降危险，力争时局好转》注〔1〕。
〔2〕参见本书第一卷《关于蒋介石声明的声明》注〔1〕。
〔3〕见本卷《陕甘宁边区政府、第八路军后方留守处布告》注〔3〕。
〔4〕《限制异党活动办法》、《异党问题处理办法》、《处理异党问题实施方案》，见本卷《必须制裁反动派》注〔5〕。
〔5〕以上事件见本卷《团结一切抗日力量，反对反共顽固派》注〔2〕至注〔7〕和注〔9〕。自一九三八年十月武汉失守以后，国民党的反共活动逐渐积极。一九三九年十一月国民党五届六中全会上又将过去的政治限共为主、军事限共为辅的政策，改变为军事限共为主、政治限共为辅的政策。接着，在一九三九年十二月至一

九四〇年三月期间出现了第一次反共高潮。毛泽东在这里所举的国民党反共军队在陇东和山西境内对人民军队的进攻,就是指一九三九年十二月国民党发动的两次大规模的军事进攻。到一九四〇年春,蒋介石又指令朱怀冰、石友三、庞炳勋等率领国民党反共军队,大举进攻太行、冀南等根据地的八路军。中国共产党在全国人民面前,坚决地揭露了国民党的种种反共反人民的罪行,取得了政治斗争的重大胜利。同时,共产党又领导根据地的广大军民,在军事上展开坚决的自卫反击,彻底击败了国民党反共军队的进攻。这样,到一九四〇年三月,第一次反共高潮就完全被打退了。

〔6〕周兴、来俊臣,公元七世纪末唐武则天时的酷吏。他们实行广泛的秘密侦察,任意用伪造的罪名逮捕他们所不喜欢的人,并且使用各种酷刑,加以残杀。

〔7〕刘瑾,公元十六世纪明武宗时的宦官;魏忠贤,公元十七世纪明熹宗时的宦官。他们掌握大权,运用名为"厂卫"的庞大的特务组织,控制人民的言论和行动,并且用各种酷刑迫害和虐杀反对他们的人。

〔8〕这里是指当时驻西安的国民党反动军事首领蒋鼎文。

《中国工人》发刊词

（一九四〇年二月七日）

　　《中国工人》[1]的出版是必要的。中国工人阶级，二十年来，在自己的政党——中国共产党的领导之下展开了英勇的斗争，成了全国人民中最有觉悟的部分，成了中国革命的领导者。中国工人阶级联合农民和一切革命的人民反对帝国主义和封建主义，为建立新民主主义的中国而斗争，为驱逐日本帝国主义而斗争，这个功劳是非常之大的。但是中国革命尚未成功，还须付出很大的气力，团结自己，团结农民和其他小资产阶级，团结知识分子，团结一切革命的人民。这是极大的政治任务和组织任务。这是中国共产党的责任，这是工人阶级先进分子的责任，这是整个工人阶级的责任。工人阶级和全体人民的最后解放，只能在社会主义实现的时代，中国工人阶级必须为此最后目的而奋斗。但是必须经过反帝反封建的民主革命的阶段，才能进到社会主义的阶段。所以，团结自己和团结人民，反对帝国主义和封建主义，为建立新民主主义的新中国而奋斗，这就是中国工人阶级的当前的任务。《中国工人》的出版，就是为了这一个任务。

　　《中国工人》将以通俗的言语解释许多道理给工人群众听，报道工人阶级抗日斗争的实际，总结其经验，为完成自己的任务而努力。

《中国工人》应该成为教育工人、训练工人干部的学校,读《中国工人》的人就是这个学校的学生。工人中间应该教育出大批的干部,他们应该有知识,有能力,不务空名,会干实事。没有一大批这样的干部,工人阶级要求得解放是不可能的。

工人阶级应欢迎革命的知识分子帮助自己,决不可拒绝他们的帮助。因为没有他们的帮助,自己就不能进步,革命也不能成功。

我希望这个报纸好好地办下去,多载些生动的文字,切忌死板、老套,令人看不懂,没味道,不起劲。

一个报纸既已办起来,就要当作一件事办,一定要把它办好。这不但是办的人的责任,也是看的人的责任。看的人提出意见,写短信短文寄去,表示欢喜什么,不欢喜什么,这是很重要的,这样才能使这个报办得好。

以上,是我的希望,就当作发刊词。

注　　释

〔1〕《中国工人》月刊,由中共中央职工运动委员会主办,一九四〇年二月在延安创刊,一九四一年三月终刊。

必须强调团结和进步 *

（一九四〇年二月七日）

　　抗战、团结、进步，这是共产党在去年"七七"纪念时提出的三大方针。这是三位一体的方针，三者不可缺一。如果单单强调抗战而不强调团结和进步，那末，所谓"抗战"是靠不住的，是不能持久的。缺乏团结和进步纲领的抗战，终久会有一天要改为投降，或者归于失败。我们共产党认为一定要三者合一。为了抗战就要反对投降，反对汪精卫的卖国协定〔1〕，反对汪精卫的伪政府，反对一切暗藏在抗日阵线中的汉奸和投降派。为了团结，就要反对分裂运动，反对内部磨擦，反对从抗日阵线后面进攻八路军、新四军和一切进步势力，反对破坏敌后的抗日根据地，反对破坏八路军的后方陕甘宁边区，反对不承认共产党的合法地位，反对雪片一样的"限制异党活动"的文件。为了进步，就要反对倒退，反对把三民主义和《抗战建国纲领》〔2〕束之高阁，反对不实行《总理遗嘱》上"唤起民众"的指示，反对把进步青年送进集中营，反对把抗战初期仅有的一点言论出版自由取消干净，反对把宪政运动变为少数人包办的官僚事业，反对在山西进攻新军、摧残牺盟和残杀进

---

　　* 这是毛泽东为延安《新中华报》改版一周年纪念写的文章。

步人员[3]，反对三民主义青年团在咸榆公路、陇海铁路一带
拦路劫人[4]，反对讨九个小老婆和发一万万元国难财的无耻
勾当，反对贪官污吏的横行和土豪劣绅的猖獗。不这样做，没
有团结和进步，所谓抗战只是空唤，抗日胜利是没有希望的。
《新中华报》[5]第二年的政治方向是什么？就是强调团结和进
步，以反对一切危害抗战的乌烟瘴气，以期抗日事业有进一步
的胜利。

注　　释

〔1〕见本卷《克服投降危险，力争时局好转》注〔1〕。

〔2〕见本卷《陕甘宁边区政府、第八路军后方留守处布告》注〔3〕。

〔3〕在山西进攻新军的事件，见本卷《团结一切抗日力量，反对反共顽固派》
注〔4〕。"牺盟"即"山西牺牲救国同盟会"，一九三六年九月成立。它是中国共产
党倡议创建、并始终受共产党领导的群众抗日团体，在山西的抗日斗争中曾起了
重大的作用。一九三九年十二月，阎锡山发动"晋西事变"，后并在晋东南等地的
国民党中央军配合下，公开摧残牺盟会，许多共产党员、牺盟会的干部和群众中的
进步分子，遭到残酷的杀害。

〔4〕从一九三九年起，国民党用三民主义青年团"招待所"的名义，派遣特务，
配合军队，在咸阳榆林公路和陇海铁路上设立许多封锁站口，截留出入陕甘宁边
区的进步青年和知识分子，把他们送往集中营监禁残杀，或者强迫他们充当特务。

〔5〕见本卷《和中央社、扫荡报、新民报三记者的谈话》注〔2〕。

新民主主义的宪政*

（一九四〇年二月二十日）

今天延安各界人民的代表人物在这里开宪政促进会的成立大会，大家关心宪政，这是很有意义的。我们的这个会为了什么呢？是为了发扬民意，战胜日本，建立新中国。

抗日，大家赞成，这件事已经做了，问题只在于坚持。但是，还有一件事，叫做民主，这件事现在还没有做。这两件事，是目前中国的头等大事。中国缺少的东西固然很多，但是主要的就是少了两件东西：一件是独立，一件是民主。这两件东西少了一件，中国的事情就办不好。一面少了两件，另一面却多了两件。多了两件什么东西呢？一件是帝国主义的压迫，一件是封建主义的压迫。由于多了这两件东西，所以中国就变成了殖民地半殖民地半封建的国家。现在我们全国人民所要的东西，主要的是独立和民主，因此，我们要破坏帝国主义，要破坏封建主义。要坚决地彻底地破坏这些东西，而决不能

---

* 这是毛泽东在延安各界宪政促进会成立大会上的演说。这时，中国共产党内有一些同志为蒋介石的所谓实行宪政的欺骗宣传所迷惑，以为国民党或者真会实行宪政。毛泽东在这个演说里揭露了蒋介石这种欺骗，将促进宪政变为启发人民觉悟，向蒋介石要求民主自由的一个武器。

丝毫留情。有人说,只要建设,不要破坏。那末,请问:汪精卫要不要破坏? 日本帝国主义要不要破坏? 封建制度要不要破坏? 不去破坏这些坏东西,你就休想建设。只有把这些东西破坏了,中国才有救,中国才能着手建设,否则不过是讲梦话而已。只有破坏旧的腐朽的东西,才能建设新的健全的东西。把独立和民主合起来,就是民主的抗日,或叫抗日的民主。没有民主,抗日是要失败的。没有民主,抗日就抗不下去。有了民主,则抗他十年八年,我们也一定会胜利。

宪政是什么呢? 就是民主的政治。刚才吴老[1]同志的话,我是赞成的。但是我们现在要的民主政治,是什么民主政治呢? 是新民主主义的政治,是新民主主义的宪政。它不是旧的、过了时的、欧美式的、资产阶级专政的所谓民主政治;同时,也还不是苏联式的、无产阶级专政的民主政治。

那种旧式的民主,在外国行过,现在已经没落,变成反动的东西了。这种反动的东西,我们万万不能要。中国的顽固派所说的宪政,就是外国的旧式的资产阶级的民主政治。他们口里说要这种宪政,并不是真正要这种宪政,而是借此欺骗人民。他们实际上要的是法西斯主义的一党专政。中国的民族资产阶级则确实想要这种宪政,想要在中国实行资产阶级的专政,但是他们是要不来的。因为中国人民大家不要这种东西,中国人民不欢迎资产阶级一个阶级来专政。中国的事情一定要由中国的大多数人作主,资产阶级一个阶级来包办政治,是断乎不许可的。社会主义的民主怎么样呢? 这自然是很好的,全世界将来都要实行社会主义的民主。但是这种民主,在现在的中国,还行不通,因此我们也只得暂时不要它。到了将来,有了一定的条件之后,才能实行社会主义的民主。现在,我们中国需要的民主政治,既非旧式的民主,又还非社会主义的民主,而是合乎现在中国国情的新民主主义。目前准备实行的宪政,应该是新民主主义的宪政。

什么是新民主主义的宪政呢?就是几个革命阶级联合起来对于汉奸反动派的专政。从前有人说过一句话,说是"有饭大家吃"。我想这可以比喻新民主主义。既然有饭大家吃,就不能由一党一派一阶级来专政。讲得最好的是孙中山先生在《中国国民党第一次全国代表大会宣言》里的话。那个宣言说:"近世各国所谓民权制度,往往为资产阶级所专有,适成为压迫平民之工具。若国民党之民权主义,则为一般平民所共有,非少数人所得而私也。"同志们,我们研究宪政,各种书都要看,但尤其要看的,是这篇宣言,这篇宣言中的上述几句话,应该熟读而牢记之。"为一般平民所共有,非少数人所得而私",就是我们所说的新民主主义宪政的具体内容,就是几个革命阶级联合起来对于汉奸反动派的民主专政,就是今天我们所要的宪政。这样的宪政也就是抗日统一战线的宪政。

我们今天开的这个会,叫做宪政促进会。为什么要"促进"呢?如果大家都在进,就用不着促了。我们辛辛苦苦地来开会,是为了什么呢?就是因为有些人,他们不进,躺着不动,不肯进步。他们不但不进,而且要向后倒退。你叫他进,他就死也不肯进,这些人叫做顽固分子。顽固到没有办法,所以我们就要开大会,"促"他一番。这个"促"字是哪里来的呢?是谁发明的呢?这不是我们发明的,是一个伟大人物发明的,就是那位讲"余致力国民革命凡四十年"的老先生发明的,是孙中山先生发明的。你们看,在他的那个遗嘱上面,不是写着"最近主张开国民会议……,尤须于最短期间'促'其实现,是所至嘱"吗? 同志们,这个"嘱"不是普通的"嘱",而是"至嘱"。"至嘱"者,非常之嘱也,岂容随随便便,置之不顾! 说的是"最短期间",一不是最长,二不是较长,三也不是普通的短,而是"最短"。要使国民会议在最短期间实现,就要"促"。孙先生死了十五年了,他主张的国民会议至今没有开。天天闹训政,把时间糊里糊涂地闹掉了,把一个最短期间,变成了最长期间,还口口声声假托孙先生。孙先生在天之灵,真不知怎样责备这些不肖子孙呢! 现在的事情很明白,不促是一定不会进的,很多的人在倒退,很多的人还不觉悟,所以要"促"。

因为不进,就要促。因为进得慢,就要促。于是乎我们就大开促进会。青年宪政促进会呀,妇女宪政促进会呀,工人宪政促进会呀,各学校各机关各部队的宪政促进会呀,蓬蓬勃勃,办得很好。今天我们再开一个总促进会,群起而促之,为的是要使宪政快些实行,为的是要快些实行孙先生的遗教。

有人说,他们在各地,你们在延安,你们要促,他们不听,有什么作用呢? 有作用的。因为事情在发展,他们不得不听。我们多开会,多写文章,多做演说,多打电报,人家不听也不行。我以为我们延安的许多促进会,有两个意义。一是研究,二是推动。为什么要研究呢? 他们不进,你就促他,他若问你:为什么促我呀? 这样,我们就得答复问题。为了答复问题,就得好好研究一下宪政的道理。刚才吴老同志讲了许多,这些就是道理。各学校,各机关,各部队,各界人民,都要研究当前的宪政问题。

我们有了研究，就好推动人家。推动就是"促进"，向各方面都推他一下，各方面就会逐渐地动起来。然后汇合很多小流，成一条大河，把一切腐朽黑暗的东西都冲洗干净，新民主主义的宪政就出来了。这种推动作用，将是很大的。延安的举动，不能不影响全国。

同志们，你们以为会一开，电报一打，顽固分子就不得了了吗？他们就向前进步了吗？他们就服从我们的命令了吗？不，他们不会那么容易听话的。有很多的顽固分子，他们是顽固专门学校毕业的。他们今天顽固，明天顽固，后天还是顽固。什么叫顽固？固者硬也，顽者，今天、明天、后天都不进步之谓也。这样的人，就叫做顽固分子。要使这样的顽固分子听我们的话，不是一件容易的事情。

世界上历来的宪政，不论是英国、法国、美国，或者是苏联，都是在革命成功有了民主事实之后，颁布一个根本大法，去承认它，这就是宪法。中国则不然。中国是革命尚未成功，国内除我们边区等地而外，尚无民主政治的事实。中国现在的事实是半殖民地半封建的政治，即使颁布一种好宪法，也必然被封建势力所阻挠，被顽固分子所障碍，要想顺畅实行，是不可能的。所以现在的宪政运动是争取尚未取得的民主，不是承认已经民主化的事实。这是一个大斗争，决不是一件轻松容易的事。

现在有些历来反对宪政的人[2]，也在口谈宪政了。他们为什么谈宪政呢？因为被抗日的人民逼得没有办法，只好应付一下。而且他们还提高嗓子在叫："我们是一贯主张宪政的呀！"吹吹打打，好不热闹。多年以前，我们就听到过宪政的名词,但是至今不见宪政的影子。他们是嘴里一套,手里又是一套,这个叫做宪政的两面派。这种两面派,就是所谓"一贯主张"的真面目。现在的顽固分子,就是这种两面派。他们的宪政,是骗人的东西。你们可以看得见,在不久的将来,也许会来一个宪法,再来一个大总统。但是民主自由呢? 那就不知何年何月才给你。宪法,中国已有过了,曹锟不是颁布过宪法吗[3]? 但是民主自由在何处呢? 大总统,那就更多,第一个是孙中山,他是好的,但被袁世凯取消了。第二个是袁世凯,第三个是黎元洪[4],第四个是冯国璋[5],第五个是徐世昌[6],可谓多矣,但是他们和专制皇帝有什么分别呢? 他们的宪法也好,总统也好,都是假东西。像现在的英、法、美等国,所谓宪政,所谓民主政治,实际上都是吃人政治。这样的情形,在中美洲、南美洲,我们也可以看到,许多国家都挂起了共和国的招牌,实际上却是一点民主也没有。中国现在的顽固派,正是这样。他们口里的宪政,不过是"挂羊头卖狗肉"。他们是在挂宪政的羊头,卖一党专政的狗肉。我并不是随便骂他们,我的话是有根据的,这根据就在于他们一面谈宪政,一面却不给人民以丝毫的自由。

同志们,真正的宪政决不是容易到手的,是要经过艰苦斗争才能取得的。因此,你们决不可相信,我们的会一开,电报一拍,文章一写,宪政就有了。你们也决不可相信,国民参政会[7]做了决议案,国民政府发了命令,十一月十二日召集了国民大会[8],颁布了宪法,甚至选举了大总统,就是百事大吉,天下太平了。这是没有的事,不要把你们的脑筋闹昏了。这种情形,还要对老百姓讲清楚,不要把他们弄糊涂了。事情决不是这么容易的。

这样讲来,岂不是"呜呼哀哉"了吗? 事情是这样的困难,宪政是没有希望的了。那也不然。宪政仍然是有希望的,而且大有希望,中国一定要变为新民主主义的国家。为什么?宪政的困难,就是因为顽固分子作怪;但是顽固分子是不能永远地顽固下去的,所以我们还是大有希望。天下的顽固分子,他们虽然今天顽固,明天顽固,后天也顽固,但是不能永远地顽固下去,到了后来,他们就要变了。比方汪精卫[9],他顽固了许多时候,就不能再在抗日地盘上逞顽固,只好跑到日本怀里去了。比方张国焘[10],他也顽固了许多时候,我们就开了几次斗争会,七斗八斗,他也溜了。顽固分子,实际上是顽而不固,顽到后来,就要变,变为不齿于人类的狗屎堆。也有变好了的,也是由于斗,七斗八斗,他认错了,就变好了。总之顽固派是要起变化的。顽固派,他们总有一套计划,其计划是如何损人利己以及如何装两面派之类。但是从来的顽固派,所得的结果,总是和他们的愿望相反。他们总是以损人开始,以害己告终。我们曾说张伯伦"搬起石头打自己的脚",现在已经应验了。张伯伦过去一心一意想的是搬起希特勒这块石头,去打苏联人民的脚,但是,从去年九月德国和英法的战争爆发的一天起,张伯伦手上的石头却打到张伯伦自己的脚上了。一直到现在,这块石头,还是继续在打张伯伦哩。中国的故事也很多。袁世凯想打老百姓的脚,结果打了他自己,做了几个月的皇帝就死了[11]。段祺瑞、徐世昌、曹锟、吴佩孚等等,他们都想镇压人民,但是结果都被人民推翻。凡有损人利己之心的人,其结果都不妙。

现在的反共顽固派，如果他们不进步，我看也不能逃此公例。他们想借统一的美名，取消进步的陕甘宁边区，取消进步的八路军新四军，取消进步的共产党，取消进步的人民团体。这一大套计划，都是有的。但是我看将来的结果，决不是顽固取消进步，倒是进步要取消顽固。顽固分子要不被取消，除非他们自己进步才行。所以我们常劝那些顽固分子，不要进攻八路军，不要反共反边区。如果他们一定要的话，那他们就应该做好一个决议案，在这个决议案的第一条上写道："为了决心消灭我们顽固分子自己和使共产党获得广大发展的机会起见，我们有反共反边区的任务。"顽固分子的"剿共"经验是相当丰富的，如果他们现在又想"剿共"，那也有他们的自由。因为他们吃了自己的饭，又睡足了觉，他们要"剿"，那也只好随他们的便。不过，他们就得准备实行这样的决议，这是不可移易的。过去的十年"剿共"，都是照此决议行事的。今后如再要"剿"，又得重复这个决议。因此，我劝他们还是不"剿"为妙。因为全国人民所要的是抗日，是团结，是进步，不是"剿共"。因此，凡"剿共"的，就一定失败。

总之，凡属倒退行为，结果都和主持者的原来的愿望相反。古今中外，没有例外。

现在的宪政，也是这样。要是顽固派仍然反对宪政，那结果一定和他们的愿望相反。这个宪政运动的方向，决不会依照顽固派所规定的路线走去，一定和他们的愿望背道而驰，它必然是依照人民所规定的路线走去的。这是一定的，因为全国人民要这样做，中国的历史发展要这样做，整个世界的趋势要我们这样做，谁能违拗这个方向呢？历史的巨轮是拖不回来的。但是,这件事要办好,却需要时间,不是一朝一夕所能成就;需要努力,不是随随便便所能办到;需要动员人民大众,不是一手一足的力量所能收效。我们今天开这个会,很好,会后还要写文章,发通电,并且要在五台山、太行山、华北、华中、全国各地,到处去开这样的会。这样地做下去,做他几年,也就差不多了。我们一定要把事情办好,一定要争取民主和自由,一定要实行新民主主义的宪政。如果不是这样做,照顽固派的做法,那就会亡国。为了避免亡国,就一定要这样做。为了这个目的,就要大家努力。只要努力,我们的事业是大有希望的。还要懂得,顽固派到底是少数,大多数人都不是顽固派,他们是可以进步的。以多数对少数,再加上努力,这种希望就更大了。所以我说,事情虽然困难,却是大有希望。

注　　释

〔1〕吴老,指吴玉章(一八七八——一九六六),四川荣县人。当时任延安各界宪政促进会理事长。

〔2〕指以蒋介石为首的国民党反动派。

〔3〕一九二三年十月,北洋军阀曹锟用五千银元一票的价格贿买国会议员而被选为"大总统",接着又颁布了由这些议员所制订的"中华民国宪法"。这部宪法,当时被人们叫做"曹锟宪法"或者"贿选宪法"。

〔4〕黎元洪(一八六四——一九二八),湖北黄陂人。原来担任清朝新军第二十一混成协协统(相当于后来的旅长)。一九一一年武昌起义时,被迫站在革命方面,担任湖北军政府都督。在北洋军阀统治时期曾任副总统和总统。

〔5〕冯国璋(一八五九——一九一九),直隶(今河北省)河间人。他是袁世凯的部下,袁世凯死后,成为北洋军阀直系的首领。一九一七年黎元洪下台以后,他当了北洋军阀政府的代理总统。

〔6〕徐世昌(一八五五——一九三九),原籍天津,生于河南省汲县,清朝末年和北洋军阀统治时期的官僚。一九一八年由段祺瑞的御用国会选为总统。

〔7〕国民参政会是一九三八年国民党政府成立的一个仅属咨询性质的机关,

对国民党政府的政策措施没有任何约束权力。参政员都是由国民党政府指定的，虽也包含了各抗日党派的一些代表，但是国民党员占大多数，而且国民党政府不承认各抗日党派的平等合法地位，也不让它们的代表以党派代表的身分参加国民参政会。中国共产党参政员在一九四一年皖南事变以后，曾经几次拒绝出席参政会，表示对国民党政府的反动措施的抗议。

〔8〕一九三九年九月国民参政会第一届第四次会议，根据中国共产党和其他党派民主人士的提议，通过了要求国民党政府明令定期召集国民大会实行宪政的决议。同年十一月国民党五届六中全会宣布于一九四〇年十一月十二日召集国民大会。国民党曾经借此大作欺骗宣传。后来，这些决议都没有实行。

〔9〕见本书第一卷《论反对日本帝国主义的策略》注〔31〕。

〔10〕见本书第一卷《论反对日本帝国主义的策略》注〔24〕。

〔11〕袁世凯于一九一五年十二月十二日称自己为皇帝，一九一六年三月二十二日被迫取消皇帝称号，同年六月六日死于北京。参见本书第一卷《论反对日本帝国主义的策略》注〔1〕。

抗日根据地的政权问题[*]

（一九四〇年三月六日）

（一）目前是国民党反共顽固派极力反对我们在华北、华中等地建立抗日民主政权，而我们则必须建立这种政权，并已经可能在各主要的抗日根据地内建立这种政权的时候。我们和反共顽固派为政权问题在华北、华中和西北的斗争，带着推动全国建立统一战线政权的性质，为全国观感之所系，因此，必须谨慎地处理这个问题。

（二）在抗日时期，我们所建立的政权的性质，是民族统一战线的。这种政权，是一切赞成抗日又赞成民主的人们的政权，是几个革命阶级联合起来对于汉奸和反动派的民主专政。它是和地主资产阶级的反革命专政区别的，也和土地革命时期的工农民主专政有区别。对于这种政权性质的明确了解和认真执行，将大有助于全国民主化的推动。过左和过右，均将给予全国人民以极坏的影响。

（三）目前正在开始的召集河北参议会和选举河北行政委员会，是一件具有严重意义的事。同样，在晋西北，在山东，在淮河以北，在绥德、富县、陇东等地建立新的政权，也具有严

重的意义。必须依照上述原则进行,力避过右和过左的倾向。目前更严重的是忽视争取中等资产阶级和开明绅士的"左"的倾向。

(四)根据抗日民族统一战线政权的原则,在人员分配上,应规定为共产党员占三分之一,非党的左派进步分子占三分之一,不左不右的中间派占三分之一。

(五)必须保证共产党员在政权中占领导地位,因此,必须使占三分之一的共产党员在质量上具有优越的条件。只要有了这个条件,就可以保证党的领导权,不必有更多的人数。所谓领导权,不是要一天到晚当作口号去高喊,也不是盛气凌人地要人家服从我们,而是以党的正确政策和自己的模范工作,说服和教育党外人士,使他们愿意接受我们的建议。

(六)必须使党外进步分子占三分之一,因为他们联系着广大的小资产阶级群众。我们这样做,对于争取小资产阶级将有很大的影响。

(七)给中间派以三分之一的位置,目的在于争取中等资产阶级和开明绅士。这些阶层的争取,是孤立顽固派的一个重要的步骤。目前我们决不能不顾到这些阶层的力量,我们必须谨慎地对待他们。

(八)对于共产党以外的人员,不问他们是否有党派关系和属于何种党派,只要是抗日的并且是愿意和共产党合作的,我们便应以合作的态度对待他们。

(九)上述人员的分配是党的真实的政策,不能敷衍塞责。为着执行这个政策,必须教育担任政权工作的党员,克服他们不愿和不惯同党外人士合作的狭隘性,提倡民主作风,遇事先和党外人士商量,取得多数同意,然后去做。同时,尽量地鼓励党外人士对各种问题提出意见,并倾听他们的意见。绝不能以为我们有军队和政权在手,一切都要无条件地照我们的决定去做,因而不注意去努力说服非党人士同意我们的意见,并心悦诚服地执行。

(十)上述人员数目的分配是一种大体上的规定,各地须依当地的实际情况施行,不是要机械地凑足数目字。最下层政权的成分可以酌量变通,防止地主豪绅钻进政权机关。政权建立已久的晋察冀边区、冀中区、太行山区和冀南区,应照此原则重新审查自己的方针。在建立新的政权时,一概照此原则。

(十一)抗日统一战线政权的选举政策,应是凡满十八岁的赞成抗日和民主的中国人,不分阶级、民族、男女、信仰、党派、文化程度,均有选举权和被选举权。抗日统一战线政权的产生,应经过人民选举。其组织形式,应是民主集中制。

(十二)抗日统一战线政权的施政方针,应以反对日本帝国主义,保护抗日的人民,调节各抗日阶层的利益,改良工农的生活和镇压汉奸、反动派为基本出发点。

(十三)对参加我们政权的党外人士的生活习惯和言论行动,不能要求他们和共产党员一样,否则将使他们感到不满和不安。

(十四)责成各中央局、各中央分局、各区党委、各军队首长,对党内作明确的说明,使此指示充分地实现于政权工作中。

目前抗日统一战线中的策略问题[*]

（一九四〇年三月十一日）

（一）目前的政治形势是：（1）日本帝国主义受了中国抗日战争的严重打击，已经无力再作大规模的军事进攻，因而敌我形势已处在战略相持阶段中；但敌人仍然坚持其灭亡中国的基本政策，并用破坏抗日统一战线、加紧敌后"扫荡"、加紧经济侵略等方法，实行这种政策。（2）英法在东方的地位因欧战削弱，美国则继续采取坐山观虎斗的政策，故东方慕尼黑会议暂时无召集的可能。（3）苏联的对外政策取得了新的胜利，对中国抗战依然取积极援助政策。（4）亲日派大资产阶级早已彻底投降日本，准备傀儡登场。欧美派大资产阶级则尚能继续抗日，但其妥协倾向依然严重存在。他们采取两面政策，一面还要团结国民党以外的各派势力对付日本，一面却极力摧残各派势力，尤其尽力摧残共产党和进步势力。他们是抗日统一战线中的顽固派。（5）中间力量，包括中等资产阶级、开明绅士和地方实力派，因为他们和大地主大资产阶级的主要统治力量之间有矛盾，同时和工农阶级有矛盾，所以往往站在进步势力和顽固势力之间的中间立场。他们是抗日统

＊　这是毛泽东在延安中国共产党的高级干部会议上的报告提纲。

一战线中的中间派。(6)共产党领导之下的无产阶级、农民和城市小资产阶级的进步力量,最近时期有一个大的发展,基本上已经奠定了抗日民主政权的根据地。他们在全国工人、农民和城市小资产阶级中的影响是很大的,在中间势力中亦有相当影响。在抗日战场上,共产党所抗击的日寇兵力,同国民党比较起来,几乎占到了同等的地位。他们是抗日统一战线中的进步派。

以上就是目前中国的政治形势。在这种形势下,争取时局好转,克服时局逆转的可能性,还是存在的,中央二月一日的决定[1]是完全正确的。

(二)抗日战争胜利的基本条件,是抗日统一战线的扩大和巩固。而要达此目的,必须采取发展进步势力、争取中间势力、反对顽固势力的策略,这是不可分离的三个环节,而以斗争为达到团结一切抗日势力的手段。在抗日统一战线时期中,斗争是团结的手段,团结是斗争的目的。以斗争求团结则团结存,以退让求团结则团结亡,这一真理,已经逐渐为党内同志们所了解。但不了解的依然还多,他们或者认为斗争会破裂统一战线,或者认为斗争可以无限制地使用,或者对于中间势力采取不正确的策略,或者对顽固势力有错误的认识,这些都是必须纠正的。

(三)发展进步势力,就是发展无产阶级、农民阶级和城市小资产阶级的力量,就是放手扩大八路军新四军,就是广泛地创立抗日民主根据地,就是发展共产党的组织到全国,就是发展全国工人、农民、青年、妇女、儿童等等的民众运动,就是争取全国的知识分子,就是扩大争民主的宪政运动到广大人民中间去。只有一步一步地发展进步势力，才能阻止时局逆转，阻止投降和分裂，而为抗日胜利树立坚固不拔的基础。但是发展进步势力，是一个严重的斗争过程，不但须同日本帝国主义和汉奸作残酷的斗争，而且须同顽固派作残酷的斗争。因为对于发展进步势力，顽固派是反对的，中间派是怀疑的。如不同顽固派作坚决的斗争，并收到确实的成效，就不能抵抗顽固派的压迫，也不能消释中间派的怀疑，进步势力就无从发展。

（四）争取中间势力，就是争取中等资产阶级，争取开明绅士，争取地方实力派。这是不同的三部分人，但都是目前时局中的中间派。中等资产阶级就是除了买办阶级即大资产阶级以外的民族资产阶级。他们虽然同工人有阶级矛盾，不赞成工人阶级的独立性；但他们在沦陷区受到日本帝国主义的压迫，在国民党统治下则受大地主大资产阶级的限制，因此他们还要抗日，并要争取自己的政治权力。在抗日问题上，他们赞成团结抗战；在争取政治权力问题上，他们赞成宪政运动，并企图利用进步派和顽固派之间的矛盾以达其目的。这一阶层，我们是必须争取的。开明绅士是地主阶级的左翼，即一部分带有资产阶级色彩的地主，他们的政治态度同中等资产阶级大略相同。他们虽然同农民有阶级矛盾，但他们同大地主大资产阶级亦有矛盾。他们不赞成顽固派，他们也想利用我们同顽固派的矛盾以达其政治上的目的。这一部分人，我们也决不可忽视，必须采取争取政策。地方实力派，包括有地盘的实力派和无地盘的杂牌军两种力量在内。他们虽然同进步势力有矛盾，但他们同现在国民党中央政府的损人利己的政策亦有矛盾,并想利用我们同顽固派的矛盾以达其政治上的目的。地方实力派的领导成分也多属大地主大资产阶级,因此他们在抗日战争中虽然有时表现进步,不久仍然反动起来;但又因为他们同国民党中央势力有矛盾,所以只要我们有正确的政策,他们是可能在我们同顽固派斗争时采取中立态度的。上述三部分中间势力,我们的政策都是争取他们。但这种争取政策,不但同争取农民和城市小资产阶级有区别,而且对于各部分中间势力也有区别。对于农民和城市小资产阶级,是当作基本同盟者去争取的;对于中间势力,则是当作反帝国主义的同盟者去争取的。中间势力中的中等资产阶级和开明绅士,可以同我们共同抗日,也可以同我们一道共同建立抗日民主政权,但他们害怕土地革命。在对顽固派的斗争中,其中有些人还可以在一定限度内参加,有些则可以保持善意的中立,有些则可以表示勉强的中立。地方实力派,则除共同抗日外,只能在对顽固派斗争时采取暂时的中立立场;他们是不愿同我们一道建立民主政权的,因为他们也是大地主大资产阶级。中间派的态度是容易动摇的,并且不可避免地要发生分化;我们应当针对着他们的动摇态度,向他们进行适当的说服和批评。

　　争取中间势力是我们在抗日统一战线时期的极严重的任务,但是必须在一定条件下才可能完成这个任务。这些条件是:(1)我们有充足的力量;(2)尊重他们的利益;(3)我们对顽固派作坚决的斗争,并能一步一步地取得胜利。没有这些条件,中间势力就会动摇起来,或竟变为顽固派向我进攻的同盟军;因为顽固派也正在极力争取中间派,以便使我们陷于孤立。在中国，这种中间势力有很大的力量，往往可以成为我们同顽固派斗争时决定胜负的因素，因此，必须对他们采取十分慎重的态度。

（五）顽固势力，目前就是大地主大资产阶级的势力。这些阶级，现在分为降日派和抗日派，以后还要逐渐分化。目前的大资产阶级抗日派，是和降日派有区别的。他们采取两面政策，一面尚在主张团结抗日，一面又执行摧残进步势力的极端反动政策，作为准备将来投降的步骤。因为他们还愿团结抗日，所以我们还有可能争取他们留在抗日统一战线里面，这种时间越长久越好。忽视这种争取政策，忽视同他们合作的政策，认为他们已经是事实上的投降派，已经就要举行反共战争了，这种意见是错误的。但又因为他们在全国普遍地执行摧残进步势力的反动政策，不实行革命三民主义这个共同纲领，还坚决反对我们实行这个纲领，坚决反对我们超越他们所许可的范围，即只让我们同他们一样实行消极抗战，并且企图同化我们，否则就加以思想上政治上军事上的压迫，所以我们又必须采取反抗他们这种反动政策的斗争策略，同他们作思想上政治上军事上的坚决斗争。这就是我们对付顽固派两面政策的革命的两面政策，这就是以斗争求团结的政策。如果我们能够在思想上提出正确的革命理论，对于他们的反革命理论给以坚决的打击；如果我们在政治上采取适合时宜的策略步骤，对于他们的反共反进步政策给以坚决的打击；如果我们采取适当的军事步骤，对于他们的军事进攻给以坚决的打击；那末，就有可能限制他们实施反动政策的范围，就有可能逼迫他们承认进步势力的地位，就有可能发展进步势力，争取中间势力,而使他们陷于孤立。同时,也就有可能争取还愿抗日的顽固派,延长其留在抗日统一战线中的时间,就有可能避免如同过去那样的大内战。所以,在抗日统一战线时期中,同顽固派的斗争,不但是为了防御他们的进攻,以便保护进步势力不受损失,并使进步势力继续发展;同时,还为了延长他们抗日的时间,并保持我们同他们的合作,避免大内战的发生。如果没有斗争,进步势力就会被顽固势力消灭,统一战线就不能存在,顽固派对敌投降就会没有阻力,内战也就会发生了。所以,同顽固派斗争,是团结一切抗日力量、争取时局好转、避免大规模内战的不可缺少的手段,这一真理,已被一切经验证明了。

但在抗日统一战线时期,同顽固派斗争,必须注意下列几项原则。第一是自卫原则。人不犯我,我不犯人,人若犯我,我必犯人。这就是说,决不可无故进攻人家,也决不可在被人家攻击时不予还击。这就是斗争的防御性。对于顽固派的军事进攻,必须坚决、彻底、干净、全部地消灭之。第二是胜利原则。不斗则已,斗则必胜,决不可举行无计划无准备无把握的斗争。应懂得利用顽固派的矛盾,决不可同时打击许多顽固派,应择其最反动者首先打击之。这就是斗争的局部性。第三是休战原则。在一个时期内把顽固派的进攻打退之后,在他们没有举行新的进攻之前,我们应该适可而止,使这一斗争告一段落。在接着的一个时期中,双方实行休战。这时,我们应该主动地又同顽固派讲团结,在对方同意之下,和他们订立和平协定。决不可无止境地每日每时地斗下去,决不可被胜利冲昏自己的头脑。这就是每一斗争的暂时性。在他们举行新的进攻之时,我们才又用新的斗争对待之。这三个原则,换一句话来讲,就是"有理","有利","有节"。坚持这种有理、有利、有节的斗争,就能发展进步势力,争取中间势力,孤立顽固派,并使顽固派尔后不敢轻易向我们进攻,不敢轻易同敌人妥协,不敢轻易举行大内战。这样,就有争取时局走向好转的可能。

(六)国民党是一个由复杂成分组成的党,其中有顽固派,也有中间派,也有进步派,整个国民党并不就等于顽固派。因为国民党中央颁布《限制异党活动办法》[2]等等反革命磨擦法令,并实行动员他们一切力量进行普遍全国的思想上政治上军事上的反革命磨擦,有些人就以为整个国民党都是顽固派,这种看法是错误的。现在的国民党中,顽固派还站在支配其党的政策的地位,但在数量上只占少数,它的大多数党员(很多是挂名党员)并不一定是顽固派。这一点必须认识清楚,才能利用他们的矛盾,采取分别对待的政策,用极大力量去团结国民党中的中间派和进步派。

(七)在抗日根据地内建立政权的问题上,必须确定这种政权是抗日民族统一战线的政权。在国民党统治区域,则还没有这种政权。这种政权,即是一切赞成抗日又赞成民主的人们的政权;即是几个革命阶级联合起来对于汉奸和反动派的民主专政。它是和地主资产阶级专政相区别的,也和严格的工农民主专政有一些区别。在政权的人员分配上,应该是:共产党员占三分之一,他们代表无产阶级和贫农;左派进步分子占三分之一,他们代表小资产阶级;中间分子及其他分子占三分之一,他们代表中等资产阶级和开明绅士。只有汉奸和反共分子才没有资格参加这种政权。这种人数的大体上的规定是必要的,否则就不能保证抗日民族统一战线政权的原则。这种人员分配的政策是我们党的真实政策,必须认真实行,不能敷衍塞责。这是大体的规定,应依具体情况适当地施行,不能机械地求凑数目字。这种规定,在最下级政权中可能须作某种变动,以防豪绅地主把持政权,但基本精神是不能违背的。在抗日统一战线政权中,对于共产党员以外的人员,应该不问他们有无党派关系及属于何种党派。在抗日统一战线政权统治的区域,只要是不反对共产党并和共产党合作的党派,不问他们是国民党,还是别的党,应该允许他们有合法存在的权利。抗日统一战线政权的选举政策,应该是凡满十八岁的赞成抗日和民主的中国人,不分阶级、民族、党派、男女、信仰和文化程度,均有选举权和被选举权。抗日统一战线政权的产生应该由人民选举,然后陈请国民政府加委。其组织形式,应该是民主集中制。抗日统一战线政权的施政方针,应该以反对日本帝国主义,反对真正的汉奸和反动派,保护抗日人民,调节各抗日阶层的利益,改良工农生活,为基本出发点。这种抗日统一战线政权的建立,将给全国以很大的影响,给全国抗日统一战线政权树立一个模型,因此应为全党同志所深刻了解并坚决执行。

(八)在发展进步势力,争取中间势力,孤立顽固势力的斗争中,知识分子的作用是不可忽视的,顽固派又正在极力争取知识分子,因此,争取一切进步的知识分子于我们党的影响之下,是一个必要的重大的政策。

(九)在宣传问题上,应该掌握下列的纲领:(1)实行《总理遗嘱》，唤起民众，一致抗日。（2）实行民族主义，坚决反抗日本帝国主义，对外求中华民族的彻底解放，对内求国内各民族之间的平等。（3）实行民权主义，人民有抗日救国的绝对自由，民选各级政府，建立抗日民族统一战线的革命民主政权。（4）实行民生主义，废除苛捐杂税，减租减息，实行八小时工作制，发展农工商业，改良人民生活。（5）实行蒋介石的"地无分南北，人无分老幼，无论何人皆有守土抗战之责任"的宣言。这些都是国民党自己宣布的纲领，也是国共两党的共同纲领。但是除了抗日一点外，现在的国民党都不能实行，只有共产党和进步派才能实行。这些是已经普及于人民中的最简单的纲领，但是许多共产党员还不知利用它们作为动员民众孤立顽固派的武器。今后应该随时把握这五条纲领，用布告、宣言、传单、论文、演说、谈话等等形式发布之。这在国民党区域还是宣传纲领，但在八路军新四军所到之地则是行动的纲领。根据这些纲领去做，我们是合法的，顽固派反对我们实行这些纲领，他们就是非法的了。在资产阶级民主革命阶段上，国民党的这些纲领，同我们的纲领是基本上相同的；但国民党的思想体系，则和共产党的思想体系绝不相同。我们所应该实行的，仅仅是这些民主革命的共同纲领，而绝不是国民党的思想体系。

注　　释

〔1〕指一九四〇年二月一日中共中央《关于目前时局与党的任务的决定》。这个决定针对当时国民党投降与倒退的倾向，提出了发展抗日进步力量，争取时局好转，避免时局逆转所必须执行的十项任务。

〔2〕见本卷《必须制裁反动派》注〔5〕。

放手发展抗日力量，
抵抗反共顽固派的进攻＊

（一九四〇年五月四日）

（一）在一切敌后地区和战争区域，应强调同一性，不应强调特殊性，否则就会是绝大的错误。不论在华北、华中或华南，不论在江北或江南，不论在平原地区、山岳地区或湖沼地区，也不论是八路军、新四军或华南游击队[1]，虽然各有特殊性，但均有同一性，即均有敌人，均在抗战。因此，我们均能够发展，均应该发展。这种发展的方针，中央曾多次给你们指出来了。所谓发展，就是不受国民党的限制，超越国民党所能允许的范围，不要别人委任，不靠上级发饷，独立自主地放手地扩大军队，坚决地建立根据地，在这种根据地上独立自主地发

＊ 这是毛泽东为中共中央起草的给中共中央东南局的指示。在毛泽东为中央起草这个指示的时期，中共中央委员、中共中央东南局书记项英的思想中存在着严重的右倾观点，没有坚决实行中央的方针，不敢放手发动群众，不敢在日本占领地区扩大解放区和人民军队，对国民党的反动进攻的严重性认识不足，因而缺乏对付这个反动进攻的精神上和组织上的准备。中央这个指示到达后，中共中央东南局委员、新四军第一支队司令员陈毅立即执行了；项英却仍然不愿执行。他对于国民党的可能的反动进攻，仍然不作准备，以致在一九四一年一月间蒋介石发动皖南事变时处于软弱无能的地位，使在皖南的新四军九千余人遭受覆灭性的损失，项英亦被反动分子所杀。

动群众,建立共产党领导的抗日统一战线的政权,向一切敌人占领区域发展。例如在江苏境内,应不顾顾祝同、冷欣、韩德勤[2]等反共分子的批评、限制和压迫,西起南京,东至海边,南至杭州,北至徐州,尽可能迅速地并有步骤有计划地将一切可能控制的区域控制在我们手中,独立自主地扩大军队,建立政权,设立财政机关,征收抗日捐税,设立经济机关,发展农工商业,开办各种学校,大批培养干部。中央前要你们在今年一年内,在江浙两省敌后地区扩大抗日武装至十万人枪和迅速建立政权等项,不知你们具体布置如何?过去已经失去了时机,若再失去今年的时机,将来就会更困难了。

　　(二)在国民党反共顽固派坚决地执行其防共、限共、反共政策,并以此为投降日本的准备的时候,我们应强调斗争,不应强调统一,否则就会是绝大的错误。因此,对于一切反共顽固派的防共、限共、反共的法律、命令、宣传、批评,不论是理论上的、政治上的、军事上的,原则上均应坚决地反抗之,均应采取坚决斗争的态度。这种斗争,应从有理、有利、有节的原则出发,也就是自卫的原则、胜利的原则和休战的原则,也就是目前每一具体斗争的防御性、局部性和暂时性。对于反共顽固派的一切反动的法律、命令、宣传、批评,我们应提出针锋相对的办法和他们作坚决的斗争。例如,他们要四、五支队[3]南下,我们则以无论如何不能南下的态度对付之;他们要叶、张两部[4]南下,我们则以请准征调一部北上对付之;他们说我们破坏兵役,我们就请他们扩大新四军的募兵区域;他们说我们的宣传错误,我们就请他们取消一切反共宣传,取消一切磨擦法令;他们要向我们举行军事进攻,我们就实行军事反攻以打破之。实行这样的针锋相对的政策，我们是有理由的。凡一切有理之事，不但我党中央应该提出，我军的任何部分均应该提出。例如，张云逸对李品仙，李先念对李宗仁[5]，均是下级向上级提出强硬的抗议，就是好例。只有向顽固派采取这种强硬态度和在斗争时采取有理、有利、有节的方针，才能使顽固派有所畏而不敢压迫我们，才能缩小顽固派防共、限共、反共的范围，才能强迫顽固派承认我们的合法地位，也才能使顽固派不敢轻易分裂。所以，斗争是克服投降危险、争取时局好转、巩固国共合作的最主要的方法。在我党我军内部，只有坚持对顽固派的斗争，才能振奋精神，发扬勇气，团结干部，扩大力量，巩固军队和巩固党。在对中间派的关系上，只有坚持对顽固派的斗争，才能争取动摇的中间派，支持同情的中间派，否则都是不可能的。在应付可能的全国性的突然事变的问题上，也只有采取斗争的方针，才能使全党全军在精神上有所准备，在工作上有所布置。否则，就将再犯一九二七年的错误[6]。

（三）在估计目前时局的时候，应懂得，一方面，投降危险是大大地加重了；另一方面，则仍未丧失克服这种危险的可能性。目前的军事冲突是局部性的，还不是全国性的。是彼方[7]的战略侦察行动，还不是立即大举"剿共"的行动；是彼方准备投降的步骤，还不是马上投降的步骤。我们的任务，是坚持地猛力地执行中央"发展进步势力"、"争取中间势力"、"孤立顽固势力"这三项唯一正确的方针，用以达到克服投降危险、争取时局好转的目的。如果对时局的估计和任务的提出发生过左过右的意见，而不加以说明和克服，那也是绝大的危险。

（四）四、五支队反对韩德勤、李宗仁向皖东进攻的自卫战争，李先念纵队反对顽固派向鄂中和鄂东进攻的自卫战争，彭雪枫支队在淮北的坚决斗争，叶飞在江北的发展，以及八路军二万余人南下淮北、皖东和苏北[8]，均不但是绝对必要和绝对正确的，而且是使顾祝同不敢轻易地在皖南、苏南向你们进攻的必要步骤。即是说，江北愈胜利、愈发展，则顾祝同在江南愈不敢轻动，你们在皖南、苏南的文章就愈好做。同样，八路军、新四军和华南游击队，在西北、华北、华中、华南愈发展，共产党在全国范围内愈发展，则克服投降危险争取时局好转的可能性愈增加，我党在全国的文章就愈好做。如果采取相反的估计和策略，以为我愈发展，彼愈投降，我愈退让，彼愈抗日，或者以为现在已经是全国分裂的时候，国共合作已经不可能，那就是错误的了。

（五）在抗日战争中，我们在全国的方针是抗日民族统一战线的。在敌后建立民主的抗日根据地，也是抗日民族统一战线的。中央关于政权问题的决定，你们应该坚决执行。

（六）在国民党统治区域的方针，则和战争区域、敌后区域不同。在那里，是荫蔽精干，长期埋伏，积蓄力量，以待时机，反对急性和暴露。其与顽固派斗争的策略，是在有理、有利、有节的原则下，利用国民党一切可以利用的法律、命令和社会习惯所许可的范围，稳扎稳打地进行斗争和积蓄力量。在党员被国民党强迫入党时，即加入之；对于地方保甲团体、教育团体、经济团体、军事团体，应广泛地打入之；在中央军和杂牌军[9]中，应该广泛地展开统一战线的工作，即交朋友的工作。在一切国民党区域，党的基本方针，同样是发展进步势力（发展党的组织和民众运动），争取中间势力（民族资产阶级、开明绅士、杂牌军队、国民党内的中间派、中央军中的中间派[10]、上层小资产阶级和各小党派，共七种），孤立顽固势力，用以克服投降危险，争取时局好转。同时，充分地准备应付可能发生的任何地方性和全国性的突然事变。在国民党区域，党的机关应极端秘密。东南局[11]和各省委、各特委、各县委、各区委的工作人员（从书记至伙夫），应该一个一个地加以严格的和周密的审查，决不容许稍有嫌疑的人留在各级领导机关之内。应十分注意保护干部，凡有被国民党捕杀危险的公开或半公开了的干部，应转移地区荫蔽起来，或调至军队中工作。在日本占领地区（大城市、中小城市和乡村，如上海、南京、芜湖、无锡等地）的方针，和在国民党区域者基本相同。

（七）以上策略指示，经此次中央政治局会议决定，请东南局和军分会诸同志讨论，传达于全党全军的全体干部，并坚决执行之。

（八）此指示，在皖南由项英同志传达，在苏南由陈毅同志传达。并于接电后一个月内讨论和传达完毕。对于全党全军的工作布置，则由项英同志按照中央方针统筹办理，以其结果报告中央。

注　　释

〔1〕华南游击队，是中国共产党领导的当时广东省几支抗日游击队的总称。后来发展为：东江纵队、琼崖纵队、珠江纵队、韩江纵队、粤中人民抗日解放军、南路人民抗日解放军。

〔2〕顾祝同，当时任第三战区司令长官。辖区包括浙江、福建、苏南、皖南、赣东。冷欣，当时任第三战区第二游击区副总指挥。韩德勤，当时任国民党江苏省

政府主席、鲁苏战区副总司令。辖区包括苏北、皖北以及鲁南的小块地方。

〔3〕四、五支队，即新四军第四、第五两个支队，是张云逸任指挥的新四军江北指挥部的主力。当时他们正在淮河以南、长江以北、运河以西、淮南铁路以东地区建立抗日根据地。

〔4〕叶、张两部，这里指叶飞率领的新四军挺进纵队和张道庸（即陶勇）率领的苏皖支队。当时他们在江苏中部一带开展抗日游击战争，建立抗日根据地。

〔5〕一九四〇年春，国民党安徽省政府主席李品仙、第五战区司令长官李宗仁（均属桂系），派军队向在安徽、湖北抗日的新四军发动大规模进攻。当时新四军江北指挥部指挥张云逸、豫鄂挺进纵队司令员李先念，都曾经强硬地抗议他们破坏抗日的行为，并且在军事上进行了坚决的自卫斗争。

〔6〕指陈独秀右倾投降主义的错误。

〔7〕指以蒋介石为首的国民党顽固派。

〔8〕一九四〇年三月，中共中央为增援新四军在淮北、皖东和苏北的抗日斗争，打退国民党军队向新四军的进攻，命令八路军调遣部队南下。同年夏，南下部队二万余人到达豫皖苏边区，与彭雪枫领导的新四军第六支队和八路军陇海南进支队等会合，先后编为八路军第四、第五纵队，开辟了苏北淮海抗日根据地。

〔9〕"中央军"主要指蒋介石集团的部队。"杂牌军"主要指国民党地方军阀的部队。"杂牌军"受蒋介石集团的歧视，他们的待遇与蒋介石集团的部队不同。

〔10〕"国民党内的中间派"和"中央军中的中间派"，指抗日战争时期，在一定时间内对反共不很积极，或者当反共顽固派向中国共产党领导的军队进攻的时候采取中立态度的国民党内的某些派别和某些个人，中央军中的某些军官或个别部队。

〔11〕东南局是当时中共中央领导中国东南地区工作的代表机关。这个地区包括浙江、福建两省的全部和江苏、安徽、江西三省的一部分地方。

团 结 到 底 [*]

（一九四〇年七月五日）

抗日战争的三周年，正是中国共产党的十九周年。我们共产党人今天来纪念抗战，更感到自己的责任。中华民族的兴亡，是一切抗日党派的责任，是全国人民的责任，但在我们共产党人看来，我们的责任是更大的。我党中央已发表了对时局的宣言，这个宣言的中心是号召抗战到底，团结到底。这个宣言希望得到友党友军和全国人民的赞同，而一切共产党员尤其必须认真地执行这个宣言中所示的方针。

一切共产党员须知：只有抗战到底，才能团结到底，也只有团结到底，才能抗战到底。因此，共产党员要作抗战的模范，也要作团结的模范。我们所反对的，只是敌人和坚决的投降分子、反共分子，对其他一切人，都要认真地团结他们。而所谓坚决的投降分子、反共分子，在任何地方都只占少数。我调查了一个地方政府的成分，在那里办事的有一千三百人，其中坚决反共的只有四十至五十人，即是说，不足百分之四，其余都是希望团结抗战的。我们对于坚决的投降分子和反共分子，当然是不能容忍的，对他们容忍，就是让他们破坏抗战，破

---

　　* 这是毛泽东为延安《新中华报》写的纪念抗日战争三周年的文章。

坏团结；所以必须坚决反对投降派，对于反共分子的进攻必须站在自卫立场上坚决地打退之。如果我们不是这样做，那就是右倾机会主义，是对于团结抗战不利的。但对于凡非坚决投降和坚决反共的人，则必须采取团结政策。其中有些人是两面派，有些人是被迫的，又有些人是一时之错，对于这些人都应争取他们，继续团结抗战。如果我们不是这样做，那就是"左"倾机会主义，也是对于团结抗战不利的。一切共产党员须知：我们发起了抗日民族统一战线，我们必须坚持这个统一战线。现在国难日深，世界形势大变，中华民族的兴亡，我们要负起极大的责任来。我们一定要战胜日本帝国主义，我们一定要把中国造成独立、自由、民主的共和国；而要达此目的，必须团结全国最大多数有党有派和无党无派的人。共产党人不许可同人家建立无原则的统一战线，因此，必须反对所谓溶共、限共、防共、制共的一套，必须反对党内的右倾机会主义。但同时，任何共产党员也不许可不尊重党的统一战线政策，因此，一切共产党员必须在抗日原则下团结一切尚能抗日的人，必须反对党内的"左"倾机会主义。

为此目的，在政权问题上，我们主张统一战线政权，既不赞成别的党派的一党专政，也不主张共产党的一党专政，而主张各党、各派、各界、各军的联合专政，这即是统一战线政权。共产党员在敌人后方消灭敌伪政权建立抗日政权之时，应该采取我党中央所决定的"三三制"，不论政府人员中或民意机关中，共产党员只占三分之一，而使其他主张抗日民主的党派和无党派人士占三分之二。无论何人，只要不投降不反共，均可参加政府工作。任何党派，只要是不投降不反共的，应使其在抗日政权下面有存在和活动之权。

在军队问题上,我党宣言中已表明:继续执行"不在一切友军中发展党的组织"的决定。某些地方党部尚未严格执行此决定的,应即加以纠正。凡不向八路军新四军举行军事磨擦的军队,应一律采取友好态度。即对某些举行过磨擦的军队,在其停止了磨擦之时,亦应恢复友好关系。这就是在军队问题上实行统一战线政策。

其他财政、经济、文化、教育、锄奸各方面的政策,为着抗日的需要,均必须从调节各阶级利益出发,实行统一战线政策,均必须一方面反对右倾机会主义,一方面反对"左"倾机会主义。

目前的国际形势,是帝国主义战争正向世界范围内扩大,由帝国主义战争所造成的极端严重的政治危机和经济危机,将必然引起许多国家革命的爆发。我们是处在战争和革命的新时代。没有卷入帝国主义战争漩涡的苏联,是全世界一切被压迫人民和被压迫民族的援助者。这些都是有利于中国抗战的。但同时,日本帝国主义正在准备向南洋侵略,加紧向中国进攻,势将勾引中国一部分动摇分子对其投降,投降危险是空前地加重了。抗战的第四周年将是最困难的一年。我们的任务是团结一切抗日力量,反对投降分子,战胜一切困难,坚持全国抗战。一切共产党员必须和友党友军团结一致去完成这个任务。我们相信,在我党全体党员和友党友军及全体人民共同努力之下,克服投降,战胜困难,驱除日寇,还我河山的目的,是能够达到的,抗战的前途是光明的。

论　政　策*

（一九四〇年十二月二十五日）

在目前反共高潮的形势下，我们的政策有决定的意义。但是我们的干部，还有许多人不明白党在目前时期的政策应当和土地革命时期的政策有重大的区别。必须明白，在整个抗日战争时期，无论在何种情况下，我党的抗日民族统一战线的政策是决不会变更的；过去十年土地革命时期的许多政策，现在不应当再简单地引用。尤其是土地革命的后期，由于不认识中国革命是半殖民地的资产阶级民主革命和革命的长期性这两个基本特点而产生的许多过左的政策，例如以为第五次"围剿"和反对第五次"围剿"的斗争是所谓革命和反革命两条道路的决战，在经济上消灭资产阶级（过左的劳动政策和税收政策）和富农（分坏田），在肉体上消灭地主（不分田），打击知识分子，肃反中的"左"倾，在政权工作中共产党员的完全独占，共产主义的国民教育宗旨，过左的军事政策（进攻大城市和否认游击战争），白区工作中的盲动政策，以及党内组织上的打击政策等等[1]，不但在今天抗日时期，一概不能采用，就是在过去也是错误的。这种过左政策，适和第一次大革命后

―――――――

　　*　这是毛泽东为中共中央起草的对党内的指示。

期陈独秀领导的右倾机会主义[2]相反,而表现其为"左"倾机会主义的错误。在第一次大革命后期,是一切联合,否认斗争;而在土地革命后期,则是一切斗争,否认联合(除基本农民以外),实为代表两个极端政策的极明显的例证。而这两个极端的政策,都使党和革命遭受了极大的损失。

现在的抗日民族统一战线政策,既不是一切联合否认斗争,又不是一切斗争否认联合,而是综合联合和斗争两方面的政策。具体地说,就是:

(一)一切抗日的人民联合起来(或一切抗日的工、农、兵、学、商联合起来),组成抗日民族统一战线。

(二)统一战线下的独立自主政策,既须统一,又须独立。

(三)在军事战略方面,是战略统一下的独立自主的游击战争,基本上是游击战,但不放松有利条件下的运动战。

(四)在和反共顽固派斗争时,是利用矛盾,争取多数,反对少数,各个击破;是有理,有利,有节。

(五)在敌占区和国民党统治区的政策,是一方面尽量地发展统一战线的工作,一方面采取荫蔽精干的政策;是在组织方式和斗争方式上采取荫蔽精干、长期埋伏、积蓄力量、以待时机的政策。

(六)对于国内各阶级相互关系的基本政策,是发展进步势力,争取中间势力,孤立反共顽固势力。

(七)对于反共顽固派是革命的两面政策,即对其尚能抗日的方面是加以联合的政策,对其坚决反共的方面是加以孤立的政策。在抗日方面,顽固派又有两面性,我们对其尚能抗日的方面是加以联合的政策,对其动摇的方面(例如暗中勾结日寇和不积极反汪反汉奸等)是进行斗争和加以孤立的政策。顽固派在反共方面也有两面性,因此我们的政策也有两面性,即在他们尚不愿在根本上破裂国共合作的方面,是加以联合的政策;在他们对我党和对人民的高压政策和军事进攻的方面,是进行斗争和加以孤立的政策。将这种两面派分子,和汉奸亲日派加以区别。

(八)即在汉奸亲日派中间也有两面分子,我们也应以革命的两面政策对待之。即对其亲日的方面,是加以打击和孤立的政策,对其动摇的方面,是加以拉拢和争取的政策。将这种两面分子,和坚决的汉奸如汪精卫[3]、王揖唐[4]、石友三[5]等,加以区别。

(九)既须对于反对抗日的亲日派大地主大资产阶级和主张抗日的英美派大地主大资产阶级,加以区别;又须对于主张抗日但又动摇、主张团结但又反共的两面派大地主大资产阶级和两面性较少的民族资产阶级和中小地主、开明绅士,加以区别。在这些区别上建立我们的政策。上述各项不同的政策,都是从这些阶级关系的区别而来的。

(十)对待帝国主义亦然。虽然共产党是反对任何帝国主义的,但是既须将侵略中国的日本帝国主义和现时没有举行侵略的其他帝国主义,加以区别;又须将同日本结成同盟承认"满洲国"的德意帝国主义,和同日本处于对立地位的英美帝国主义,加以区别;又须将过去采取远东慕尼黑政策[6]危害中国抗日时的英美,和目前放弃这个政策改为赞助中国抗日时的英美,加以区别。我们的策略原则,仍然是利用矛盾,争取多数,反对少数,各个击破。我们在外交政策上,是和国民党有区别的。在国民党是所谓"敌人只有一个,其他皆是朋友",表面上把日本以外的国家一律平等看待,实际上是亲英亲美。我们则应加以区别,第一是苏联和资本主义各国的区别,第二是英美和德意的区别,第三是英美的人民和英美的帝国主义政府的区别,第四是英美政策在远东慕尼黑时期和在目前时期的区别。在这些区别上建立我们的政策。我们的根本方针和国民党相反,是在坚持独立战争和自力更生的原则下尽可能地利用外援,而不是如同国民党那样放弃独立战争和自力更生去依赖外援,或投靠任何帝国主义的集团。

党内许多干部对于策略问题上的片面观点和由此而来的过左过右的摇摆,必须使他们从历史上和目前党的政策的变化和发展,作全面的统一的了解,方能克服。目前党内的主要危险倾向,仍然是过左的观点在作怪。在国民党统治区域,许多人不能认真地执行荫蔽精干、长期埋伏、积蓄力量、以待时机的政策,因为他们把国民党的反共政策看得不严重;同时,又有许多人不能执行发展统一战线工作的政策,因为他们把国民党简单地看成漆黑一团,表示束手无策。在日本占领区域,也有类似的情形。

在国民党统治区和各抗日根据地内,由于只知道联合、不知道斗争和过分地估计了国民党的抗日性,因而模糊了国共两党的原则差别,否认统一战线下的独立自主的政策,迁就大地主大资产阶级,迁就国民党,甘愿束缚自己的手足,不敢放手发展抗日革命势力,不敢对国民党的反共限共政策作坚决斗争,这种右倾观点,过去曾经严重地存在过,现在已经基本上克服了。但是,自一九三九年冬季以来,由于国民党的反共磨擦和我们举行自卫斗争所引起的过左倾向,却是普遍地发生了。虽然已经有了一些纠正,但是还没有完全纠正,还在许多地方的许多具体政策上表现出来。所以目前对于各项具体政策的研究和解决,是十分必要的。

关于各项具体政策,中央曾经陆续有所指示,这里只综合地指出几点。

关于政权组织。必须坚决地执行"三三制"[7],共产党员在政权机关中只占三分之一,吸引广大的非党人员参加政权。在苏北等处开始建立抗日民主政权的地方,还可以少于三分之一。不论政府机关和民意机关,均要吸引那些不积极反共的小资产阶级、民族资产阶级和开明绅士的代表参加;必须容许不反共的国民党员参加。在民意机关中也可以容许少数右派分子参加。切忌我党包办一切。我们只破坏买办大资产阶级和大地主阶级的专政,并不代之以共产党的一党专政。

关于劳动政策。必须改良工人的生活,才能发动工人的抗日积极性。但是切忌过左,加薪减时,均不应过多。在中国目前的情况下,八小时工作制还难于普遍推行,在某些生产部门内还须允许实行十小时工作制。其他生产部门,则应随情形规定时间。劳资间在订立契约后,工人必须遵守劳动纪律,必须使资本家有利可图。否则,工厂关门,对于抗日不利,也害了工人自己。至于乡村工人的生活和待遇的改良,更不应提得过高,否则就会引起农民的反对、工人的失业和生产的缩小。

关于土地政策。必须向党员和农民说明,目前不是实行彻底的土地革命的时期,过去土地革命时期的一套办法不能适用于现在。现在的政策,一方面,应该规定地主实行减租减息,方能发动基本农民群众的抗日积极性,但也不要减得太多。地租,一般以实行二五减租为原则;到群众要求增高时,可以实行倒四六分,或倒三七分,但不要超过此限度。利息,不要减到超过社会经济借贷关系所许可的程度。另一方面,要规定农民交租交息,土地所有权和财产所有权仍属于地主。不要因减息而使农民借不到债,不要因清算老账而无偿收回典借的土地。

关于税收政策。必须按收入多少规定纳税多少。一切有收入的人民,除对最贫苦者应该规定免征外,百分之八十以上的居民,不论工人农民,均须负担国家赋税,不应该将负担完全放在地主资本家身上。捉人罚款以解决军饷的办法,应予禁止。税收的方法,在我们没有定出新的更适宜的方法以前,不妨利用国民党的老方法而酌量加以改良。

关于锄奸政策。应该坚决地镇压那些坚决的汉奸分子和坚决的反共分子,非此不足以保卫抗日的革命势力。但是决不可多杀人,决不可牵涉到任何无辜的分子。对于反动派中的动摇分子和胁从分子,应有宽大的处理。对任何犯人,应坚决废止肉刑,重证据而不轻信口供。对敌军、伪军、反共军的俘虏,除为群众所痛恶、非杀不可而又经过上级批准的人以外,应一律采取释放的政策。其中被迫参加、多少带有革命性的分子,应大批地争取为我军服务,其他则一律释放;如其再来,则再捉再放;不加侮辱,不搜财物,不要自首,一律以诚恳和气的态度对待之。不论他们如何反动,均取这种政策。这对于孤立反动营垒,是非常有效的。对于叛徒,除罪大恶极者外,在其不继续反共的条件下,予以自新之路;如能回头革命,还可予以接待,但不准重新入党。不要将国民党一般情报人员和日探汉奸混为一谈,应将二者分清性质,分别处理。要消灭任何机关团体都能捉人的混乱现象;规定除军队在战斗的时间以外,只有政府司法机关和治安机关才有逮捕犯人的权力,以建立抗日的革命秩序。

关于人民权利。应规定一切不反对抗日的地主资本家和工人农民有同等的人权、财权、选举权和言论、集会、结社、思想、信仰的自由权,政府仅仅干涉在我根据地内组织破坏和举行暴动的分子,其他则一律加以保护,不加干涉。

关于经济政策。应该积极发展工业农业和商品的流通。应该吸引愿来的外地资本家到我抗日根据地开办实业。应该奖励民营企业,而把政府经营的国营企业只当作整个企业的一部分。凡此都是为了达到自给自足的目的。应该避免对任何有益企业的破坏。关税政策和货币政策,应该和发展农工商业的基本方针相适合,而不是相违背。认真地精细地而不是粗枝大叶地去组织各根据地上的经济,达到自给自足的目的,是长期支持根据地的基本环节。

关于文化教育政策。应以提高和普及人民大众的抗日的知识技能和民族自尊心为中心。应容许资产阶级自由主义的教育家、文化人、记者、学者、技术家来根据地和我们合作,办学、办报、做事。应吸收一切较有抗日积极性的知识分子进我们办的学校,加以短期训练,令其参加军队工作、政府工作和社会工作;应该放手地吸收、放手地任用和放手地提拔他们。不要畏首畏尾,惧怕反动分子混进来。这样的分子不可避免地要混进一些来，在学习中，在工作中，再加洗刷不迟。每个根据地都要建立印刷厂，出版书报，组织发行和输送的机关。每个根据地都要尽可能地开办大规模的干部学校，越大越多越好。

关于军事政策。应尽量扩大八路军新四军，因为这是中国人民坚持民族抗战的最可靠的武装力量。对于国民党军队，应继续采取人不犯我我不犯人的政策，尽量地发展交朋友的工作。应尽可能地吸收那些同情我们的国民党军官和无党派军官参加八路军新四军，加强我军的军事建设。在我军中共产党员在数量上垄断一切的情况，现在也应有所改变。当然不应该在我主力军中实行"三三制"，但是只要军队的领导权掌握在我党手里（这是完全必需的，不能动摇的），便不怕吸收大量同情分子来参加军事部门和技术部门的建设。在我党我军的思想基础和组织基础已经巩固地建设成功的现在时期，大量地吸收同情分子（当然决不是破坏分子），不但没有危险，而且非此不能争取全国同情和扩大革命势力，所以是必要的政策。

以上所述各项统一战线中的策略原则和根据这些原则规定的许多具体政策，全党必须坚决地实行。在日寇加紧侵略中国和国内大地主大资产阶级实行反共反人民的高压政策和军事进攻的时候，惟有实行上述各项策略原则和具体政策，才能坚持抗日，发展统一战线，获得全国人民的同情，争取时局好转。但在纠正错误时，应是有步骤的，不可操之过急，以致引起干部不满，群众怀疑，地主反攻等项不良现象。

注　　释

〔1〕参见本书第三卷《学习和时局》一文的附录《关于若干历史问题的决议》第四部分。

〔2〕见本书第一卷《中国革命战争的战略问题》注〔4〕。

〔3〕见本书第一卷《论反对日本帝国主义的策略》注〔31〕。

〔4〕王揖唐（一八七八————一九四八），安徽合肥人，北洋军阀时代的大官僚，汉奸。一九三五年华北事变后，任"冀察政务委员会"委员。一九三七年抗日战争爆发后，在华北充当日本帝国主义的傀儡。一九四〇年任伪"华北政务委员会"委员长。

〔5〕石友三（一八九一————一九四〇），吉林长春人，反复无常的国民党军阀之一。一九三九年后，他任国民党第三十九集团军总司令，在河北省南部和山东省西南部专门联合日本军队进攻八路军，摧残抗日民主政权，屠杀共产党员和进步分子。

〔6〕见本卷《反对投降活动》注〔5〕。

〔7〕"三三制"是中国共产党在抗日战争时期的统一战线的政权政策。根据这一政策，抗日民主政权中人员的分配，共产党员大体占三分之一，左派进步分子大体占三分之一，中间分子和其他分子大体占三分之一。

为皖南事变发表的命令和谈话

（一九四一年一月二十日）

中国共产党中央革命军事委员会命令

国民革命军新编第四军抗战有功，驰名中外。军长叶挺，领导抗敌，卓著勋劳；此次奉令北移，突被亲日派阴谋袭击，力竭负伤，陷身囹圄。迭据该军第一支队长陈毅、参谋长张云逸等电陈皖南事变经过，愤慨之余，殊深轸念。除对亲日派破坏抗日、袭击人民军队、发动内战之滔天罪行，另有处置外，兹特任命陈毅为国民革命军新编第四军代理军长，张云逸为副军长，刘少奇为政治委员，赖传珠为参谋长，邓子恢为政治部主任。着陈代军长等悉心整饬该军，团结内部，协和军民，实行三民主义，遵循《总理遗嘱》，巩固并扩大抗日民族统一战线，为保卫民族国家、坚持抗战到底、防止亲日派袭击而奋斗。

中国共产党中央革命军事委员会 发言人对新华社记者的谈话

此次皖南反共事变，酝酿已久。目前的发展，不过是全国性突然事变的开端而已。自日寇和德意订立三国同盟[1]之后,为急谋解决中日战争,遂积极努力,策动中国内部的变化。其目的,在借中国人的手,镇压中国的抗日运动,巩固日本南进的后方,以便放手南进,配合希特勒进攻英国的行动。中国亲日派首要分子,早已潜伏在国民党党政军各机关中,为数颇多,日夕煽诱。至去年年底,其全部计划乃准备完成。袭击皖南新四军部队和发布一月十七日的反动命令,不过是此种计划表面化的开端。最重大的事变,将在今后逐步演出。日寇和亲日派的整个计划为何? 即是:

(一)用何应钦、白崇禧名义,发布致朱彭叶项的"皓""齐"两电[2],以动员舆论;

(二)在报纸上宣传军纪军令的重要性,以为发动内战的准备;

(三)消灭皖南的新四军;

(四)宣布新四军"叛变",取消该军番号。以上诸项,均已实现。

(五)任命汤恩伯、李品仙、王仲廉、韩德勤等为华中各路"剿共"军司令官,以李宗仁为最高总司令,向新四军彭雪枫、张云逸、李先念诸部实行进攻,得手后,再向山东和苏北的八路军新四军进攻,而日军则加以密切的配合。这一步骤,已开始实行。

(六)寻找借口,宣布八路军"叛变",取消八路军番号,通缉朱彭。这一步骤,目前正在准备中。

(七)取消重庆、西安、桂林等地的八路军办事处,逮捕周恩来、叶剑英、董必武、邓颖超诸人。这一步骤也正开始实施,桂林办事处已被取消。

（八）封闭《新华日报》[3]；

（九）进攻陕甘宁边区,夺取延安；

（十）在重庆和各省大批逮捕抗日人士,镇压抗日运动；

（十一）破坏各省共产党的组织,大批逮捕共产党员；

（十二）日军从华中华南撤退,国民党政府宣布所谓"收复失地",同时宣传实行所谓"荣誉和平"的必要性；

（十三）日军将原驻华中华南的兵力向华北增加,最残酷地进攻八路军,与国民党军队合作,全部消灭八路军新四军；

（十四）除一刻也不放松对于八路军新四军进攻之外,在各战场上的国民党军队和日军继续去年的休战状态,以便转到完全停战议和的局面；

（十五）国民党政府同日本订立和平条约,加入三国同盟。以上各步,正在积极准备推行中。

以上,就是日本和亲日派整个阴谋计划的大纲。中国共产党中央曾于前年七月七日的宣言上指出:投降是时局最大的危险,反共是投降的准备步骤。在去年七月七日的宣言中则说:"空前的投降危险和空前的抗战困难,已经到来了。"朱彭叶项在去年十一月《佳电》[2]中更具体地指出:"国内一部分人士正在策动所谓新的反共高潮,企图为投降肃清道路。……欲以所谓中日联合'剿共',结束抗战局面。以内战代抗战,以投降代独立,以分裂代团结,以黑暗代光明。其事至险,其计至毒。道路相告,动魄惊心。时局危机,诚未有如今日之甚者。"故皖南事变及重庆军事委员会一月十七日的命令,不过是一系列事变的开始而已。特别是一月十七日的命令,包含着严重的政治意义。因为发令者敢于公开发此反革命命令，冒天下之大不韪，必已具有全面破裂和彻底投降的决心。盖中国软弱的大地主大资产阶级的政治代表们，没有后台老板，是一件小事也做不成的，何况如此惊天动地的大事？在目前的时机下，欲改变发令者此种决心似已甚难，非有全国人民的紧急努力和国际外交方面的重大压力，改变决心的事，恐怕是不可能的。故目前全国人民的紧急任务，在于以最大的警惕性，注视事变的发展，准备着对付任何黑暗的反动局面，绝对不能粗心大意。若问中国的前途如何，那是很明显的。日寇和亲日派的计划即使实现，我们中国共产党和中国人民，不但有责任，而且自问有能力，挺身出来收拾时局，决不让日寇和亲日派横行到底。时局不论如何黑暗，不论将来尚须经历何种艰难道路和在此道路上须付何等代价（皖南新四军部队就是代价的一部分），日寇和亲日派总是要失败的。其原因，则是：

（一）中国共产党已非一九二七年那样容易受人欺骗和容易受人摧毁。中国共产党已是一个屹然独立的大政党了。

（二）中国其他党派（包括国民党在内）的党员，懔于民族危亡的巨祸，必有很多不愿意投降和内战的。有些虽然一时受了蒙蔽，但时机一到，他们还有觉悟的可能。

（三）中国的军队也是一样。他们的反共，大多数是被迫的。

（四）全国人民的大多数，不愿当亡国奴。

（五）帝国主义战争现时已到发生大变化的前夜，一切依靠帝国主义过活的寄生虫，不论如何蠢动于一时，他们的后台总是靠不住的，一旦树倒猢狲散，全局就改观了。

（六）许多国家革命的爆发，只是时间问题，这些国家的革命和中国革命必然互相配合，共同争取胜利。

（七）苏联是世界上第一个大力量，它是决然帮助中国抗战到底的。

因为上述种种原因，故我们还是希望那班玩火的人，不要过于冲昏头脑。我们正式警告他们说：放谨慎一点吧，这种火是不好玩的，仔细你们自己的脑袋。如果这班人能够冷静地想一想，他们就应该老老实实地并且很快地去做下列几件事：

第一、悬崖勒马，停止挑衅；

第二、取消一月十七日的反动命令，并宣布自己是完全错了；

第三、惩办皖南事变的祸首何应钦、顾祝同、上官云相三人；

第四、恢复叶挺自由，继续充当新四军军长；

第五、交还皖南新四军全部人枪；

第六、抚恤皖南新四军全部伤亡将士；

第七、撤退华中的"剿共"军；

第八、平毁西北的封锁线[4]；

第九、释放全国一切被捕的爱国政治犯；

第十、废止一党专政，实行民主政治；

第十一、实行三民主义，服从《总理遗嘱》；

第十二、逮捕各亲日派首领，交付国法审判。

如能实行以上十二条，则事态自然平复，我们共产党和全国人民，必不过为已甚。否则，"吾恐季孙之忧，不在颛臾，而在萧墙之内"[5]，反动派必然是搬起石头打他们自己的脚，那时我们就爱莫能助了。我们是珍重合作的，但必须他们也珍重合作。老实说，我们的让步是有限度的，我们让步的阶段已经完结了。他们已经杀了第一刀，这个伤痕是很深重的。他们如果还为前途着想，他们就应该自己出来医治这个伤痕。"亡羊补牢，犹未为晚。"这是他们自己性命交关的大问题，我们不得不尽最后的忠告。如若他们怙恶不悛，继续胡闹，那时，全国人民忍无可忍，把他们抛到茅厕里去，那就悔之无及了。关于新四军，中国共产党中央革命军事委员会已于一月二十日下了命令，任命陈毅为代理军长，张云逸为副军长，刘少奇为政治委员，赖传珠为参谋长，邓子恢为政治部主任。该军在华中及苏南一带者尚有九万余人，虽受日寇和反共军夹击，必能艰苦奋斗，尽忠民族国家到底。同时，它的兄弟部队八路军各部，决不坐视它陷于夹击，必能采取相当步骤，予以必要的援助，这是我可以率直地告诉他们的。至于重庆军委会发言人所说的那一篇，只好拿"自相矛盾"四个字批评它。既在重庆军委会的通令中说新四军"叛变"，又在发言人的谈话中说新四军的目的在于开到京、沪、杭三角地区创立根据地。就照他这样说吧，难道开到京、沪、杭三角地区算是"叛变"吗？愚蠢的重庆发言人没有想一想，究竟到那里去叛变谁呢？那里不是日本占领的地方吗？你们为什么不让它到那里去，要在皖南就消灭它呢？啊，是了，替日本帝国主义尽忠的人原来应该如此。于是七个师的聚歼计划出现了，于是一月十七日的命令发布了，于是叶挺交付审判了。但是我还要说重庆发言人是个蠢猪，他不打自招，向全国人民泄露了日本帝国主义的计划。

注　释

〔1〕指一九四〇年九月二十七日德、意、日在柏林订立三国军事同盟条约。

〔2〕"皓""齐"两电,是蒋介石以国民政府军事委员会参谋总长何应钦、副参谋总长白崇禧的名义,在一九四〇年十月十九日(皓)和十二月八日(齐)发出的两个电报。《皓电》对坚持敌后抗战的八路军、新四军大肆诬蔑,强迫命令黄河以南的八路军、新四军在一个月内撤到黄河以北。中共中央为顾全大局,挽救危亡,以第十八集团军总司令朱德、副总司令彭德怀和新四军军长叶挺、副军长项英的名义,于十一月九日(佳)电复何、白,除据实驳斥《皓电》的造谣外,同意将江南新四军部队移至长江以北。(关于《佳电》的内容,另见本卷《关于打退第二次反共高潮的总结》注〔8〕。)《齐电》是针对朱、彭、叶、项的《佳电》而发,为蒋介石发动第二次反共高潮进一步做舆论上的动员。

〔3〕见本卷《关于国际新形势对新华日报记者的谈话》注〔1〕。

〔4〕西北封锁线,指国民党反动派包围陕甘宁边区的封锁线。在皖南事变前夜,国民党在边区周围已经修筑了五道包括沟墙和碉堡的封锁线,西起甘肃、宁夏,南沿泾水,东迄黄河,绵亘数省。同时,包围边区的国民党军队也增加到二十余万人。

〔5〕见《论语·季氏》。季孙,鲁国大夫。颛臾,春秋时小国。萧墙是古代宫室内当门的小墙。季孙将伐颛臾,孔子以为季孙之忧不在外而在内。

打退第二次反共高潮后的时局[＊]

（一九四一年三月十八日）

（一）从何白《皓电》（去年十月十九日）开始的第二次反共高潮[1]，至皖南事变和蒋介石一月十七日命令[2]达到了最高峰；而三月六日蒋介石的反共演说和参政会的反共决议[3]，则是此次反共高潮的退兵时的一战。时局可能从此暂时走向某一程度的缓和。处于世界两大帝国主义集团进行着有决定意义的斗争的前夜，依然和日寇对立着的中国英美派大资产阶级，不能不对目前紧张的国共关系，谋取暂时的和轻微的缓和。同时，国民党内部的情况（中央和地方之间，CC系和政学系[4]之间，CC系和复兴系[5]之间，顽固派和中间派之间，皆有矛盾，CC系内部和复兴系内部又各有矛盾），国内的情况（广大人民反对国民党的专横，同情共产党）和我党的政策（继续抗议运动），均不容许国民党在国共间继续过去五个月那样的紧张关系。故目前谋取暂时的轻微的缓和是蒋介石所需要的。

（二）这次斗争表现了国民党地位的降低和共产党地位的提高，形成了国共力量对比发生某种变化的关键。这种情况

＊　这是毛泽东为中共中央起草的对党内的指示。

迫使蒋介石重新考虑他自己的地位和态度。他现在强调国防,宣传党派观念已陈旧,乃是企图以"民族领袖"的资格,站在国内各种矛盾之上,表面上表示并不偏于一个阶级一个党,以便维持大地主大资产阶级和国民党的统治。但是如果只是形式上的欺骗而无政策上的改变,他的这一企图必然徒劳无功。

(三)我党在这次反共高潮开始时采取顾全大局委曲求全的退让政策(去年十一月九日的电报),取得了广大人民的同情,在皖南事变后转入猛烈的反攻(两个十二条[6],拒绝出席参政会和全国的抗议运动),也为全国人民所赞助。我们这种有理、有利、有节的政策,对于打退这次反共高潮,是完全必要的,且已收得成效。在国共间各项主要争点未得合理解决之前,我们对国民党内亲日派反共派所造成的皖南事变和各种政治的军事的压迫,仍应继续严正的抗议运动,扩大第一个十二条的宣传,不要松懈。

(四)国民党在其统治区域内对我党和进步派的压迫政策和反共宣传,决不会放松,我党必须提高警惕性。国民党对淮北、皖东、鄂中的进攻还会继续,我军必须坚决地将它打退。各根据地必须坚决地执行中央去年十二月二十五日的指示[7],加强党内的策略教育,纠正过左思想,以便长期地不动摇地坚持各抗日民主根据地。在全国和各根据地上,要反对对时局认为国共已最后破裂或很快就要破裂的错误估计以及由此发生的许多不正确的意见。

注　　释

〔1〕参见本书第三卷《评国民党十一中全会和三届二次国民参政会》中关于这次反共高潮的叙述。

〔2〕即一九四一年一月十七日蒋介石以国民政府军事委员会名义发布的解散新四军的反革命命令。

〔3〕一九四一年三月六日,蒋介石在国民参政会上发表反共演说,大弹"政令"、"军令"必须"统一"的滥调,声称敌后的抗日民主政权不容许存在,中国共产党所领导的人民武装必须依照他的"命令与计划,集中于指定区域",等等。同日,在国民党反动派操纵之下的国民参政会通过了一个决议,为蒋介石反共反人民的罪行辩护,对共产党参政员因抗议皖南事变拒不出席参政会一事,大肆攻击。

〔4〕见本卷《战争和战略问题》注〔16〕。

〔5〕参见本卷《上海太原失陷以后抗日战争的形势和任务》注〔17〕。

〔6〕第一个"十二条",即本卷《为皖南事变发表的命令和谈话》的《谈话》部分中提出的十二条,在一九四一年二月十五日又用中国共产党参政员名义向国民参政会提出。第二个"十二条",是一九四一年三月二日,作为共产党的部分参政员出席国民参政会的条件,向国民党政府提出的临时办法。内容如下:"一、立即停止全国向共产党的军事进攻;二、立即停止全国的政治压迫,承认中共及各民主党派的合法地位,释放西安、重庆、贵阳及各地的被捕人员;三、启封各地被封书店,解除扣寄各地抗战书报的命令;四、立即停止对《新华日报》的一切压迫;五、承认陕甘宁边区的合法地位;六、承认敌后的抗日民主政权;七、华中、华北及西北的防地均维持现状;八、中共领导的军队,于十八集团军之外,再成立一个集团军,应共辖六个军;九、释放皖南所有被捕干部,拨款抚恤死难者的家属;十、释放皖南所有被捕兵员,发还所有枪枝;十一、成立各党派联合委员会,每个党派派遣代表一人,以国民党的代表为主席,中共代表副之;十二、中共代表加入国民参政会主席团。"

〔7〕见本卷《论政策》。

关于打退第二次反共高潮的总结*

(一九四一年五月八日)

这一次的反共高潮,正如三月十八日中央的指示所说,是已经过去了。继之而来的是在国际国内的新环境中继续抗战的局面。在这个新环境中所增加的因素是:帝国主义战争的扩大,国际革命运动的高涨,苏日的中立条约[1],国民党第二次反共高潮的被击退以及由此产生的国民党政治地位的降低和共产党政治地位的提高,再加上最近日本准备新的对华大举进攻。为了团结全国人民坚持抗日,并继续有效地克服大地主大资产阶级的投降危险和反共逆流起见,研究和学习我党在英勇地胜利地反对这次反共高潮的斗争中所获得的教训,是完全必要的。

(一)在中国两大矛盾中间,中日民族间的矛盾依然是基本的,国内阶级间的矛盾依然处在从属的地位。一个民族敌人深入国土这一事实,起着决定一切的作用。只要中日矛盾继续尖锐地存在,即使大地主大资产阶级全部地叛变投降,也决不能造成一九二七年的形势,重演四一二事变[2]和马日事变[3]。上次反共高潮[4]曾被一部分同志估计为马日事变,这

次反共高潮又被估计为四一二事变和马日事变，但是客观事实却证明了这种估计是不正确的。这些同志的错误，在于忘记了民族矛盾是基本矛盾这一点。

（二）在这种情况之下，指导着国民党政府全部政策的英美派大地主大资产阶级，依然是两面性的阶级，它一面和日本对立，一面又和共产党及其所代表的广大人民对立。而它的抗日和反共，又各有其两面性。在抗日方面，既和日本对立，又不积极地作战，不积极地反汪反汉奸，有时还向日本的和平使者勾勾搭搭。在反共方面，既要反共，甚至反到皖南事变和一月十七日的命令[5]那种地步，又不愿意最后破裂，依然是一打一拉的政策。这些事实，也在这次反共高潮中再度地证明了。极端地复杂的中国政治，要求我们的同志深刻地给以注意。英美派的大地主大资产阶级既然还在抗日，其对我党既然还在一打一拉，则我党的方针便是"即以其人之道，还治其人之身"[6]，以打对打，以拉对拉，这就是革命的两面政策。只要大地主大资产阶级一天没有完全叛变，我们的这个政策总是不会改变的。

（三）和国民党的反共政策作战，需要一整套的战术，万万不可粗心大意。以蒋介石为代表的大地主大资产阶级对于人民革命力量的仇恨和残忍，不但为过去十年的反共战争所证明，更由抗日战争中的两次反共高潮特别是第二次反共高潮中的皖南事变所完全地证明了。任何的人民革命力量如果要避免为蒋介石所消灭，并迫使他承认这种力量的存在，除了对于他的反革命政策作针锋相对的斗争，便无他路可循。这次反共高潮中项英同志的机会主义[7]的失败，全党应该引为深戒。但是斗争必须是有理、有利、有节的,三者缺一,就要吃亏。

(四)在反对国民党顽固派的斗争中,将买办性的大资产阶级和没有或较少买办性的民族资产阶级加以区别,将最反动的大地主和开明绅士及一般地主加以区别,这是我党争取中间派和实行"三三制"政权的理论根据,这是去年三月以来中央就屡次指出了的。这次反共高潮再一次地证实了它的正确性。我们在皖南事变前所取《佳电》[8]的立场,对于事变后我们转入政治的反攻是完全必要的,非此即不能争取中间派。因为如果不经过反复多次的经验,中间派对于我党为什么必须向国民党顽固派进行坚决的斗争,为什么只能以斗争求团结,放弃斗争则没有任何的团结,就不能了解。地方实力派的领导成分虽然也是大地主大资产阶级,但是因为他们和统制中央政权的大地主大资产阶级分子有矛盾,故一般地亦须以中间派看待之。上次反共高潮中反共最力的阎锡山,这一次就站在中间立场;而上次居于中间立场的桂系,这一次虽然转到了反共方面,却和蒋系仍然有矛盾,不可视同一律。其他各地方实力派更不待论。我们同志中却有许多人至今还把各派地主阶级各派资产阶级混为一谈,似乎在皖南事变之后整个的地主阶级资产阶级都叛变了,这是把复杂的中国政治简单化。如果我们采取了这种看法,将一切地主资产阶级都看成和国民党顽固派一样,其结果将使我们自陷于孤立。须知中国社会是一个两头小中间大的社会[9],共产党如果不能争取中间阶级的群众,并按其情况使之各得其所,是不能解决中国问题的。

（五）有些同志由于对于中日矛盾是基本矛盾这一点发生动摇，并因此对国内阶级关系作了错误的估计，因而对党的政策也有时发生动摇。这些同志在皖南事变后，从其"四一二"和马日事变的估计出发，似乎感觉去年十二月二十五日的中央的原则指示[10]，已不适用，或不大适用了。他们认为现在需要的已不是包含一切主张抗日和民主的人们的政权，而只是所谓工人、农民和城市小资产阶级的政权了；已不是抗日时期的统一战线的政策，而是像过去十年内战时期那样的土地革命的政策了。党的正确的政策，在这些同志的心目中，至少是暂时地模糊起来了。

（六）这些同志，当着我党中央令其准备对付国民党的可能的破裂，对付时局发展的最坏的一种可能性的时候，他们就把别的可能性丢掉了。他们不了解向着最坏的一种可能性作准备是完全必要的，但这不是抛弃好的可能性，而正是为着争取好的可能性并使之变为现实性的一个条件。这次我们充分地准备着对付国民党的破裂，就使国民党不敢轻于破裂了。

（七）还有更多的同志不了解民族斗争和阶级斗争的一致性，不了解统一战线政策和阶级政策，从而不了解统一战线教育和阶级教育的一致性。他们认为在皖南事变后需要特别强调所谓统一战线教育以外的阶级教育。他们至今还不明白：我党在整个抗日时期，对于国内各上层中层还在抗日的人们，不管是大地主大资产阶级和中间阶级，都只有一个完整的包括联合和斗争两方面的（两面性的）民族统一战线的政策。即使是伪军、汉奸和亲日派分子，除对绝对坚决不愿悔改者必须采取坚决的打倒政策外，对其余的分子也是这种两面性的政策。我党对党内对人民所施行的教育，也是包括这两方面性质的教育，就是教导无产阶级、农民阶级和其他小资产阶级如何和资产阶级地主阶级的各个不同的阶层在各种不同的形式上联合抗日，又和他们的各种不同程度的妥协性、动摇性、反共性作各种不同程度的斗争。统一战线政策就是阶级政策，二者不可分割，这一点不弄清楚，很多问题是弄不清楚的。

（八）还有一些同志，不了解陕甘宁边区和华北华中各抗日根据地的社会性质已经是新民主主义的。判断一个地方的社会性质是不是新民主主义的，主要地是以那里的政权是否有人民大众的代表参加以及是否有共产党的领导为原则。因此，共产党领导的统一战线政权，便是新民主主义社会的主要标志。有些人以为只有实行十年内战时期那样的土地革命才算实现了新民主主义，这是不对的。现在各根据地的政治，是一切赞成抗日和民主的人民的统一战线的政治，其经济是基本上排除了半殖民地因素和半封建因素的经济，其文化是人民大众反帝反封建的文化。因此，无论就政治、经济或文化来看，只实行减租减息的各抗日根据地，和实行了彻底的土地革命的陕甘宁边区，同样是新民主主义的社会。各根据地的模型推广到全国，那时全国就成了新民主主义的共和国。

注　释

〔1〕指一九四一年四月十三日苏联和日本在莫斯科签订的中立条约。

〔2〕四一二事变，是蒋介石于一九二七年四月十二日在上海发动的反革命事变。在这次事变中，蒋介石残酷地屠杀了大批共产党人和革命群众。从此，蒋介石和他的追随者就完全从革命统一战线中分裂出去，随后发动了历时十年之久的内战。

〔3〕见本书第一卷《井冈山的斗争》注〔20〕。

〔4〕指一九三九年冬至一九四〇年春蒋介石发动的第一次反共高潮。参见本卷《向国民党的十点要求》注〔5〕。

〔5〕见本卷《打退第二次反共高潮后的时局》注〔2〕。

〔6〕这是宋朝的著名学者、理学家朱熹（一一三〇——一二〇〇）在《中庸》第十三章注文中所说的话。

〔7〕参见本卷《放手发展抗日力量，抵抗反共顽固派的进攻》一文的题解。

〔8〕《佳电》是中共中央以第十八集团军总司令朱德、副总司令彭德怀和新四军军长叶挺、副军长项英的名义，于一九四〇年十一月九日答复何应钦、白崇禧《皓电》的电报。这个电报，揭发了国民党顽固派的反共投降阴谋，驳斥了何、白强迫黄河以南八路军、新四军在一个月内撤到黄河以北的荒谬命令；同时，为了照顾团结抗日的大局，委曲求全，同意将江南新四军部队移至长江以北，并且进一步要求解决国共间的若干重要悬案。这个电报，曾经取得当时中间派的同情，孤立了蒋介石。

〔9〕毛泽东这个说法，是指领导革命的中国工业无产阶级和反动的中国大地主大资产阶级在中国社会总人口中都只占少数，农民、城市小资产阶级和其他中间阶级在中国社会总人口中占了绝大多数。参见本书第三卷《在陕甘宁边区参议会的演说》。

〔10〕见本卷《论政策》。

《毛泽东选集》第二卷正文校订表

第 一 版		第 二 版	
315页5行	芦沟桥	343页5行	卢沟桥（本卷其他各处的"芦沟桥"均改为"卢沟桥"，不一一列出）
334页16至17行	抗日战线的战斗序列	363页16至17行	按抗日战线的战斗序列
340页倒3至倒2行	余以为吾人革命信赞者	369页倒2至倒1行	余以为吾人革命所争者
346页7行	垂手而得	375页7行	唾手而得
386页4行	杨方口	417页4行	阳方口
485页题下	（一九三八年十月）	519页题下	（一九三八年十月十四日）
522页题下	（一九三九年五月）	558页题下	（一九三九年五月一日）
544页倒7至倒6行	我在一九三八年十月的中共六届六中全会上曾经说过	581页倒7至倒6行	我一九三八年十月在中共六届六中全会上曾经说过
595页5至6行	戊戌政变	632页5至6行	戊戌变法
602页5行	它们和农村中的封建势力	639页6行	他们和农村中的封建势力
611页15行	航空	648页倒7行	航路

表内第一版的页码和行数据人民出版社一九六六年七月出版的横排本。

第 一 版		第 二 版	
619页4行	没有一个国家把它们在中国的特权废除过	658页4行	没有一个国家把它在中国的特权废除过
627页16行	戊戌政变	666页倒5行	戊戌变法
639页2行	航空	678页6行	航路
650页12行	《国民党第一次全国代表大会宣言》	689页16行	《中国国民党第一次全国代表大会宣言》
662页倒6行	工农人民	702页13行	工人农民
687页题下	（一九四〇年二月十日）	729页题下	（一九四〇年二月七日）
701页12行	抗日统一战线的选举政策	743页12行	抗日统一战线政权的选举政策
717页题下	（一九四〇年七月）	759页题下	（一九四〇年七月五日）
720页13行	富农（分坏地）	762页13行	富农（分坏田）
729页题下	（一九四一年一月）	771页题下	（一九四一年一月二十日）

图书在版编目(CIP)数据

毛泽东选集. 第 2 卷. —2 版. —北京：人民出版社，2009.11
　（2025.7 重印）
ISBN 978 - 7 - 01 - 000915 - 5

Ⅰ. 毛…　Ⅱ.　Ⅲ. 毛泽东著作-选集- 1937～1941　Ⅳ. A41

中国版本图书馆 CIP 数据核字(2003)第 056544 号

毛 泽 东 选 集
MAO ZEDONG XUANJI

第　二　卷

人 民 出 版 社 出版发行
（100706　北京朝阳门内大街 166 号）

北京新华印刷有限公司印刷　新华书店经销

1991 年 6 月第 2 版　2025 年 7 月第 25 次印刷
开本：635 毫米×927 毫米 1/16　印张：28.75
字数：326 千

ISBN 978 - 7 - 01 - 000915 - 5　定价：48.00 元

邮购地址 100706　北京朝阳门内大街 166 号
人民东方图书销售中心　电话（010）65250042　65289539